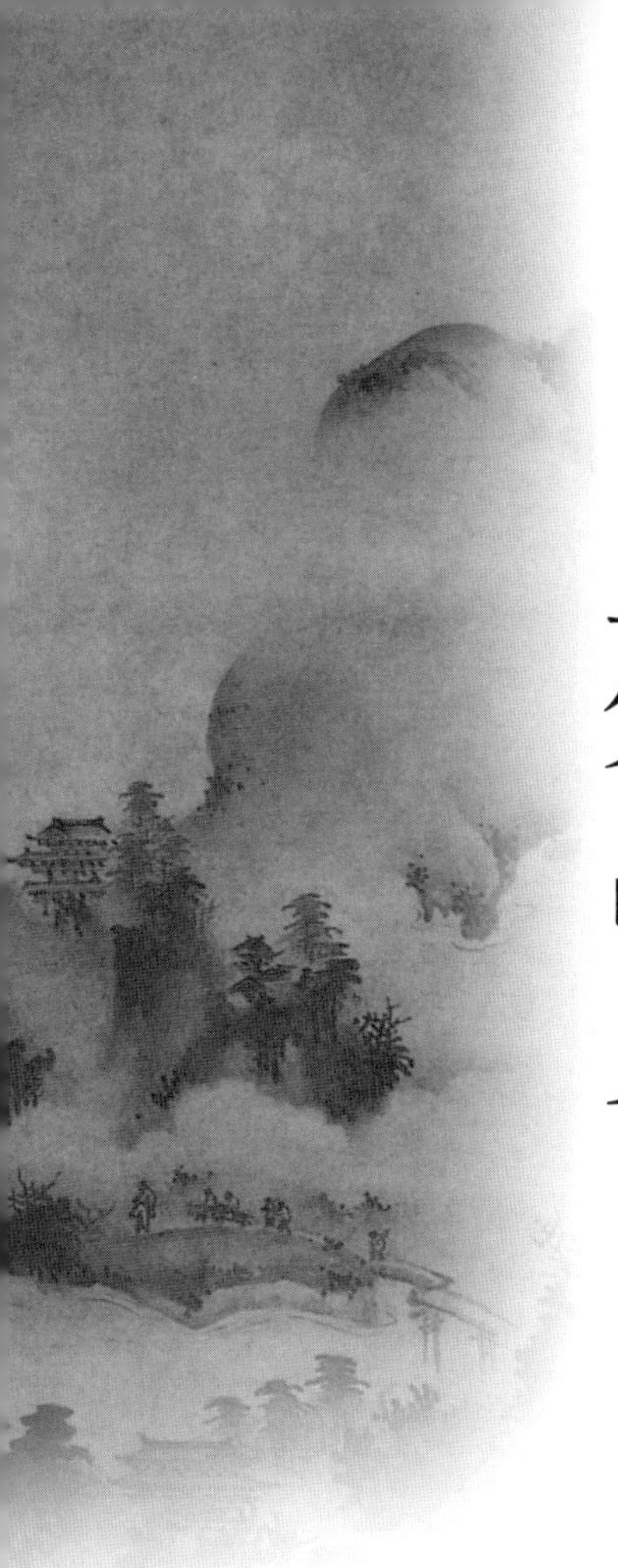

斎藤夏来［著］

五山僧がつなぐ列島史

足利政権期の宗教と政治

名古屋大学出版会

五山僧がつなぐ列島史　目　次

第III部　五山僧の思想史的位置

凡例

本書で多用する以下の史料集等については、編著者や版元などの書誌情報は記載を省略し、原則として以下のとおり略記する（刊行年順）。

・玉村竹二編『五山文学新集』第一巻～六巻（東京大学出版会、一九六七～七二年）、別巻一、二（東京大学出版会、一九七七年、一九八一年）→『五山文学新集』巻頁数。

・瀬野精一郎編『南北朝遺文　九州編』第一巻～七巻（東京堂出版、一九八〇～九二年）→『南北朝遺文九州編』巻数史料番号、または『九』巻数史料番号。

・松尾久人編『南北朝遺文　中国四国編』第一巻～六巻（東京堂出版、一九八七～九五年）→『南北朝遺文中国四国編』巻数史料番号、または『中』巻数史料番号。

・上村観光編『五山文学全集』第一巻～四巻（思文閣出版、一九九二年複刻再版）→『五山文学全集』巻頁数。

・今泉淑夫校訂『史料纂集一〇八　鹿苑院公文帳』（続群書類従完成会、一九九六年）→『鹿苑院公文帳』頁数。

・このほか、広く通用したり、長期にわたり刊行され続けたりしている『大日本史料』『大日本古文書　家わけ』『図書寮叢刊』『鎌倉遺文』などの大部な史料集は、書名と巻頁数のみを表示する。通用の刊本によった「蔭凉軒日録」「大館常興日記」「臥雲日件録抜尤」「看聞日記」「建内記」「蔗軒日録」「台記」「大乗院寺社雑事記」「碧山日録」「満済准后日記」「鹿苑日録」（以上、五十音順）などの古記録類は、原則として年月日条のみを記載し、詳細な書誌情報は省略する。

序章　五山僧の忘却と再発見の試み

はじめに

本書の出発点は、鎌倉期から南北朝、室町、戦国期にかけて、なぜ、どのようにして、全国の五山・十刹・諸山を組み込む五山制度という巨大な宗教制度が構築され得たのか、という問いである。この問いに答えようとするならば、①禅宗を含む仏教史・宗教史・思想史研究、②室町期前後の政治史研究、③室町期前後の対外関係史研究、の少なくとも三分野にまたがる先行研究に学ぶ必要がある。

筆者は、①宗教思想の中核に五山文学という要素を据えることで、②政治、③対外関係の問題も自ずから視野に入り、地方ないし「夷中」、つまり必ずしも「日本」に含まれているとは限らない列島史の視座から五山僧を全面的に捉え直すことができるのではないかという構想を、本書で示したいと考えている。まずは、仏教史・宗教史・思想史に関わる先行研究の成果と、そこから導き出される論点とを確認する作業から始めよう。

一　禅宗史研究

禅宗を「日本文化」や「武士」の象徴として積極的に国際発信した鈴木大拙は、近現代以後の学問的方法により禅宗史研究に着手した先覚者の一人といってよい。「哲学的見地からは、禅は知性主義に対立して直覚を重んじる」「この戒律的な傾向が戦闘精神とよく一致する」という見解は、鈴木自身も「哲学的」と述べているように、実際には史料に基づく歴史的な考察ではないのだが、類似の表現が歴史教科書類にみうけられるなど、今日の禅宗史理解になお影響力を保っている。(1)

鈴木とほぼ同年輩ながら、歴史学の立場をとった研究者の場合、たとえば内田銀蔵は、隋唐の「旧文明」とは異なる「宋元明文物」の代表として禅宗をあげ、禅宗に伴う「文芸復興」がどのように「日本近世史」を準備したかという大局的な見通しを示した。(2) 田中義成の場合、「義満の好学」と題し、儒仏一致による教化は日本にも及んだこと、文学の中心が五山に帰したのは学問だけでなく「政治上の関係に原由」すること、五山の文学は「花鳥風月の詩文を弄する」ものではなく、「乱世にも拘わらず、其生命を維持」したこと、五山の一つである相国寺は「足利氏一門の氏寺」であり外交を担ったことなど、史料に即した着実な指摘を積み重ねている。(3) 渡辺世祐は、京都の幕府と関東の鎌倉府との関係を捉える重要な手がかりとして、両者が全国の五山・十刹・諸山の住持補任のために発給していた公帖の問題にいちはやく着目した。(4)

史料に基づく歴史学の立場をとるならば、五山僧らの活動の重点が「文学」に置かれていたことは明らかであり、とくに内田や田中はその意義づけを図ったといえる。しかしその後の禅宗史をめぐる諸研究は、五山僧らの「文学」が、ほとんど鈴木大拙のいう「哲学的見地」や「戦闘精神」に即した内容をもたないために、主要な検討対象から外されてきたようにみうけられる。たとえば、大久保道舟、鈴木泰山、古田紹欽、田中久夫らが参加し、玉村竹二が追記している一九四二年の「禅・禅宗・禅宗史の諸問題」と題する座談会をみると、「五山の禅風」は「邪道」であり、「国民生活」に触れるところ少なく、「文学」における活動があまり目立たない大徳寺などの門葉の方が「非常に盛」になる、と述べられている。(5)「禅とは何か――末木文美士氏に聞く」と題する二〇一三年の座談会でも、当日欠席の中本大が提起した「禅僧と詩作」という論点について、末木文美士は「単なる都だけの文化ではなくて、それがどうやって地方に浸透していくか」と応じており、本書でも重視してゆく「夷中」の問題を射程に入れている。しかしこの論点について、座談会の場でそれ以上に具体的に深められることはなく、司会役の天野文雄が、「五山文学をどう位置付けるかは、たいへんな問題ですので、これくらいにしましょうか」と議論を転じている。(6)内田や田中の概説的な展望は別として、専門的な禅宗史研究は、道元の評価を一つの中核とした曹洞宗や大徳寺、妙心寺など、五山以後の禅宗主流を形成したいわゆる林下への着目、あるいは、密教や戒律などの仏教的な特色のなかに中世禅宗の本領を探ろうという試みに重心があったと考えられる。それゆえに「禅僧と詩作」という論点について、「大事だと思いながら、ほとんど勉強していなくてお恥ずかしい」と末木が述べているのも、単なる謙遜ではなく、末木らが主導構築してきた研究史上の盲点への自覚として受け止められよう。

内田や田中など、文献史学の系譜をひく辻善之助の場合、とくに足利将軍家と夢窓派との師檀関係を中心に禅宗史を叙述したが、禅宗をめぐる思想的問題にあまり深入りしなかった点に特徴がある。具体的には、足利尊氏・直義兄弟と夢窓疎石、足利義満と義堂周信、足利義持と絶海中津などの師檀関係に着目し、歴代将軍や天皇上皇等の「禅僧帰依」に着目するという叙述を貫き、今日の禅宗史の通説を構築したのだが、履歴の叙述が中心で、「帰依」の具体的な内容は鈴木大拙の説ほどに明確でないのが、長所でもあり短所でもある。(7)たしかに辻は、五山の特徴である儒仏一致や三教一致について、相当の紙数を割いており、史料の実情に合わせた文献史家としての面目を示しているが、おおむね主な「学僧」の履歴の列挙にとどまっている。辻の叙述から導き出される禅宗史の特徴は、むしろ、夢窓派の自己主張を示す史料群に依拠して、それをそのまま五山僧全体の特徴であるように記述している点である。しかし辻の夢窓派重視は、尊氏期から義持期にかけての検討で一定の有効性はあるものの、夢窓派五山僧との顕著な師檀関係を認めにくい義教期以後の展望を欠く。その結果、足利政権の衰退とともに五山も衰えるとか、五山は足利氏一門の「私寺」にとどまるなど、室町後期から戦国期にかけての五山関連史料に即しているとはいえない通説的見解を導き出している面がある。

辻善之助のあとをついで、主に東京大学史料編纂所を仕事場とした優れた禅宗史家が輩出した。玉村竹二、今枝愛真、今泉淑夫らである。同所の『大日本史料』などの編纂で、禅宗の語録類が重視されていることが影響しているのであろう。そのような環境のもとで、たとえば玉村や今枝は、将軍の個別的な帰依では説明しきれない膨大な公帖発給をめぐる基礎的な事実関係を解明した(8)。名目のみ住持身分を付与する公帖、いわゆる坐公文については、今谷明が室町幕府財政の要として議論し、日本中世史の概説にも影響を与えた(9)。ただし、幕府財政の中核として坐公文官銭を含む五山からの献物をあげた今谷説は、桜井英治が贈与経済論として発展させたもの(10)の、五山の献物はただちに五山に下賜されるなど、支出や用途の面で幕府財政を支えたとはいいがたい実態があり、むしろ都市課税こそ重要だという早島大祐の批判(11)も出されており、そのままでは通用しない段階に入っている。あらためて、思想史的な関心も含めて、膨大な公帖発給のもつ意味を捉え直す必要がある。

禅宗史研究にはこのほか、地方展開史というべき重要な潮流がある。鈴木泰山の視角を自覚的に継承発展させた広瀬良弘(12)、中世禅宗のありようを特定地域に即して叙述した上田純一(13)、山本世紀(14)らの業績で代表させられよう。なかでも広瀬が紹介した、明応七年（一四九八）に松堂高盛により著された「因㆓大風大雨地震氷雹等㆒示衆」は、一般に強調されがちな祈禱ではなく「文学」をもって、夷中の禅僧が災害に対峙した事実を示しており(15)、本書の関心事に深く関連する。その一方で筆者自身を含め、禅僧の伝記や寺伝など、いわば禅宗史料が自己主張しているといういうべき地方有力者の「帰依」を軸とした辻善之助以来の禅宗史叙述から自覚的に脱却する試みは、なお課題として残されている。また、地方有力者層の帰依や信仰を得ている点は、禅宗の顕著な特徴だが、彼らを「武士」と呼ぶべきかどうかも、あまり自覚されていない検討課題だと思う。近年指摘されているように、禅宗はその源流である中国南方の「南宗禅」の当初から、中央権力との密着よりも、むしろ濃厚な地方色を特徴としていた[16]とすれば、禅宗はまず中央で受容され、そののち地方に波及するという理解を含意している「展開」や「浸透」という表現そのものも、再検討の俎上にのせる必要があるだろう。

二　顕密八宗論

黒田俊雄が提唱した顕密仏教論は、仏教史だけでなく、今日の日本中世史研究を牽引する役割を果たしている。その要点を、五山僧理解との関連でまとめておくと、第一に、顕密仏教論は、古代仏教とされた天台・真言系および南都六宗を含むいわゆる顕密八宗が、密教でもって、あるいは国家的法会など政治的な契機でもって、あらたに中世仏教として統合再編された経緯を中核的な論点とする[17]。第二に、中世的に再編された顕密仏教と対立するほどの力量をもった「仏教宗派」は存在せず、宗派とみえるものはすべて顕密仏教との関連性、たとえば異端派、改革派といった名称でもって説明できるとする。したがって禅宗についても、顕密仏教が思想宗教の主座を占めている同時代状況のなかで理解すべきであり、後世の禅宗のあり方から遡及させた「禅宗史」叙述には限界があるということになる。

より具体的に、黒田は、叡山出身の栄西らが戒律を重視したことなどに着目し、禅宗は顕密仏教の「改革派」であったと提言した。[18]禅宗が顕密仏教に「改革」を迫った具体的な内容は、栄西の戒律重視をあげるのが一般的だが、栄西を継承していると一般に想定されている五山僧[19]について、平雅行は玉村竹二が「仮説として提示」した十方住持制をめぐる理解[20]に着目し、原田正俊も幅広く用例を収集した。[21]その基本的な理解は、五山にみられた門閥にこだわらない住持選抜つまり資質重視の理念が、顕密仏教に改革をせまる動きの一つになったというものである。五山の要が住持選抜および補任にあるという見通しは正鵠を射ていると思う。ただし、十方住持制に関する玉村説は、本人も自覚しているように「決して史料の上に明瞭に出て来ない」多分に仮説的なものであり、また、五山の住持補任が、実際には住持として入寺着任せず、住持身分のみを与える坐公文の比重が高かった事実との整合性も問題となり、[22]そののちあまり継承発展されていない。むしろ顕密仏教論の五山に対する評価は、必ずしも国家と宗教との関係を代表するものではなく、「将軍を檀越とする私寺」にとどまるというところに帰着している。[23]夢窓派やその拠点禅院である相国寺等に関する限り、この指摘は正当であり、田中義成、[24]辻善之助、[25]津田左右吉[26]の所説もそのような範疇で理解し得る。

なお、伊藤克己もまた、五山・十刹・諸山などの寺格が整えられている禅宗「官寺」制度は、勅願寺や定額寺など、「天皇の権威を背景とする国家的「官寺」体制から見れば、本質的にはあくまでも私寺である」とし、「将軍発給の御教書である公帖」によって「保証される身分はあくまで室町幕府によって確認される幕府官寺機構内でのものであり（中略）古代以来の伝統を保有する僧位僧官制度に匹敵する僧侶の身分制度とはなり得」なかったとする。[27]中世後期の国制上における顕密八宗と禅宗との具体的な関係について、公帖の問題も視野に入れた貴重な指摘である。ただし、本来は天皇家を檀越とした南禅寺や、摂関家を檀越とした東福寺の住持補任が、武家の公帖で行われるようになった事情や、公帖の主要部分は「幕府官寺機構内でのもの」とはみなしがたく、むしろ「官寺機構」外で活動した五山僧らに与えられた坐公文であり、多くの地方有力者の関心事であった事実などの説明に難点を抱えている。

顕密仏教論の重心は、古代仏教の中世仏教への転成過程であり、禅宗が興隆する中世後期については、見通しとして抽象的に述べられる傾向があった。このような検討課題をひきうけた原田正俊、大田壮一郎、細川武稔らは、安然著「教時諍」の頃から秀吉主催の大仏千僧会にかけて、中世後期の仏教史全体を総覧する認識であり史料用語でもある「八宗（時に九宗等）」概念の下で、院政期以来の治天の君から室町殿、さらに秀吉にいたる最高権力者がこれらを総覧する機会であった祈禱法会と禅宗との関連に着目した。[28] 史料をみるならば、永仁三年（一二九五）頃成立の「野守鏡」は、「宋朝には和歌なくして、礼楽をたすけざるによりて、八宗みなうせつゝ、異賊のために国をうはれたり」「禅宗は教外別伝と号して諸教をないがしろに思へるによりて、この宗盛りに流布してより後、宋朝には八宗皆うせて侍るとかや」と述べる。応安元年（一三六八）の「南禅寺対治訴訟」は、「陳隋両朝者、八宗正法也、当時繁栄之宋韻皆蒙古之曲声、更不レ用二真実之正語一、頗可レ非二仏子之所レ誦、是併至二唐朝之仏法一、依二禅法之興盛一、為二盲者之修行一之間、無二悟道之聖人一者也、遠聞二他州儀一、近思二我国非一、則宋朝以来仏法、非二如来之正法一之由、公家武家可レ有二御存知一事」と述べる。[29] いずれも、宋朝が「八宗」を失い国も衰滅に向かった主因として禅宗の興隆をあげているが、とくに後者は、顕密仏教と禅宗とはいわば言語的な基盤が異なると述べており、禅宗に「改革」の役割を期待するどころか、むしろ「八宗」から強く排除する論調となっている。ただし時代が進むと、文明十二年（一四八〇）成立の一条兼良「樵談治要」や、「言経卿記」文禄四年（一五九五）九月二十五日条は、禅宗を「八宗」に組み込もうとしている。[30] 天正十五年（一五八七）には、秀吉がキリシタンすら「八宗九宗之儀」と述べる[31]一方で、「義演准后日記」文禄五年（一五九六）正月二十九日条や慶長五年（一六〇〇）正月二十五日条は、新たに一向衆や時衆を「八宗」に含めることに嫌悪感を示している。[32] いずれも、個別宗派の自己主張を反映しがちな「最高権力者の帰依」に依存せずして、国家と宗教との関係を捉えようという方法が見出してきた貴重な史料群といえる。

もちろん課題もある。「八宗」という概念も「祈禱法会」という場も顕密仏教に由来する要素であって、必ずしも禅宗や五山の本領が示される概念や場とは考えられない点が、とりわけ気になる。今枝愛真作成の「日本の五山・十刹・諸山一覧表」内の三〇〇寺と、細川武稔作成の「足利将軍家祈願寺」表内の一三九寺とを照合すると、一二寺が重複する。(33) この両者の重なり合いは、必ずしも多いとはいえないが、たとえば尾張の妙興寺は、諸山と祈願・祈禱所とを兼ねた代表的な地方禅院である。(34) ただし、「応永十四年暦日記」などをみると、足利氏から命じられる祈禱は、足利氏のいわば「私寺」である相国寺を中心に行われており、五山制度（細川のいう「官寺機構」）が全国規模で祈禱を担っていたという事実は確認しがたいという細川の見解は、(35) とりわけ重要である。

禅僧ないし五山僧自身は、八宗という概念や祈禱という事柄にどれほど関心を寄せていたのかも検討課題である。たとえば禅院で行われる恒例の祝聖は、禅僧も天皇護持の祈禱を重要な任務としていたかのようにみえやすい。道元も祝聖を行っていたが、その系譜をひく瑩山紹瑾は「祝聖・修正は、天下叢林の一大事なり」(36) と述べている。他方で夢窓疎石は、方便としての祈禱は「教門に譲る」と述べ、祝聖の内実についても、「皇帝の御ためばかりにはあらず、四海清平、万民和楽のためなり」と述べている。(37)「万民」を「皇帝」ないし天皇に優先させるとかなり明確に発言しており、注意を要する。祝聖の具体的な内容であるが、たとえば仁如集堯が相国寺に入院した天文十四年（一五四五）時の祝聖をみると、次のような内容になっている。(38) 本書で重視する五山文学の一例といってよい。

大日本國山城州萬年山相図承天禪寺新住持傳法沙門集堯開堂令辰、處爇寶香、端為祝延、　今上皇帝聖躬
万歳〻〻　万〻歳陛下仰冀
一大三千界南剡部林闢豊秋津
　　　符姫氏同姓之讖
二月十六日東京相藍慶長春節
　　　見范公祝聖之辞
傳玉璽百王臨朝　度越五大禹十后稷
峩冠冕三台列座　登庸一蕭何二曹参
　　　至祝至禱

五山僧は常に原典にあたっていたとは限らず、どのような類書を参照していたかも容易に確定できないが、たとえば「二月十六日東京相藍慶長春節」は「資治通鑑」に「宰相表請以二月十六日為長春節帝生日也」とあり、「一蕭何二曹参」は「韻府群玉」に「位次一蕭何二曹參三張敖」とある。(39) また「符姫氏同姓之讖」は、百王の命運が尽きる未来記として、列島では院政期以後に急速に普及したことで知られる「野馬台詩」に依拠しておいる。同書は列島製の可能性も指摘されているが、仁如は南朝梁の僧宝誌の著作だという伝承に即して、漢籍として参照しているのであろう。(40) 他方、顕密の法会における祈禱の具体的な内容は、たとえば上島享が一二世紀成立、仁和寺所蔵の「紺表紙小紙子」の内容を参照している。玉体安穏などの祈願内容と、経典名や仏菩薩名とを列挙してゆく内容構成は、一見して上記の祝聖とは異質である。(41) もちろん、仁如の作例が祝聖を代表するとは限らないし、「紺表紙小紙子」の内容が顕密における玉体安穏祈禱の代表例だとも限らないが、顕密と禅とで「祈禱併存体制」を構築して

いたという従来の論が、両者の思想的な関心や特徴を踏まえての立論となっていないことは、やはり指摘しておかなければならない。秀吉主催の大仏千僧会で、天台宗、真言宗や真宗、法華宗[42]と比較して、管見の限り禅宗が目立った反応を示した形跡はなく、禅宗における祈禱の重要性は必ずしも解明されていないというべきであろう。

私見では、五山僧の語録や五山文学において、「八宗」「九宗」といった概念自体は、皆無とまではいえないとしても頻繁に目にする用語ではない。また、語録や五山文学を通覧してみると、祝聖のほか長大な祈禱というべき法語もないではないが、主内容は明らかに詩文や賛、疏など、祈禱法語とは区別すべき眼前の人物事象を題材とした諸作品である。従来から指摘されてきた得宗のための渡来僧らの祈禱等[43]も含めて、五山僧は檀越からの依頼があれば祈禱も行うといった程度で捉えるのが実情に叶っているのではないかと思う。「八宗」論やそれに基づく禅宗祈禱への着目は、あくまでも顕密仏教との同質性を禅宗に見出そうとする試みであり、顕密とは異質な禅宗ないし五山僧の本領をつかむための作業を別途必要とする。

三　禅律仏教論

「八宗」という枠組みをもっていわば日本中世仏教を創出し主導した顕密仏教は、唐の正統仏教をひきつごうとしていた同時代の遼や高麗、北宋の仏教からも多くを学んでいたが、摂関や院など政治主導であったため、人的往来よりも典籍往来に重心があり、虚構に類する「東アジア」の創出に帰着しがちであったと考えられている。源信の「往生要集」は、宋商周文徳の書状で宋人がみな服しているように記述されたが、そのようには流布していない実情を見聞した成尋が概嘆している事例[44]や、高麗義天の続蔵に含まれた遼・覚苑「毘盧遮那神変経演密鈔」について、「覚禅抄」が「唐大覚（義天）ノ作、花厳宗ノ人」と記し、高麗や遼の仏教史上の功績を黙殺している事例[45]などが典型例となろう。そうした典籍往来中心の顕密仏教に対し、ふたたび人的往来をもって列島の仏教史に一画期をもたらしたのが、いわゆる禅律仏教であったと考えられている。

ただし禅律仏教論を牽引したのは、明らかに禅僧・禅宗史研究ではなく律僧・律宗史研究であった。かつて網野善彦は、得宗と禅宗との関係よりも得宗被官と律僧との結びつきの方が「もっと実質的なものがあった」と先駆的に指摘し、細川涼一がその具体像を深めている[46]。近年では平雅行が、「顕密仏教の理念は、むしろ顕密仏教の枠外にあった遁世の律僧によって語られて」いると述べている[47]。ではなぜ、主に鎌倉後期から南北朝期にかけて律僧が台頭したかといえば、戒律護持に伴う「互用の過」に関する厳しい自戒、つまり寄進などで集められた資源を流用浪費しないという信頼を寄せられる教義的な特質が一つの要因であったと考えられている[48]。重源の「不婬の戒力」にあこがれた東大寺大勧進栄西の書状[49]に象徴されるように、海外仏教の実情を知り、自らの破戒を深く恥じた栄西[50]や、ひいては禅僧、五山僧たちも、こうした特質をうけつごうとしていたと見通されたのである。

大塚紀弘は、統治者が興隆をはかるべき仏教の全体像について、日本では「八宗（時に九宗等）」が主流となったが、中国では「禅律教（時に禅教律等）」が一般的で、後者の中国的な考え方を日本にもちこもうとする試みがあったと見通す[51]。たしかに、禅律教と十方院・徒弟院との組合せで寺院を分類する考え方や、事例は少ないが、五山径山の住持入寺にあたり教禅律の「三宗疏」が調製された事例などが、主として元代の史料で確認されており[52]、道元もそのような考え方に触れていた[53]。南北朝期の日本で「教院」の確立を試みたと大塚がみている仁空は、宋の高宗が天下諸寺を禅院、律院、講院（教院）に分け、それぞれに五山十刹を定めたと記している[54]。禅院のほか教院でも皇帝権力による五山制の整備が行われたという見解は、中国側の史料にもみうけられる[55]。

このような「禅律」という認識は、法制面にも反映している。たとえば天福二年（一二三四）の将軍家御教書案は、栄西の素意に基づく「禅教律」の「興行」を指示している。[56]権力に重用された「禅律」の台頭が、嘉暦期[57]や弘安期[58]の史料に記されており、同様の状況が「二条河原落書」[59]や「建武式目」[60]にも記されている。こうした禅律僧の台頭に伴う訴訟増加に対応すべく、足利政権が禅律方という組織を設けた事実は松尾剛次が詳細に解明しており、[61]夢窓疎石のからむ訴訟なども、禅律方が関与している。[62]さらに禅律方は、元亨以来の動乱死者を弔うことを標榜した利生塔政策も管轄した。[63]五山制度下では諸山に位置づけられた三河長興寺は、明徳二年（一三九一）十二月の申状で、禅律方頭人佐々木道誉の時代に塔婆（利生塔）が自寺に設けられていたとして、その料所の免許を求めている。[64]禅律方はやがて機能を停止するが、永正六年（一五〇九）においても、室町幕府追加法三五四条は「禅律僧口入」を制止している。[65]おそらく同時期の状況を記す「諸宗勅号記」は、国師号の付与について円爾が濫觴だと記し、「禅律浄」では禅が「棟梁」とする。[66]

では実際のところ、「禅律」という仏教観は、「八宗」の立場をとった顕密寺社やそれに連なる廷臣層にはどのように受け入れられたのだろうか。たとえば、東寺の「廿一口方評定引付」永享十一年（一四三九）八月一日条によると、「関東静謐御礼、諸門跡幷禅律寺庵」という区分があった。[67]永正十八年（一五二一）に僧官座次に関する二条尹房の諮問に答えた中御門宣胤は、「禅律浄土等宗、当時如何、被准之哉」と述べており、[68]「禅律」は「浄土」とともに顕密系僧官位の枠外扱いであった。室町後期・戦国期の廷臣層は、禅律に対する顕密の優位を確信していたわけではなく、むしろ禅律をうまく朝廷由来の国制に組み込めているか確信できていなかった状況を示している。

顕密寺社や廷臣層以外の見解をみておくと、早い時期では日蓮が、建長寺、寿福寺、極楽寺、建仁寺、東福寺などの「日本国禅律念仏等寺々」について、「比叡山等の法華天台等の仏寺を破せんために出来」した「魔寺」だと述べている。[69]時期はくだって、本願寺証如も、将軍からの使者をつとめた南禅寺の所属僧へ礼儀を出すにあたり、「太刀など八禅律へは不レ出物」と述べており、[70]浄土真宗ないし本願寺自身が「禅律」とは区別されるべき存在であることを期せずして表明している。顕密八宗だけでなく日蓮宗や浄土真宗についても、禅律教という仏教観のなかに自らを位置づけることはなかったと考えられる。

「禅律」という範疇は、禅僧ないし五山僧自身にどれほど受け入れられていたのかも、実は問うてみる必要がある。南北朝期の五山僧周辺の動きをみておくと、たとえば、観応二年（一三五一）に死去した夢窓の徒弟には「律僧」二七名、「教僧」四七八名が含まれていたという。(71) また文和三年（一三五四）には、足利尊氏が「天下禅律教僧」に一切経を書写させたという記録(72)や、摂津氏の三十三回遠忌にあたり「接待禅教律」という記事もある。(73) 夢窓の後継者の一人であった義堂周信を訪ねたある律僧は、「今天下の仏法は禅律二宗の徒に系る」(74)と述べ、禅律が争うことなく協調するよう希望している。五山僧自身が「凡そ吾国の例、禅教律院無く、皆大般若経一部六百巻を置く」と記す事例もある。(75) このように、五山僧が「禅律」という枠組みをある程度受け入れていた素地がどこにあるかといえば、中国ではもともと、律寺のなかに禅院も同居していたというのが、近世の禅僧にまでうけつがれた見解であった。(76) 律寺から禅院を自立させるにあたり制定されたのが、禅院における共同生活のあり方を定めた「清規」であり、その主旨は、戒律では禁止されていた生産労働を「作務」として認め、修道に取り込むことであったとされる。(77)

禅院が律寺から自立した事情については、宋代五山霊隠寺の住持であった大川普済の行状も参考になる。(78) すなわち生家の業は「儒」であったという大川は、もともと「律」により「教」に導かれたのだが、あるとき「幡然」として「持犯は身を束ね、義学は支離す。何ぞ能く生死を超えんや」と悟り、「是に於て教を舎《す》てて禅に入」ったという。蘭溪道隆が「坐禅論」で「禅は仏の内心なり、律は仏の外相なり、教は仏の言語なり、念仏は仏の名号なり。是れ皆仏心より出づ、是の故に根本とするなり」と述べているのも同じ趣旨であろう。(79)「教」が経典に拘泥しすぎるとすれば「律」は行為に拘束されすぎであり、むしろ禅は儒学と拮抗しながら、天の事物に宿る「理」、人に宿る「心」の探求に専念したいという立場の表明であろう。

瑞溪周鳳は、薩摩福昌寺から見出されたという渡唐天神画像に関連して、かつて天神が「一生持戒」の僧百名の読経という無理難題を希望したところ、円爾が機転をきかせて、水晶数珠をならべて自身を乱反射させながら読経を行い、天神が感謝したという逸話を記している。(80) さらに瑞溪は、自身が守りきれずにいた戒律を「教内」と述べており、(81) 自らの本領である「教外別伝」と対比しているかのようである。瑞溪と同年代の一休宗純は、青年僧に娘を抱きつかせた老婆が、冷静さを失わなかった青年僧に不満を抱き追放したという著名な「婆子焼庵」の公案をとりあげ、青年僧の大成を待てなかった老婆に問題ありとしつつ、老境の自分であれば娘を受け入れることは易学に叶うと述べる。(82) 瑞溪や一休ら禅僧ないし五山僧にとって、ひたすらな持戒はむしろ思考停止であり、破戒に伴う思考停止を避ける工夫こそ、自らの本領としていたかのようである。

還俗妻帯して五山僧をやめたともいわれる万里集九が、まだ若年であった応仁頃とみられる詩文に、次のようなものがある。(83) これもまた、本書で重視する五山文学の一例である。

謹題㆓春日霊廟㆒

暫入㆓南京㆒借㆓律衣㆒。毎朝偸㆑眼、酒家扉。山々水々不㆓看尽㆒。路上残楓、鹿尚肥。（南都忌㆓禅僧㆒、故借㆓律家之衣㆒。鹿為㆓春日使者㆒）

興福寺が支配していた中世段階の大和国に、五山僧の活動拠点となる安国寺や諸山、十刹が存在しなかった事実はよく知られているが、興福寺上層部のそば近くにおいても、五山に属した経歴をもつ人物は存在した。(84) それゆえにというべきか、五山僧と律僧とは、外見は似通っていること、しかし中身は大きく異なることを、顕密寺社に属する春日社や興福寺はよく認識していたのだろう。顕密寺社にとって、律僧は顕密仏教の「改革」を促す存在として受け入れることはできても、律僧のふりをしてひそかに飲酒しながら残楓を楽しもうという五山僧は、律僧と同一視できるような存在ではなかったのである。[85]

おわりに――本書の課題

玉村竹二が強調したように、五山僧という存在が列島に現れた発端は、列島の政治史・思想史的事情とは無関係に渡来した宋元禅僧らの「受動的受容」であった。[86]実は玉村自身は、受動的受容ではなく能動的・求法的受容にこそ価値があるという立場をとっている。顕密八宗論や禅律仏教論の五山僧理解も、「改革」つまり「能動」に重心がある。しかし私見では、「能動」の連鎖からは決して生まれ得ない「受動」を起点に置いて、五山僧という存在を意義づける必要がある。

こうした「受動」が行われた場は、日常的には中央の支配に対し受動的な立場に置かれた地方であったことが、五山制度の列島規模の展開に深く関連すると予測される。顕密八宗や禅律仏教をめぐる諸議論も、中世仏教の全体像を把握しようという試みである以上、一定の列島規模の視野をもっている。凄惨な地獄の拷問の描写をもって地方農民層に貢納を強く迫った讃岐国仏名懺悔会の記事や、[87]叡尊から受戒した比丘[88]ないし西大寺末寺の全国的な分布、[89]あるいは経塚遺物や銘文にみえるいわば仏教用語としての「日本国」の普及、地方所在の「山林寺院」の周辺でみられた「十方施主」や地元貴顕の存在など、[90]重要な論点が示されている。とりわけ、一二世紀の半ば頃という段階で、「外来宗教としての仏教」が、「信仰心の自然な拡大・浸透」でもなければ「支配思想による民衆呪縛の成功」としてでもなく、「地域社会の主体性による獲得」として列島社会に定着し始めたのではないかという「山林寺院」論の構想[91]は、一三世紀の半ば頃から不意にかつ本格的に到来しはじめる五山僧らを迎えた夷中の主体性の形成過程に関わる議論として重要である。

顕密・禅律仏教は、どちらかといえば中央の求心力を代表し、民衆呪縛の役割を期待され続けた側面があるのに対し、五山僧は地方の遠心力を代表し、一二世紀頃から芽生えはじめた「地域社会の主体性」と合致して、急速に勢力を拡大したとは考えられないだろうか。顕密八宗論や禅律仏教論には、畿内仏教論というべき地域性、地方性を自覚すべき部分があり、そのような「地域（的）偏差」の問題も自覚されはじめている。[92]畿内といえば、その中心点にいる天皇は、病魔を払う祇園御霊会の長刀鉾の剣先を決して向けてはならない「キヨメ」の原点であり、「ケガレ」を排除し差別する原点であるという特殊性を帯びる。[93]村井章介が示した「《浄―穢》の同心円」論[94]も参照するならば、こうした天皇を戴く畿内の「キヨメ」を離れれば離れるほど、列島社会に内在する異国的な「ケガレ」の要素は増大し、いわば筆談代わりに漢詩漢文による意思疎通を必要とするような場面が少なからずあり、そのような「夷中」こそ、五山僧の本領が示される場だったとは考えられないだろうか。

本書は全体として、第Ⅰ部で足利政権と五山僧との関係、第Ⅱ部で、それを規定していた夷中の檀越と五山僧との関係、第Ⅲ部で、さらにそれを規定していた五山僧や五山文学をめぐる思想信仰の状況、の三部構成で論を進めてゆく。

第Ⅰ部では、五山制度の終焉でもある紫衣事件を主題とした前著『禅宗官寺制度の研究』で、事件の前提として検討した得宗、後醍醐、足利の歴代政権を通じ形成されてきた五山・十刹・諸山の住持補任ないし公帖発給について、その最盛期にあたる室町から戦国期にかけての状況を網羅的に検討する。具体的には、「蔭凉軒日録」「鹿苑日録」『鹿苑院公文帳』の住持補任記事、『五山文学全集』『五山文学新集』などに含まれる住持着任に関わる諸作品、その他、関連する古文書、古記録の網羅的な収集と分析とに努める。こうした膨大な住持補任記事の収集と分析とを通じて、①足利氏歴代と天龍寺や相国寺ないし夢窓派との師檀関係、足利氏歴代の個別五山僧に対する帰依を中核とした五山理解からの脱却、つまり五山は足利氏の私寺にとどまるという理解からの脱却、②五山僧の所在は中央の京都周辺よりもむしろ地方に比重があった事実の解明、③その事実を踏まえて、公帖発給という職掌が関東公方を含む足利政権にとってもった意義の解明、などをはかる。

第Ⅱ部では、第Ⅰ部で五山僧の所在比重が地方にあると見通したことをうけて、地方における十刹、諸山禅院のあり方や、五山僧たちの活動ぶりの解明をめざす。全国の諸山、十刹をめぐる基礎的な史料情報は、かつて今枝愛真が一覧表でまとめており[95]、その情報を中核として関連史料を列島規模で見直した結果、とくにまとまった史料を得られた石見安国寺や備中宝福寺をとりあげる。石見安国寺については、禅律方管掌の安国寺から五山制度下の諸山に推移する経緯を検討し、もって顕密禅律僧から五山僧への推移について考える。備中宝福寺については、室町期地方史料の代表格ともいうべき東寺領の荘園史料と、五山文学に属する住持着任をめぐる作品との連動関係を検出する。地方禅院の檀越といえば有力武士だという通念を改めて、十方檀越といわれるような群小檀越の重要性にも着目する。主として尾張、三河に地域を設定し、諸山禅院を支えた十方檀越の具体像の解明、さらに、こうした諸山禅院に比べるべくもない小寺庵を拠点とした五山文学僧が、地域社会との関わりで著した諸作品の検出などを進めてゆく。

第Ⅲ部では、不意に「夷中」に到来し、「夷中」の人々の主体性を喚起し、足利政権の宗教政策をも左右したと本書で想定する五山僧の内実について、その思想史的位置づけを探ることを通じて考察する。五山僧の思想的内実に関わる前史である儒学史、道学史、あるいは対外関係史については、現在の筆者には独力で史料を収集分析するほどの能力を欠くため、主として研究史整理を行いつつ、そのなかで示されてきた史料を筆者なりに再提示する。あわせて、従来は懐疑的、否定的な見解に帰着しがちであった五山文学の研究史を整理する。そして、近代的国民国家の樹立、均質純粋な民族文化の重視といった呪縛から本当に解放されているかどうか、いいかえれば、中世の列島社会は「夷中」と呼ばれたような異国的要素に満ちていたという想像力を働かせられるかどうかが、五山文学を再評価できるかどうかの鍵であろうと展望する。ついで、今日では一般に、日本曹洞宗の始祖とされる道元とともに日本臨済宗の始祖とされる栄西について、中世の五山僧は栄西を開山とする建仁寺を興隆させる必要から、儒仏道の三教一致思想である「仏心宗」の始祖として造形し、「夷中」の諸勢力の支持をひきつけようとしていたのではないかと考察する。つまり、栄西は儒学との接点が乏しいとみてこれを評価し、日本仏教の一宗派である臨済宗の始祖として造形した近世以後の禅宗や禅僧と、中世の五山僧とでは、周囲から期待されていた思想的内実が大きく異なったのではないかと展望する。最後に、五山僧の最高位であった南禅寺住持という存在に着目し、顕密律僧らとの出自身分上の違いや、安土宗論や方広寺鐘銘事件に関わる信長や家康らの南禅寺住持認識を明らかにする。織豊政権下の列島社会でイエズス会を率いたヴァリニャーノらも、五山僧らを特徴づける思想信仰と格闘しつつ南禅寺住持という権威に着目していたが、彼らキリシタンも列島社会における「夷中」の構成員であったとみて差し支えない。そのようなキリシタンの排除に象徴される「夷中」の衰滅は、南禅寺住持を頂点とした五山僧らの地位低下をも促したのではないかとの展望を示しつつ、終章であらためて本書のまとめを行う。

本書でのいくつかの用語や表記について、ここであらかじめ付言しておきたい。

第一に、「足利政権」という用語である。本書では先行研究の論旨を確認する場合などを除き、原則として「室町幕府」ではなく「足利政権」という表記を用いる。理由は、足利氏の政権が必ずしも京都室町を本拠とはしなかった南北朝期や戦国期も扱うこと、織豊政権期や徳川政権期も扱うが、足利と徳川の政権のみ特別視するかのように「幕府」と呼称するのは本意でないこと、近年盛んな室町幕府論や室町殿論は、京都の寺社本所勢力と武家政権との関係を考察するうえでは有効な概念であり、本書の初出稿でも用いたが、本書の主対象である「夷中」の人々にとって、武家政権の首長は「室町殿」という京都内の地名で認識されるものではなく、「公方」といった漠然とした概念であっただろうこと、などによる。五山僧は、おそらく彼らの檀越である「武士」たちの関心に対応して、足利政権の首長を公家社会の一員であるかのような「室町殿」ではなく、しばしば「征夷大将軍」と呼称している事実もおさえておきたい。鎌倉幕府については、「幕府」概念にもっとも適合的な権力であるように考えているが、これも適宜、得宗政権といった用語で置き換える。

第二に、「五山僧」という用語である。本書では、宋元期までに朱子学などとともに形成されていった臨済宗系、曹洞宗系の信仰思想を列島社会にもたらし、得宗、後醍醐、足利の歴代政権から五山、十刹、諸山などの格式を与えられた全国の諸禅院を活動拠点としたり、それら諸禅院の住持身分をもって各地で活動したりした禅僧たちのことを指す。本書の初出稿では「五山派」という名称を用いた場合もあるが、「臨済宗五山派」という用語が成り立ち得るなど、五山僧が仏教内の一宗派である禅宗の、そのまた内部の大応・大灯派（大徳寺派）や関山派（妙心寺派）などと並び立つ一分派であるかのような誤解を生み出すのを避けるべく、本書では原則として五山僧という表記に統一した。これも本論のなかで検討してゆくことであるが、五山僧とは仏教のなかの一宗派である禅宗の、そのまた内部の一分派などではなく、主に儒仏道の三教をまたがる総合的思想の形成をめざした道学的仏教者であり、近世以後の仏教内の一宗派である禅僧や禅宗とは異質な思想の担い手であり、臨済宗や曹洞宗といった概念で彼らの全体像は語れないと判断している。なお、個別の五山僧については、原則として各節初出の場合には道号法諱（例・一休宗純）を表記するが、略称としては道号（例・一休）のみを記し、道号がわからない場合には法諱のみ（例・宗純）を記す。

第三に、「五山文学」という用語だが、「「法語」「疏」など宗教的説示を集成したものを「語録」、日常的・個人的な詩や文を集めたものを「文集」ということが多い」という見解[96]に賛成である。つまりこうした区分は、そのように「いうことが多い」という傾向にとどまるものであり、明確な区別ではない。詳細な研究史整理は第10章で行うが、五山僧らの法語、疏、詩、文などは、上村観光が『五山文学全集』、玉村竹二が『五山文学新集』と題する史料集にまとめたのであり、これらを一括して「五山文学」と呼称して差し支えないと考える。また、五山と林下とを区別する通説からすると、いわゆる林下に属するとされる曹洞宗僧や大徳寺派、妙心寺派の禅僧の法語詩文類を「五山文学」に含めるのは違和感があり、たとえば「禅林文学」という呼称を用いるべきだという立場があるかもしれない。しかしながら、第12章などで詳述するとおり、少なくとも中世段階における曹洞宗僧や大徳寺、妙心寺派の禅僧は、五山僧の一員ないし予備群だったのであり、本書では、彼らいわゆる「林下」の禅僧たちの法語詩文類についても「五山文学」に含めて考える。

第Ⅰ部　足利政権と五山僧

第1章　叢林と夷中
——五山僧の列島散在

はじめに

足利政権をはじめとする歴代政権から、五山、十刹、諸山の格式を与えられた禅院は、全国に三百余り存在したと考えられている。(1)その住持は、南北朝期から戦国期においては、原則として足利将軍家の家長が発給する公帖《こうじょう》と呼ばれる文書で補任されることになっていた。このように、足利将軍家と直属関係をもつ諸禅院を活動拠点とする禅宗の諸門派は、一般に五山派と総称される。五山派は別名叢林《そうりん》ともいい、林下《りんか》と呼ばれる禅宗諸派と対置されるのが普通である。

叢林と林下という対概念をはじめて積極的に打ち出したのは、玉村竹二の論考「日本中世禅林に於ける臨済・曹洞両宗の異同——「林下」の問題について」であろう。(2)この論考で玉村は、「臨済宗は悉く中央に在り、曹洞宗は悉く地方に在つたといふ在来の説が成立つかどうか」疑問であり、「日本の中世禅林を分けるのに、名目的に臨済・曹洞の二宗にするよりは、中央に在る者と地方に在るものの二つに分ける方が、宗門の史学的研究の為には遙かに適切である」とし、「今その中央的なものを「叢林」といふ語で表現し、地方的なものを「林下」といふ語で表現しよう」と提唱している。中世禅林の実態を理解しようとする場合、臨済宗と曹洞宗という現在の宗派区分が必ずしも有効ではないと指摘された意義は大きいと思う。

ところで以上の問題提起は、臨済宗と曹洞宗にせよ、叢林と林下にせよ、「中央と地方の関係をどう捉えるか」という論点を含んでいる。(3) 玉村は上述の論考で、「今は中央の事より地方の事に重点を置きたいから、中央の事は、地方に対立するものとして、一応触れるにとゞめ、寧ろ地方の事、即ち地方に於ては、従来曹洞宗とあまりにはっきり区別され過ぎて閑却された臨済宗の側について見直さう」と述べ、便宜的に中央と地方とを「対立」関係で捉えている。これに対し広瀬良弘は、鈴木泰山の「禅宗の地方発展」の視角を継承し、主に越中、越前、若狭における五山派の「地方展開」を検証している。(4) また上田純一は、「禅林象器箋」に「大徳寺妙心寺山隣と称す、(中略)五山僧、自ら叢林と称す、大徳妙心を貶め、山林と称す」(原漢文)と記されていることに注目し、とくに大徳寺派について「中央を本拠として五山とも不即不離の関係を保ちながら(叢林的性格)、地方へも積極的に展開した(林下的性格)」と指摘し、「山隣」という概念を提唱している。(5) 広瀬、上田とも、基本的には禅宗教団の中央から地方への「展開」という形で、中央と地方の関係を把握しているといえよう。

では、全国各地の禅院が、諸山・十刹の寺格を与えられ、足利政権の公帖により補任された住持を迎え、叢林の裾野を形成している事実は、中央と地方のどのような関係を反映しているのであろうか。そこに見出される関係は、中央と地方の「対立」であるのか、それとも中央から地方への「展開」であるのか、それともそれ以外の関係であるのか。本章では、室町中期の全国各地の五山、十刹、諸山の住持補任について、もっとも膨大かつ詳細に記録している「蔭凉軒日録」を中心に用い、可能な限り住持補任記録の悉皆的な抽出と分析を試みることにより、上述の課題に迫ることとしたい。(6) なお本章では、中央地方の所在を問わず、五山、十刹、諸山の寺格をもつ禅院のことを、適宜叢林と総称する。

一　諸山・十刹住持補任の概況

「蔭凉軒日録」の筆録期間は、周知のように次の三期に分けられる。(7)

まず第一期と第二期は、季瓊真蘂の筆録期間である。季瓊は赤松氏の出身で、義教により蔭凉軒主に招かれるが、嘉吉の変により、赤松氏一族であることを憚り、一時離職したと考えられている。この離職までの記録内容が第一期に相当する。そののち蔭凉職の職務は、一時伊勢貞親が管掌したとみられるが、やがて季瓊が復職し筆録を再開する。この復職後の記録が第二期に相当する。第二期の筆録は、季瓊が文正元年（一四六六）九月に伊勢貞親とともに失脚するまで続く。その筆録内容は「公的」な色彩が強く、そのため各方面で珍重され、写本も多数作成されたという。

次の第三期は、亀泉集証の筆録期間である。蔭凉職は季瓊真蘂ののち、範林周洪、承泰、惟明瑞智等に在職徴証があり、文明七年（一四七五）には季瓊の法眷である益之宗箴が就任し、亀泉の筆録は文明十六年八月から、その益之の代筆として開始される。同年十月、正式に蔭凉職に就任した亀泉の筆録内容は、詩会などの「私的」な部分にも及ぶとされるが、きわめて詳細な記述内容は、たしかに蔭凉職の公務というより、亀泉の個人的な資質に負う部分が大きいのであろう。

以上の時期区分に従って、「蔭凉軒日録」に記録されている叢林住持補任＝公帖発給の記録件数を整理したのが表1-1である。件数の数え方だが、公帖発給までに時間を要し、記録上複数あらわれる補任案件であっても、同一の補任案件と確認できる場合には、できる限り一件としてまとめてある。叢林住持補任の管轄は、いわゆる鹿苑僧録や、その実務を担った蔭凉職の最重要任務とされている。その点で、「蔭凉軒日録」に記載されている補任記

表 1-1　叢林住持補任件数（「蔭凉軒日録」）

	第 1 期（77 カ月） 永享 7.5〜嘉吉 1.7	第 2 期（109 カ月） 長禄 2.1〜文正 1.9	第 3 期（114 カ月） 文明 16.8〜明応 2.9	計
五　山　格	76	83	224	383
内訳				
南禅寺	7	17	37	61
京都五山	21	62	115	198
鎌倉五山	48	4	72	124
諸山・十刹格	322	541	385	1,248
地域区分				
山　城	34	123	178	335
畿　内	63	18	10	91
その他	218	393	195	806
未確定	7	7	2	16
計	398	624	609	1,631

注 1）上記表は，被補任者と補任先禅院名が明記されているもののみを採録し，いずれかが明記されていない若干例は除外してある。

2）「地域区分」のうち，「畿内」は五畿内のうち山城を除いた分，「未確定」は各地に同名の禅院が存在する場合で，いずれの禅院か確定できていない分である。

3）第 3 期のうち，文明 19 年 5 月 5 日条所載，丹後安国寺（東玉）祖春，若狭高城寺（明窓）慈晃，加賀妙雲寺（伯升）梵徳の補任事例は文明 7 年 12 月であり，また，延徳 4 年 6 月 2 日条所載，相模禅興寺竺雲顕騰の補任事例は文明 15 年 8 月であり，厳密にいえば第 3 期の筆録期間外であるが，第 3 期の住持補任事例に準じて扱ってよいと判断し，上記表に含めている。

事は、当該期の足利政権の公帖発給の全体像を、おおむね示していると考えてよいであろう。

表1-1にも示したように、足利政権の公帖により住持が補任されることになっている叢林は、「五山之上」南禅寺が最高格で、いわゆる京都五山（天龍寺、相国寺、建仁寺、東福寺、万寿寺）と鎌倉五山（建長寺、円覚寺、寿福寺、浄智寺、浄妙寺）がそれにつぐ。五山格としてまとめた以上一一カ寺の住持の補任記事は、「蔭凉軒日録」のあしかけ三〇〇カ月（約二五年）の記録期間中、三八三件見出される。その五山格よりも下位の格式の禅院として、諸山・十刹の寺格を与えられた禅院が、京都周辺だけでなく全国各地に散在している。

これら五山、十刹、諸山の寺格をもつ禅院すなわち叢林を活動拠点としている五山僧たちは、首座《しゅそ》を筆頭とする平僧の時期を経て、諸山住持補任の公帖を得ると西堂（長老）の仲間入りを果たし、十刹住持を経て五山住持に昇進すると東堂と呼ばれ、さらに南禅寺住持に補任されると紫衣着用が許されることになっていた。そのような五山僧たちの「出世」の出発点にあたる諸山・十刹の格式をもつ叢林は、すでにみたように全国で三百余り存在する。そのうち、実際に「蔭凉軒日録」で住持補任が確認できる各地の諸山・十刹格禅院の数は一六九カ寺で、総補任件数は、あしかけ三〇〇カ月間で一二三二件を確認している。このほか、万寿寺（京都五山、豊後十刹、相模十刹）、宝林寺（播磨十刹、丹後諸山）、興聖寺（山城諸山、肥前諸山）、安養寺（伊勢諸山、若狭諸山）など、同名の禅院が存在し、そのいずれの住持補任であるか確定できていない分が一六件ある。以上を合計すると、「蔭凉軒日録」は約二五年間に行われた全国一八〇カ寺の禅院住持補任一六三一件を記録していることになる。

一般的に、足利政権と直属関係をもつ叢林は、戦国期以後に勢力を拡大する大徳寺・妙心寺派や曹洞宗など、地方を活動拠点とする林下ないし山隣と呼ばれる禅宗諸派と比較して、中央の支配層に依拠する禅宗集団とみなされてきた。たしかに、寺数では一一カ寺＝六・一％を占めるにすぎない五山格禅院が、住持補任件数では三八三件＝二三・四％を占める。ここに山城所在の諸山・十刹一五カ寺分の住持補任件数三三五件も加えるならば、寺数では二六カ寺＝一四・四％にすぎない、いわば中央所在の禅院が、禅院住持補任件数では七一八件＝四四・〇％を占めることになる。

このように、中央所在の禅院に住持補任の記録が集中しているのは、これらの住持補任が、実際の住持就任（入寺または入院《じゅえん》）(8)を伴わない、いわゆる坐公文《ざくもん》であったこととも関わる。坐公文とは、住持補任された五山僧が、従前の居所を動かないまま、つまり坐して住持身分だけを得る公帖（公文）、との語義で、そのような坐公文による住持身分の昇格を居成《いなり》ともいう。「蔭凉軒日録」の記録期間中に、足利政権が全国一八〇カ寺の叢林住持補任一六三一件に関与しているという数字は、足利政権の意外な「全国的性格」を示しているようにみえながら、実は中央とりわけ京都周辺への偏りが著しく、しかも住持補任の実態は坐公文という形で「形骸化」していた、とみることもできる。こうした事実関係をある程度ふまえている「五山派＝叢林＝中央」という通説的な理解は、足利政権やその管掌下にある五山派の過大評価を戒める意義をもっていたともいい得る。

とはいえ、「蔭凉軒日録」には寺数で一五四カ寺＝八五・五％を占める、いわば地方所在の叢林住持の補任記事が、八九七件（うち畿内は九一件）も記録されている事実は、やはり無視することができないのではないか。この部分の分析を抜きに、足利政権の公帖発給の性格を論ずることはできないと考える。そうだとすれば、さしあたり気になるのは、こうした地方所在の叢林住持補任もまた、おおむね実際の住持就任を伴わない坐公文すなわち居成であったのかどうか、という問題である。

各地に所在する諸山・十刹格の禅院は、「蔭凉軒日録」の約二五年の記録期間中、足利政権の公帖をうけた住持を何名迎えたのか。とりあえず入寺か居成かを度外視してまとめてみると、諸山・十刹禅院の総補任件数一二三二件のうち、一禅院で二〇件以上という、他とは様相の異なる住持補任が記録されている禅院が八カ寺見出される。その補任件数は三八八件にのぼる。このうち、永享期に三十三間堂坐公文という形で大量に住持補任の公帖が発給されている摂津広厳寺と筑前聖福寺を除くと[9]、あとはいずれも山城所在の諸山・十刹格禅院である[10]。こうした補任は、実際の住持就任（入寺）を伴わない坐公文（居成）ならではの現象であり、公帖をうけて実際に入寺している某寺住持がいる傍らで、名目のみ「某寺住持」の身分を得ている五山僧が多数存在したことを示している。

では、上述の八カ寺以外の諸山・十刹格禅院の住持補任についてはどうか。その補任件数は、諸山・十刹の全補任件数一二三二件から、二〇件以上の住持補任が行われている上述八カ寺分、三八八件の補任件数を引くと、八四四件になる。これを、一六九カ寺から上述八カ寺を引いた一六一カ寺で割ると、平均で一禅院あたり、約二五年間に五・二件の住持補任が記録されていることになる。禅院住持の任期は、通常三年二夏といわれている[11]。三年に一度住持補任が行われるとすれば、一禅院につき八件の補任記事があるはずである。平均数値でみる限り、それ以上の間隔を経て、公帖発給が行われているのである。「蔭凉軒日録」の約二五年にわたる記録期間中、わずか一〜二件しか住持補任が記録されていない叢林も二三カ寺見出され、これらは坐公文とは違う意味で公帖による住持補任が「形骸化」しているとみるべきかもしれないが、いずれにせよこれら一六一カ寺の住持補任が、上述八カ寺の坐公文中心の住持補任とかなり様相を異にすることはたしかである。では、「蔭凉軒日録」自体はこうした叢林の住持補任の内実について、どのようなことを記録しているであろうか。

まず第一期であるが、当該期を特徴づける公帖発給は、三十三間堂坐公文、蔵経坐公文、諸公文として大量に発給されている筑前聖福寺（五二件）と摂津広厳寺（五〇件）の住持補任の公帖である。それ以外に、公帖発給ないし補任の種別が「新命」と記されている事例が一〇四件、とくに記事がなく種別不詳の事例が一一〇件、聖福寺、広厳寺以外の坐公文が五件、その他、再住（再入寺）とみられる事例が一件、以上合計で三二二件を確認している。

このうち「新命」であるが、記主は第一期と同じ季瓊真蘂の筆録である第二期の諸事例をみてゆくと、たとえば、寛正二年（一四六一）七月二十六日条に宝幢寺の「新命」候補として登場し、同年八月五日条で公帖を発給されている明仲中哲は、翌寛正三年二月十一日に「退院《ついえん》」を免許されている「宝幢寺長老」であろう。同じく寛正二年九月晦日条で、万寿寺（おそらく京都五山）の「新命」候補となっている雪堂宗坡は、同年十二月七日に「歓楽により退院」している。寛正三年二月十九日条で「等持寺後住」として検討されている原古慈稽の場合、同年七月二十四日条に「等持寺新命原古西堂、公文御判被レ遊也」とあり、同年八月十三日条で「奉レ報二等持寺原古西堂入院一」とある。寛正四年四月二十日条で、「関東主君（足利政知）」が「臨川寺新命」に推挙している景操の場合、翌年八月十五日付で公帖を発給されたのち、同年十一月十八日条に「退院之事、自二鎌倉主君様一以レ状被二望申一」

という記事があらわれる。いずれの「新命」の事例も、入寺、ないし入寺を前提とする退院の記事がある。記主が亀泉集証に代わった第三期についてもいくつか類例がある。たとえば文明十六年八月二十一日条をみると、端的に「臨川寺入寺、新命周□西堂」[11]と記されている。なお、「新命」と記されていながら坐公文であったことが明確な事例は今のところ確認していない。以上の状況から、原則として新命＝入寺とみてよいであろう。そうだとすれば、第一期に発給されている公帖の種別は、大別して、新命＝入寺公帖が一〇四件、坐公文一〇七件、種別不詳一一〇件、その他一件となる。住持補任の種別が不詳な叢林は、大半が各地所在の諸山・十刹格の禅院で、後述するように入寺公帖である可能性が高く、必ずしも坐公文が当該期の公帖発給の主要部分を占めていたわけではないと考えられる。

ついで第二期であるが、この時期は、単に「公文御判遊ばさる」などと記されるだけで、詳細不明のものが圧倒的に多く、四八一件にのぼる。これに対し、「新命」三一件、「新命」などと記されており、さらに記事内容で入寺が確認できるもの二六件、使節をつとめたことに対する報償、ないし仏事絡みの坐公文二件、再住一件、以上合計五四一件である。不詳分のうち、たとえば山城所在の十刹・諸山分の住持補任一二三件は、第一期と比較して補任数が著しく増大しており、坐公文である可能性が高い。また筑前聖福寺住持補任の六件（その他一件「新命」あり）も、応永期の規定[12]により、官銭が建仁寺開山塔頭護国院へ寄進される坐公文であった可能性が高いと思われる。しかしその一方で、新命ないし入寺と確認できる公帖発給が、少なくとも五七件確認できる点にも注意したい。

記主が亀泉集証に代わる第三期になると、第二期では判然としない公帖の種別がより詳細に判明する。表1-1によれば、第三期の諸山・十刹住持補任数は三八五件で、そこから山城所在分の一七八件と未確定二件を引いた残りは二〇五件となる。その内訳だが、「入寺公帖」などと明記されている事例が一七四件（再住ないし入寺前死亡等により未遂の事例も含む）ある。またこの時期には、発給された坐公文の種別もかなり詳細に記されている。それによると、公帖発給とひきかえに納入される公文官銭が寺社修造や仏事などに寄進される官銭成という種別の坐公文が一〇件（うち二件は筑前聖福寺、あとは一カ寺一件ずつ）、将軍家の逆修仏事などの際に許可される功徳成という種別の坐公文が六件(13)、その他、坐公文であるとみられるもの一〇件、種別不詳のものが五件（うち四件は筆録期間外、表1-1注3参照）である。以上を要するに、山城以外の各地に所在する諸山・十刹格の住持補任の公帖では、入寺公帖が二〇五件中一七四件＝八四・八％を占める。この比率はおおむね、第一～二期に遡及させてよいのではないか。

これまで、足利政権の公帖発給といえば、住持就任の実質を伴わない坐公文が中心と考えられてきた。しかし以上の検討によれば、住持就任すなわち入寺を予定した公帖も相当数発給されていたことは確実である。もちろん、公帖が入寺を前提に発給されている場合でも、実際には住持就任を伴っていない可能性も考慮する必要はある。たとえば、「蔭凉軒日録」長享三年（延徳元年、一四八九）九月二十日条では、「洛中洛外」以外の「遠国公帖」の受給者で、「号二入院一不二入院一者」は、「公文奉行」に「礼」を致すべきか否かが検討されている。これに対し、長享二年三月二十二日条をみると、「越中長慶寺新命英珍首座、去年領二公帖一、将二入寺一之頃、寺罹二鬱悠一而公帖亦焼失、聊雖三取二立一宇一無二公帖一之故、入寺之儀難レ叶、如二何之一」という記事がある（後述表1-5№9の事例）。そのため同年四月四日付で、鹿苑僧録と蔭凉職から入寺を認める公帖代替の書状が発給されている。また、長享三年五月二十九日条をみると、「先也東英首座、播（播磨）之安国寺公帖事雖レ望レ之、此十日以前、彼安国罹二鬱悠一不レ残二一宇一、以レ故不レ可二入寺之儀叶一、摂津国善住寺公帖事、可レ有二白沙汰一云々」という記事がある。禅院の罹災により実際の入寺が不可能な場合、補任先禅院は変更されているのである。以上の二事例をみると、入寺公帖が「蔭凉軒日録」の時代に全く形骸化していたと考えるのも早計であろう。

以上から、足利政権の公帖をもって行われていた室町中期頃の叢林住持補任は、①入寺公帖を得て、実際にも入寺している場合、②入寺公帖を得ていながら、実際には入寺していない場合、③最初から入寺が予定されていない坐公文、以上の三種類から成り立っていたとみるのが妥当であろう。先学は、①が形骸化して②となり、それがなし崩し的に定着したのが③坐公文である、といった理解を示しているが[14]、各地所在の諸山・十刹禅院の住持補任を中心に、①または②の公帖が多数発給されていることは上述したとおりで、「蔭凉軒日録」の記録期間中に、坐公文が公帖の中心になったとみることはできない。また、次節以下でもみるように、「蔭凉軒日録」では②はいわば非合法なものとして問題視されているのに対し、③は全く問題視されておらず、その点で②と③は本来別物であり、①ともども③に収斂するという理解は成り立たない。いいかえれば、当該期の叢林の五山僧は、①②③の公帖をどのような組合せで受給しながら、その地位を上昇させていったのか、という角度から、あらためて当該期の公帖発給の全貌を捉え返してみる必要があると考えられよう。

二　夷中との交渉

すでにみたように、叢林の五山僧は、諸山、十刹、五山、五山之上（南禅寺）の公帖を順次うけることで、その身分を上昇させる制度となっていた。実際には、五山や、南禅寺の住持にまで出世する五山僧はごく限られるが、これまで五山制度における住持補任ないし公帖発給の問題は、ともすればその五山以上の住持補任の事例を素材に、実際の住持就任を伴わない坐公文（居成）がしばしばみられる事実に注目が集まりがちであった[15]。一方、諸山住持を経て十刹住持にまで出世する五山僧の具体例はどの程度検出できるのか、「蔭凉軒日録」などにみられる大量の補任記事から抽出が試みられたことはないように思われる。その実態を検討することで、前節で検討した山城

表 1-2　諸山→十刹の出世事例（総合表）

	山城→山城	山城→各地	各地→山城	各地→各地	種別組合計
諸山入寺→十刹入寺	1	1	5	15（表 1-5）	22
諸山入寺→十刹居成	2	0	25（表 1-4）	4	31
諸山居成→十刹入寺	9	2	2	2	15
諸山居成→十刹居成	22	0	4	1	27
地域関係計	34（表 1-3）	3	36	22	95

ないし京都所在の禅院で行われている坐公文（居成）中心の補任と、各地所在の禅院で行われている入寺中心の補任との相互関係をみてゆくこととしたい。

表1-1に示したように、「蔭涼軒日録」で、所在地を確認している諸山・十刹の住持補任件数は一二三二件である。以上の収集事例のうち、諸史料の照合により、同一法諱の者が、二カ寺以上に補任されており、〈諸山→十刹→五山→南禅寺〉の出世過程が部分的にでも再現できる事例を抽出すると、五三六件の〈諸山住持→十刹住持〉の出世事例を得ることができる。同一法諱であっても時期がへだたりすぎているものや、同じ時期に二人以上同じ法諱の者が存在し、両者を混同するおそれがある場合は除外している。それでも依然として、同名異人を混同している場合や、法諱の変更を追い切れていない事例などもあると思うが、足利政権から公帖をうけ、諸山、十刹など複数の叢林住持に補任されているとみられる事例が、一二三二件中五三六件で、四三・五％を占めること、つまり諸山住持から、さらに十刹以上の住持に補任されてゆく叢林の五山僧が、それなりに一般的に存在したことは、さしあたり確認できるであろう。

上述の五三六件の諸事例からさらに、禅院の所在地が山城（京都）かそれ以外の各地か、補任の種別が入寺か居成（官銭成、功徳成などの坐公文）か、以上二つの分類基準がすべて判明する〈諸山↓十刹〉の出世事例を抽出すると九五通り（一九〇件）で、表1-2（総合表）のようになる。すでに述べたように、諸山・十刹格の住持補任の種別、とくに入寺について詳細に判明するのは、ほぼ、亀泉集証筆録の「蔭涼軒日録」三期に限られるため、表1-2の採録件数も全体から見ればごく一部となるが、この表1-2を一

表 1-3　山城諸山→山城十刹

諸山　十刹	蔭凉軒	入寺→入寺	入寺→居成	居成→入寺	居成→居成	その他	公文帳
景徳→真如	18			1	16	入寺→不詳 1	88
景徳→臨川	8			2	6		46
景徳→等持	7	1		5（1 未遂）		不詳→入寺 1	12
仏心→真如	2					入寺・居成→不詳各 1	1
仏心→安国	1					居成→不詳 1	0
西禅→真如	1			1			4
西禅→臨川	1					不詳→入寺 1	0
西禅→安国	2					不詳→不詳 2	0
三聖→真如	2		2				28
	42	1	2	9	22	8	179

見して気づくのは、
①山城諸山居成→山城十刹居成（表1-3）
②各地諸山入寺→山城十刹居成（表1-4）
③各地諸山入寺→各地十刹入寺（表1-5）
以上三通りの組合せが、諸山・十刹格公帖の主要な発給形態であったとみられる点である。以下、この三通りの補任の内容について検討し、最後に、その他若干注目される補任の組合せについても言及してゆくこととしたい。

（1）山城諸山居成→山城十刹居成の諸事例

「蔭凉軒日録」に住持補任が記録されている山城所在の諸山格禅院は、興聖寺、景徳寺、三聖寺、西禅寺、大聖寺、仏心寺、龍翔寺の七カ寺で、同じく十刹格の禅院は、安国寺、広覚寺、真如寺、等持寺、普門寺、宝幢寺、妙光寺、臨川寺の八カ寺である。このうち、〈山城諸山→山城十刹〉という組合せの住持補任を確認できない禅院は、諸山では興聖寺、大聖寺、龍翔寺、十刹では広覚寺、妙光寺である。それ以外の具体的な組合せのすべてと、その件数を表示したのが表1-3である。全体で四二件確認できるが、そのうち八事例は補任種別が完全には判明しない。補任種別が完全に判明する三四件中では、実際の入寺を伴わない

〈居成→居成〉の型が、二二件＝六四・七％を占める。そのうち一六件は景徳寺→真如寺の組合せで、残り六件は景徳寺→臨川寺の組合せである。

注目したいのは、長享二年四月から慶長十八年（一六一三）六月までの約一二五年間分、のべ六〇九件の諸山住持補任を記録している「諸山位次簿」と、年紀不記載の事例を含むがほぼ同時期の「十刹位次簿」（いずれも『鹿苑院公文帳』所収）とを照合してみると、景徳寺→真如寺の組合せは八八件（六〇九件中一四・四％）、景徳寺→臨川寺の組合せは四六件（六〇九件中七・五％）見出される点である。その大半は、〈居成→居成〉とみてよいであろう。以上の組合せは、公帖受給者に諸山・十刹の住持身分だけを与える坐公文の組合せとして、戦国期にかけて大量発給されていたのである。

では、どのような性格の五山僧たちが、景徳寺（居成）→真如寺・臨川寺（居成）といった組合せの公帖をうけているのであろうか。この組合せの住持補任は、諸山、十刹とも、実際の住持就任（入寺）を要しない点に特徴がある。このため、瀑岩等紳（九条家出身）[16]のように、伯耆から帰洛し大智院主の地位をつぐにあたり、「一級御免」すなわち名目的な諸山住持の身分が必要となり、景徳寺公帖をうけている事例もあるが[17]、逆に京都を離れるにあたり、この組合せの公帖を付与されている事例の方がむしろ目立つ。たとえば天文期の事例となるが、文泉景忠が「近日夷中江下」るにつき十刹真如寺住持に補任されている事例が典型例である[18]。明応二年（一四九三）派遣の遣明使節候補にあがった葦洲等縁（細川国範息）[19]が、「渡唐儀申付」という細川政元の申請に基づき景徳寺公帖をうけている事例も[20]、一種の「夷中下向」を契機とした坐公文発給とみたい。ちなみに、実際に明応二年派遣の遣明正使をつとめた堯夫寿蓂[21]も、同時期に景徳寺住持、十刹真如寺住持に補任されており[22]、大内氏主体の天文十六年（一五四七）派遣の遣明船で正使をつとめた策彦周良も、派遣に先立つ天文十三年十一月に景徳寺、臨川寺住持に同時補任されている[23]。

土岐氏被官蒲田氏の出身であるという東瑛洪暾の場合、「泰公（承泰蔵主）作二上総介一、因州入国之時、亦此仁（洪暾）相副致二国之成敗一」との経緯により、景徳寺住持、ついで真如寺住持に補任されている。[24] 還俗して上総介の官途をうけた承泰蔵主の実名は山名康煕で、その因幡入国は応仁の乱の勃発に伴う動向であろうと考えられている。[25] 洪暾は、こうした山名氏一族の因幡入国に随行するという形で「夷中に下向」し、「国の成敗」を補佐した功績により、景徳寺→真如寺の坐公文をうけたものとみられる。

近江の出身で、出雲尼子氏の帰依をうけた惟高妙安の場合、[26] 天文七年に景徳寺、臨川寺住持に同時補任されたのち、[27] 天文八年閏六月以後に、相国寺住持への補任が検討されている。[28] そして同年七月にはその上洛を促すべく、「御内書」と「大館与州副状」が発給されているが、いずれも尼子経久宛で「妙安西堂久在国」「妙安西堂長々在国」につき「帰寺」を促すよう求める内容である。[29] 以上の経緯から、惟高が景徳寺→臨川寺の坐公文をうけたのも尼子氏の膝下すなわち「夷中」であったと考えられる。なお惟高は、こののち天文九年九月に相国寺に入寺し、鹿苑僧録にも就任しているが、天文十二年七月の南禅寺住持補任については「不住」と記録されている。[30] 南禅寺前住持として紫衣着用の身分を得たのちの惟高の具体的な活動徴証としては、島根県大田市円光寺所蔵「多胡辰敬（尼子氏被官）画像」に対する天文二十二年の著賛、大阪府半井好和氏所蔵「半井澄玄（明親・春蘭軒）画像」に対する永禄二年（一五五九）の著賛、京都府頂妙寺所蔵「斎藤越前守画像（三好長慶被官基速か）」に対する永禄三年の著賛などがある。[31] 夷中と五山文学とに活動の重点を置いた五山僧の一人といえよう。

「夷中」という用語[32]は、たとえば「蔭凉軒日録」延徳二年閏八月六日条に、「相公（足利義材）曾在二濃州一、其所号二承隆寺一、其房主（敬教首座）夷中僧極貧僧也、御在国間、致二忠節一之故、十刹公帖可レ有二御免一、如何」という記事がある。ここでも「夷中」の五山僧である敬教に対する十刹公帖付与が検討されており、同九日条に、「濃州龍門寺敬教首座、京城安国寺敬教西堂」の「書立」作成の記事がある。この場合、名目的な十刹住持補任として、山城安国寺住持補任の坐公文が発給されたとみられる。また、「鹿苑日録」天文五年九月七日条では、「夷中出世寺入院之時」の「製疏」に関し、「前ニ疏ヲ製人、在二夷中一則可レ書、未レ製人、於二夷中一初製事、無二其列(例)一云々」という記事がある。入寺疏はいわゆる五山文学の一角を占める作品群で、その作成（製疏）には高度な技術や教養を要し、本来であれば京都の正統な「文学僧」の指導をうけるべきところ、「夷中」の禅院で入寺住持を迎える際に、その入寺疏が「夷中」で自足的に作成される可能性が示されている。[33] この記事は、それは好ましくないという文脈であるが、「夷中」の力量をうかがわせる記事といえよう。このように、「夷中」に活動拠点ないし支持勢力をもつ五山僧に関する〈公帖発給＝住持身分の昇格＝改衣〉の出世事例は、さらに時期が下って豊臣政権が公帖を発給している文禄期の「鹿苑日録」にいたるまで散見する。[34]

以上、〈山城諸山居成→山城十刹居成〉の公帖発給は、政治的、経済的、文化的力量を有する「夷中」との接触が重要な契機の一つになっていることを確認した。次項以下でみるように、「夷中下向」そのものというべき各地叢林入寺を前提とした公帖発給が、当該期公帖発給の主要部分を構成している事実もまた、「夷中」との交渉が叢林の住持出世すなわち公帖発給の重要な契機であったことを反映しているのではなかろうか。

（2）各地諸山入寺→山城十刹居成の諸事例

この組合せの補任事例を抽出し、表示したのが表1-4である。表示できた組合せについては、前項（1）の組合せとは異なり、戦国期にかけて住持身分のみを与える坐公文発給の組合せとして『鹿苑院公文帳』に頻出しておらず、受給者の出自についても不明のものが多い。この組合せは、どのような性格をもった公帖発給だったのだろうか。

「蔭凉軒日録」の記事で一見して気づくのは、諸山入寺の公帖をうけていながら住持としての任期を全うせず、

表1-4　各地諸山（入寺）→山城十刹（居成）

No.	道号　法諱	諸山 典拠年月日	十刹 典拠年月日	五山（補任種別，典拠等） 典拠年月日
1	裔善	淡路安国 文明16.8/27	山城真如 延徳1.11/19	
2	（陽岩）英春	讃岐長興 文明16.11/8，12/21	山城臨川・真如 長享3.4/23，24，28，7/8，11/21，23	
3	月洲　景竺	摂津澄心 文明17.5/10，9/11	山城普門 延徳2.12/25	円覚（公文帳）
4	（日新）正継	丹波長安 文明17.5/15，9/11	山城真如 文明18.6/15，文明19.6/12，長享2.5/18	円覚（居成カ）・南禅（公文帳） 延徳2.12/9
5	周韻	薩摩大願 文明17.5/15，9/10	山城臨川 文明19.4/5，6/20，7/10	円覚（居成） 延徳1.10/26
6	承英	近江宏済 文明17.9/3	山城真如 長享2.1/13，15	
7	（大初）元甫	美濃正法 文明17.9/11	山城真如 延徳1.10/26	
8	霊洙	能登安国 文明17.11/24，12/6	山城宝幢 文明18.3/12，21	
9	（清叔）徳純	大隅正興 文明18.6/11，13	山城真如 長享2.6/9，14	
10	正荀	出羽金剛 文明18.6/24	山城真如 文明19.4/21，7/6，12/17，18，23，長享2.2/6	
11	（庭実）等訓	信濃西光 文明18.6/24	山城宝幢 長享2.2/3，23	
12	玄賀	豊後崇祥（入寺）山城景徳（居成） 長享1.10/27，11/20，長享2.8/9，10/19，3.3/5	山城真如 延徳1.9/19	
13	（春桂）宗昌	肥前大光 長享1.11/14，20	山城真如 長享3.5/3，8/3，9/19，延徳2.3/15，9/11，10/9，12	
14	竺仙　尚雄	摂津善住 長享2.2/3，延徳3.2/23	山城普門 延徳2.12/25	建長（居成，鹿苑日録） 明応8.5/9，6/9
15	惟天　源高	讃岐道福 長享2.6/5，8	山城真如 延徳3.4/15，16	

（つづく）

No.	道号　法諱	諸山 典拠年月日	十刹 典拠年月日	五山（補任種別，典拠等） 典拠年月日
16	（慈航）祖広	加賀福聖 長享 2.12/14	山城真如 長享 3.2/23，3/5，9/19，28	建仁（居成，五山歴代） 明応 7.5/13
17	性劼	越中長禅 長享 2.12/14	山城真如 明応 1.11/1，6	
18	（木叟）龍甲	肥前円福 長享 2.12/14	山城普門 明応 2.3/24，4/3	円覚（公文帳）
19	（希雲）恵沢	伊賀安国 長享 3.1/19，2/5	山城普門 延徳 3.6/29，7/5，6	円覚（公文帳）東福（扶桑）
20	（崑峰）真玉	肥前興聖 長享 3.2/5，23	山城真如 長享 3.9/8，10/29，11/19	
21	（蘭裔）元茂	讃岐道福 延徳 1.9/6	山城真如 延徳 4.8/7，24	
22	桐峰　俊嶧	加賀万福 延徳 1.11/19	山城普門 延徳 3.7/5，10，11	円覚（居成） 延徳 3.11/24，27，28
23	（敬室）紹纒	筑前禅光 延徳 1.11/19	山城真如 明応 2.3/5，7	建長（公文帳）
24	正昇	飛驒安国 延徳 1.12/18	山城真如 延徳 4.3/12，14	
25	（以中）景隆	讃岐道福 延徳 3.3/12，27	山城普門・真如・相模東勝 延徳 4.5/3，7/28，8/7，21，9/6，8，17	円覚（公文帳）

注）「蔭凉軒日録」以外の典拠で，公文帳は『鹿苑院公文帳』，扶桑は「扶桑五山記」である。

十刹格住持の身分（坐公文）を得ようとしている「年期未満」の五山僧が目立つことである。表1-4で、具体的に蔭凉職から「年期未満」と指摘されているのは、No.4、5、10、11、12、13、16、25の八事例である。明確に「年期未満」とは指摘されていないが、「御禁法たり」と指摘されているNo.8も、「禁法」の具体的な内容は「年期未満」であろう。

このうちNo.4は春日局の要請をうけ、蔭凉職も「為二上意一別而御免之時者、年期未満亦不レ苦」と応じている事例だが、結局十刹住持への出世を認められるのは二年後の長享二年五月十八日条においてである。No.10の場合、蔭凉職はより厳しく、「領二諸山公帖一為二入寺一無二入寺一、其罪甚重也、（中略）雖レ為二上意一不レ可レ叶」と述べている。ただし同年（長享元年）十二月十七日条には、「真如寺正荀西堂、以二書立一白レ之、自二摠持院一三通御寄進之内也、両通者成就、此一通就二造営一依レ被レ欠レ事被二尋出一、蓋諸山年期未満也、以二別段之儀一有二御免一者然乎」とあり、摠持院（相国寺）修造の費用を賄うために発給された坐公文受給とひきかえで正荀側が官銭納入することで、十刹住持への出世（官銭成）を認められている。同様に、№5は文明十九年四月五日条で「西芳寺御寄進」の坐公文受給者の一人に加えられているが、同年六月二十日条によれば、その背景には「細河京兆（細川政元）御先祖来年百年忌相当」という事情が絡んでいる。№11は長享二年二月三日条にみえる「聖護院并御局」の意向であることに配慮したものか、同年二月二十三日条で「御逆修三十三年公帖御免衆」の一人に加えられている。№13は、やはり細川政元の要請であることに配慮したものか、長享三年九月十九日条所載の「書立」に「真如寺坐公文宗昌西堂、官銭未定」とみえる。この官銭は同日条で、百座楞嚴呪などの要脚に寄進されることが検討されている。№25の場合、延徳四年七月二十八日条をみると葉室光忠が「縦破二御法一可レ有二御免一」と述べ、同年九月六日条をみると「年臈太老」を理由に十刹住持への出世が許可されている。

このほか№6や22は、「年期未満」というべき十刹住持への出世についてとくに問題視されていない事例だが、前者は「古庭田（重賢）一周忌」にあたり「当庭田（雅行）之弟」である承英を十刹住持の身分とし、「換二袈裟之色一勤二焼香一可レ充二作善一之由、自二伏見殿（伏見宮邦高親王）一賜二尊書一」った事例である。[35] また後者は、同年中に五山円覚寺住持への出世を認められているが、その背景には「俊嶧西堂円覚寺書立、自二宝鏡寺殿一連々蒙レ仰白レ之、典厩（細川政国）之妹老比丘尼不例、存生之内、此俊嶧西堂可二換衣一事願也、以二此旨一被レ白二宝鏡寺一之条、如レ此」という働きかけがみられる。このように、実質的には政権周辺の有力者たちの必要を満たすべく、「雖レ為二堅御禁法一、一々有二所謂一故御免之由、有レ命」（№8）といった形で、「年期未満」中の十刹住持への出世を認められた事例が、記録上は目立つ。

ただし「年期未満」の五山僧の発生については、上述のような中央の有力者の口入だけではなく、「夷中」の動向とも絡めて理解する必要があると考えられる。以下に掲げる「蔭凉軒日録」の二件の記事は、「夷中」の事情が「年期未満」の五山僧を生み出す経緯を明瞭に示している。

一件目は、文明十六年八月二十七日条で、「周防国乗福寺入寺」の手続きが開始されている老仙祖聃の事例である。老仙の場合、実際に入寺したとみられるのだが、翌文明十七年十二月二日条をみると、早くも「防州乗福寺入寺禅晟西堂」の「書立」が行われている。その事情は同日条によれば、「乗福寺住持祖聃西堂、去年九月十四日御判出矣、与二檀那大内左京大夫政弘一有二不会之事一、依レ之退矣、以レ故、雖二年期未満一、以二禅晟西堂一可レ充二住持一之由、政弘以二吹（嘘）挙状一遣二之鹿苑院一、其状、今日供二　台覧一」というものであった。

二件目は石見崇観寺の事例で、文明十六年十二月九日条をみると玉岫長璆の入寺手続きが開始されている（後述表1-5No.2の事例）にもかかわらず、文明十七年四月十六日条で早くも為霖昌佐の入寺「書立」が作成されている。その事情は、同日条によれば、「崇観寺入院公帖、去年十二月長璆首座御判出、雖二年期未満一、崇観寺開山龍門和尚当年七月一百年忌之故、自二国諸檀那一本院恵峯（東福寺）荘厳蔵院江、以二書状一、昌佐首座龍門派之故、入院事、望之由」というものであった。

このように、わずか二事例ではあるが、住持が各地の叢林に入寺し、現地の檀越勢力と接触をもつ存在であるからこそ、その任期を全うできず「年期未満」の生じる場合があったことに注目したい。ちなみに戦国期段階の『鹿苑院公文帳』をみると、諸山・十刹の同時補任は一般化しており、「年期未満」中の十刹住持への出世は事実上「禁法」ではなくなっている。こうした事実は、「年期未満」中の住持出世が、必ずしも中央の有力者につらなる一部五山僧の特権であったわけではなく、「夷中」の広範な動向にも対応していることを示唆しているように思う。

以上、〈各地諸山入寺→山城十刹居成〉といった組合せの公帖をうけていながら、実際に各地の諸山に入寺してその任期を全うしない「年期未満」の五山僧が発生する要因について検討した。この点は従来、老齢による執務困難ないし怠慢といった、五山僧側の個人的事情が想定されがちであった。しかし上述の検討によるならば、僧俗の仏事に伴う住持出世の必要や、実際の入寺に伴う各地勢力との関係といった要因によって、「年期未満」が生じていた可能性を考慮する必要があるだろう。

ところで、表1-4でいまひとつ注意したいのは、これまで検討対象とした「年期未満」以外の諸事例は、おおむね諸山住持補任から一定期間を経たうえで十刹住持に出世している点である。たとえば№1、3、7、14、18、19、23の七事例は、「蔭凉軒日録」による限り、特段の記事もなく十刹坐公文発給手続きの事実だけが記されている。このうち№14竺仙尚雄の場合、延徳二年十二月に普門寺坐公文を得たのちも、翌年二月二十三日条で「善住寺住持尚雄西堂字竺仙」と記載されており、単なる名目ではなく、実際に「善住寺住持」であったとみられる。若干の記事を伴っている残りの事例も、僧俗さまざまな方面からの申請に基づき、十刹住持への出世がほぼそのまま認められている事例である。これらの事例は、坐公文の無造作な発給状況を示すようにもみえるが、「検公帖帳」の手続きで諸山住持の補任日時が確認されている事例も含まれる（№21）。基本的には諸山住持の任期を終えていると認定された結果、特段に問題視されることもなく坐公文発給の手続きが進められているというべき諸事例が、表1-4の約半数を占めているのである。

もちろんこれらの事例がすべて、各地で諸山住持の任務を全うしているという確証は得られない。しかし諸山住持補任などを契機に「夷中」に支持基盤を得た五山僧たちが、そののち公文官銭の拠出を得て〈各地諸山入寺→山城十刹居成〉という組合せの公帖をうけ、さらに五山住持の坐公文を得てゆく典型的な五山僧群だった可能性は考慮してみてもよいのではないか。五山住持籍などに数多くみられる居成の住持たちの一定部分が、表1-4№3、14、18、19、23など、諸山住持の任期を基本的に全うしている五山僧たちで占められている事実に注目しておきたい。

(3) 各地諸山入寺→各地十刹入寺の諸事例

この組合せで十刹住持にまで出世している事例を抽出したものが表1-5で、一五事例を確認している。各地所在の諸山・十刹住持補任の約八割が入寺であったとすれば、実際にはこの組合せが最多であったとも考えられる。

表中の組合せであるが、「蔭凉軒日録」や『鹿苑院公文帳』などから同じ組合せの出世事例を検出できるのは、№9越中長慶寺→越中興化寺と№10加賀妙雲寺→越中興化寺の二つにとどまり、これ以外の組合せはすべて、今のところ表示の事例しか確認していない。ただし№2、5、7、8、9、10、12、13、14の九事例は諸山と十刹の開山門派が一致しており(うち五事例は聖一派、二事例は法灯派が占める)、門派的な裏づけをもった住持異動の可能性がある。今後の事例発掘を期したい。

各補任事例は、「年期未満」というべき事例もあるが、基本的に入寺公帖発給の事実が記されているだけで、特段の記事はないものがほとんどである。若干の記事がみられる諸事例のなかでは、№15の東白霊杲が、当初出雲雲樹寺への補任が検討されるものの、「雲樹寺当住期未満」という理由で、甲斐浄居寺に変更となっている。さらに翌明応二年二月二十日付で、東白は入寺書立七員のうち、駿河清見寺住持の候補にあげられているが、「年期未満之仁也」との指摘をうけている。この指摘によるものか、『鹿苑院公文帳』(十刹位次簿)によれば、東白は筑前聖福寺住持に補任されることで、十刹住持に出世したようである。

表1-5のなかでもっとも注目したいのは、関連史料も存在する№4輝伯慈暘の肥後清源寺住持補任の事例である。清源寺は固山一鞏を開山とする東福寺永明院末寺で、固山真筆とされる観応三年(一三五二)六月付「清源寺家訓」の存在が知られている。(36) 南北朝期以来の「清源寺文書」も伝存しており、正平六年(一三五一)四月二十七

表 1-5　各地諸山（入寺）→各地十刹（入寺）

No.	道号　法諱	諸山／開山【門派】 典拠年月日	十刹／開山【門派】 典拠年月日	五山（補任種別，典拠等） 典拠年月日等
1	（温中）承顒	尾張妙興／滅宗宗興【大応】 永享 7.6/5	美濃定林／高峰顕日【大覚】 永享 9.12/2，8	相国（入寺，相国寺前住籍） 文安 2.8/12
2	（玉岫）長璆	石見崇観／竜門長原【聖一】 文明 16.12/9	豊後万寿／直翁智侃【聖一】 文明 18.2/29，3/18	東福（入寺，鹿苑日録） 明応 9.1/28，3/5
3	知本	豊後岳林／明極楚俊【燄慧】 文明 17.5/10，9/11，10/3，4	紀伊興国／無本覚心【法灯】 長享 2.6/24，30	
4	（輝伯）慈暘	肥後清源／固山一鞏【聖一】 文明 17.9/30，10/3，4	播磨法雲／雪村友梅【一山】 長享 2.5/18	円覚（公文帳）東福（扶桑） 明応～永正期
5	（季芳）東稔	備中宝福／鈍庵聡慧【聖一】 文明 17.11/13，24	日向大慈／玉山玄堤【聖一】 長享 2.9/24	建長（公文帳）
6	（馨室）周徳	筑前禅光／道山玄晟【聖一】 文明 18.5/20	播磨法雲／雪村友梅【一山】 延徳 3.5/23，24，30，6/2	
7	（天英）永祐	肥前万寿／神子栄尊【聖一】 文明 19.5/2，16	豊後万寿／直翁智侃【聖一】 延徳 1.10/1	
8	（海翁）光舟	肥前福泉／鉄牛景印【聖一】 長享 1.11/14，20	肥前円福／　【聖一】 延徳 4.3/7，14	
9	（瓊林）英珍	越中長慶／絶巌運奇【法灯】 長享 1. 閏 11/6，長享 2.3/22，4/4	越中興化／恭翁運良【法灯】 延徳 4.2/7，13，20	
10	芳仲　序仁	加賀妙雲／蔵海無尽【法灯】 長享 2.4/19	越中興化／恭翁運良【法灯】 延徳 1.9/6	
11	（祖英）敬達	豊後崇祥／無涯禅海 or 太朴玄素【聖一】 長享 2.12/14	筑前聖福／明菴栄西【黄龍】 延徳 2. 閏 8/13，9/2，29	
12	玄頤	越後普済／大用子興 or 霊岳法穆【聖一】 長享 2.12/14	豊後万寿／直翁智侃【聖一】 延徳 4.9/20	
13	（雲夢）崇沢	丹波長安／悦堂本喜【仏光】 延徳 1.12/18	周防乗福／鏡空浄心【仏光】 延徳 2.8/24，29	建長（公文帳）
14	春岳　契東	越前善応／別源円旨【宏智】 延徳 2. 閏 8/2，9，10/19	越前弘祥／別源円旨【宏智】 明応 2.4/16	
15	（東白）霊杲	甲斐浄居／一山一寧【一山】 延徳 4.4/20，23，24，27	駿河清見／無伝聖禅【聖一】筑前聖福／明菴栄西【黄龍】（公文帳） 明応 2.2/20	

注）表 1-4 の注記に同じ。

日付「後村上天皇綸旨」や観応三年四月二十一日付「足利義詮御判御教書」は、同寺に相次いで祈禱を命じており、正平九年四月四日付菊池武尚の寺領寄進状、応永十八年十月十日付高瀬武楯の寺領寄進状、同年十一月十五日付高瀬武楯制定の清源寺規式なども伝わる。[37]

住持補任については、文明十五年三月十日付で、檀越高瀬泰朝が「利承西堂」を住持に任じている檀那帖が伝存している。[38]「西堂」位を称している点からみると、すでに諸山以上の住持経験者とみられるが、いまのところ詳細は未確認である。また、天隠龍沢の文集「黙雲藁」などによると、[39]「清源老師」つまり清源寺の住持であった季材明育が、文明八年に肥後から上洛し、「承天・慧日（東福寺）両刹鈞帖」をうけたことも知られる。天隠は季材の受帖にあたり、「邦君仁化」を称賛し、「奉賀老師栄帰」という趣旨で七言絶句の作品を作成している。季材は肥後の守護菊池重朝や隈部忠直らの連携と、彼らの公文官銭出資により、「夷中」肥後に帰国することを前提に、十刹承天寺住持と五山東福寺住持の地位を一挙に得たものであろう。なお、季材が十刹・五山の公帖を受給するには、すでに諸山住持に補任されている実績が必要だが、彼は長禄二年九月に諸山に列位されたばかりの肥後竹林寺住持に補任されており、[40]その資格をもって十刹・五山の公帖を受給したのであろう。清源寺住持の地位だけでは、十刹・五山の公帖を受給できなかったと考えられる。

これに対しNo.４輝伯慈暘は、十刹・五山の住持に出世し得る最初の清源寺住持として、同寺に迎えられたとみることができる。すなわち「蔭涼軒日録」文明十七年七月二日条以下の記録[41]によれば、守護菊池重朝と檀越高瀬泰朝の意向をうけた門徒連署状、および菊池重朝書状により清源寺の甲刹列位、つまり諸山格の付与が申請され、同月十八日に蔭涼職が義政に披露のうえ、認められている。ついで同年九月三十日条をみると、「肥後国清源寺、為二諸山之列一、始而定二新住持一、東福寺慈暘首座、以二書立一伺レ之」とあるように、輝伯を新住持候補とする「書立」が義政に提出されている。同年十月三日条によれば、この公帖は「入院」を予定した入寺公帖で、同四日には、「新命慈暘首座」が公帖発給の礼謝のため蔭凉職を訪れている。

注目されるのは、以上の補任関係史料が、諸山列位関係史料とともに「清源寺文書」として伝存していることである。文明十七年九月三十日付「足利義政公帖」、文明十八年八月三日付「菊池重朝施行状」、同年八月十二日付「高瀬泰朝檀那状」の三点で、[42]いずれも宛名は「慈暘首座」である。輝伯慈暘が義政公帖等を携えて、実際に肥後清源寺に入寺したことをうかがわせる。ついで「蔭凉軒日録」長享二年五月十八日条をみると「播州法雲寺入寺慈暘西堂、肥後国清源寺入寺慈堅首座」という連記がある。輝伯は播磨赤松氏膝下の禅院として知られる十刹法雲寺住持に出世し、清源寺住持の後任に慈堅首座があてられたものであろう。延徳三年二月二十三日条に「接州《ママ》大蔵寺住持慈暘西堂」という記事もあり、同一人物であるとすれば摂津に活動拠点を置いていたとも考えられる。輝伯はおそらく清源寺住持の地位を出発点に、諸勢力の帰依と招請とをうけて諸禅院を移住しつつ、表1-5No.4に示したように、ついには五山住持の地位にのぼった典型的な夷中の五山僧の一人とみることができよう。

ところで肥後清源寺の住持補任については、慈堅首座ののち、「鹿苑日録」『鹿苑院公文帳』など、戦国、織豊期の僧録が管掌した禅院住持補任記録には登場しない。しかしながら仮に一過性のものであるにせよ、No.4輝伯慈暘の肥後清源寺住持補任と同様、表1-5に掲げた他の叢林住持補任事例のいくつかが、中央の足利政権、「夷中」の守護および檀越勢力の意志統一に基づき実現しているとすれば、その政治的意義は小さくないというべきであろう。叢林の五山僧は、少なくとも理念的には、各地で諸勢力の意思統一が実現するたびに、諸山、十刹、五山、五山之上南禅寺住持へと出世を積み重ねる存在であったとみることができるのではないか。こうした諸勢力の意思統一に基づき五山住持以上の地位にまで到達したというべき五山僧は、その出自にかかわらず、「公方」から他宗派の長老とは異なる特別な「賞翫」（見送り）をうけるとされている。[43]「夷中」にまたがり帰依を集める五山僧を賞翫ないし尊重することにより、足利政権に対する「夷中」の帰服を得ようという政治的思惑が絡んだ儀礼行為と推測してみたい。

（4）その他の諸事例

これまでの（1）～（3）の各項で、表1-2に示した補任件数九五件のうち、七四件の補任の性格について、一通り触れたことになる。本項ではその他、注目される若干の補任事例について触れておきたい。

まず第一に、表1-2では三件しか確認できない〈山城→各地〉の方向性をもった補任であるが、そのうち二件は山城興聖寺→信濃開善寺の組合せである。両寺の補任種別が不詳の分も含めれば、この組合せの出世事例は「蔭涼軒日録」や『鹿苑院公文帳』から複数検出できる。東牧明閦のように、原則として山城興聖寺に入寺した住持は信濃開善寺に入寺する慣例であり(44)、古雲智云のように、健康上の問題がある場合などには、興聖寺居成→開善寺入寺の扱いが認められたものとみられる(45)。この二人の五山僧の出自は、ともに信濃開善寺末寺法全寺檀越の知久氏であることも知られている(46)。

なお、宝徳三年（一四五一）派遣の遣明使に随行し、のち寛正六年（一四六五）派遣の遣明正使をつとめた天与清啓もやはり知久氏の出身で(47)、享徳三年（一四五四）に能登安国寺、康正元年（一四五五）に信濃開善寺住持に補任されており(48)、長禄四年（一四六〇）には信濃から上洛のうえ、「依下為二渡唐正使一之功上」建仁寺住持に出世している(49)。また、寛正二年十一月二十六日条をみると、「禅居庵天与和尚、依二小笠原遠江守（光康）逝去一、被レ申二信州下向之事一、即免許」という記事があり、開善寺檀越と目される信濃守護小笠原氏との密接な関係が知られる。「東中」に活動の重点を置いていた五山僧の一人といえよう。

第二に、表1-2で四件確認している〈各地諸山入寺→各地十刹居成〉の補任についてであるが、この組合せを担い得る各地（山城以外）所在の十刹格禅院は、「蔭涼軒日録」で確認している限り筑前聖福寺だけである(50)。すでにみたように、各地の諸山格禅院の入寺公帖を得た五山僧は、基本的に、〈各地諸山入寺→山城十刹居成〉か、〈各地諸山入寺→各地十刹入寺〉の組合せで、十刹格住持の身分に出世している。実際に入寺する場合を除き、各地諸山入寺の実績をもつ五山僧たちに、名目のみ十刹格住持の身分を与えるにふさわしい格式をもつ十刹格禅院は、通常山城の真如寺等が選択されるのだが、「扶桑最初禅窟」として知られる筑前所在の聖福寺は、そうした中央所在の禅院と同等の格式をもった特異な禅院であったことがうかがわれるのである。

真如寺や聖福寺の住持補任件数は、「蔭凉軒日録」や『鹿苑院公文帳』で大量に確認できる。[51] 十刹住持の身分を付与する坐公文は、多くの場合、両寺住持補任の名目で発給されていたことを示す。「蔭凉軒日録」文明十九年（長享元年）九月二十二日条をみると、山城真如寺の住持身分を得るか、筑前聖福寺の住持身分を得るか、その選択の分かれ目に関わる記述がある。すなわち「姉小路殿親類[52]」であるという全牛徳濶について、「聖福寺望レ之、聖福寺事、自二往古一出二三千疋一之法有レ之、建仁開山塔護国院之末寺也、護国無二院領一之故、此聖福公帖望時出二三千疋一、以レ此為二院領一、然間、有二護国寺吹嘘状一而後領二公帖一也、此徳濶、不レ経二護国命一望レ之条、如レ此書二立真如一真如寺之公帖御免可レ然、然者可レ為二真如寺一」と記されている。聖福寺公帖を得るには、建仁寺護国院に官銭三千疋を納めて吹嘘状を得る必要があり、[53] それができない場合には、真如寺公帖が選択されるのである。

なお徳濶の場合、「領二諸山入寺之公帖一、来年九月期満」であり、「坐公文之時者、如レ此領二入院公帖一、則不レ経二三十六ヶ月一者不二出頭一」はずであること、つまり「年期未満」も若干問題となっているが、最終的には「姉小路親類」であることに配慮したものか、「御逆修功徳成」として真如寺住持への出世が認められている。官銭三千疋を準備して護国院の吹嘘を得ることはできず、次善の選択として、官銭納入を免除される功徳成として、真如寺坐公文を得たものであろう。長享二年六月十日条では、聖松の十刹住持出世に関連して、より明確に「聖福寺位高、本寺東山護国院吹嘘状有レ之、可レ白云々、不レ然者可レ為二真如寺一云々」と記されている。

以上にみた十刹禅院相互の格差については、「蔭凉軒日録」延徳四年六月朔日条の記事も参考になる。ここでは、「(尭夫)寿蓂西堂一級」つまり十刹住持出世に関わり、「東勝寺、其位在㆓真如寺上㆒否」という記事がみられる。翌二日条では、おそらくその参考資料として、三四カ寺を記す「十刹位次簿」と四六カ寺を記す「十刹次第」が掲載されている。二点の史料とも、等持寺、臨川寺など、将軍家や天皇家につらなる禅院について筑前聖福寺を記載しており、東勝寺や真如寺はそれにつぐ格式であったことを示している。聖福寺の格式は、日本禅宗の起源を象徴する栄西ゆかりの禅院として、すなわち建仁寺開山塔頭護国院の末寺として、坐公文発給の場面でも注意深く扱われており、高い身分に出自をもつ五山僧よりも、経済力のある(おそらく「夷中」の有力檀越を背景とする)五山僧の方が、聖福寺住持補任の坐公文を得られる公算が高いという事実関係を確認しておきたい。

おわりに

叢林の諸制度は、中央集権的な官僚制が定着していた中国に由来するようにみえる。皇帝が中央や地方の官庁および官寺に任免権を行使したように、足利政権もまた、公帖と呼ばれる文書を発給し、中央および地方の叢林住持の任免権を行使するという理念は、たしかに存在したとみてよいであろう。では、その実態はどのようなものであったのか。

室町中期の状況を「蔭凉軒日録」で検証する限り、足利政権の公帖発給は、各地所在の禅院において実際の住持の就任(入寺)を伴っている比率が高く、逆に政権の膝下ともいうべき山城など中央所在の禅院ほど、実際の住持の就任を伴っておらず、いわゆる坐公文(居成)である比率が高い、というのが本章の検討結果である。「蔭凉軒日録」自体が中央の目からみた記録であり、そこに記されている各地の叢林住持の入寺について、現地の側の史料で裏づけることは必ずしも容易ではない。しかし若干の関連史料をみる限り、五山僧たちが少なからず公帖をうけて各地の禅院に入寺し、主要な活動基盤も「夷中」に置いていたことは、おおむね事実とみてよいのではないか。そうであるとすれば、地方に展開している林下の禅宗諸派に対し、叢林の五山僧は山城ないし京都を中心に活動しており、応仁、文明の乱で打撃をうけたのち衰退の一途をたどるという一般的な理解についても再考が必要といえるであろう。

では、上述のような中央と地方の関係は、いったいどのようなものと理解するのが妥当であろうか。注目されるのは、中央の室町殿側近層や貴族層の子弟に対する特例の公帖発給が記録上は目立つが、こうした公帖発給が彼らに対する足利政権の恩恵であり得たのは、地方の諸山、十刹で任期を全うした五山僧に準じる地位を特別に認めるという意味合いをもっていたこと、つまり本来的な五山僧の権威の源泉は、夷中つまり地方との往来にあったという事実である。ここにみえる中央と地方との関係は、中央から地方への「展開」でもなければ、中央と地方との「対立」でもなく、中央と地方との「往来」である。

玉村竹二はかつて坐公文について、遠隔地への赴任を渋る「遙任の風」に由来するとの理解を示している[54]。しかし就任が渋られていたのはむしろ中央の禅院の方であり、五山など中央所在かつ高位の禅院ほど顕著になる坐公文（居成）の比率の高さは、これまであまり知られていない叢林の「夷中」的性格、一般的な用語でいえば「在地性」の強さを反映している可能性があるように思う。足利政権の「財政」問題との関連も指摘されている坐公文を中心とした事例収集と分析とが次章の課題となる。

第2章　足利政権の坐公文発給と政治統合

——赦し合う政権と檀越たち

はじめに

いわゆる五山制度を構成する禅宗寺院群（以下、五山禅院群とする）が、足利政権を財政的に支える存在でもあったという理解は、今谷明の問題提起がよく知られている。(1) その場合、五山禅院群の具体的な経済的基盤として想定されているのは、足利政権から付与された広大な寺領荘園で、そこからあがる収入が、五山禅院群の莫大な献物として、足利政権に流入していると指摘されている。五山僧がしばしば諸方の荘主として、荘園経営等に手腕を発揮している事実もまた、五山禅院群の経済的実力を支える一要素とみなされている。

しかし以上の見解には、二つの問題点があると思われる。第一に、将軍家に対する五山禅院群の献物は、桜井英治も指摘するように、(2) 修理を必要としている寺社にただちにまわされるか、その場で返却されており、実際に受納されているわけではない点である。第二に、五山禅院群の重要な経済的基盤の一つが寺領荘園であることはたしかだが、私見では、五山制度は織豊期から江戸初期にかけてそれなりに機能しており、(3) おそくとも一六世紀前半段階には解体するとみられる国家体制としての荘園制(4)を基盤とした献物論では把握しきれない側面が、五山禅院群にはあると考える。この点からあらためて注目したいのが公文官銭[5]、とりわけその中心となる坐公文発給の問題である。

足利政権は五山制度の整備に象徴されるように、禅宗重視を一つの特徴とする政治権力である。五山、十刹、諸山の格式を与えられた全国の禅院住持は、歴代の足利将軍家の家長が発給する御判御教書の形式をとる公帖(公文)と呼ばれる文書で補任されることになっていた。ところが室町中期頃から、公帖をうけながら実際には補任された禅院に入寺しない住持が多数出現したことが知られている。足利政権側もそのことを承知で、つまり実際の住持就任が予定されていないことを承知のうえで発給した公帖が坐公文(または居公文)である。住持補任された五山僧が、従前の居所を動かないまま、つまり坐して住持身分だけを得る公帖(公文)との語義で、坐公文による住持身分の昇格つまり出世のことを居成という。では、このような坐公文が室町中期に大量に発給されるようになったのはなぜか。

玉村竹二[6]は、公帖をうけながら入寺しない住持の例は足利政権成立期からみられるものの、「地方遠隔の地の諸山列位の官寺には赴任を渋る人が出て、こゝに遙任の風がおきるが、こゝに到つて坐公文はいよ〳〵坐公文らしくなる」とする。政権側もこのような風潮を利用して、公帖発給の際にもたらされる「官銭の収入を目当に、当初から赴任を予定しない公帖——即ち坐公文——」を積極的に頒布しはじめるという。こうして両者の利害が一致し、「恰も応永末年にもなると、五山禅僧の俗化も甚しく、名誉心の強い僧も多くなり、五山の坐公文をうけて、前住南禅・前住天龍と称せられ、紫衣を纏ふのを快しとする者が多く生じ、競つて坐公文を買ふ」状況が出現すると述べている。

今枝愛真[7]は、「禅宗と幕府の財政機構との関係」を考えるうえで、官銭納入を伴う公帖発給を有力な手がかりとみる。「公文・坐公文などによって納入される官銭は、どのようにして幕府に納められ、幕府の財政とどのような関係をもっていたの」か、具体的な史料に即した検討を試みている。

今枝の所論をさらに積極的に展開したのが先述した今谷明である。たとえば今谷は、桑山浩然の室町幕府財政論に関連して、「諸行事、御所・寺社の修造が専ら守護出銭に頼ったとされているが厳密には正しくない」とし、「五山の修造費が五山自身の献上銭によっていることは『蔭凉軒日録』にしばしば所見があるし（例えば永享十一年十二月晦日、同十二年二月廿日条〔中略〕）、三十三間堂の修理は「坐公文」により調達されている（『同日録』永享七年八月廿五日、同九月十二日条）」と述べ、「この点については今後更に厳密な検討を必要とする」と提言している。(8)

冒頭でも述べたとおり、足利政権における五山禅院群の財政的機能は、右の今谷の提言ののち、広大な寺領荘園の存在を前提とした献物を中心に議論されるようになる。公文官銭、とくに坐公文をめぐる議論は、玉村、今枝、今谷の所見ののち、ほとんど進展していないといってよい。その三者の公文官銭をめぐる所見については、大枠で次のような検討課題が残されていることをここで確認しておきたい。

まず第一に、禅院住持補任＝公帖発給に関わる情報は、①住持補任状である公帖そのものの原本・写し、②「蔭凉軒日録」「鹿苑日録」『鹿苑院公文帳』など、禅院住持補任を管掌した僧録周辺で作成された記録、③いわゆる五山文学に含まれる入院法語や入寺疏など、新住持の就任儀式に関わる作品、④五山格禅院が中心だが、各禅院の歴代住持を記録した「住持籍」類、⑤その他、諸武家・公家衆の古記録など、さまざまな史料に膨大に記録されている。こうした諸記録の存在に比べると、公文官銭に関する先学の検討は、膨大な補任事例のなかから任意に拾い出された事例を根拠に組み立てられているという限界を指摘せざるを得ない。本章では主に、「蔭凉軒日録」に記載されている坐公文を中心とした公文官銭関係記事の網羅的な抽出と分析をめざすこととする。

第二に、坐公文は足利政権の側からみれば公帖の「売却」とみることができ、その「財政」的な意義づけに焦点をあてた検討が行われてきたといえるが、では一体誰が坐公文を「買う」のか、つまり公文官銭を拠出しているのか。この点について玉村は、「俗化した五山禅僧の名誉心」を指摘している。今谷もすでにみたように、「五山の修造費が五山自身の献上銭によっている」という理解の延長線上に坐公文を位置づけている。より具体的に、今谷が五山禅院群の経済的基盤として重視しているのは、「官寺」領として手厚く保護された寺領荘園の存在と、五山禅院群が擁する東班衆の財力である。[9]しかし先にも述べたとおり、五山禅院群の経済的基盤をもっぱら寺領荘園に求めるのは疑問である。少なくとも、今谷によって提示されている諸事例や管見の及ぶ限りでは、公文官銭が寺領荘園収入や東班衆の財力に由来することを明示する事例は一つもない。坐公文をうけることで「経歴に箔をつけることができる」[10]五山僧自身が公文官銭を拠出しているという見通しは、自然な考え方ではあるとしても、必ずしも証明されているとはいいがたいのである。この点についてむしろ注目したいのは、公文官銭の「実際の出資者は新命を推挙した檀越である各国守護や地方豪族であろう」[11]と述べる今枝愛真の推測である。この見通しの妥当性を検証してみる必要がある。さらにいえば、公文官銭の収受といった要素以上に、こうした檀越勢力と足利政権との宗教的な関係構築が、坐公文発給を規定していた可能性を考慮してみる必要があると考える。

総じていえば坐公文に象徴される公文官銭の問題は、実際に住持として赴任せず、「住持身分＝名誉の買得」に奔走する五山僧たちと、そうした動向に便乗して安易な財源を確保しようとした足利政権の利害一致により引き起こされた頽廃的な現象であるという評価を前提に、足利政権の「財政」を支えた点では一定の意味をもつという議論が展開されてきたといえる。しかし従来のような公帖の「売買」という議論では、坐公文発給が五山禅院群に関わる現象であること、つまり政治的、宗教的な契機が絡んでいる可能性をはじめから考慮の外に置いているとはいえないだろうか。足利政権の禅宗政策を代表する公帖発給のなかでも、室町中期頃には重要な比重を占めている坐公文発給が、いわば政治統合の所産としての意味をもち、あるいは政治統合を促す宗教的契機でもあったことを論じてみたい。

一　義教政権期の坐公文

坐公文の大量発給が記録されている「蔭凉軒日録」は、前章でもみたように三つの記録期間がある。[12]第一期は永享七年（一四三五）五月から嘉吉元年（一四四一）七月まで足かけ七七カ月、第二期は長禄二年（一四五八）正月から文正元年（一四六六）九月まで足かけ一〇九カ月で、記主は季瓊真蘂である。第三期は文明十六年（一四八四）八月から明応二年（一四九三）九月まで足かけ一一四カ月で、記主は亀泉集証である。右の全期間を通じ、被補任者すなわち公帖受給者が判明しない分は除外し、就任未遂の事例は含めて集計すると、一六三一件の禅院住持補任＝公帖発給を確認している。その全体像は前章で表示、検討したが、本章で検討対象としたいのは、そのなかでもとりわけ目を引く、次に列挙する諸禅院にみられる大量の公帖発給の内実である。

第一期、鎌倉五山、畿内（山城以外）所在の諸山・十刹格禅院
第二期〜第三期、山城所在の諸山・十刹格禅院
第三期、五山格以上の禅院全体

以上の五山禅院群にみえる住持補任件数の膨張は、実際の住持就任を伴う公帖発給ではなく、名目的に住持身分を与えるだけの坐公文が大量に発給されていたことを示している。以下、第一期にみられる大量の公帖発給＝坐公文発給の分析から始めたい。

（1）三十三間堂坐公文

第一期で、大量の補任＝公帖発給が目立つのは、鎌倉五山の四八件と、十刹・諸山のうち、山城以外の畿内所在

分の六三件、および、律令制的な地域区分でいえば、第一～三期を通じてまとまった数の補任件数がみられる西海道所在分の七五件である。

これら大量の補任の主内容は、よく知られているように、三十三間堂修造の財源確保をめざして発給された坐公文である。[13]「明実録」宣徳八年（一四三三）閏八月条には、三十三間堂修造費用を賄うための遣明船到来が記録されていたが、[14]三十三間堂坐公文の初見は「蔭凉軒日録」永享七年八月二十五日条で、「為㆓三十三間修理㆒之故、建長寺聖福寺并広厳寺坐公文之事伺㆑之」とある。三十三間堂修造のために発給された坐公文の内訳だが、五山格では、鎌倉五山に相当する浄智寺一一件、寿福寺六件、円覚寺・浄妙寺各四件、建長寺三件、十刹格では西海道所在分に含まれる筑前聖福寺四〇件、諸山格では畿内所在分に含まれる摂津広厳寺四二件、合計で一一〇件を確認できる。またこの時期には、「諸坐公文」または「諸公文」と記されている事例も散見する。内訳は、五山格では浄智寺二件、円覚寺一件、十刹格では聖福寺一一件、諸山格では摂津広厳寺六件、合計二〇件である。このうち、永享八年八月十五日条で「諸公文」の一通である聖福寺公帖をうけている無涯亮倪は、同月二十三日条で「蓮花王院居公文」の一通である建長寺公帖をうけている。永享八年五月四日条で、広厳寺公帖をうけるべき「三十三間坐公文衆」の一人に名前があがっている妙一は、永享九年二月二十八日条で「諸坐公文」の一通である聖福寺公帖をうけている。諸公文、諸坐公文は、実質的に三十三間堂坐公文とみてよいだろう。このほか永享期には、「蔵経坐公文」と記されている事例も存在する。五山格では、円覚寺、浄妙寺、寿福寺が各一件、十刹格では筑前聖福寺が一件、諸山格では摂津広厳寺が二件、合計六件である。以上で、鎌倉五山のうち三四件、西海道のうち五二件（聖福寺）、畿内のうち五〇件（広厳寺）を占め、合計は一三六件、第一期全公帖発給数（三九八件）の三四・一％を占める。

では、上述の坐公文発給に伴う官銭は、実際に発給名目となっている事業に投入されたのであろうか。

まず、三十三間堂の修造については、「永享五年唐船」すなわち遣明船関係史料のなかに「五号船ハ三十三間御堂、次年六年進発了」という記事がみえる。[15] 少しのちの記録だが、三十三間堂修造事業が計画ないし実行されていたことを示す。ついで「蔭凉軒日録」永亨九年正月二十八日条をみると、「蓮華王院仏像幷天蓋、尽成功之旨披レ言レ之」とある。この時点で修造は完了したことが示されている。三十三間堂（蓮華王院）修造を名目とした坐公文発給も、永亨八年十二月十八日をもって終了している。永亨九年初頭に集中的にみられる「諸坐公文」は、三十三間堂修造が終了したものの、それ以前の約定に従って予定どおり発給された事実上の三十三間堂坐公文ではなかろうか。

次に、蔵経坐公文と銘打たれた公帖は、いずれも永亨十一年七月に集中して発給されている。この坐公文については、永亨十一年七月二十日条に「以二座公文官銭一、命二諸五山僧衆一、可レ被レ書二蔵経一之旨有レ命」という記事があり、写経事業の費用にあてられたことが示されている。名目上の補任寺院の共通性からみて、余剰となった三十三間堂坐公文官銭とあわせて企図された事業であったとも考えられる。[16]

なお、三十三間堂坐公文をはじめとする坐公文の名目が、なぜ鎌倉五山や聖福寺、広厳寺の住持補任であったのか、今のところ不明とせざるを得ない。ただし、後年諸山格坐公文の代表格となる景徳寺公帖が用いられていない点などは注目できよう。政策的な大量の坐公文発給は、この当時、いまだ試行錯誤の途上にあったといえようか。[17]

以上が、永亨期の公帖発給のなかでもよく知られている三十三間堂坐公文の概要だが、第一期「蔭凉軒日録」の上述事例以外で、受給者も確認できる坐公文の事例は、五山格では天龍寺（永亨九年三月十七日、十八日条）と寿福寺（永亨八年六月二十九日、七月二十三日条）の二件、諸山・十刹格では、美濃定林寺（同上）、備中宝福寺（永亨十二年六月二十五日条）、備前臨済寺、紀伊興国寺、讃岐長興寺（以上、永亨十二年八月十日条）の五件である。このうち五山寿福寺と美濃定林寺の事例は、ともに梵林という僧侶が大法寺の吹嘘に基づき、十刹・五山の公帖を同時にうけている事例であることから、坐公文と判断した。いずれも、上述の三十三間堂坐公文や蔵経坐公文などと比較するならば、足利政権の意志に基づく組織的性格は乏しく、被補任者側の事情に基づく特例的な側面が強い坐公文といえるであろう。他方、「入寺」「新命」と記されている事例[18]は、五山格二〇件（うち「新命」六件）、十刹・諸山格一〇四件（うち「新命」一〇三件、「入寺」一件）である。その他、補任が入寺か坐公文か、種別が判明しない事例は、五山格で一五件ある。そのうち六件は、永享十一年五月四日条の「上杉阿房守《ママ》（憲実）之吹噓」に基づく鎌倉五山の住持補任であり、官銭収入目的の坐公文というより、関東との関係確認という点に意義をもつ公帖発給といえるであろう。また、十刹・諸山格では一一〇件の補任種別が判明しないが、前章でもみたように、第三期の各地所在の諸山・十刹格禅院の補任種別は、八割以上が入寺であり、この大勢はおおむね、第一期に遡及させて理解してよいと思われる。

右の検討から確認しておきたいことは、永享期に組織的かつ大規模に行われた坐公文発給は、上述の三十三間堂坐公文と、それに付随的な蔵経坐公文および諸公文に限定できるとみられる点である。坐公文発給に伴う官銭収入は、基本的に「公方御倉」「幕府の公倉」に収納されたと考えられているが[19]、少なくとも第一期の場合、その官銭収入は一時的に「公倉」に保管されたとしても、ただちに実際の仏事事業に投下・消費されている可能性が高い。その点で右の坐公文は、「幕府の財政」を賄うために随時かつ随意に発給されていたという通説的な坐公文理解とは異なっている。ただし、公文官銭の保管や使途について、先学は義政政権期の「蔭凉軒日録」や、それ以後の「鹿苑日録」の記事に依拠して立論している部分が大きい。そのため、義政政権期以後の公文官銭は基本的に「幕府の公倉」に納められており、「幕府の財政」を潤す点に主要な意義があるという議論も、ここまでの検討だけではなお成り立つ余地があるかにみえる。のちにあらためて触れることにしたい。

（2）公文官銭の拠出者について

ところで、永享期からやや時期が下った「臥雲日件録抜尤」享徳四年（＝康正元年、一四五五）正月五日条をみると、天龍寺が遣明船を仕立てる費用を賄うために、一〇六通の公帖が発給されたこと、それによって任じられた僧は「関西諸僧」が多く、諸山、十刹だけでなく五山住持の地位にまで昇進した者もいたことなどが述べられている。上述の三十三間堂坐公文とほぼ同規模の坐公文発給であったといえよう。ちなみに、派船費用を賄うための坐公文発給は、「蔭凉軒日録」文明十九年五月十九日条で、遣明船派遣に関し「自二寺家（相国寺）一坐公文廿通白三請之二、於二九州一売□」という記事があり、また、「鹿苑日録」明応八年三月二十五日条にも「唐船公帖事」とみえる。

とりわけ前者は、「大唐進物煩費」の調達について、「寺家無力」につき坐公文に依存した先例が検討されている事例であり、公文官銭の財源が五山禅院群の広大かつ豊かな寺領荘園に由来するという想定に再考を迫る内容といえる。では、公文官銭はいったいどこから拠出されてくるのであろうか。

「臥雲日件録抜尤」の記主である瑞溪周鳳は、右の記事において、坐公文による五山僧の身分上昇を「買公文」と捉え、豊後万寿寺のある五山僧が、坐公文により南禅寺住持の身分を獲得したものの、檀越である大友親繁から認められなかったために、納入した官銭一一七貫も無駄になったという逸話を好意的に記している。しかしこの逸話は裏を返せば、大友氏が認めさえすれば、この五山僧は南禅寺住持の身分を得られたものと考えられる。つまり坐公文受給に必要なのは、公文官銭の納入だけでなく、檀越勢力の支持という要素も不可欠なのである。その檀越勢力と公帖発給権者である足利政権との関係も問題となるであろう。坐公文の「売買」という観点では、こうした檀越勢力の宗教的支持および足利政権との政治的関係といった、坐公文発給に必要不可欠な政治的、宗教的要件は視野に入らなくなる。なおかつ、右の事例はやや微妙だが、公文官銭の拠出者自体も、基本的には檀越勢力とみてよいのではなかろうか。以下に検証してゆきたい。

永享期の三十三間堂坐公文、蔵経坐公文、諸公文の事例をみる限り、官銭の拠出者については全く記載がない。そのため、公文官銭の財源についても五山禅院群の寺領荘園や東班衆の財力などが想定されてきたといえるが、具体的な手がかりが全くないわけではない。たとえば永享八年五月四日条で「三十三間坐公文衆」の一人にあがっている「広厳寺（中略）祖鳳首座」と、永享十年八月十二日条にみえる「播州法雲寺祖鳳西堂、乃赤松阿波守（満弘か）吹嘘」は、おそらく同一人物であろう。同じく永享八年五月四日条で「三十三間坐公文衆」の一人にあがっている「浄妙寺則允徹西堂」と、永享十二年十二月二十三日条にみえる「南禅後来住持東越和尚、可レ有二御登用一之由被二仰出一、但大内所望白也」と記されている「東越和尚」とは同一人物、すなわち「南禅寺住持籍[20]」にみえる東越允徹であろう。さらに永享八年十月十五日条にみえる「三十三間坐公文御判出（中略）周瑚西堂聖福寺」と、それに先立つ永享七年八月三日条にみえる「周防国永興寺新命周瑚首座也、大内殿吹嘘大内殿名持世」も同一人物であろう[21]。永享八年八月十五日条にみえる「諸公文御判被レ遊矣」として列挙されているなかの「広厳寺従隗首座」と、永享十年六月二十七日条にみえる「承天寺新命従隗西堂、大内吹嘘」も同一人物であろう[22]。

以上にみた五山僧たちは、前住または後住禅院補任の際に、赤松氏や大内氏が関与しており、三十三間堂坐公文受給の際にも、おそらく檀越とみられる赤松氏や大内氏から公文官銭が拠出された可能性をみてよいのではないか。このほか、永享八年八月十五日条で「諸公文御判被レ遊矣」として列挙されている「聖福寺亮倪西堂」、同二十三日条で「蓮花王院居公文御判被レ遊」として列挙されている「建長寺亮倪西堂」つまり無涯亮倪は、いわゆる応永の外寇をうけて、応永二十六年（一四一九）に日本国王正使として朝鮮に派遣された経歴をもつ五山僧である。上田純一によれば、その折り副使に任じられた平方吉久の祖・陳外郎と、無涯の師・無方宗応との間には師檀関係があり、無涯亮倪—平方吉久の間にも同じ関係が継承された可能性があるという[23]。そうだとすれば、無涯亮倪の坐公文受給にあたり必要となったはずの公文官銭は、博多商人である平方吉久の拠出であったとも考えられる。ちなみに、永享十一年七月二十四日条に「蔵経座公文伺レ之、（中略）允澎西堂乃寿福寺」とみえる東洋允澎も、宝徳三年に遣明正使に任命されたことで知られている(24)。

以上、永享期の三十三間堂坐公文受給者のなかには、赤松氏、大内氏、その他、対外関係に関わる諸勢力関連の五山僧が含まれていることをみた。とりわけ、大内氏をはじめとした日明・日朝交易に関わる諸勢力の財力が、公文官銭として投入されていた可能性に注目したい。ただし右に述べた五山僧たちは、三十三間堂坐公文の受給者の一部分にとどまることもたしかである。その点で、公文官銭の拠出は、今枝も推測するように、より一般的に、守護・国人層および有力商人層など、禅宗檀越勢力に依拠していたとみておきたい。財力ある禅宗諸檀越が、帰依する五山僧の出世のために、経済的な支出をあえて厭わない状況が広範に存在したことが、公文官銭に基づく足利政権のさまざまな事業を可能にした、といえるのではないか。もとより諸勢力の五山僧に対する「帰依」には、さまざまな現実的打算が付随していたかもしれないが、足利政権はそのような、公文官銭拠出という形で具体化する諸勢力の「禅宗への信仰」を統合することで、三十三間堂修造、蔵経書写、さらには遣明船派遣など、多くは宗教に関連する消費活動を推進しているという構図がみえてくるのである。同様の構図は、やはり「蔭凉軒日録」の詳細な記録が残る義政政権期には、果たしてどのような形で存続しているのか、あるいは変容しているのか、節をあらためてみてゆきたい。

二　義政政権期の坐公文

義政政権期の禅院住持補任すなわち公帖発給は、第二期から第三期にかけて、京都五山の住持補任件数と山城所在の諸山・十刹格禅院の住持補任件数が漸増し、鎌倉五山の住持補任は第二期に激減したのち、第三期には第一期と同程度の件数に回復するという経緯をたどる。

まず、第二期の補任状況からみてゆくと、「五山之上」南禅寺の住持補任は一七件、それ以外の京都五山の補任件数は六二件を確認している。このうち、「五山之上」南禅寺住持補任の内訳は、入寺八件、新命六件、再住三件で、坐公文と確認できる補任は記録されていない。また、京都五山の補任件数内訳は、「新命」が二九件で、そのうち一二件は関連記事から入寺と確認できる。そのほか入寺と確認できる補任が一九件、再住一件、坐公文一件、不詳一二件である。各禅院ごとの補任件数は、相国寺一八件、建仁寺一三件、東福寺一一件、天龍寺と万寿寺が各一〇件である。相国寺などの場合、一〇九カ月間で一八件、つまり約六カ月に一度住持が交代している計算となる。この点については、足利政権が住持の交代を早めることで礼銭の収入増大を図ったもので、坐公文に類するとの理解も示されているが[25]、記事内容をみる限りでは、「老屈」や「歓楽」による退院《ついえん》免許の事例が目立つ[26]。実際に住持として入寺し執務することが、五山住持にまでのぼり詰めた老僧たちにとって大きな負担であったこともまた、早期の住持交代の一因であったかもしれない。このほか、不詳分がすべて坐公文であるとしても、第二期の京都五山の住持補任は、意外に坐公文が少ないという事実を確認しておくことの方が、むしろ重要かと思う。同時期の鎌倉五山の住持補任記事も関東管領の「吹嘘」問題などが絡んだ四件に激減しており[27]、鎌倉五山坐公文の大量発給により三十三間堂修造が行われた第一期とは明確に様相が異なる。この時期の寺社修造料や仏事銭の主要な財源は、東班衆の献上に多く依拠している「御倉」の「代物」売却で、公文官銭が用いられている事例はほとんどみあたらないという指摘[28]に対応している状況である。

ただし、第二期にほとんど坐公文は発給されなかったという理解では、当該期における山城所在の諸山・十刹格禅院の住持補任の増加を説明することはおそらく困難になる。山城所在の諸山・十刹格禅院の住持補任は、第二期の一〇九カ月間で一二三件の補任が行われている。禅院ごとの内訳は、安国寺三四件、真如寺一九件、等持寺一二件、臨川寺・宝幢寺が各九件、西禅寺八件、普門寺六件、広覚寺・妙光寺が各五件、龍翔寺が四件、興聖寺・景徳寺・三聖寺が各三件、仏心寺二件、大聖寺一件である。このうち最多の安国寺は、第二期の一〇九カ月間に三四件、つまり約三カ月に一度住持が補任されていた計算となるが、その内訳は、「新命」四件、入寺公帖の事例が二件[29]、その他二八件は公帖の種別不詳である。同寺は新住持の寄附銭を寺家留守者の俸禄にあてていた形跡があり[30]、補任件数の多さもこの点に関連しようか。また、後年坐公文の代表格となる諸山景徳寺、十刹真如寺のうち、真如寺の坐公文発給が本格化しつつある点も注目されるが、第二期の諸山、十刹住持の補任については、記事がきわめて簡略なため、その詳細を知ることは難しい。

以上、義政政権初期にあたる第二期の公帖発給については、詳細不明とせざるを得ない部分も少なくないが、「蔭凉軒日録」の記主も亀泉集証に代わる第三期、すなわち義政政権後期の公帖発給になると、一転して詳細な情報を得ることができる。坐公文自体に種別があることも、第三期の「蔭凉軒日録」の記述に依拠して立論されている部分が大きい。そこでまず、第三期の公帖発給状況を検討するに先立ち、坐公文の種別に関する先行学説の内容確認を行っておきたい。

（1）坐公文の種別

玉村竹二は、「坐公文は、その官銭の用途によって、二種に分けられるやうになつた。その第一は官銭成《かんせんなり》といひ、その官銭は幕府が査収して、幕府の使用する所となるもので、第二は功徳成《くどくなり》といひ、その官銭は、幕府が取らず、某寺某派の開祖派祖の遠諱仏事勤修の費用として、その寺その派に与へるもので、本来ならば、幕府から助成すべき所を、公帖を売ることによつて、それより生ずる官銭を寄付する形によつて、肩代りしようといふのである」と述べている。玉村は仏事に限らず、官銭が寺社に寄進される坐公文による住持身分の昇格・獲得全般を功徳成の範疇で理解している。[31] また、今枝愛真は、「官銭〔公文官銭――引用者注〕は一旦幕府の公倉に納められるのが通例」だが、「実際には公倉には収納されないで、別の目的のために、直接使用される場合があった」とする。すなわち「功徳成というのがそれで、幕府関係者の年忌仏事などの臨時の費用を捻出するために、幕府が二、三十の売公文を一時に出すことがしばしばみられた」とする。[32]

ここで述べられている官銭成と功徳成という坐公文の種別は、史料にもしばしば現れる。今枝も提示しているように、「蔭凉軒日録」延徳三年（一四九一）十月二十四日条をみると、「近年功徳成多レ之、依レ之入寺幷官銭成一向無レ之、堅有二御停止一者可レ然、若御同意可レ達二台聴一云々」とある。蔭凉職が鹿苑僧録に対し、功徳成の停止を打診している記事である。これ以前の長享二年（一四八八）五月六日条でも、「以前指東御寄進公帖十通内、三通遵行、相残七通有レ之、邇来依二功徳成多一、官銭成無レ之、早無二功徳成一之条、皆官銭成可レ有之由白レ之、聊御一咲」とある。

ただし後者の記事では、指東庵に寄進された一〇通の公帖のうち、実際に発給にこぎつけたのは三通にとどまり、その関連で、功徳成の盛行が指摘されている点に注意したい。すなわち蔭凉職は、指東庵に対する寄進公帖発給が滞っている一因として功徳成の盛行を指摘し、官銭成＝寄進公帖の発給をより重視すべきである、と主張しているようにみうけられるのである。これに対し玉村や今枝以来の通説は、官銭成とは官銭が「幕府の公倉」に納入され、「幕府の財政」に活用される種類の坐公文であり、功徳成は官銭が「公倉」に入ることなく、ただちに仏事等に寄進され消費される種類の坐公文とする。したがって、前者延徳三年十月の蔭凉職の認識についても、近年は功徳成が多く、公文官銭はすべて寺院修造や仏事に注ぎ込まれており、「幕府の公倉」を賄う官銭成が減少しているが、今後は官銭成すなわち幕府財政をもっと重視すべきという議論と解釈されることになる。[33] 果たして妥当であろうか。

「蔭凉軒日録」文明十九年八月三日条をみると、「八日御仏事功徳成書立供㆓台覧㆒、（中略）円覚寺等洵西堂、（中略）等洵者年老身貧之故怜㆑之」とあり、同六日条をみると、等洵を含む五名に対する坐公文発給について「八日御仏事作善」と記す。官銭拠出能力があるのか疑わしい「老貧」を理由に、功徳成が「作善」として許可されているという文脈に注意したい。同じく、長享三年四月七日条をみると、祖渓西堂について「若功徳成之事有㆑之、建仁寺祖渓西堂一級事可㆓憑入㆒（中略）貧僧之故入寺事不㆑可㆑叶」という記事がある。[34] また、延徳三年十月二十三日条をみると、「来月御仏事、若功徳成有㆑之、恵通西堂相国寺座公文事可㆑有㆓登庸㆒」という慈受院玉雲庵の打診に対し、蔭凉職は先述のとおり翌二十四日条で「近年功徳成多㆑之、依㆑之入寺幷官銭成一向無㆑之、堅有㆓御停止㆒者可㆑然」との見解を示している。その結果、功徳成は停止の方向となり、三十日条では「就㆓作善㆒功徳成事御停止」とされているが、その前日の二十九日条をみると「功徳成事有㆓御意得㆒、雖㆑然至極貧僧可㆑有㆓御免㆒」とある。功徳成は「至極貧僧」が公帖を得られる機会として、なお存置されようとしているのである。こうして功徳成の抑制が決定されたのちの延徳三年十一月二十八日条をみると、粛元について「来七日御仏事功徳成」が打診されているが、集康ともども「功徳成一切御停止也、御仏事以後可㆓白沙汰㆒」といったん却下され、翌年二月十三日条で「粛元者瑞久院御寄進三通内官銭成」（傍点引用者）とあり、瑞久院に公文官銭が寄進される官銭成に変更となっている。功徳成が認められず官銭成に変更された事例はこれ以前にも類例があるが[35]、右の事例は明らかに、公文官銭が瑞久院に寄進される官銭成で、官銭成とは「幕府の公倉」に公文官銭が納められる種別の坐公文であるという先学の理解とは相容れない。したがって、功徳成とは公文官銭が寺社に寄進される種別の坐公文であるという理解も誤りというべきであり、正しくは、将軍家の仏事等に伴う「作善」として、入寺や官銭納入が困難な老貧僧に認められる坐公文に基づく住持身分昇格のことを功徳成といい、この場合、そもそも官銭収入は期待されていなかったとみるべきである。[36]

では、今枝が功徳成における「官銭」納入の具体例として、「鹿苑日録」天文八年（一五三九）四月一日条、同十六日条を提示し、さらに、「功徳成の場合は別として、一般の公帖による官銭は、僧録の手を経て幕府の公倉に収納されたことは確かである」として、「妙興寺文書」中に伝わる明応五年（一四九六）三月九日付の「相国寺勝智院秀稜請取状」や、「鹿苑日録」天文五年六月十四日条、天文十八年五月十三日条などの諸事例を提示している点[37]は、どのように解釈できようか。

まずはじめに、「鹿苑日録」天文八年四月一日条であるが、ここでは今枝も指摘しているように、二人目の月谷周進が「無香資、極貧之由也」と注記されている点に注意したい。これが功徳成本来の姿であろう。また、同十六日条では、たしかに「悉皆十貫文ニテ功徳成也」と記載されており、『鹿苑院公文帳』に永禄十年（一五六七）五月二十一日付で景徳寺住持補任が記録されている周瑶についても、「光源院殿第三年御功徳成、無払、官資本院御寄進」といった付記がある。ただし、功徳成に伴い納入される場合もあり得る「官銭」の性格を考えるうえで、もっとも注目すべきは「鹿苑日録」天文八年三月十六日条だと思う。そこには、「自然於二内儀一弁当之仁者、不レ依二多少一可レ出二香資一、可レ寄二御仏事料一云々、既功徳之上者、撰二貧僧仁體一可レ成也、万一弁当之仁望レ之、則香資可二申付申一也」と記されている。功徳成を許可された「貧僧」は公式的には官銭納入を免除されるが、「弁当之仁」つまり官銭負担能力のある五山僧が功徳成を希望した場合、「内儀」に「香資」納入を命じる、との趣旨であろう。「鹿苑日録」天文九年六月九日条に「非二功徳一也、只以二御憐愍一無二官銭一云々」とあるのも、功徳成は官銭免除という原則を前提に置くことではじめて解釈できる記事といえる。なお、「入寺仕るへき由候間くわんせん（官銭）のきハいて申さす[38]」とあるように、本来「官銭」納入を要しない入寺公帖の場合にも、何らかの出銭がみられる事例は「蔭涼軒日録」等に散見するが[39]、必ずしも一般的ではない。功徳成や入寺に伴う官銭納入はいわば「内儀」のものであり、官銭成で公式に徴収される公文官銭とは区別する必要があると考える。

次に、「妙興寺文書」に伝わる「相国寺勝智院秀稜請取状[40]」であるが、今枝は、法系関係からみて、当時鹿苑僧録が勝智院に「寄寓」していた可能性があるとし、この官銭請取状も僧録、つまり事実上「公倉」関係者の請取状とみなし得るとの解釈を示しているが、いかにも苦しい。のちにも類例をみるが、この史料は公文（公帖）官銭を「寄進」された勝智院そのものの請取状とみるのが自然である。つまりこの場合の公文官銭は「幕府の公倉」には入っていないのである。なおこの公文官銭は、慶甫宗誕の「真如寺公帖官銭」であるが、同人の妙興寺住持補任には尾張守護斯波義良（義寛、左兵衛佐）が関与しており[41]、官銭についても斯波氏か、妙興寺の十方檀越（第9章参照）から拠出された可能性をみておきたい。

他方、今枝が参照を指示している「鹿苑日録」天文五年六月十四日条、天文十八年五月十三日条、このほか天文五年十二月三日条の場合、坐公文発給に伴う「官銭」「官資」が明らかに「公府」や「御倉」に納められており、その解釈についてはのちに触れることとする。しかしいずれにしても、こうしたわずか二～三例をもって、公文官銭は「幕府の公倉に納められるのが通例」とまでみなすことはできない。

以上を要するに、現時点で必要な作業は、官銭成の官銭は寺社に寄進されており、功徳成の場合原則として官銭は免除されている、つまり足利政権は坐公文官銭を収納していない、という事実認識に基づいて、あらためて政権の坐公文発給の意図を確定することである。以下、第三期における坐公文の具体的な発給状況をみてゆきたい。

(2) 官銭成と功徳成の実相

前項の検討により、坐公文の種別については、①公文官銭が寺院修造や仏事に寄進される官銭成、②官銭収入は前提とされておらず（原則免除）、老貧僧に住持身分昇格の機会を与える「作善」として認められる功徳成、の二種類があることをみたが、実際に「蔭凉軒日録」の事例を検討してゆく場合には、作業上、③その他、さしあたり①②に分類できない坐公文一般、という分類も設ける必要がある。以上の分類に基づき、第三期に大量に行われている五山格以上、および山城所在の十刹・諸山格禅院の住持補任＝公帖発給の種別を整理したのが表2-1である。採録できた補任件数全四〇二件のうち、「新命」や「再住」など入寺を予定した公帖発給は一〇六件＝二六・三％にとどまる。第三期の五山以上と、山城所在の十刹・諸山格の公帖発給は坐公文が主流であったといえる。では、こうした坐公文発給は、果たして先学が述べてきたように、「政権の財政収入」確保を目的とした公帖の「売買」という視角で理解できるであろうか。

表2-1をみるならば、当該期に発給されている坐公文のうち、官銭が寺院修造や仏事に寄進される官銭成が一一一件を占める。坐公文であったことが確認できる全二八〇件のうち、三九・六％を占める。官銭の寄進先は、おおむね京都五山周辺の諸寺、塔頭である。永享期三十三間堂坐公文のような大規模な集中性はないが、応仁・文明の乱を経て、各禅院の維持、修復にかかる費用にあてられていたのではなかろうか。「蔭凉軒日録」文明十八年十一月二十五日条によれば、将軍義尚の希望である梵棟への「景徳寺坐公文」発給について、義政は蔭凉職に対し、「諸寺院御寄進之外、坐公文事雖レ為二堅御禁法一、此事者自二室町殿一始而御白之条、此一通許事者可レ有二御免一、於二以後一御白有レ之者、不レ可レ有二尽期一、縦自二何方一白不レ可レ有二御許容一之由、可レ白二室町殿一」と命じている。つまり坐公文は、原則として仏事挙行に結実する官銭成のみを認めるという義政政権の意志が示されている。

では、文明期以後の官銭成の場合、その公文官銭はどこから拠出されているのであろうか。この点に関する「蔭凉軒日録」の記述は、永享期と同じくきわめて乏しいが、たとえば文明十七年五月七日条にみえる細川政元の要求による「臨川当住玄要西堂諱周三、五山公帖事」の場合、明確に「於二官銭一者自二政元公一可レ見レ弁レ之云々」とある。翌日条で、この坐公文発給は「当寺（相国寺か）御寄進内」の扱いとなり、官銭は「当寺」に納められること

表 2-1　「蔭凉軒日録」第三期（文明 16 年 8 月～明応 2 年 9 月）発給公帖の種別（五山格以上，および山城所在の諸山・十刹分）

	計	入寺		坐公文			不明	備　考
		新命	再住	官銭成	功徳成	その他		
南禅寺	37	6	4	6	9	11	1	
天龍寺	33	5	8	1	9	8	2	入寺 1 件未遂か，功徳成 1 件官銭成に変更
相国寺	36	3	22	5	4	2		
建仁寺	31	5	7	11	3	5		
東福寺	10	2	2	5	1			
万寿寺	5	1		1		3		「その他」3 件坐公文，入寺に変更か
京都五山計	115	16	39	23	17	18	2	
鎌倉五山計	72	5		28	16	21	2	
上記小計	224	27	43	57	42	50	5	
(%)	100	12.0	19.1	25.4	18.7	22.3	2.2	
真如寺	67	4		26	19	11	7	功徳成 2 件官銭成に変更，不明 2 件のち辞退
景徳寺	43	3		13	8	18	1	
臨川寺	21	6		6		8	1	
普門寺	11	4		5		2		
等持寺	8	8						
安国寺	8	2		2	1	3		
西禅寺	5			1	1	1	2	
三聖寺	3	3						
仏心寺	3	1			2			
宝幢寺	3			1	1	1		
広覚寺	2	2						
興聖寺	2	1				1		
妙光寺	2	2						
小　計	178	36		54	32	45	11	
(%)	100	20.2		30.3	17.9	25.2	6.1	
合　計	402	63	43	111	74	95	16	
(%)	100	15.6	10.6	27.6	18.4	23.6	3.9	

注）十刹・諸山の場合，基本的に再住は記録されていないので，すべて新命（新任）扱いとする。

になる。その額は、五月十二日条で「三玄要建長寺官銭三十緡」と記されている。同じく、長享三年五月三日条によって、細川政元の要望であることがわかる春桂宗昌に対する真如寺坐公文発給について、延徳二年九月十一日条をみると、「彼官銭来月中可レ致二其沙汰一由自二龍安寺一云々」とある。なぜ龍安寺を介しているのかは未詳だが、龍安寺は細川氏を檀越とする禅院であり、政元が実質的な官銭拠出者であったことを示しているとみてよいだろう。

また、長享元年閏十一月八日条をみると、勝智院殿（義政生母・日野重子）二十五年の「御年忌御寄進公帖二通内」の一通を「大内帰依僧保寿寺以参（周省）和尚（大内教弘息）、南禅公帖」にあてる件が検討されている。この「寄進公帖」発給に伴う官銭は、仮に足利政権に納入されたとしても、即座に勝智院二十五年忌仏事の執行主体となる勝智院に寄進される予定になっていたものではないか。ところが、その勝智院主である月翁周鏡は、「官銭者不レ可レ出如何」と蔭凉職に打診し、その了解を得て、勝智院主の「一行」をもって義政に披露する手はずが整えられている。この坐公文発給に伴う官銭は、本来であれば大内氏が拠出すべきものと思われるが、実質的な官銭の被寄進者と目される勝智院主の月翁周鏡が官銭不納を了承している以上、いいかえれば、以参周省に対する坐公文発給によりもたらされるはずの官銭なしの仏事執行を了承している以上、蔭凉職としても公文官銭の納入にはこだわらなかったことが示されていると思う。

ただしこの公帖発給は、上述の方針によりただちに実現したわけではない。右の記事から一年以上を経た長享三年二月二十三日条で、あらためて「南禅坐公文事御停止也、此以参者相国寺前住大内方帰依僧也、殊廿五年忌御奉加事也、不レ可レ混二自余一」という交渉が行われ、同日中にようやく「以参和尚南禅坐公文事今日伺レ之、以二別義一御免之由被二仰出一」という決着をみるのである。ここで述べられている「南禅坐公文停止」という方針は、おそらく公文官銭の収受といった次元では理解できない問題と考えられるが、その内実はどのようなものであるのか。

この点に関連して注目したいのは、以参周省が文明十六年という段階で、「前相国」の肩書きをもって、大内氏

図 2-1　陶弘護画像，以参周省賛（山口県龍豊寺所蔵）

重臣・陶弘護の功績を称える画像賛（図 2-1）を著している事実である[42]。この事実がなぜ注目されるかといえば、応仁・文明の乱中、義政は敵対勢力となった大内政弘の後方攪乱を図り、その意図に呼応して大内教幸が蜂起するのだが[43]、その教幸すなわち義政方と戦い、大内政弘の地盤を守り抜いたのが陶弘護であるからである。以参周省は、いわば反義政方の有力武将の生涯を、五山相国寺長老の肩書きを用いて称賛しているのである。もとより義政政権が、そのような各地の五山僧の具体的な文筆活動を逐一把握していたと考えることは難しいかもしれない[44]。しかしながら、大内氏膝下で活動する五山僧に南禅寺住持という高位の身分を与えることは、単に公帖「売買」の観点で処理し得る問題ではなく、微妙な政治的判断を要する問題と認識されていた可能性は想定してみてもよいのではなかろうか。少なくとも以参周省に対する南禅寺坐公文発給の事例は、坐公文が一定額の官銭納入とひきかえに無条件に発給すなわち売却される、という類のものではなかったことを明確に示している。

美濃斎藤氏膝下の五山僧、遠湖宗樹[45]に対する南禅寺坐公文以下の発給問題も、以参周省の事例とほぼ同様の政治的問題を伴っている。遠湖は、応仁・文明の乱中に、義視を長とする「西幕府」の公帖をうけて南禅寺住持の身分を得ていた。しかし乱の終息後、「西幕府」の公帖は無効が宣言され、その身分回復が、義政・義視兄弟の間で一つの焦点となる。文明十九年八月三日条によれば、義政から「今出河殿（義視）久約之間可レ有二登庸一」と指示をうけた蔭凉職は、遠湖が公帖受給の条件である秉払《ひんぽつ》という問答儀式を済ませていない「無払《むほつ》」の五山僧であることなどを問題視するが、同八日にも「今出河白レ之、不レ失二面目一様可二相計一」と重ねて命じられている。その結果、蔭凉職は同十三日にいたり、諸山・十刹分の公文官銭は免除するとしても、「建仁南禅之官銭事、自二何方一雖レ致二詫事一不レ可レ有二御承引一、若破二此事一者、於二以後一官銭之儀御法可レ破云々」という条件で、遠湖に対する坐公文発給を承認している。この時点では、五千疋の官銭を通玄寺の開山百年忌仏事費用に寄進する予定が立てられている。ところが同年十一月十六日条をみると、「持世《（是）》院（斎藤利国）被官人神子《ミコ》田八郎左衛門尉」が「樹遠湖公文銭」につき「寺家御請文」等の注文を美濃に下す件で動いており、ついで同年閏十一月八日条をみると、「宗樹西堂建仁南禅公帖、官銭八千疋、通玄寺慈泉庵被レ出二請取一事成就、珍重々々」とあり、美濃斎藤氏側から、予定額を上回る八千疋の公文官銭が通玄寺に納入された模様である。遠湖に対する坐公文は、延徳二年正月二十三日条でも義政・義視兄弟の講和をたしかなものとするために発給されたと回顧されているが、通玄寺開山法要の要脚調達という仏事的名目が、蔭凉職側と斎藤氏側の合意形成すなわち南禅寺坐公文発給を促す契機となっている点に注目したい。「財政」的には成功例ともいうべき遠湖宗樹の坐公文一件が、蔭凉職にとっては後年にいたるまで悪しき先例であり、一度ならず類似の坐公文発給要請を退ける根拠となっている事実[46]なども踏まえるならば、坐公文発給に必要なのは公文官銭の納入だけではなく、政治的・理念的な環境の整備も不可欠であったとみるべきである。坐公文発給を公帖の売買とみる議論は、坐公文発給の重要な一側面を見落とした理解といわざるを得ないであろう。

　以上、公文官銭が守護・国人層によって拠出されている実例と、そこには種々の政治的交渉が絡む事実についてみてきたが、先行学説が想定するように、五山僧ないし荘園領主としての五山禅院が、公文官銭を拠出する可能性はなかったのだろうか。

たとえば長享二年七月八日条で、「慶雲院殿（足利義勝）御年忌御寄進」内の円覚寺坐公文付与すなわち官銭成が認められることになっていた梵理西堂の急死に関わって、同十日条に次のような記事がある。この日、梵理を「我法眷僧」であるという禅院東班衆と目される宝球都寺が蔭凉職を訪れ、梵理は「安富新兵衛尉爺」にあたる「安芸左衛門」の中陰仏事に携わっていたが自身も急死したこと、官銭寄進をうけることになっていた慶雲院は、すでに蔭凉職に伺いを立てた以上、「為二其門徒一可レ出二官銭一」との見解を示したこと、などを報告している。官銭受領者である慶雲院が、禅宗の「門徒」もまた官銭の拠出主体になり得るという認識を示している点で注目される。これに対し蔭凉職は、「自二慶雲院一御判事、可レ閣之命有レ之閣レ之、慶雲院若無二其儀一、御判事可レ白レ之、以二此旨一可レ被レ達二慶雲院一」と指示している。慶雲院が了解すれば梵理に対する坐公文発給は中止してよいというのが蔭凉職の判断であった。

右の事例によれば、坐公文をうける五山僧、ないしその周辺の禅院東班衆が公文官銭の拠出者となる可能性もあったことが知られる。ただし宝球都寺は、梵理について「無二其徒弟一、一ヶ僧耳」と発言しており、この場合、公文官銭の拠出者となることが期待される「門徒」は、実態としては存在しなかったとみられる。また仮に、門徒が公文官銭を拠出する形をとるとしても、その財源が守護・国人層などの志納に依存している可能性も考慮すべきであろう。梵理の場合、公文官銭は出身氏族で細川氏被官と目される安富氏周辺から拠出される手はずとなっていたとも考えられる。この事例のほかに、東班衆の蓄財や寺領荘園が公文官銭の財源となっている事例、またはその可能性が検討されている事例は、今のところ確認できていない。先行研究でも、この点が明示されていないことはすでに述べたとおりである。若干の見落としがあったとしても、公文官銭の財源が一般的に、五山領荘園や東班衆の財力に依存していたという見通しを、史料的に裏づけることはできないと思われる。

以上、判明する事例をみる限り、今枝愛真の推測のとおり、官銭成における公文官銭が少なからず守護・国人層の拠出に依拠していることは、ほぼ間違いないと考える。公文官銭について今谷明は、守護段銭等の未納に代わる財源と評価しているが(47)、その拠出者は、守護・国人層など、段銭の未納者そのものであった可能性が高いことになる。義政期の官銭成は、足利政権が公文官銭拠出という形で具体化する守護・国人層の「禅宗帰依」を統合しつつ、五山禅院群の修造や仏事などの事業を遂行し、そうした仏事の興行が、逆に政権側と守護・国人層の間の合意形成すなわち政治統合を促す契機にもなっており、公帖発給＝五山僧の出世はそうした合意形成の契機かつ成果という意義を担ったのである。

では、将軍家の逆修仏事などの際に、原則として官銭免除で「作善」として行われる坐公文発給、すなわち表2-1で坐公文二八〇件中七四件＝二六・四％を占める功徳成は、どのようなねらいをもった公帖発給と理解できるであろうか。

功徳成の事例は、同表に提示した七四件を含め、「蔭凉軒日録」の全期間を通じ一四六件を確認しているが、功徳成許可にいたる代表的な要件は老貧(48)または諸方面の要請(49)である。諸方面の要請による功徳成の場合、右にみた官銭成と区別しがたい事例も少なくないが、長享二年九月二十四日条をみると、細川政元から五山相国寺住持への功徳成が打診された慶般に関し、「数年居二田舎一之故、今度御逆修功徳成不二相叶一」という記述がある。功徳成は、原則として、京都近辺に居住する老貧僧に住持身分昇格の機会を与えるための坐公文発給だったのではなかろうか。では、その老貧の具体的な内容とはどのようなものであろうか。

功徳成を認められている五山僧の出自について、明らかにできる事例は少ないが、文明十九年九月二日条で「又聖福寺公帖之事、諸山徳濶西堂、東福大慈庵門派、以二此書立一□冷泉殿云、来十月御逆修功徳成之衆可レ加之由有二台命一」と記録されている全牛徳濶は、同日条によれば、「姉小路殿親類」につき、諸山住持の任期を満たしていない「年期未満」ではあるが十刹住持への出世を認められている。全牛は右の記事にも示されているように、当初聖福寺坐公文を希望していたが、同二十二日条によれば、同寺住持の吹嘘権限をもつ建仁寺護国院に三千疋を納入して吹嘘状を得る必要があったため、坐公文の名目が真如寺に変更されていることも判明する。姉小路氏周辺では、それだけの官銭を準備することは困難であったためではないか。また、長享二年三月三十日条で「逆修功徳成」が認められている妙昜の場合、「妙昜西堂本望不レ可レ過レ之、以二一行一可レ謝二冷泉殿一」という吉田兼倶の伝言が蔭涼職にもたらされている。さらに四月七日条に「妙昜西堂一級御免忝由、吉田二位白之由達二台聴一」、同十六日条に「真如寺妙昜西堂、是者吉田二位公御免」などの関連記事があり、吉田家周辺出身の五山僧であったとも考えられる。『鹿苑院公文帳』に多数記録されている功徳成の諸事例のなかでは、永禄五年四月から五月にかけて景徳寺・真如寺住持に補任されている彦材瑞茂が万里小路家の出身ではないかと指摘されている[50]。なお、「鹿苑日録」天文六年十二月二十五日条をみると、「禁裏様江功徳成公文五御申之内、慈聖院門中在二越前一僧、雖二無払一、公帖御判出云々、三条西殿ニ有二公文一、廉首座取ニ行云々、絶二言語一次第也」という記事がある。功徳成の公帖が、本来受給資格のない無払の越前在住の五山僧に手交されることが問題視されている。この五山僧の出自が公家衆であるか否かは不明だが、功徳成の坐公文発給が禁裏や三条西家周辺の関心事となっていることをとりあえず確認しておきたい。

以上、功徳成が認められている事例のなかには、官銭拠出能力があるとみられる有力者の推挙による事例もみられるが、禅院内で功績があるものの老齢にいたるまで出世の機会を得られなかった五山僧や、必ずしも経済的な基盤が盤石ではない中小公家衆の庶子出身の五山僧の事例が特徴的である。功徳成は老貧僧の出世手段として存置すべきだという議論に象徴されているように、経済的に必ずしも裕福ではなく、少なからぬ庶子を禅宗に委ねている京都周辺の中下級公家衆などに対し、足利政権の恩恵を示す目的で行われた坐公文発給が、すなわち功徳成の基本的な性格だったのではなかろうか。

(3) 坐公文制度の変容

前項までの検討により、第三期の坐公文二八〇件のうち、官銭成と功徳成の合計一八五件＝六六・〇％は、「幕府の公倉」を潤すとはいいがたい公帖発給であることをみた。しかし表2-1で示したとおり、その他九五件の坐公文発給がなお残されている。これらの坐公文はどのような性格をもつ公帖発給なのだろうか。坐公文発給にいたる経緯について、相互に重なり合う部分もあるが、その種別をあえて分類し、件数の多い順に列挙してみると以下のようになる。

①坐公文発給の打診や謝礼について、五山関係者（鹿苑僧録、蔭凉職、長老、院主など）の関与がみられる事例＝二二件

②同じく、将軍側近で権勢をもった伊勢貞親や葉室光忠の関与がみられる事例＝一四件

③同じく、関東公方や、細川氏一族など、武家勢力の関与がみられる事例＝一三件

④同じく、公帖発給主体というべき義政・義尚父子や、義視・義材父子の関与がみられる事例＝一一件

⑤同じく、勅命、二条、徳大寺、伏見院、庭田など、朝廷・貴族勢力の関与がみられる事例＝七件

⑥仏事に関係する五山僧への地位付与、ないし仏事に伴う作善とみられる事例＝五件

⑦諸使節や蔭凉職就任など、五山僧の功績に対する報償的意味をもつ事例＝五件

⑧使節派遣、諸式下行方など、仏事・寺院関係以外の費用捻出を目的としている事例＝二件

⑨嚫金や御水向料など、仏事費用調達を目的としたもの＝二件

⑩その他、坐公文であることのみ判明する事例＝一四件

このうち①の諸事例は、五山僧同士の内部的事情ないし自律性が公帖発給すなわち住持補任にも反映することを示している。ただその比率は、九五件中二二件＝二三・一％にとどまることにも注意したい。公帖発給は②〜⑤に

示されているように、五山僧をとりまく世俗勢力、つまり禅宗に関心をもつ檀越勢力の意向に強く規定されているのである。以上、①〜⑤に示されているさまざまな経緯は、前項までにみた官銭成や功徳成にいたる経緯とさほど異なるものではない。⑥や⑦についても、要請主体が判明すれば、基本的には①〜⑤に収斂してゆくものと思われる。つまり諸方面の要望に基づき発給されている①〜⑦の坐公文は、記録上は官銭成とも功徳成とも記されていないが、それは記載されていないだけであって、最終的、公式的には官銭成か、やむを得ない場合には功徳成に分類される坐公文だったと考えられる。

これに対し異色であるのが、⑧に分類した二件の坐公文である。[51] 公文官銭にいち早く着目した今枝愛真が提示した「新邸造営費」に公文官銭があてられている事例[52]も、右のような分類方法をとればここにあてはまる。ただこの坐公文で円覚寺住持に出世した芳仲は、「丹能両史君、互借レ師以為レ保二檀福一矣」とあり、応仁・文明の乱では西軍方に属した能登守護の畠山義統や丹後守護の一色義春（ちなみに当時の丹波守護は細川政元）の帰依僧であったらしい。この両者との関係修復こそ、義政政権が芳仲に五山円覚寺住持の身分を与える坐公文を発給した主旨であったとも考えられる。

「蔭涼軒日録」延徳元年十月十一日条では、松田対馬守から双恕西堂聖福寺公帖の「官銭千疋可レ被レ納二御倉一之命」があり、蔭涼職が松田に面談のうえ、「以前時宜」を「説破」している事例がある。延徳二年十二月五日条では、飯尾加賀守が義政百ヶ日仏事の「嚫金《しんきん》」[53] 調達のために南禅寺坐公文が発給されたならば、「南禅官銭五千疋也、三千疋拈香嚫（金脱カ、以下同）取レ之者、残二千疋事別用仁可レ被二召使一也」との目論見を示し、蔭涼職が「彼官銭員数事不レ被レ及二其沙汰一、拈香無レ嚫之故、公帖一通御免迄之儀、為二公方一為二彼仁一可レ然、貧僧也、以レ何可レ出二二千疋一乎」と反論し、飯尾が「一咲」のうえ了承している事例もある。また、ここでは⑨に分類した事例だが、「蔭涼軒日録」長享二年十二月十八日条で、五山僧に支給されるべき「御袈裟縫俸禄」に関し、蔭涼職が「自二御倉一其俸出乎」と述べたのに対し、義政が「公文銭事今者無レ之、如何可レ然乎」と公文官銭からの拠出を示唆し、蔭凉職も「年中縫事許之煩費不レ可レ過二千疋一、然者以二公文一通一可レ被レ充二其費用一乎」と同意している事例がある。「御倉」の支出を公文官銭で賄おうとしている事例である。以上、義政政権のとくに吏僚層が、公文官銭の諸用途への転用に関心をもっていたことや、蔭凉職がそうした公文官銭の流用に歯止めをかける役割を果たしていたことなどが確認できる。

時期が下って「鹿苑日録」の段階になると、こうした公文官銭の流用が本格化しているようにみうけられる。もっとも典型的な事例としては、「鹿苑日録」明応八年九月十九日条で、南禅寺公帖発給に伴う三千疋の収入をもって、「蓋公府命レ工装二戦袍一、乏二于其用一矣」つまり一種の軍事費に流用しようとしている事例をあげておきたい。これらの公文官銭は、今枝が指摘したように、「公府」や「御倉」に収納されている事例もみられるが、本来の官銭成＝寄進に類するものや、その他の部局、とりわけ女房・局などに納付されている事例の方が、むしろ目立つ[54]。

以上、⑧に分類した坐公文は、「幕府財政」を種々補っているとみられる点で、先学が指摘した坐公文の性格に一番近いものといえる。ただし⑧に分類できる坐公文をもって、足利政権の坐公文発給や、ひいては公帖発給の意図全般を議論することはできないと考える。理由は二点ある。

まず第一に、「蔭凉軒日録」第三期における公帖発給総数は、本章が検討対象とした表2-1の四〇二件のほか、全国の禅院住持補任＝公帖発給件数も総合すると六〇九件を確認している（前章表1-1）が、そのうち坐公文であることが確認できるのは三〇七件である。すなわち、これまで検討してきた五山格以上、および山城所在の十刹、諸山住持補任名目の坐公文二八〇件と、各地所在の十刹、諸山住持補任名目の坐公文二七件である。このうち後者二七件の内訳は、官銭成一一件、功徳成六件、その他、坐公文であることのみ判明する事例が一〇件だが、上述の

⑧に分類すべき事例はみあたらない。

以上から、「蔭凉軒日録」にみえる諸事例において、⑧に分類できる坐公文はわずか二件で、当該期公帖発給総数の〇・三二％、坐公文総数の〇・六五％を占めるにすぎない。可能性は低いと思うが、⑩に分類した使途不明の一四件や、表2-1で、入寺か坐公文か不明とした一四件（二件は辞退確認済み）が仮に⑧に算入できるとしても、合計は三〇件で、当該期公帖発給総数の四・九％、坐公文総数の九・七％を占めるにとどまる。最大限に見積もって、九・七％にとどまる坐公文の性格をもって、坐公文全体の性格を議論することはできないであろうし、さらにいえば四・九％の公帖が、足利政権の公帖発給の意図を代表しているとは考えがたい。

第二に、「蔭凉軒日録」が記録されているおおむね明応の政変以前の段階と比較して、それ以後の戦国期段階では、「幕府財政」を種々補っているとみなし得る公文官銭の事例がたしかに増えてくる。ただしこうした諸事例のなかには、僧録が官銭の収納先を把握していない事例[55]や、「公文之官資、蔭凉一人私之段、言語道断、前代未聞」と指弾されている事例[56]などもあり、政権内部の足並みの乱れが目立つ。対抗勢力との関係修復を促すような、仏事執行を目的とした官銭成中心の、義教・義政政権期の組織的な坐公文発給とは相当に性格が異なるというべきであろう。要するに、足利政権が公文官銭を仏事に消費しつつ、絶えず分裂してゆこうとする支配層の統合を進める力量を喪失しかけている段階において、公文官銭は、はじめて「幕府の公倉」など、各部局の財源として本格的に流出・流用された形跡が認められるのである。したがって、従来から知られている公文官銭の「財政活用」についても、坐公文発給の本来の目的であったというよりは、目先の財政事情に目を奪われつつある足利政権の逸脱現象と捉える方が、より実態に近いのではないかと考える。

おわりに

今谷明は、足利政権の「財政」で大きな比重を占めている寺社造営などの「消費的な経費」に関し、「室町幕府は農民・市民の生産活動には何の寄与もない社寺造営や邸宅作りのみによって人民を苦しめた」「大社寺造営のような消費的経費の膨張は、反面では建築業、手工業等にプラス面の波及効果（中略）をもたらすが、その費用調達のための租税強化による農業の再生産構造の破壊・縮小というマイナスの波及効果のほうがより大きいのは当然」とみる。そのような評価も事実の一面をついていると思うが、それが佐藤進一の指摘する「王朝・本所権力への挑戦」の結果、つまり「王朝国家財政をそのまま肩代わりした結果」であり、「将軍権力の強化どころか、経済的効果としては幕府権力の弱体化につながる矛盾をはらんだものであった」とすれば[57]、結局のところ寺社造営や仏事に消費されている公文官銭についても、その積極的な意義を見出すことはできなくなるであろう。

本章の検討によれば、坐公文の発給は基本的に、禅宗を中心とした寺社造営や仏事興行など、足利政権の消費的な活動と不可分の関係にある。問題は、そこにどのような積極的意義、すなわち将軍権力の強化に関わる要素を見出せるか否かであろう。私見では、足利政権は坐公文の発給を通じ、諸勢力の禅宗に対する信仰、具体的には諸勢力が帰依する五山僧の出世に費やす官銭拠出を吸収、組織化し、寺社造営、仏事、造営料船派遣などの事業を主催していたとみることができると思う。国内の幅広い諸勢力が五山僧に帰依し、総体としては莫大な官銭の拠出を厭わなかった宗教的・思想的な関心事とはどのようなものであったのか、その内実は第Ⅱ部、第Ⅲ部にかけての検討課題であるが、坐公文発給とは端的にいえば、足利政権にとっては仏事主催、檀越諸勢力にとっては帰依僧の出世というそれぞれの宗教的欲求を満たし、政権と檀越諸勢力とはそれまで対立関係にあったとしても、互いをいわば赦し合う契機になったと考えられるのである。公帖の「売買」という観点では捉えきれないこうした赦し合いの宗教的機能にも留意することで、功徳成という官銭収入を伴わない坐公文発給や、官銭納入だけでは済まされない政治的な交渉が坐公文発給に必要不可欠な過程であった事実関係も視野に入ってくる。そのような宗教的な理念が希薄化した戦国期以降、はじめて公文官銭は、「公方御倉」、ないし女房衆などに広く分配されはじめる。この時期には、公文官銭で費用調達がなされることもあった遣明船について、「当時公府不レ専二諸寺一、以レ故唐船不二必属一レ寺乎」という記事にみられるように、対外関係から仏事色が薄れ「貿易」色が濃くなったとも指摘されている。(58)この時期の政治権力に認められる「脱仏事」的傾向はどれほど一般化していたのか、それは戦国期における禅宗の存在形態とどう関わるのか、それを足利政権の弱体化とみるか、変質とみるか、あるいは全体的に近世への移行期とみるか、今後ともさまざまな角度から検討を要する課題であると考える。

第3章　関東公帖と夷中の五山僧

——赦し合う人脈の展開

はじめに

五山、十刹、諸山の格式をもつ、いわゆる禅宗官寺の住持補任状である公帖の発給は、足利政権の宗教政策の中核であり、一般的な地域権力には担えない職掌である。では、関東の地域権力でもある関東公方が公帖を発給している事実は、どのように解釈できようか。

関東公方と禅宗官寺に関する理解は、渡辺世祐の古典的な業績[1]や、佐藤博信の古河公方周辺の文化状況に関する検討作業[2]がみられるほか、公帖そのものについては、斉藤司、長塚孝、阿部能久が貴重な知見を報告しており、史料の集成も行われるなど、着実に進展している[3]。これらの先学の成果に学びつつ、関東公方発給の公帖には、一般的な地域権力とは異なるどのような性格を見出すことができるのか、再検討を試みたい。

一　関東公帖の発生と展開

室町期における関東禅宗官寺（関東五山の建長寺、円覚寺、浄智寺、浄妙寺、寿福寺、および関八州所在の諸山、十刹の寺格をもつ諸禅院）の住持補任状のうち、これまでに原本または写しを確認しているのは、表3-1の六八点である。いわゆる公帖と呼ばれる文書が主要部分を占め、様式はほぼ同一である。例として、本章の焦点でもあるNo.40を掲げておく。

禅興寺住持職之事、任先例可執務之状如件、
　天文廿一年六月八日　左兵衛督御判
　　秀繁（繁）西堂

さて表によると、関東禅宗官寺の住持補任主体は、京都の将軍家、関東公方家、天皇家の当主・家長たちである。渡辺世祐は、No.7公帖を根拠に、関東十刹以下の住持補任は関東公方の職掌と指摘しているが[4]、将軍家は関東の十刹、とくに禅興寺の住持補任に関与し続けている。このうち、六点の十刹禅興寺住持補任（No.21、22、27、47、52、54）は、関東外の諸山住持補任からあまり間をおかずに行われており、実際の住持就任を予定せず十刹住持身分の付与のみを目的とした坐公文である。No.18、19も同類とみられる。五山も含めて、将軍家による関東禅宗官寺の住持補任は、南禅寺住持への選任（出世・瑞世）過程でもある住持身分を五山僧に与える坐公文と考えられる[5]。

一方、関東公方歴代の発給公帖はどうか。関東公方は、鎌倉に本拠を定めた鎌倉公方期（基氏、氏満、満兼、持氏）と、古河に本拠を定めた古河公方期（成氏、政氏、高基、晴氏、義氏）とに大別できる。以上の歴代発給の関東

公帖は、氏満（No.2）、満兼（No.4）、持氏（No.7）、成氏（No.8、9）、政氏（No.12）、高基（No.13）、晴氏（No.32～40）、義氏（No.41、43、46、48、49、56）の二二点を確認している。その他、義氏没後の古河公方家発給公帖類として、No.57、59、61～68の一〇点がある。その他の庶流の発給公帖については、今のところ確認していない。

これまでの収集結果では、関東公方が関八州以外の地域所在の禅宗官寺の住持補任に関与していた形跡はなく、逆に将軍家は、坐公文を中心として、関東禅宗官寺の公帖を発給し続けている。今後の収集にまつべき部分もあるが、大勢は動かないであろう。

また、関東公方初代基氏が関東公帖を発給した事実も、今のところ確認できていない。ただし基氏は、貞治三年（一三六四）の上野長楽寺住持補任に関与した形跡がある。義堂周信の「仙竺心住長楽江湖疏」をみると、「貞治甲辰夏、朝廷有レ旨関東幙府始置二行宣政院一、以二十州管内禅教諸刹一属焉、歳之冬十月十二日、府君在二武衛大将軍源公（基氏）一、躬領二院事一、公ヲ選住持一」とある。(6) 基氏は、朝廷の命で設けられた関東行宣政院の責任者として、前崇寿寺住持の竺心□仙を住持に「公選」した、という内容である。行宣政院については、「空華日用工夫略集」にも「貞治三年甲辰夏、有二朝旨一、関東幙府始置二行宣政院一、以二十州管内禅教諸刹一系焉」とあり、朝廷の命により、関東府が関東十州内の禅教諸刹を管轄するために設けた機関とみうけられる。ただし、この記事を掲載する『大日本史料』は、「行宣政院設置ノコト、他ニ所見ナシ、蓋シ禅律ノ奉行人ノコトヲ元ノ官制ニ配シテ訳シタル称ナルベシ」と注記している。(7) 関東版の禅律方は、関東府の管轄下に設けられたものの、さほどの活動実績は示さなかったとみてよいだろう。

なお、「行宣政院」関係では、康永元年（一三四二）に円覚寺住持に補任された嵩山居中（遠江出身）が、「呈二宣政院閣下一」という題目の詩文を作成している。(8) おそらく同人の円覚寺住持補任に関係した宣政院、すなわち禅律方の責任者のための詩文で、渡辺世祐は、足利直義により禅律方頭人に登用された藤原有範と推測する。(9) また、永

寺住持補任公帖表

出　典	主要刊本・備考
賜蘆文庫称名寺文書（武州文書写あり）	神上 3216 号，大日 6-2 p. 412（武州文書）
鹿王院文書	神上 4868 号，鹿王院文書の研究（注 13）p. 92
野田感応寺文書（薩藩旧記前編 32）	五味注 48 論文 p. 85
教言卿記，応永 13 年 2 月 21 日条	大日 7-7 p. 576，神上 5372 号
野田感応寺文書（薩藩旧記前編 32）	五味注 48 論文 p. 85，玉村注 55 論文 p. 610（差出左大臣源義量御判）
妙興寺文書	大日 7-19 p. 436
雲頂庵文書	神上 5599 号（仏日庵文書とする），渡辺注 1 書 p. 71，玉村注 55 論文 p. 611
蔭凉軒日録	大日 8-15 p. 501（政知と判断），神下 6369 号（同），阿部注 3 書 p. 166 表 9，戦古 p. 56
永徳寺文書	長塚注 3②論文，阿部注 3 書 p. 166 表 9，戦古 p. 56
明月院文書	鎌 p. 389（政氏と判断），神下 6412 号（同），佐藤注 22 書
天龍寺文書	原田正俊編『天龍寺文書の研究』思文閣出版，2011，592 号
京都御所東山御文庫記録甲百七	大日 9-4 p. 126，神下 6501 号，阿部注 3 書 p. 166 表 9（玄徳宛とする），戦古 p. 97
長楽寺文書	大日 9-7 p. 757，神下 6534 号，阿部注 3 書 p. 166 表 9，群 34 号，戦古 p. 144
野田感応寺文書（薩藩旧記前編 42）	大日 9-9 p. 220，神下 6540 号，五味注 48 論文 p. 89
公帖符案（蜷川家文書）	大日本古文書（蜷川家文書 3.507 号）
公帖符案（蜷川家文書）	大日本古文書（蜷川家文書 3.507 号）
公帖符案（蜷川家文書）	大日本古文書（蜷川家文書 3.507 号）
公帖符案（蜷川家文書）	大日本古文書（蜷川家文書 3.507 号）
公帖符案（蜷川家文書）	大日本古文書（蜷川家文書 3.507 号）
公帖符案（蜷川家文書）	大日本古文書（蜷川家文書 3.507 号）
公帖符案（蜷川家文書）	大日本古文書（蜷川家文書 3.507 号）
公帖符案（蜷川家文書）	大日本古文書（蜷川家文書 3.507 号）
公帖符案（蜷川家文書）	大日本古文書（蜷川家文書 3.507 号）
公帖符案（蜷川家文書）	大日本古文書（蜷川家文書 3.507 号）
公帖符案（蜷川家文書）	大日本古文書（蜷川家文書 3.507 号）
公帖符案（蜷川家文書）	大日本古文書（蜷川家文書 3.507 号）
公帖符案（蜷川家文書）	大日本古文書（蜷川家文書 3.507 号）

（つづく）

表 3-1　関東禅宗官

No.	文書名	年　月　日	所在	禅院名	道号	法諱
1	後醍醐天皇綸旨写	建武 2 年 (1335) 5 月 18 日	相模	円覚寺	大川	道通
2	足利氏満書状	(永徳 1) (1381) 6 月 23 日	相模	建長寺	春屋	妙葩
3	足利義満公帖写	応永 9 年 (1402) 6 月 18 日	上野	長楽寺	天窓	祖杲
4	足利満兼公帖写	応永 12 年 (1405) 12 月 24 日	武蔵	永興寺	大基	中建
5	足利義持公帖か写	応永 16 年 (1409) 7 月 1 日	相模	東勝寺	徹宗	通音
6	足利義持公帖	応永 21 年 (1414) 3 月 23 日	相模	寿福寺	進叟	性勝
7	足利持氏公帖	応永 26 年 (1419) 9 月 20 日	上野	長楽寺	錦江	省文
8	足利成氏公帖写	文明 15 年 (1483) 8 月 10 日	相模	禅興寺	竺雲	顕騰
9	足利成氏公帖	長享 4 年 (1490) 4 月 10 日	相模	禅興寺		秀伝
10	足利義澄公帖写	明応 7 年 (1498) 4 月 28 日	相模	建長寺	玉隠	英璵
11	足利義稙公帖	永正 6 年 (1509) 8 月 23 日	相模	円覚寺	(心翁)	等安
12	足利政氏公帖写	永正 9 年 (1512) 5 月 20 日	相模	東勝寺		妙徳
13	足利高基公帖	永正 15 年 (1518) 5 月 12 日	相模	禅興寺		真孝
14	足利義稙公帖写	永正 16 年 (1519) 5 月 15 日	相模	建長寺	用堂	従亀
15	足利義晴公帖写	享禄 5 年 (1532) 5 月 25 日	相模	建長寺	友雪	智存
16	足利義晴公帖写	享禄 5 年 (1532) 7 月 5 日	相模	建長寺		恵尹
17	足利義晴公帖写	天文 1 年 (1532) 11 月 29 日	相模	寿福寺	一了	宗登
18	足利義晴公帖写	天文 2 年 (1533) 2 月 15 日	相模	禅興寺		栄顲
19	足利義晴公帖写	天文 2 年 (1533) 2 月 22 日	相模	禅興寺		素東
20	足利義晴公帖写	天文 2 年 (1533) 2 月 23 日	相模	円覚寺		秀選
21	足利義晴公帖写	天文 2 年 (1533) 5 月 25 日	相模	禅興寺	友雲	瑞益
22	足利義晴公帖写	天文 2 年 (1533) 9 月 9 日	相模	禅興寺	超輪	瑞隼
23	足利義晴公帖写	天文 2 年 (1533) 10 月 16 日	相模	建長寺	(玉仲)	妙彜
24	足利義晴公帖写	天文 3 年 (1534) 3 月 28 日	相模	円覚寺	汝舟	周霖
25	足利義晴公帖写	天文 3 年 (1534) 4 月 28 日	相模	円覚寺	(元方)	梵貞
26	足利義晴公帖写	天文 3 年 (1534) 7 月 2 日	相模	建長寺	和父	善仲
27	足利義晴公帖写	天文 3 年 (1534) 7 月 18 日	相模	禅興寺	心月	受竺

出　典	主要刊本・備考
公帖符案（蜷川家文書）	大日本古文書（蜷川家文書 3.507 号）
公帖符案（蜷川家文書）	大日本古文書（蜷川家文書 3.507 号）
公帖符案（蜷川家文書）	大日本古文書（蜷川家文書 3.507 号）
野田感応寺文書（薩藩旧記前編 45）	五味注 48 論文 p. 89
仏日庵文書	神下 6707 号，阿部注 3 書 p. 166 表 9，戦古 p. 170
光明寺文書	神下 6737 号（宛名禅入とする），阿部注 3 書 p. 166 表 9，戦古 p. 172（宛名禅入とする），津 p. 776
禅長寺文書	阿部注 3 書 p. 166 表 9，戦古 p. 173
長楽寺文書	群 35 号，阿部注 3 書 p. 166 表 9，戦古 p. 176
鹿苑日録	戦古 p. 177
源喜堂古文書目録	阿部注 3 書 p. 166 表 9，p. 169 図版（個人所蔵とする），戦古 p. 177
禅長寺文書	阿部注 3 書 p. 166 表 9，戦古 p. 178（要検討文書とする）
禅長寺文書	阿部注 3 書 p. 166 表 9，戦古 p. 178
野田感応寺文書（薩藩旧記前編 48）	五味注 48 論文 p. 90（宛名秀繁とする），戦古 p. 178
長楽寺文書	神下 6995 号，群 36 号，阿部注 3 書 p. 166 表 9，戦古 p. 213
光明寺文書	神下 7016 号，津 p. 778
光明寺文書	神下 7033 号，阿部注 3 書 p. 166 表 9，戦古 p. 215，津 p. 780
長楽寺文書	神下 7279 号，群 33 号
大禅寺文書	神下 7297 号
禅長寺文書	神下 7408 号，玉村注 55 論文 p. 723 注 36（宛名異筆と指摘），阿部注 3 書 p. 166 表 9，戦古 p. 230
東京大学史料編纂所所蔵文書（貴 35-30）（妙寿寺旧蔵）	神下 7522 号（防長寺社証文による）
長楽寺文書	群 37 号，阿部注 3 書 p. 166 表 9，戦古 p. 238
糸魚川市歴史民俗資料館所蔵文書	阿部注 3 書 p. 166 表 9，戦古 p. 245
相国寺本坊文書	伊藤真昭他編『相国寺蔵西笑和尚文案』思文閣出版，2007，p. 276
禅長寺文書	玉村注 55 論文 p. 652
鶴田大願寺文書（薩藩旧記後編 10）	鹿児島県史料旧記雑録後編 1p. 551（稱興寺と翻刻）
長楽寺文書	神下 8493 号，群 118
成安寺文書	東京大学史料編纂所影写本（3071，73-30）

（つづく）

No.	文書名	年　月　日	所在	禅院名	道号	法諱
28	足利義晴公帖写	天文 3 年 (1534) 10 月 11 日	相模	円覚寺	天派	□源
29	足利義晴公帖写	天文 3 年 (1534) 10 月 11 日	相模	建長寺	廬庵	祖英
30	足利義晴公帖写	天文 3 年 (1534) 11 月 10 日	相模	円覚寺		絃然
31	足利義晴公帖写	天文 5 年 (1536) 8 月 12 日	相模	建長寺		尚珊
32	足利晴氏公帖	天文 7 年 (1538) 4 月 22 日	相模	禅興寺		省才
33	足利晴氏公帖	天文 9 年 (1540) 10 月 9 日	相模	禅興寺	俊叟	禅乂
34	足利晴氏公帖	天文 15 年 (1546) 4 月 1 日	相模	禅興寺		顕沢
35	足利晴氏公帖	天文 17 年 (1548) 6 月 8 日	上野	長楽寺	(賢甫)	義哲
36	足利晴氏公帖写	天文 18 年 (1549) 9 月 14 日	相模	禅興寺	(湖月)	守鑑
37	足利晴氏公帖	天文 20 年 (1551) 6 月 8 日	相模	禅興寺	(なし)	(なし)
38	足利晴氏公帖	天文 20 年 (1551) 9 月 26 日	相模	禅興寺		顕俊
39	足利晴氏公帖	天文 20 年 (1551) 12 月 8 日	相模	禅興寺		顕恵
40	足利晴氏公帖写	天文 21 年 (1552) 6 月 8 日	相模	禅興寺	茂林	秀繁 (秀繫)
41	足利義氏公帖	天文 24 年 (1555) 12 月 16 日	相模	禅興寺		義豪
42	足利義輝公帖	弘治 2 年 (1556) 7 月 4 日	相模	建長寺	俊叟	禅乂
43	足利義氏公帖	弘治 3 年 (1557) 6 月 4 日	相模	禅興寺		禅最
44	足利義輝公帖	永禄 5 年 (1562) 5 月 2 日	相模	建長寺	賢甫	義哲
45	足利義輝公帖	永禄 5 年 (1562) 11 月 16 日	相模	円覚寺	卜星	建洞
46	足利義氏公帖	永禄 7 年 (1564) 10 月 15 日	相模	禅興寺	育芳	正頤
47	足利義秋公帖	永禄 9 年 (1566) 11 月 2 日	相模	禅興寺	綱宗	元揚
48	足利義氏公帖	永禄 10 年 (1567) 9 月 4 日	上野	長楽寺		周岱
49	足利義氏公帖	元亀 2 年 (1571) 2 月 9 日	相模	禅興寺	(籌叔)	顕良
50	足利義昭公帖	天正 3 年 (1575) 4 月 2 日	相模	円覚寺	月臨	周泉
51	広橋兼勝文書	天正 6 年 (1578) 6 月 29 日	相模	建長寺		顕恵
52	足利義昭公帖写	天正 6 年 (1578) 10 月 17 日	相模	禅興寺	花岩	明讃
53	正親町天皇綸旨	天正 7 年 (1579) 5 月 21 日	相模	建長寺		周岱
54	足利義昭公帖	天正 9 年 (1581) 3 月 5 日	相模	禅興寺	江叔	恵澄

出　典	主要刊本・備考
防長風土注進案	刊本 13 下 p. 130
竜光寺文書	神下 8661 号（帰源院文書による写），阿部注 3 書 p. 166 表 9，戦古 p. 268
仏日庵文書	神下 8874 号，阿部注 3 書 p. 166 表 9，p. 233 戦古 p. 317（神下 8875 号，戦古 p. 410 関連）
南禅寺文書	神下 8908 号
建長寺文書	神下 9091 号，戦古 p. 414
天龍寺文書	原田正俊編『天龍寺文書の研究』思文閣出版，2011，673 号
長楽寺文書	群 38 号（義氏朱印と判断），阿部注 3 書 p. 166 表 9，p. 235，戦古 p. 317（氏姫期とする）
光明寺文書	阿部注 3 書 p. 236，237 表 10
喜連川文書（国会本）	阿部注 3 書 p. 237 表 10
喜連川文書	阿部注 3 書 p. 237 表 10
喜連川文書	玉村注 55 論文 p. 723 注 36（慶長元年とする），阿部注 3 書 p. 237 表 10
長楽寺文書	玉村注 55 論文 p. 723 注 36（頼純公帖とする），群 39 号，阿部注 3 書 p. 237 表 10
喜連川文書	阿部注 3 書 p. 237 表 10
喜連川文書	玉村注 55 論文 p. 643，阿部注 3 書 p. 237 表 10

下，戦古＝戦国遺文古河公方編，津＝津久井町史資料編考古・古代・中世

和元年（一三七五）没の中巌円月「（太）大清滑西堂住相之東勝江湖疏幷序」に、「僧官六角公（中略）特挙二（太）大清禅師一」という記事もある。[10]貞治三年（一三六四）頃より応安三年（一三七〇）没まで、禅律方頭人の在職徴証のある佐々木氏頼[11]が、太清宗渭（小串範秀の子、美濃諸山龍門寺前住）を相模東勝寺住持に推挙した、という意味であろう。以上の事例はいずれも、京都の禅律方が、関東禅宗官寺の住持補任に関与していたことを示している。

では、関東公方は、いつ、どのようにして、公帖発給の職掌を獲得したのであろうか。

基氏は貞治六年（一三六七）四月に没し、同年五月に子の金王丸が九歳であとをつぎ、応安二年（一三六九）十一月に元服して氏満と名乗る。そののち、応安

No.	文書名	年　月　日	所在	禅院名	道号	法諱
55	足利義昭公帖写	天正 9 年　(1581)　5 月 14 日	相模	円覚寺	惟松	慧融
56	足利義氏公帖	天正 9 年　(1581)　9 月 25 日	相模	禅興寺		栄札
57	古河足利家公帖	天正 11 年　(1583)　6 月 15 日	相模	禅興寺	鶴隠	周音
58	足利義昭公帖	天正 11 年　(1583)　12 月 6 日	相模	建長寺	玄圃	霊三
59	古河公方家奉行人連署書状	(天正 13 カ)(1586)　2 月 15 日	相模	禅興寺		祥珪
60	足利義昭公帖	天正 13 年　(1585)　5 月 24 日	相模	円覚寺	三章	令彰
61	足利義氏 or 古河公方家公帖	天正 16 年　(1588)　6 月 29 日	相模	禅興寺		周育
62	足利頼氏公帖	慶長 3 年　(1598)　10 月 20 日	相模	禅興寺		宗義
63	足利頼氏公帖写	慶長 4 年　(1599)　10 月 11 日	相模	禅興寺		昌菊
64	足利頼氏公帖	慶長 4 年　(1599)　10 月 18 日	相模	禅興寺	(なし)	(なし)
65	足利頼氏公帖写	慶長 6 年　(1601)　12 月 25 日	相模	禅興寺	不瑑	省球
66	足利頼氏公帖	慶長 7 年　(1602)　3 月 27 日	相模	禅興寺	(なし)	(なし)
67	足利頼氏公帖	慶長 8 年　(1603)　5 月 14 日	相模	禅興寺	(なし)	(なし)
68	足利頼氏公帖	慶長 8 年　(1603)　8 月 5 日	相模	禅興寺	(なし)	(なし)

注）大日＝大日本史料，鎌＝鎌倉市史史料編 3，群＝群馬県史資料編 5，神上・神下＝神奈川県史資料編 3 上・

六年の「追加法」で、関東五山の住持職は京都将軍家の管轄、「其外細々事」は「関東御沙汰」と定められている[12]。ところが氏満は、永徳元年（一三八一）六月に、No. 2の書状を発給する。義満はこれに対抗し、No. 2の受給者である春屋妙葩を、翌年閏正月付の御内書で天龍寺住持に補任している[13]。氏満による春屋の関東招聘阻止を図ったもので、義満は引き続き、義堂周信の円覚寺住持赴任も阻止している[14]。氏満は、春屋など諸大名にも影響力をもつ有力な五山僧[15]の招聘をめぐり、将軍家と競合する過程を経て、公帖発給の職掌獲得をめざしたものと推測される。

京都の将軍家が、関東公方発給の公帖の効力を公認した時期やいきさつについては、年未詳、円覚寺方丈宛絶海中津の書状が手がかりになるかもしれない。この書状のなかで絶海は、円覚寺方丈に対し、「関東五山職位之事、如レ元天下通行不レ可二相違一候、向後堅可レ被レ守二京都定法一之旨、去十八日被二仰出一候、寿福、浄智、浄妙同以二此旨一可レ被レ触候也」と述べている。[16] 従来無効であった「関東五山職位」を、もとのごとく「天下通行」させるとの趣旨である。関東域外では無効であった関東公帖に基づく関東五山の住持身分について、全国に通行させるという内容を含んでいる可能性をみたい。

なお絶海は、至徳元年（一三八四）に義満と対立して摂津、阿波へ隠退し、同三年に義満から再度招かれ重用された五山僧の重鎮で、応永六年（一三九九）から鹿苑院の塔主に就任するが、それ以前の、等持寺または相国寺住持に在任中の康応元年（一三八九）八月と、応永五年閏四月に、東寺増長院と円覚寺都聞禅師宛に、「僧録的業務を示す」文書二点を発給しているという。[17] 右の「関東五山職位天下通行」の文書も、この「僧録的業務を示す文書」に加えてよいのではないか。なおかつ、この文書の発給時期は、上記の解釈が妥当であるとすれば、満兼が家督を継承した応永五年（一三九八）頃が、一つの候補になると考える。

満兼が応永十二年に発給した№4の公帖は、山科教言の息、教友（大基中建）を武蔵永興寺住持に補任したものである。「教言卿記」の記述によれば、大基は実際に、武蔵に赴任している模様である。この段階で関東公帖は、京都の公家衆の子息を関東禅宗官寺の住持に招聘する効力を発揮している。京都の公家衆も、関東公帖による子息の出世（諸山住持補任による西堂成）を「目出々々」と歓迎しており、[18] 関東公帖は明らかに「天下通行」している。関東公帖は、関東域内の禅宗官寺の住持補任のみに限定されているかにみえながら、その効力は関東域外にも通用しているのである。

持氏が滅亡したのちの関東公方については、表に示したとおり、古河公方初代成氏以後の歴代が、公帖発給の職掌を担っている。

持氏の子息である成氏は、結城合戦の結果、嘉吉元年（一四四一）四月に捕らえられ、京都に送られるが、同年六月の嘉吉の変を経て許され、宝徳元年（一四四九）に関東へ下向し、京都方の関東管領上杉氏と戦いを続け、その結果、追われて康正元年（一四五五）六月に古河に本拠を定め、明応六年（一四九七）に没している。この時期は、伊豆堀越公方政知の併存期でもある。義教の息、義政の兄弟にあたる政知は、関東の成氏勢力に対抗すべく、長禄元年（一四五七）に関東へ派遣され、文明十五年（一四八三）の義政と成氏との和睦後も、掘越公方は明応二年にいたるまで存続する。[19]

この時期に発給されている№8公帖の発給者「従四位下」は、従来、政知とされてきたが、実は成氏であることが明らかにされている。[20] 成氏発給の公帖としては、同じく「従四位下」の署名で、№9も見出されている。長享三年（一四八九）八月二十一日に行われた延徳への改元から七カ月以上を経過しているにもかかわらず、「長享四年四月十日」の日付を有する特異な史料であることが指摘されている。[21]

一方、№10公帖の発給者「左馬頭」は、従来、成氏のあとをついだ政氏と判断されてきたが、花押の形状などから、将軍義澄であろうと指摘されている。[22] №10の受給者である玉隠英璵（信濃出身）は、『鹿苑院公文帳』の建長寺歴代住持のうちに、「関東僧、甲十以二関東帖一領焉、関東管領有レ状」と記載されている。[23] すでに関東公帖に基づき、諸山十刹の住持に補任されていた玉隠を、さらに将軍家の公帖で建長寺住持に補任し、五山住持に出世させるよう、関東管領が推挙状を発給したのである。玉隠が諸山、十刹住持補任の関東公帖をどの時点で受給したのか、詳細は未確認だが、№8、9に類する関東公帖の効力を追認する意図を含んでいるものとみられる。玉隠は、義澄公帖に基づく建長寺住持就任にあたり、翌年八月一日付の入院法語で、「京城将軍（日本王臣檀度左典厩）」と「関東将軍（関東大相公）」とを拈香法語の対象とし、謝意を表している。[24] 東国禅宗界の重鎮としても知られる玉隠[25]の建長寺住持補任、すなわち五山住持への出世は、複雑に離合集散を繰り返す京都将軍家、関東管領、古河公方、およびその系列下の諸勢力の関係形成を促す契機となることが期待されたのであろう。なお、№10発給の翌年にあたる明応八年六月にも、「鎌倉殿成氏御判」により十刹禅興寺の前住となっていた「夷面」の五山僧に、京都の将軍家から五山住持補任の公帖を与えることが検討されている。(26)現在は、文面、日付とも失われた成氏公帖が、ほかにも存在したことを示している。

その後の歴代古河公方の公帖発給状況は別表のとおりであるが、最後の古河公方義氏が天正十年(一五八二)に没したのちも、古河公方家による関東禅宗官寺の住持補任が根強く継続している。たとえば№57に即して、鈴木芳道は、後北条氏の勢力下にありながらも、公帖発給はなお古河公方家の職掌であった事実に注意を喚起している。(27)関東を実効支配するにいたった後北条氏ではなく、形骸化した古河公方家に、なぜ、公帖発給の職掌は帰属し続けたのであろうか。それはおそらく、公帖発給は、必ずしも寺院所在地の地域支配の問題に包摂されないような、地域権力としての後北条氏には担えない何らかの要素があったためではなかろうか。こうした公帖の特質は、「国家公権にかかわるもの(28)」と表現されることもあるが、その内実をより具体的に知るために、どのような五山僧たちが関東公帖を受給しているのか、節をあらためて検討を加えたい。

二　関東公帖の受給者たち

禅宗官寺を活動拠点とする五山僧たちは、理念的には、各地の諸山、十刹の住持をつとめたのち、京都か鎌倉の五山住持を経て、最終的には五山之上南禅寺の住持へと出世する存在である。実際には、各地域すなわち夷中に活動基盤を置き、名目のみ京都五山や鎌倉五山など高位の住持身分を得る坐公文も広く展開しているが、(29)いずれにせよ、公帖発給に伴う五山僧の住持身分の上昇、すなわち出世問題は、各地の有力者層も関心を寄せる列島規模の問題である。そうした列島規模の問題に、関東公帖はどのように位置づいているのか、基礎的な事実関係を確認してゆきたい。

各地域の諸山住持をつとめたのち、関東十刹の住持に出世している事例は、表中では確認できないが、応永期頃とみられる一曇聖瑞「芳遠住万寿諸山疏」に、「茲審、前席信州安楽芳遠禅師、光二膺関東(足利持氏カ)道元帥府厳命一、董二涖(ママ)乾明山護聖万寿禅寺一」という記事がみえる。[30]諸記録をみる限り、信濃禅宗官寺の住持補任は将軍家の職掌である。関東公方にとって管轄外の信濃禅宗官寺の住持経験者を相模十刹万寿寺の住持に招いている事例として注目される。

一方、諸山（甲刹）、十刹住持補任の関東公帖を得たのち、将軍家の公帖や朝廷の任命を得て、五山以上の住持に出世している事例としては、No.4、8、33、35、36、39、46、48の八件がある。表中では、No.33→No.42、No.35→No.44、No.39→No.51、No.48→No.53の四事例で、同じ五山僧が、住持身分を上昇させる過程で、関東十刹等の公帖を関東公方から、五山以上の公帖等を将軍家等から受給している。このうち、No.35→44賢甫義哲の場合、『鹿苑院公文帳』建長寺の項に「同上（万松院殿十三年忌）御功徳、前ハ晴氏御判出世」とある。[31]No.44建長寺住持補任が、義晴十三回忌に伴う作善として発給された坐公文の一通であったことや、No.35関東公帖の受給が、その前提として機能していたことなどが判明する。このほか、関東公帖受給者たちのうち、No.4大基中建は南禅寺住持への補任が記録されており、[32]No.8竺雲顕騰も同じく、建長寺住持を経て南禅寺住持にまで出世している。[33]No.36湖月守鑑は建仁寺住持に出世しており、鈴木芳道はこの事例をもって、関東公帖は五山住持補任への「有資格証」として機能したと表現している。[34]No.46育芳正頤は、天正七年の建長寺住持補任の記録がある。[35]

その他、関東公帖の原本や写の存在は確認していないが、僧録が、関東公帖の受給を確認し、五山住持以上への出世を記録している五山僧の事例として、『鹿苑院公文帳』に以下の諸記事が散見する。[36]まず、年紀不詳の円覚寺住持補任の事例だが、僧録は、①香岩妙播の補任について「甲十領二関東帖一、管領吹挙状出レ之」、②月舟祥真の補任について「甲十領二関東帖一、勢州挙状有レ之」と記録する。先述した事例だが、明応七年（一四九八）の③玉隠英璵の建長寺住持補任については、「関東僧、甲十以二関東帖一領焉、関東管領有レ状」と記録する。このほか、別史料で大永三年（一五二三）六月と判明する④仁英省輔の円覚寺住持補任について、「関東僧十刹帖、関東人、建長前住玉隠状出レ之」、天文二十年（一五五一）十月の⑤傑叟周英の建長寺住持補任について、「甲十領二関東帖一、天龍江祖忌二百年御寄進二十通内」、永禄六年（一五六三）三月の⑥湖月守鑑の建仁寺住持補任について、「前鎌倉御判也、今従二御局小侍従殿一従二妙心寺一申レ之」、同年閏十二月の⑦徳重の建長寺住持補任について、「自二豊後国一前位次以二関東御判一成レ之、国之証状有レ之、上命」と記録する。いずれも、将軍家から五山以上の住持補任の公帖を発給するにあたり、当該五山僧が関東公帖を受給している事実が確認されている。

ここで新たに注意したいのは、こうした公帖発給には、①管領、②勢州、③関東管領、④玉隠英璵、⑥御局小侍従など、さまざまな推挙者が関与している事実である。さらに、⑦の「国之証状」も推挙状の類と思われるが、関東公方の管轄地域をはるかに離れた豊後国より、五山住持への補任を求めるにあたり、関東公帖受給の実績が申請されている。これら、関東公帖を受給した五山僧を京都の将軍家へ取り次ぐ推挙者たちとは、一体どのような存在であるのか。

京都の将軍家に公帖発給を申請する推挙は、僧俗にまたがり、全国各地の有力者が行っているが、関東公方周辺が絡む事例としては、次のような動向を確認している。まず、義持期以前の段階では、松堂周壮の建長寺住持補任に関し、一曇聖瑞「松堂和尚住建長江湖」に「関東都元師（帥）（足利持氏）左武衛大将軍、応申之年夏五之初、帖二奏　内大臣征夷大将軍一、推二奨　松堂和尚一」とある。[37] 玉村竹二はこの史料の年紀を応永三十五年、「内大臣征夷大将軍」を義量に比定しているが、同年夏は義持も義量も生存していない。年紀は応永二十三年、「内大臣征夷大将軍」は義持であろう。持氏の推挙により、義持が松堂を建長寺住持に補任したとみられるのであり、上杉禅秀の乱直前期の両者の関係を考える一つの手がかりとなる。

義教段階の状況については、渡辺世祐が、「鎌倉府主帥が勢将軍を淩駕せんとするや幕府の命を仰がずして五山の住持を任命せり。即ち持氏の如きは毫も幕府の公帖を要せずして住持の進退を決し以て将軍義教の怒に触れ屢幕府と難を構ふるに至り、永享三年に上杉憲実等の諫に聴きて専ら幕府の公帖を持ちて五山の住持を定むる事とせり[38]」と述べ、典拠として「満済准后日記」を示している。そこで同書をみてみると、永享四年（一四三二）三月十一日条で、関東管領上杉憲実の使節羽田が参洛し、「関東五山長老器用西堂等、雖下被二挙申一度上、時宜難レ計間、先令レ啓候」とあり、住持を推挙する時宜について将軍家側に打診している。ついで永享六年二月十六日条をみると、「関東五山事、如レ元自二京都一可レ被レ成二御教書一之由、鎌倉殿被二申入一也、仍可レ被二仰付一歟之処、猶御思案間、于レ今被レ閣了、但於レ今者無二尽期一歟之間、可レ被レ成二御教書一、就レ其ハ京都西堂中就二望申入一可レ被二仰付一歟、将又関東西堂中ヲ可レ被二仰付一歟云々」とある。関東五山の住持補任は「元の如く」京都の御教書（公帖）をもって行うよう鎌倉殿（持氏）から申し入れがあり、京都西堂を任用するか、関東西堂を任用するか、議論されている模様である。「元の如く」との文言は気になるが、持氏は少なくともこの時点では、あえて自己の職掌として公帖発給を強行し、義教との対決姿勢を示すのではなく、推挙者持氏と補任者義教の協働関係を築く契機として、五山僧の出世を位置づけようとしており、義教はその可否を検討していたかにみえる。ついで「蔭凉軒日録」をみてゆくと、永享七年八月十三日条、宥敏の建長寺住持補任と、永享十年十一月七日条、大叔尚祐の建長寺住持補任は「佐々河殿」の「吹嘘」、永享十一年五月四日条、建長寺智海充察、円覚寺大叔士倫、寿福寺充典、浄智寺昌均、浄妙寺宝種の各補任は、「上杉阿房守」（安房守憲実）の「吹嘘」と記録されている。義教政権は、篠川公方足利満直や関東管領上杉憲実の「吹嘘」に基づく関東五山住持補任に踏み切っている。いずれも京都将軍家である義教の側に立って関東の諸勢力を糾合し、持氏（永享十一年二月自刃）に対峙することを期待されていた存在といえよう。義教は、五山僧の出世＝慶事を意味する公帖発給が、諸勢力糾合の手段となることを認識し、慎重な「思案」を続けていたのである。

その後も京都の将軍家は、関東の五山僧を関東禅宗官寺の住持に補任する場合、しばしば関東管領の「吹嘘」を求めている。ふたたび「蔭凉軒日録」をみてゆくと、寛正四年（一四六三）十二月十五日条では、「関東五山公文御判」について主君（政知）が細川勝元に働きかけたが、伊勢貞親と勝元後見人であった細川持賢は、「上杉方添状」の到来が「先規」であり、そうしなければ「違恨」が生じると判断している。寛正五年七月二十八日条では、ふたたび主君（政知か）から「鎌倉五山公文」について打診があるものの、伊勢貞親が「上杉方副状無レ之、古来必有レ之由」を主張している。文明十九年（一四八七）七月八日条以下[39]では、豆州主君政知の「若君様」の学問の師でもある「瑞泉寺前住文粛（中盛）西堂」に対する天龍寺公帖発給が、政知の「御望」により認められているが、特例であろう。文明十七年九月十四日条以下[40]では、「関東用音西堂建長寺公帖事」について、上杉顕定の「一行」（おそらく推挙状）が、上杉氏在京雑掌判門田氏を通じ伊勢貞親にもたらされ、「入院公帖」発給の手続きが進められている。

ただし、こうした関東管領の「吹嘘」は、必ずしも関東の諸勢力の帰服を得ることができていなかった堀越公方足利政知の要望と組み合わされる限りにおいて、その有効性が認められたとみるべきだろう。関東管領の「吹嘘」も単独では、広範な諸勢力の輿望により実現されるべき関東五山住持出世の要件としては不十分であったと考えられる。たとえば、「蔭凉軒日録」延徳四年（一四九二）六月二日条以下、№8成氏公帖で禅興寺住持に補任されている竺雲顕騰[41]の建長寺住持補任問題の関係記事をみてゆくと[42]、当初は、「正宗和尚与二千葉一一躰之仁也、然者彼吹嘘状可レ被レ用レ之乎」とあり、正宗龍統[43]の吹嘘を用いることが検討されている。その後まもなく、上杉氏の在京雑掌である判門田鶴寿丸と神余隼人佐昌綱(44)の働きかけにより、上杉顕定の推挙が用いられることになるが、「普広相公御時者大樹和尚在二関東一出二吹嘘状一、其後以浩和尚見レ出二吹嘘状一、其後者可レ然尊宿無レ之、以レ故管領見レ出二吹嘘状一」という記事もみられる。義教期段階で、大樹和尚ないし以浩和尚(45)の吹嘘に基づき、関東禅宗官寺の住持が補任されている実例は未確認だが、推挙に関し上杉氏は「然るべき尊宿」の代替であったともみえる。

関連して、上杉氏使節僧が、「此公帖事亦以二公界之儀一可レ出二官銭一」と提案している事実にも注目したい。蔭凉職は当初、官銭不要と認識していたが、最終的には、「殿中御祈禱料」に用いられる官銭千疋が納入されている。官銭納入はおそらく、上杉氏の推挙による竺雲の出世に「公界之儀」というべき正統性をもたせるうえで重要な手続きであった。関東禅宗官寺の入寺疏をみると、公帖発給による住持補任の正統性を表現すべく、「東人皆属望」「東人得之感悦」と記すものがある(46)。すなわち官銭納入とひきかえで行われる坐公文発給は、将軍家にとっては仏事の主催、檀越である「東人」にとっては帰依僧の出世というそれぞれの宗教的欲求を満たし、それまでに対立関係があったとしても互いに赦し合う契機となることが期待されており、そうした期待が「公界之儀」と表現されているものと考えられる。

以上、関東公帖を受給している五山僧たちは、少なからず、五山以上の住持へと出世すべき存在として、京都の将軍家にも認められる存在であったこと、将軍家は、その過程で形成される人脈＝吹嘘が、関東の政治勢力（東人）のどのような部分につらなっているのかみきわめようとしており、場合によっては、その人脈＝吹嘘を操作する意志をもっていたこと、総じていえば、将軍家は、関東僧への公帖発給が「東人感悦」を喚起し、自らの地位強化に資するよう誘導する意志をもっていたのではないかと見通した。したがって、京都と関東の政治的関係にも関わる人脈＝吹嘘を随伴し得る五山僧に対し、関東公方が公帖を発給するという行為は、関東の地域内部的な問題とだけみるわけにはゆかない。仮に公帖発給をめぐり、京都将軍家と関東公方家との間に緊張関係があったとすれば、それは、関東という地域内の寺院管轄権の問題ではなく、五山僧の出世問題に付随して形成される有力者層の人脈掌握をめぐる緊張関係、と捉える必要があるだろう。こうした人脈形成が、必ずしも関東という地域的枠組みにとどまらないことを示している先述⑦の事例、すなわち、豊後で関東公方発給の公帖が受給されている事実の検討に移りたい。

表3-1において、関東公帖の伝来状況をみると、雲頂庵（円覚寺塔頭、No.7）、明月院（旧禅興寺塔頭、No.10）、長楽寺（No.13、35、41、44、48、53、61、66）、仏日庵（円覚寺塔頭、No.32、57）、光明寺[47]（No.33、42、43、62）、禅長寺（No.34、38、39、46、51）、建長寺（No.59）など、関東公方の管轄地域の禅宗系寺院に伝来している事例が主流である。関東公帖は基本的に、「東人」の信仰対象でもある関東僧の所属した禅院群に伝来しているといえよう。これに対し、No.4、12、40の三点は、明らかに様相が異なる。その詳細はどのようなものであるのか。

No.4は、先述したとおり、京都の公家衆である山科家出身の五山僧に発給されており、山科教言の日記に写が記載されている事例である。五山僧の住持補任である公帖発給は、大局的にみれば、朝廷・公家勢力と関東公方との結合を促す可能性を帯びていたともいえるのではないか。関連してNo.39→51、No.48→53の二件は、関東公帖を受給した五山僧が、さらに、朝廷周辺の任命を得て、五山以上の住持に出世している事例として注目しておきたい。足利将軍家が、公帖発給という職掌を全うし得ない戦国末期の異例であり、いわゆる戦国期の「天皇権威」浮上の一例ともいえる。しかしむしろ注目したいのは、五山住持以上に出世すべきと観念されている五山僧の存在が、結果的に、関東公方と朝廷との共同作業、すなわち広い意味での連繋を出現させている点である。もし「権威」という用語を用いるのであれば、そのような共同作業を実現させる五山僧の権威の内実こそ重要な論点であり、その五山僧の存在に依拠して「天皇権威」も成り立っていると考えるべきである。なお、No.12もまた、天皇家に公帖ないしその写が伝来したとみえる事例だが、後代の史料収集の結果である可能性もある。そうであるとすれば、本来この公帖（写）はどこに伝来していたのか検討を要するが、詳細は未確認である。

次に本章冒頭にも示した№40晴氏公帖写の事例だが、この公帖写を伝える薩摩感応寺は、開基は本田親恒とされ、島津貞久が元亨三年（一三二三）に再興し、島津氏初代より五代の廟所を擁し、当初は東福寺系の禅院であったという。同寺には、元禄十一年（一六九八）の巻末奥書のある「感応寺由来」が伝わり、そのなかに、感応寺歴代住持が受給した一六点の公帖写ないし官寺住持補任の管領奉書写を収録する。[48] 表3-1に示した№3、5、14、31、40の五点もその一部で、№3、5、14、31は将軍家発給、№40は左兵衛督すなわち関東公方晴氏発給の公帖写と判断される。感応寺自体は、「扶桑五山記」で諸山への列位が記録されているが、[49]「蔭凉軒日録」「鹿苑日録」『鹿苑院公文帳』、その他五山文学の諸作品では、将軍家による住持補任の事例を確認できない。基本的に同寺の歴代住持は、名目のみ、他の諸山、十刹等の寺格をもつ禅院住持の身分を与えられる坐公文を受給し、実際には、薩摩での活動を継続した「夷中」の五山僧たちであろう。なお、№18、19義晴公帖についても、「豊州万寿寺内」「同臼杵」と傍注があり、受給者は豊後の五山僧とみられる。№52も類例であろう。薩摩や豊後の五山僧に、高位の官寺住持の身分を与えるのは、基本的には京都の将軍家と認識されており、関東所在の禅院住持補任の名目であっても、多くの場合は将軍家発給の坐公文を受給したのであろう。しかし場合によっては№40のように、関東公方から坐公文を受給する場合もあったと考えられる。

では、どのような条件がそろえば、関東公帖が薩摩に受給されるのか。その点にまで踏み込んだ検討を行える素材はないが、関東公方と感応寺檀越島津氏とをつなぐ人脈があったものと推測される。[50] では、こうした人脈について、京都の将軍家は、そのすべてを把握していたであろうか。先にも触れた⑦の事例、つまり永禄六年（一五六三）閏十二月の徳重の建長寺住持補任について、京都の鹿苑僧録は、「自二豊後国一前位次以二関東御判一成レ之、国之証状有レ之、上命」と記録している。[51] 豊後の五山僧であるから、「国之証状」とは大友氏周辺の吹嘘状類の可能性もあるだろう。京都の将軍家や僧録は、豊後の五山僧の関東公帖受給を把握していたといえる。しかし、豊後から申請があるまで、把握していなかった可能性も考慮すべきであろう。同じく、薩摩島津氏膝下の№40茂林秀繁に対する関東公方の公帖発給についても、京都の将軍家は、その事実を必ずしも把握していなかった可能性をみてよいのではないか。

豊臣政権期の事例となるが、「鹿苑日録」文禄三年（一五九四）十月二十八日条に、「玄策吹嘘状来、帖紙十枚来也、位次禅興望云々、夷中衆不レ許レ之、真如諸矣」という記事がある。「夷中衆」が相模禅興寺坐公文を受給することを禁止する規定である。禅興寺住持補任の公帖は関東公帖の過半を占め、そのなかには№40のように、関東と薩摩（夷中）との連繫を思わせる坐公文も含まれていることを念頭に置くと、「夷中衆」の禅興寺坐公文受給制限は、たとえば関東公方満兼と大内義弘との連繫が京都の将軍家を脅かした応永の乱時のような、関東と夷中との連繫を制限するために設けられた室町期以来の規定の名残で、裏を返せば、№40に類する公帖発給が少なからず発給されていたことを示唆しているとはいえないだろうか。さらなる類例の検出を期したい。

おわりに

表3-1にみえるとおり、関東公方が発給する公帖すなわち関東公帖は、多くの場合相模十刹禅興寺の住持補任状である。このほか、初期の段階では№4武蔵永興寺、また、断続的に№7、35、48上野長楽寺の住持補任状もみられる。一方、鎌倉五山の住持補任は、原則として京都将軍家の職掌である。つまり関東公方は、基本的には、管轄地域内の相模十刹禅興寺の住持補任権限をもっていたにすぎない、ということであるかにみえる。しかし関東公

帖は、関東という地域的枠組みを越えた全国規模の影響力をもっている点に注目する必要がある、というのが本章の主張である。

第一に、関東公帖は、№.4や「芳遠住万寿諸山疏」の事例[52]にみえるように、管轄地域外の五山僧を関東に招聘する効力をもっている。類例はあまり確認できていないが、それはおそらく、有力五山僧の実際の招聘が関心事であった初期的な事例[53]であるためではないかと思う。第二に、史料的に数多く確認できる十刹禅興寺住持補任の関東公帖は、実際の住持招聘を伴わない坐公文中心とみられるが、こうした関東公帖の受給者たちは、少なからず、さらに五山以上の住持へと出世すべき存在と京都の将軍家も認めている。表3-1の公帖の伝来状況をみる限りでは、将軍家の政策意図は、「東人」の信仰対象となっていた五山僧たちに、五山以上の公帖を発給し、「東人感悦」をひきつけることであったと思われる。しかしそれだけではなく、豊後や薩摩の五山僧が、関東公帖を受給している事実にも注意せねばならない。豊臣期「鹿苑日録」にみえる「夷中衆」の禅興寺坐公文受給制限の規定は、こうした動向がある程度一般的であったことを示唆している。関東や九州以外にも関東公帖受給の実績はあるのか、今後の検討課題としておきたい。

以上の検討を踏まえるならば、関東公帖の終焉を規定する要素は、一つには、関東や九州の支配層を統合する統一政権の登場であり、豊臣政権による公帖発給の開始が一つの画期である。少なくとも、京都将軍家の公帖発給は、天正十四年（一五八六）五月の秀吉公帖発給をもって、終焉を迎える[54]。しかし関東公帖の発給は、№.61～68のとおり、そののち少なくとも慶長期の事例まで確認している。こうした公帖は、宛名未記入のものも散見し、実際の住持補任ではなく、官銭収入を主目的とした「坐公文の弊」の極みと論じられている[55]。あるいは、豊臣政権から関東で徳川氏を牽制する役割を期待されていた喜連川家が、秀吉没後に自身の存在感を徳川氏に対し誇示すべく、公帖発給を再開したものではないか、という見解もある[56]。私見では、各地の有力者層が禅宗に関心をもっている限り、No.59、61、62、63、65の受給五山僧は、中央政権が把握していない支配層連繋の所産である含みを残し、No.37、64、66〜68など宛名のない公帖も、夷中において支配層が互いに赦し合う契機として機能する可能性を秘めた宗教文書、と捉え得るのではないか。総じていえば、関東公方の公帖発給の職掌は、禅宗を通じた赦し合う人脈形成の紐帯として、常に再認識＝再生産されてゆく可能性を残していた、といえるであろう。各地の有力者層と足利政権とが互いに赦し合う宗教的な契機であった五山僧出世の機能は、京都将軍家の公帖以上に、関東公方の公帖のなかにしぶとく生き残っており、そのような政教関係の根本的な解体は、豊臣政権を経て、徳川政権の課題としてもち越されたものと見通したい。

第4章　戦国期足利政権の公帖発給と「武士」の編成

はじめに

　戦国期の足利政権は、とくに明応の政変以後、将軍家や管領細川氏の分裂、さらに三好氏など細川氏被官層の台頭に規定された畿内の抗争に翻弄されており、もはや全国統治者としての体裁を保っていないと理解されやすい。宗教勢力との関係についても、義晴期に畿内の軍事情勢を大きく左右した一向一揆や法華一揆の影響力が注目される一方、尊氏・直義兄弟と夢窓疎石、義満と春屋妙葩および義堂周信、義持と絶海中津をはじめとした五山文学僧など、著名な歴代将軍の「禅宗帰依」に類する現象[1]は、戦国期段階ではほとんど確認できない。むしろ、戦国期にいたり足利政権の勢威は衰え、その保護をうけていた五山僧も凋落したという理解が、さほどの検証を経ないまま流布している。

　しかしながら、足利政権の禅宗政策というものは、果たして、最高権力者の個人的な思想や嗜好などの問題なのであろうか。私見では、足利政権の禅宗政策の中核をなすのは、全国規模で展開している五山、十刹、諸山などの禅宗官寺の住持補任、すなわち公帖発給である。とりわけ、諸山の格を与えられた禅宗官寺が、全国規模で二百余にわたり展開していることを、はじめて全面的に検討した今枝愛真は、全国規模の守護・豪族層の動向が、利生塔・安国寺政策や、その後身というべき五山、十刹、諸山の官寺制度の整備を促進したと予測している[2]。事実とすれば、禅宗官寺制度は、守護制度にも匹敵するような、足利政権の全国統治を支えた重要な要素であったと考えられる。

もちろん、戦国期に入ると、しばしば戦火に見舞われた京都の五山をはじめ、南北朝・室町期に設定された京都近辺以外の諸地域、すなわち夷中[3]の十刹、諸山も大半は荒廃しているが、それでも歴代将軍は、数多くの公帖を発給し続けている。これまでの公帖（写を含む、以下同じ）の収集実績は、義稙（義材・義尹）一一点、義澄（義遐・義高）七点、義晴七八点、義輝（義藤）二六点である。このうち、義稙と義澄の各二点は、近年その存在が広く紹介された「相国寺本坊文書[4]」に含まれるもので、公帖の収集作業は、まだ途上にある。また、義晴公帖が突出して多いのは、細川晴元との抗争で近江に本拠を移していた時期に、義晴側近が公帖発給の実績を記録した「公帖符案[5]」を残したためで、そこに含まれる六六点を差し引けば、上記の四代は、ほぼ同規模の公帖発給を継続していたものと推測できる。

問題は、上記のような義稙から義輝にいたる公帖発給は、戦国期の足利政権にとって、どのような意義を有する職掌だったのか、という点である。はじめに、発給主体である個々の将軍が直面していた政治的局面と関連し得る、いわば政局的意味をもつ公帖群について検討し、ついで、戦国期における足利政権の権威維持という、さらに巨視的な体制的意味をもつ公帖群について検討するという手順で進めたい。

一　戦国期公帖の政局的側面

（1）義稙・義澄期

この時期の公帖は、これまでのところ義稙一一点（没落前二点、復位後九点）、義澄七点（二点は義稙か、後述）の存在を確認している。大半は、東福寺、相国寺、天龍寺など、京都五山に伝えられたもの（一二点）だが、京都を遠く離れた夷中に、彼らの公帖が伝存している事実にも注意したい。たとえば、鎌倉明月院伝来の、明応七年（一四九八）四月二十八日付の義澄公帖[6]は、関東諸勢力の帰依を集めていた玉隠英璵を建長寺住持に補任しており、成人しつつあった将軍義澄の声望を高め得る要素として、より注目されてよいのではないか。

九州南端の薩摩地域に所在した野田感応寺や鶴田大願寺にも、義稙、義澄の公帖が伝えられている。[7]このうち、薩摩諸山大願寺伝来の公帖は、すべて甄叔《けんしゅく》利珪宛で、延徳三年（一四九一）二月二十二日付で薩摩諸山大願寺住持に、文亀二年（一五〇二）十一月二十日付で筑前十刹聖福寺住持に、同年十二月二十一日付で京都五山建仁寺住持に、それぞれ補任する内容である。聖福寺と建仁寺の住持補任は、発給の時日が接近しており、実際に住持として赴任するわけではない坐公文であったと考えられる。甄叔は薩摩大願寺の住僧であったために、同人宛の公帖も同寺に伝来したものと思われる。

大願寺[8]は、おそらく鎌倉期段階から顕密系寺院として存在していたが、島津氏にも匹敵する勢力をほこった西遷御家人渋谷氏一族の祁答院氏六代重成（公重）により、貞治年間（一三六二～六八）に禅院に改められ、諸山の寺格を与えられ、おそくとも応永二十二年（一四一五）死去の七代重茂以後、祁答院氏の「廟所」となっている。大願寺跡には現在も、七代重茂以後の墓石塔群が存在するほか、四代行重、五代重実、六代重成とされる墓石塔群も存在する。[9] 延徳三年（一四九一）の義稙公帖による甄叔利珪の薩摩大願寺住持補任は、「蔭凉軒日録」同年二月二十四日条をみると、「入寺書立」が作成されており、南北朝期に始まる大願寺を介した将軍と薩摩祁答院氏との関係が、室町期にかけて継続していたことをうかがわせる。問題は、明応二年（一四九三）の政変を経て、甄叔利珪に公帖を発給する主体が、義稙から義澄に交代しているか否かである。

ここで注意したいのは、明応八年（一四九九）に前将軍義稙を受け入れた大内義興が、おそらくその直後の時期に、渋谷氏一族の入来院重聡に対し、公方義稙への「忠節」を求め、相良為続も与同していると伝えている事実である。[10] 重聡は、「当国（薩摩）大乱」[11]を理由に、この催促には応じなかったようだが、同様の催促は、薩摩の諸勢力に対し行われた形跡がある。[12] 入来院氏と緊張関係にあった祁答院氏も、おそらくは、義稙—大内氏勢力に与同するか否かを問われる立場にあったものと思われる。その祁答院氏の帰依僧とみられる甄叔利珪が、文亀二年（一五〇二）に受給した二つの公帖の発給者は、いずれも「参議左中将」とあり、『鹿児島県史料』は義澄と判断している。「公卿補任」の同年項によると、義澄（義高）は現任の参議左近中将である。ただし同書によると、義稙（義材）もまた、前任だが参議左中将と記載されている。大内氏のもとにあった義稙は、文亀三年に聖福寺住持を補任しており、[13] 参議左中将の肩書きを維持していた可能性もあろう。祁答院氏は、その義稙方へ帰属しなかった入来院氏に対抗すべく、あえて義稙—大内方に属する途を選び、帰依僧のために義稙公帖を得たとも考えられる。その当否は別として、公帖発給の職掌は、分裂して争う将軍にとって、支持基盤確保に関わる政局的意味をもっていたと考えられる。

（2）義晴期

義澄、義稙の両将軍が相次いで京都から逃亡したのち、細川高国によって将軍に擁立された義晴は、堺公方・義維を擁立する細川晴元方との対立・戦乱のため、大永七年（一五二七）から天文三年（一五三四）までほぼ京都を離れ、近江に拠点を据えている。この時期、大永七年から天文五年にかけては、義維・晴元の「堺幕府」を重視すべきだという見解があるが[14]、栄典授与の面は義晴が掌握し続けたことを重視すべきだという見解もある[15]。享禄元年（一五二八）閏九月十二日付で、陸奥禅長寺の用林顕材を建長寺住持に補任している義晴（左中将）の公帖も存在しており[16]、関東では義晴の公帖が受け入れられていた。そののち、享禄五年から天文三年にわたる義晴（権大納言）発給の公帖を記録している「公帖符案」で、はじめに注目したいのは、京都から近江に退き、さらに越前という後背地を確保すべく発給されたかのような、朝倉氏を檀越とする越前十刹弘祥寺関係の公帖である[17]。享禄元年三月に、義晴が朝倉孝景を御供衆に加えた事実が連動するだろう[18]。もっとも明確なのは、①享禄五年（一五三二）七月二十日付で、雲巣洞仙を弘祥寺住持に補任している公帖だが、このほか、②天文元年（一五三二）十二月二十一日付の公帖で、京都五山建仁寺住持に補任されている功甫洞丹も、『鹿苑院公文帳』（以下『公文帳』と略記）や「幻雲稿」[19]によると、永正八年（一五一一）八月に弘祥寺住持に補任され、入寺している。雲巣洞仙の師にあたり、「直被仰出之」と傍注があることからみて、義晴の主導により、朝倉氏の帰依僧である弘祥寺の前住に、五山住持の身分を与えるべく発給された公帖と考えられる。また、①の公帖を受給している雲巣洞仙は、『公文帳』によると、おそらく所属門派の慣例に従い、大永四年（一五二四）二月に肥後諸山寿勝寺の住持に補任されているが、③天文二年（一五三三）五月二日付の公帖で、やはり寿勝寺住持に補任されている和渓宗侃は、弘祥寺住持もつとめている戦国期を代表する五山文学僧・月舟寿桂作成の「同門疏」が「幻雲稿」にある[20]。また、『公文帳』によると、和渓は天文七年六月に山城十刹真如寺住持へ出世しているが、僧録はその前提となる諸山寿勝寺住持補任の事実について把握していなかったらしい[21]。義晴の主導による補任であったことを示唆する。このほか、④天文元年十二月二十三日付の公帖で真如寺住持、⑤天文二年七月二十六日付の公帖で建仁寺住持に補任されている文仲賢昌も、

『公文帳』によると享禄元年（一五二八）十月に肥後寿勝寺住持に補任されており、上記の五山僧たちと同じく「曹洞派」に属し、[22]④の真如寺住持補任の公帖については、功甫洞丹の建仁寺住持補任の②の公帖と同じく、「同前也（直被仰出之）」と注記されている。

以上のように、義晴は京都から近江に退いている時期に、越前の朝倉氏に連なる五山僧たちに、積極的に公帖を発給していたとみられる。少なくとも、上記の①②は確実である。また、永正六年（一五〇九）六月の月舟寿桂の弘祥寺入寺法語をみると、「師二受真如帖一後、有二此請一、先レ是弘祥多二其例一」と注記がある。[23]山城十刹真如寺住持の身分を得た後、あらためて、越前十刹弘祥寺住持に補任される事例が多く存在したことを示している。その月舟と門派的に近い立場にあり、肥後寿勝寺、山城真如寺の住持に補任されている③④⑤の受給五山僧も、同様に弘祥寺住持候補であり、朝倉氏の帰依僧候補でもあったのではなかろうか。義晴側は、こうした公帖を受給した五山僧たちが、朝倉氏の帰依をひきつけ、さらには朝倉氏を義晴陣営へひきつけることをめざしていたものと考えられる。

義晴は一方で、前将軍義稙の支持勢力であった大内氏に関わる公帖も発給している。かつて将軍義稙は、永正五年に将軍に復位したのち、同十二年十一月二十八日付で、一華碩由や湖心碩鼎など、対外関係に活躍した幻住派五山僧の後継者である駿岳元甫を、[24]博多承天寺の住持に補任する公帖を発し、大内義興らが遵行状を発している。[25]そののち、同十六年に将軍義稙が没落し、宿敵義澄の子・義晴が、細川高国によって将軍に擁立されると、義稙系大内氏と、義晴系細川氏の両勢力は、遣明船派遣をめぐる権益を軸に厳しく対立する。[26]しかし、享禄元年（一五二八）五月に、義晴―高国が堺公方義維―晴元との対立のため京都から没落し、同年十二月に、義稙の庇護者であった大内義興が死去するなど、双方の事情が大きく変化すると、義興後継の義隆は義晴方と接触し、享禄三年三月に、大内氏が「渡唐船」の「沙汰」を行うことについて、承認を取りつけている。注目されるのは、義晴が、その直後にあたる享禄三年五月十日付で、義稙により承天寺住持に補任されていた駿岳元甫を京都五山東福寺の住持に補任し、その公帖が、現地の博多承天寺に伝来していた事実である。[27]おそらく、大内氏膝下の承天寺を拠点に活動を続けていた駿岳に対し、五山住持の身分を与えた坐公文であろう。応仁・文明の乱以来、高位の五山住持身分を与える坐公文の発給は、将軍権力と敵対勢力の対立関係を清算し、互いに赦し合う仏事として機能していた形跡がある。[28]駿岳に対する東福寺住持補任の坐公文発給も、同様に、義晴方と大内氏の従来の対立関係を清算し、和解を促す宗教的な契機として機能したものと考えられる。

「公帖符案」をみていくと、こののち、義晴は大内氏菩提寺等[29]の関係僧に対する公帖発給を展開している。具体的には、①義弘、持世の位牌所である長門長福寺の関連で、春容龍喜（明喜）に対する長門諸山長福寺、筑前十刹聖福寺、京都五山東福寺住持補任、②弘幸菩提寺周防永興寺の関連で、元方梵貞に対する鎌倉五山円覚寺、京都五山天龍寺住持補任、③義弘菩提寺周防香積寺の関連で、東雲慶暾に対する山城諸山景徳寺、同十刹真如寺住持補任、心月受竺に対する山城諸山景徳寺、相模十刹禅興寺住持補任、以上の三寺に関連する五山僧宛九通の公帖である。このうち、元方梵貞が周防永興寺の住持、東雲慶暾と心月受竺が周防香積寺の住持に補任されたことは『公文帳』で確認できる。また、香積寺関連の二名は、一般的な十刹坐公文である真如寺または禅興寺住持補任の公帖を受給した後、あらためて十刹香積寺住持に補任されたとみられる。心月受竺の場合、天文三年七月付の義晴公帖で十刹禅興寺の住持に補任されたのち、天文五年九月に、大内義隆の「吹嘘」により十刹香積寺に入寺しているが、この「夷中出世寺入院」にあたり、祝辞にあたる入寺疏が京都の指導下にはない「夷中」で製作されるのは望ましくないという意見が、京都の鹿苑僧録の周辺で交わされている。ついで心月は、天文六年（一五三七）六月に建長寺住持補任の坐公文を得て「東堂」の身分となり、大内氏による偽造国書とも指摘されている天文十一年の朝鮮国王宛の義晴書契に、「遣正官受竺東堂」と記載されている。[30]義晴は、大内氏の菩提寺や位牌所でもある長門や周防の諸山、十刹の住持を補任し、あるいはその住僧に諸山、十刹の住持身分を与える坐公文を発給し、大内氏との関係維持に努めていたものとみられる。

その一方で、義晴は、大内氏を背後から牽制し得る諸勢力とも、公帖発給を通じ人脈を築こうとしていた形跡がある。たとえば、「公帖符案」掲載の天文二年二月十五日付の義晴公帖で、相模十刹禅興寺住持に補任されている栄顗の場合、「豊州万寿寺内」と傍注されている。豊後万寿寺は同国守護大友氏の菩提寺で、十刹官寺だが、その住僧に、万寿寺住持ではなく禅興寺住持補任の坐公文により、十刹住持の身分を与えたものとみられる。同じく、同年二月二十二日付の義晴公帖で、やはり禅興寺住持に補任されている素東の場合、「同(豊後)臼杵」と傍注されている。大友氏が、大内氏の「造意」により義晴入洛が滞っているとして、同氏攻撃を諸勢力に呼びかけているのは、この頃であろう(31)。義晴政権は大内氏と和解後も、同氏を背後から牽制し得る環境を維持すべく、公帖発給の職掌を活用していたのではないか。

大内氏や大友氏とともに、対外関係に影響力をもつ島津氏関連の薩摩感応寺に伝えられた「感応寺由来」にも、義晴の公帖が複数掲載されている。感応寺は、島津氏初代忠久の命をうけた被官本田親経により、建久五年(一一九四)に創建されたと伝えられるが、同寺の実質的な開創は、島津氏五代貞久が雲山祖興を迎え、元亨三年(一三二三)に旧来の顕密系寺院を禅院に改める再興工事に着手した時点と考えられている。「感応寺由来」によると、応永十七年(一四一〇)から翌年にかけて、島津久世が寺領を安堵しており、文明十年(一四七八)に、薩州家二代島津国久が寺領寄進を行った頃から、おそらくは薩州家が感応寺檀越だったとみられる。そののち、明応五年(一四九六)十月二十九日付「細川右京大夫政元判」の御教書は、「島津大隅守藤原朝臣忠長主之長子」とされる用堂従亀を、感応寺住持(十二世)に補任しており、永正四年(一五〇七)の政元暗殺を経て、その翌年に将軍に復位した義稙もまた、永正十六年五月十五日付の公帖で、用堂を建長寺住持に補任している。さらに、細川高国と対立した将軍義稙の没落を経て、新たに将軍に擁立された義晴は、享禄三年（一五三〇）十月十七日付公帖で、感応寺一三世州岳従益を山城十刹普門寺住持に、天文五年（一五三六）八月十二日付公帖で、尚珊（一四世か）を鎌倉五山建長寺住持に、天文十三年五月七日付公帖で、一五世南華従薫を山城十刹普門寺住持に、天文十六年七月晦日付公帖で、一六世興叔収隆を山城十刹真如寺住持に、それぞれ補任している。いずれも発給者は「左大臣義晴御判」とあるが、天文十九年の左大臣追贈を踏まえたものであろう。[32]

このうち、一五世南華は、薩州家二代国久の五男で、薩州家五代の島津実久により、天文九年十一月十六日付で、感応寺住持に補任されている。その四年後に、同人を山城十刹普門寺住持に補任している義晴公帖は、おそらく感応寺および南華の檀越である島津実久との関係構築を意識して発給されたものであろう。実久は、大永六年（一五二六）から天文八年（一五三九）の頃まで、島津本宗家の地位継承をめぐり、伊作家の忠良、貴久父子と激しく争い、そののち「逼塞」したというが[33]、なお、禅宗を介し、京都の将軍家とつらなろうとしていたことをうかがわせる。一方、義晴側も、薩摩守護職を争っていた実久の帰依僧に高位の住持身分を与えるなど、公帖発給の職掌を通じ、全国規模の広範な諸勢力の支持を喚起することで、将軍権力の再興を模索していたと考えられる。より具体的に、遣明船に積載する硫黄調達にとって重要となる硫黄島が、この頃は薩州家の影響下にあったという事情[34]も考慮すべきかもしれない。

（3）義輝期

義輝（義藤）が朽木谷に逃亡していた時期、とくに天文二十二年（一五五三）六月から永禄元年（一五五八）九月にかけて、幕府奉行人奉書の発給数が著しく減少していることなどをもって、義輝を首長とする「幕府はその機能を殆ど停止している」という見解がある。[35] しかし公帖に関する限り、この時期においても少なくとも七点の発給を確認できる。こうした義輝の公帖発給には、どのような政権としての「機能」を認め得るであろうか。

天文十五年に父・義晴から将軍の位を譲られた義輝発給の公帖は、今のところ二六点を収集している。過半数は、南禅寺、天龍寺、東福寺など、京都五山に伝わる（一五点）。一方、弘治二年（一五五六）七月四日付で俊叟禅父を、永禄五年（一五六二）五月二日付で賢甫義哲を、それぞれ建長寺住持に補任する公帖は、関東の古刹に伝来している（前章表3-1No.42、44）[36]。さらなる類例の存在が想定できると思う。また、前代に引き続き、義輝期においても、薩摩の島津薩州家や祁答院氏に関連する公帖の存在が知られている。三江宗宝という五山僧を、①永禄二年四月二十三日付で薩摩諸山大願寺の住持に、②同七年四月二日付で筑前十刹聖福寺の住持に、それぞれ補任する公帖である。先にみた義稙・義澄期の甄叔利珪と同じく、祁答院氏を檀越とする大願寺の住持補任事例である。このうち①については、③年紀未詳（永禄二年か）十月二十六日付、祁答院氏一三代・渋谷良重の遵行状の存在も伝えられており、義輝と大願寺檀越渋谷祁答院氏との連携を確認できる[37]。

なお、『公文帳』によると、①の公帖の約四カ月後に、筑前十刹聖福寺住持に補任されている天瑞栄喜（栄嘉）は、天文二十四年（一五五五）に薩摩大願寺住持に補任されており、おそらく三江の前任で、大願寺跡に墓石が存在する[38]。また、永禄八年（一五六五）に渋谷良重が大願寺雨華堂を再建した際に「現住」であった器成[39]は、『公文帳』によると、①の公帖から約一年後の永禄三年九月付で大願寺住持に、永禄十年十月付で聖福寺住持に、それぞれ補任されている器成明琢で、三江宗宝の後任とみられる。祁答院氏は、諸山大願寺の住持補任を通じ、京都将軍家との継続的な関係を構築していたことを示している。

さて、上記①〜③の公帖ないし遵行状で注目されるのは、いずれも、阿久根蓮華寺の伝来と記録されている点である。同寺については、康正元年（一四五五）から二年の頃、薩摩守護島津忠国が同寺の南渓（南慶）和尚と書信し、文明二年（一四七〇）に、薩州家二代国久が同寺を保護し、下って弘治三年（一五五七）に、薩州家六代の義虎（陽久）が同寺前住仁室に昌岳庵を寄進している。[40]これらの事実を総合すると、阿久根蓮華寺は、先にみた野田感応寺とともに、戦国期には薩州家が檀越であったと考えられる。そうであるとすれば、祁答院氏を檀越とする大願寺住持補任の義輝公帖と渋谷良重遵行状とが、なぜ、薩州家を檀越とする阿久根蓮華寺に伝来していたのかが問題となる。

この点を考えるうえで注目したいのは、薩州家四代の忠興が、祁答院氏一一代の重貴に対し、重要な港湾とみられる「網津京泊」を譲り渡し連携しており、このことについて、薩摩守護島津忠治が、本田治部少輔や渋谷氏一族の入来院重聡宛の書状で、「国家可破ふる候歟」「可（為）物忩候歟」と述べ、警戒感を示している事実である。[41]薩州家と祁答院氏との連携が、薩摩守護島津氏にとって、脅威であった状況を示している。そののち、すでに述べたように、大永六年（一五二六）から天文八年（一五三九）にかけて、薩州家五代の実久は、島津本宗家の地位継承をめぐり、伊作家の忠良、貴久父子と激しく争い、天文二十三年から弘治三年（一五五七）にかけて、祁答院渋谷良重もまた、島津貴久と「大隅大戦」を展開し、結果的に大隅から退くものの、依然として勢力を維持していたという。天文二十二年に死去した島津実久のあとをついだ義虎は、すでにみたように、弘治三年に阿久根蓮華寺の前住に寄進を行っており、また、実久の女、義虎の姉は、渋谷良重の室で、のち、良重を暗殺するにいたったと伝えられている。[42]

以上の事実関係を踏まえるならば、①〜③の受給者である三江宗宝という五山僧は、おそらく、薩州家を檀越とする蓮華寺の住僧で、①③をうけて、祁答院氏を檀越とする大願寺住持となることで、薩州家と祁答院氏の連携を補強し、さらには、伊作家の貴久に対抗する両氏が、京都の将軍家にもつらなるための、精神的、宗教的な中核であったと想定できる。一方、義輝が、薩州家と祁答院氏とを結びつける役割を果たしている五山僧に公帖を与えたねらいとは、どのようなものだったのだろうか。義輝は、よく知られているように、各地の諸大名の紛争を調停し、彼らをふたたび将軍のもとに結集することをめざしている。薩摩島津氏についても、永禄三年（一五六〇）六月に、三〇年にわたり継続していた日向伊東氏との紛争調停を試みている。[43] 直接的な関連性を証明できるわけではないが、とくに①③の公帖と遵行状の発給は、永禄三年の島津氏と伊東氏との紛争調停の前年にあたり、義輝は結果的に、貴久を牽制し得る薩州家と祁答院氏との連合関係を強化することで、貴久と日向伊東氏との紛争調停という政策の実現性を高めようとしていたのではないか。

義輝期の公帖で、次に注目したいのは、室町期には将軍直属の在京国人[44]であったが、戦国期には大内氏になりかわり中国地方の覇者となった毛利氏身辺の五山僧が受給している公帖群である。たとえば、天文二十一年（一五五二）四月に、山城諸山三聖寺、相模十刹東勝寺の住持に補任されていることが、「公文帳」で確認できる竺雲慧心（円心）は、同人の伝記[45]によると、安芸興禅寺の竹英元龍のもとに寄寓したのち、年代にずれはあるが、二七歳時の天文十七年に、毛利氏により大内盛見の菩提寺であった国清寺の住持に招かれ、同年に諸山・十刹（三聖寺・東勝寺か）住持補任の公帖を得たという。さらに三七歳時の永禄元年（一五五八）に上洛し、翌年に正親町天皇即位を「輔弼」し、毛利氏による即位料献上を仲介し、同年二月七日に「南禅之帖」を受給したという。実際の義輝公帖の日付は、①永禄三年二月十八日である。[46] 竺雲はこの頃、安芸興禅寺の僧と記録されているが、[47] 永禄五年に、毛利氏に帰服しつつあった益田氏のために、義輝画像賛を著す[48]などの文筆活動を行ったのち、翌年、毛利元就の嫡子で、当時当主の隆元が死去すると、元就が山口香積寺や国清寺など、大内氏の旧菩提寺を整理統合しつつ、安芸吉田に創建した菩提寺常栄寺の開山に迎えられたという。[49]

一方、竺雲が属していたとみられる安芸興禅寺[50]は、天文年中に創建された禅院で、事実上の開山とみられる竹英元龍は、天文七年（一五三八）に義晴から②安芸諸山永福寺、③山城十刹真如寺住持補任の公帖を受給したのち、天文十九年には周防山口高山寺の住持をつとめており、天文二十一年までに、興禅寺住持になったとみられる。[51] さらに、弘治三年(一五五七)には④京都五山東福寺住持補任、永禄三年（一五六〇）には⑤五山之上南禅寺住持補任の公帖を義輝から受給し、永禄七年または十年に死去したとみられる。そののち興禅寺は、元亀三年(一五七二)に毛利隆元夫人が死去した折りに、妙寿寺と改称してその位牌所となり、さらに関ヶ原の敗戦により毛利輝元が萩へ移封となった際に、大内政弘母の菩提寺妙喜寺を改称し、同地に移転したという。

以上、義輝公帖を受給している毛利氏帰依僧の代表例をみたが、竺雲が受給している①の公帖は、同人が開山となった常栄寺に伝わるほか、「防長寺社証文」や「防長風土注進案」によると、竹英が受給している②〜⑤の公帖は、同人が開山となった妙寿寺(旧興禅寺)の項に掲載されており、両者の活動拠点に公帖が伝来していたかのようにみえる。[52]ただし、竹英が受給している公帖のうち、義晴発給の②諸山、③十刹の公帖は東福寺に伝来しており、⑤南禅寺の公帖は、東京大学が一九二八年(昭和三)六月に購入している。[53]このように、夷中の五山僧が受給している公帖の原本伝来や、写の作成をめぐる経緯については、なお検討の余地を残しているが、毛利氏が、高位の五山住持身分を得ている五山僧を自家の菩提寺に迎え、あるいは迎えたのちに公帖を得て出世させるなど、五山制度に依拠することで、自家の荘厳につとめていたことはたしかであろう。[54]

一方、義輝が、毛利氏帰依僧に相次いで公帖を発給している意図については、毛利氏、尼子氏、大友氏の戦闘調停という同時期の政局的な試みに関連しているとも考えられる。とくに、安芸興禅寺の竺雲と竹英は、永禄二年(一五五九)末以来、尼子氏との和平を督促すべく安芸に下向した義輝特使の聖護院道増に対し、毛利氏側の帰依僧として対峙していたらしく、彼らに対する南禅寺住持補任の坐公文発給は、天皇即位料献上に対する報償として行われた元就や隆元らに対する受領・官途昇進と同様、「毛利氏の態度軟化を導引しようとする意図」[55]を認めうるかもしれない。しかしそれ以上に注目したいのは、足利政権が、大内氏に代わり中国地方の覇者として台頭してきた毛利氏という新興勢力と正式な関係を取り結ぶ端緒として、五山制度とりわけ坐公文発給が有効に機能したのではないかとみられる点である。節をあらためて、義稙から義輝にいたる歴代の公帖発給は、必ずしも、室町期以来の禅宗官寺とその檀越の存続とを前提としていたわけではなく、むしろ、毛利氏のような夷中の新興勢力ないし群小勢力の台頭にも柔軟に対応し、彼らの支持をひきつけるような体制的意味を伴っていたことをみてゆきたい。

二　戦国期公帖の体制的側面

前節では主として、戦国期の足利政権が、渋谷氏一族祁答院氏を檀越とする薩摩大願寺、朝倉氏を檀越とする越前弘祥寺、大内氏を檀越とする周防香積寺、永興寺、長門長福寺、および同氏の勢力下にある筑前聖福寺、承天寺など、室町期に設定された夷中官寺の住持補任を継続し、おそらく、その時々の政治的局面を打開する一助としていたことをみた。ただし、室町期に設定された夷中の諸山、十刹やその檀越勢力の多くは、戦国期にかけて廃壊、没落しており、その点で、上記のような住持補任の継続は、例外的なものともいえる。では、戦国期におけるもっとも一般的な禅宗官寺の住持補任、すなわち公帖発給とは、一体どのようなものだったのだろうか。

義稙から義輝にいたる歴代政権は、室町期に設定された夷中官寺のうち、①若狭安養寺、②摂津福厳寺、③安芸安国寺、④飛驒安国寺、⑤伯耆安国寺、⑥讃岐道福寺、⑦備中宝福寺、⑧安芸永福寺、⑨越前妙法寺、⑩壱岐海印寺（安国寺）、⑪紀伊能仁寺、⑫石見安国寺、⑬摂津光雲寺、⑭丹後雲門寺、以上一四寺の住持補任の公帖を発給しているほか、⑮淡路安国寺、⑯摂津澄心寺の前住持を十刹や五山の住持に補任する公帖も発給している。これらの一六の夷中官寺に関わる五山僧に発給されている公帖は、彼らを十刹、五山などの住持に出世させている公帖も含めて、総計で四一点にのぼる。では、こうした一六の夷中官寺は、前節でみた夷中官寺と同様、戦国期にかけてろうか。

存続していたであろうか。また、四一点の公帖を受給している五山僧は、どこでどのような活動をしていたのであろうか。

まず、上記一六の夷中官寺の存続状況について概観してみると、[56] ①②は室町期に、③～⑦⑮⑯は戦国期に、それぞれ檀越の没落や兵火などで荒廃し、一部は、そののち復興されているようである。また、⑫～⑭の戦国期における存続状況は詳細未確認である。一方、⑧～⑪は、戦国期にも存続していた形跡があり、実際に、足利政権の公帖をうけた住持が入寺していた可能性もある。しかしながら、これら一六の夷中諸山の住持補任の多くは、山城十刹真如寺などの住持補任と同時に行われていることに注意したい。たとえば、義稙～義輝期に発給されている①～⑭の夷中官寺住持補任の公帖一八点のうち、一一点は十刹住持補任の公帖とほぼ同時に発給されており、実態として、夷中諸山に住持として就任することを期待して発給された公帖とは考えにくい。

以上を要するに、戦国期に行われている夷中官寺の住持補任の大半は、名目のみの坐公文であったと考えられる。では、どのような五山僧が、何のために、こうした坐公文を受給しているのであろうか。

上記の類型に含まれる著名な五山僧に、彭叔守仙がいる。彭叔は、永正十八年（一五二一）二月に、義稙から壱岐海印寺、山城真如寺住持補任の公帖を受給したのち、義晴から東福寺住持補任、義輝から南禅寺住持補任の公帖を得ている。東福寺住持補任については、近衛稙家檀那帖も伝来している。[57] このうち、壱岐海印寺の住持補任は、実際に同寺住持に就任するためのものではなく、夢窓派蔵光門派の慣例にならった出世の階梯と指摘されている。[58]

さきにみた毛利氏菩提寺妙寿寺（旧興禅寺）の開山・竹英元龍も上記の類型に含まれる。天文七年（一五三八）十二月に、安芸永福寺、山城真如寺の住持に同時補任されており、いずれも、義晴公帖が東福寺に伝来している。[59] 竹英がこの二通の公帖を受給した当時の状況は未確認だが、すでにみたとおり、おそくとも天文二十一年までには、安芸興禅寺の開山に迎えられ、毛利氏の帰依僧として、京都五山東福寺、五山之上南禅寺の公帖を受給していくことになる。

さらに、上記の類型に属する五山僧として、黙仲宗言がいる。天文二十一年五月に、摂津諸山福厳寺と山城十刹真如寺の住持に同時補任されたのち、弘治三年（一五五七）五月に京都五山建仁寺住持に出世しており、いずれも、義輝公帖が南禅寺に伝来している[60]。実は黙仲について、これ以上の情報を得ていないが、同様に、摂津福厳寺、山城真如寺に同時補任されている大江霊派という五山僧に関し、僧録をつとめていた仁如集堯[61]が、永禄五年（一五六二）に次のような餞別の詩文の序を著している[62]。読み下し案を提示する。

雲州経久禅寺主盟大江（霊派）禅師、是に先だち天文甲寅（二十三年）、観光（他国の光華をよくみる、その国の文物制度をみる）上国し、龍阜（南禅寺）大鑑門下聴松院に僑居す。（中略）、弘治丙辰（二年）五月、福厳、真如両寺の台帖を領す。（中略）永禄壬戌（五年）の夏、郷人来たりて師を迎え、国の為に福を植えんと欲する也。是に於いて乎、回避するを獲ず。発軔（旅立ち）に臨みて台帖を開き改衣す。実に錦の栄を画す。（後略）

この史料によると、大江は、天文十年（一五四一）十一月に死去している出雲の戦国大名・尼子経久の菩提寺とみられる経久寺[63]の五山僧で、天文二十三年（一五五四）に上洛し、弘治二年（一五五六）に摂津福厳寺と山城真如寺の住持補任の公帖を同時に得たが、いずれも実際には赴任せず、永禄五年にいたり、尼子氏の一族または被官とみられる「郷人」の迎えをうけ、はじめて両寺の公帖を開いて十刹住持身分の衣をまとい、毛利氏との緊張関係が高まる尼子氏膝下に「福」をもたらすべく、郷里に戻ったというのである。前節でみた島津氏一族の薩州家を檀越とする阿久根蓮華寺、野田感応寺や、毛利氏を檀越とする安芸妙寿寺、常栄寺などの住僧と同様、足利政権から住持補任の坐公文を得た五山僧が、各地の有力者創設の私寺私庵に迎えられたのであり、戦国期五山僧の典型的な姿を示すと考えられる。

以上、戦国期に行われている夷中官寺の住持補任は、そのほとんどが実態を伴わない名目的な坐公文であったとみられること、しかしながら、こうした坐公文は、決して「形骸化」という言葉で表現できるものではなく、島津氏一族、毛利氏、尼子氏など、新たに各地で台頭していた諸勢力の膝下の五山僧に与えられ、彼らは権威ある五山僧として、地域で求心力を発揮したであろうことをみた。こうした夷中の五山僧が、上記のような①~⑯のような多様な名目で、諸山住持に補任される体裁を整えていた理由は、おそらく、各五山僧の所属門派の慣例によるものと考えられるが、十刹住持補任の名目は、多くの場合、真如寺住持で統一されていたことに注意したい。

ここからさらに進んで、諸山住持補任についても、名目的なものと割り切ったというべき公帖を受給している五山僧の一群が存在する。すなわち、山城諸山景徳寺の住持補任をうけた五山僧たちで、彼らを山城十刹真如寺、または同臨川寺の住持に任じ、さらに、五山や五山之上南禅寺の住持にまで出世させている公帖も含めると、義稙~義輝期公帖の一七点を占める。このうち、景徳寺、臨川寺に補任されている承才と文盛周憲が受給している公帖は、天龍寺に公帖が伝来しており[64]、夢窓派五山僧の典型的な出世階梯の一つであったと考えられる。一方、景徳寺、真如寺という組合せの住持補任は、諸山、十刹の住持補任とも明らかに名目的なもので、もっとも戦国的な公帖といえる。この類型の公帖は、太玄元珪を景徳寺、真如寺の住持に補任している義輝公帖二点が東福寺に伝わる[65]ほかは、いまのところ京都五山内の伝来を確認できていない[66]。大半は、「公帖符案」に写しのみ記録されているものである。卜星建洞という五山僧を、永禄五年九月七日付で景徳寺、同年十一月十六日付で円覚寺、翌年九月二十三日付で南禅寺の住持に補任している義輝公帖は、「公帖符案」の記録期間外であるが、原本が伊予大禅寺に伝来しており、義輝公帖が夷中に受容保管されていたことを示す貴重な事例である。杉原弥七郎の周旋でこれらの公帖を受給している卜星は、「予之万年山卜星和尚、乃郡内　大府君之華族而、恵日海蔵之余流也」あるいは「伊予国万年山大善寺之僧也」と記録されているほか、南禅寺住持補任については「不住」と記録されている[67]。夷中である伊予において活動した五山僧の一例といえよう。

月舟寿桂の文集「幻雲文集」に、こうした夷中の五山僧の具体像を示しているというべき文岫祖芸という五山僧の画像賛跋文がある。[68] 読み下し案を提示する。

> 光厳住持文岫和尚は、土州の人也。少《わか》くして敏捷《びんしょう》、籍を洛の建仁に通ず。応仁の乱を避け、枌里《ふんり》（枌はにれの木、漢の高祖が故郷のにれの木を取り寄せた故事により、故郷の意味を含む）に帰休す。中年にして洛に入り、仰山の位に居し、秉払《ひんぽつ》提唱す。然るに里に帰し、未だ幾《いくばく》ならずして又洛に入り、甲刹真如の帖を領す。且つ復《ま》た里に帰す。数年後、予諸《これ》を聞くに、征夷大将軍、特に鈞帖を降し、建仁に視篆《じてん》す。邦人栄と為し、諸檀誠を傾ける。爾来《じらい》、孤雲両角（中国陝西省内の山名、漢の蕭何が韓信を追って至るところという、賢者のいる遠隔地の意か）杳《よう》として書信なし。頃《このごろ》聞く、既に其化を戢《おさ》むと。感喟《かんき》（喟はため息）に勝《た》えず。臨風涙を揮《ふる》うのみ。是歳《このとし》の秋、其徒祥睦《しょうぼく》首座、遠く行李を煩わし、賛を遺像に需《もと》む。予嘗《かつ》て真如の疏帖を製す。又何をか言わん哉。然りと雖も旧盟忘れ難し。謾りに一偈を題すと云う。

文岫祖芸は土佐出身の五山僧で、上洛して京都建仁寺に所属するが、応仁の乱を避けて一時故郷の土佐に戻り、ふたたび上洛して甲刹と真如寺の住持補任の公帖をうけたという。甲刹とは諸山の意で、十刹真如寺住持の補任ともども名目的なものであり、あえて寺名を記していないが、景徳寺住持補任の体裁をとった可能性が高い。諸山、十刹の住持身分を得た文岫は、実際に両寺の住持に就任することなく、さきにみた大江霊派と同様、まもなく故郷の土佐に戻り、現地の光厳寺で、[69] 周辺有力者に求心力を発揮する五山僧として活動したらしい。その数年後に、将軍は文岫に京都五山建仁寺住持補任の公帖を発給し、土佐の「邦人」はこのことを光栄に思い、文岫に対し、檀越としていっそうの誠を捧げるようになったという。文岫が建仁寺住持に補任されたのは永正十一年（一五一四）七月で、実際には住持として就任していない。[70] おそらく義稙の坐公文を得たのであろう。もとより上記の史料は、故人となった文岫を称える画像賛として執筆されたもので、多分に理想像というべきものかもしれないが、注目したいのは、こうした坐公文を発給している政権側の意図である。おそらく政権にとって重要なのは、通説のような坐公文官銭収入などではなく、文岫に高い評価すなわち五山住持の身分を与えたことについて、土佐の「邦人」たちが「栄」と認識し、文岫への宗教的帰依と将軍への政治的支持を一体化させることではなかったか。土佐の「邦人」など夷中の諸勢力は、日常的に「誠を傾ける」対象であった五山僧に高位の住持身分を与える存在として、将軍の権威というものを認識していた可能性を想定してみたい。

おわりに

足利政権は、どのようにして各地の有力者を統率し、中央政権と地域社会を一体化しようとしていたのか、さまざまな議論が積み重ねられている。その中核的論点は守護という存在で、守護は管轄国の国人などの有力者を統率し、やがて戦国期にかけて自立していくという理解が示されてきた。一方で、守護を介さない、将軍直属の国人勢力についても検討が進み、一揆などを結成した国人勢力が、将軍や守護に対し、一定の自立性を主張し得た事実も明らかにされつつある。近年、こうした「室町幕府による都鄙の権力編成」の研究史をまとめた吉田賢司[71]は、「幕府の所在地である京都と地域との結びつきは、全国規模でみれば、守護制度のみに依拠した硬直したものではなく、多様な形で柔軟に保たれていた」と述べている。そのような、京都と各地域ないし夷中を政治的に統合する多様な契機の一つとして、今後、公帖発給という宗教的要素を考慮に入れてみることで、他史料には現れにくい人脈形成を伴う全国統治の姿がみえてくるのではなかろうか。

すでに述べたように、今枝愛真は、全国規模の守護・豪族勢力の動向が、五山・十刹・諸山の禅宗官寺制度の整備を促したと先駆的に予測しているが、実際にも、南北朝期に足利政権が禅宗官寺制度の整備を進めた意図は、守護、守護代、国人など、夷中のさまざまな階層の諸勢力が、檀越として設立した禅院に、諸山、十刹などの寺格を与え、将軍自らその住持を補任し、禅宗に関心を持つ夷中の諸勢力との関係強化に資することを基本とした。朝倉氏を檀越とした越前弘祥寺、渋谷（祁答院）氏を檀越とした薩摩大願寺などは、それぞれの住持を補任する公帖が戦国期にいたるまで発給されていた。

ただし、足利政権による公帖発給は、実際の住持就任を伴わない坐公文を中心とするようになる。今枝は坐公文について、禅宗官寺制度の「形骸化」を意味するが、坐公文発給に伴う官銭収入が、政権財政を潤す点で一定の意義をもつと述べている。しかしながら、少なくとも組織的な坐公文発給に伴う官銭は、政権の財政を潤すことなく、敵対勢力との対立関係清算という機能をもつ仏事に、ただちに消費されていることは、第2章で検討したとおりである。また、今枝が検討していない大きな問題は、坐公文を受給している五山僧は、どこでどのような活動をしているのか、という点である。本章で検討した限りでは、こうした坐公文を受給した五山僧は、薩摩島津氏一族の薩州家を檀越とする野田感応寺や阿久根蓮華寺、出雲尼子氏の菩提寺である経久寺、大内氏に代わり中国地方の覇者となった毛利氏の菩提寺である常栄寺や妙寿寺（旧興禅寺）など、夷中の新興勢力の私設寺庵を活動拠点としていたことが判明する。朝倉氏を檀越とする越前十刹弘祥寺、大内氏を檀越とする周防十刹香積寺、大友氏を檀越とする豊後十刹万寿寺など、室町期以来の官寺住僧にも、真如寺や禅興寺など、他の十刹住持補任名目の坐公文が発給されている。戦国期における五山制度は、夷中諸勢力の帰依を集める五山僧に、住持身分のみを与えることに主眼を置いた、いわば「寺」ではなく「僧」を中心とした制度となっていたのである。その点で、兵火や寺領喪失による「寺」の焼亡衰退は、必ずしも、五山制度の衰退を意味しないことを確認しておきたい。

ところで、大内氏、大友氏、朝倉氏、毛利氏、渋谷氏といった有力者たちは、いうまでもなく五山僧を通じてのみ足利政権につらなっていたわけではない。したがって、五山僧に着目する有用性は、こうした顕著な有力者と政権との関係を考える一助になるということもあるが、むしろ注目すべきは、公帖により住持が補任される諸山や十刹が存在しなかった土佐の光厳寺で「邦人」に仰がれた文岫祖芸、必ずしも尼子氏ではなくあえて出雲の「郷人」に迎えられたと記されている大江霊派、「郡内大府君」の係累として伊予に公帖を持ち帰った卜星建洞といった五山僧たちである。彼らの檀越と想定される「邦人」「郷人」「郡内府君」といった夷中の群小勢力については、第II部において詳細な検討を試みるが、彼らは五山僧を通じてのみ、いわば足利政権につらなる「武士」となり得たのではなかろうか。戦国期発給の公帖のうち、詳細が判明する多くは、顕著な有力者に対する政局的な働きかけに関するものであった。しかし詳細が判明しない大部分は、こうした群小勢力を足利政権につらなる「武士」とみなしてよいかどうかという体制的な問題に関わるというのが、本章での検討の眼目である。[72]

こうした夷中の「武士」たちの尊崇を集めた五山僧らは、将軍の坐公文を得ているから尊崇されたようにみえるかもしれないが、彼ら自身の宗教者としての力量によって尊崇を集め、それによって彼らに坐公文を与え、高い身分を与えた政権の力量や度量への信頼感を高める面もあったと思われる。戦国期において、足利政権の権威ないし求心力というものが、なぜ容易には失墜せず、根強く維持されたのか、という問題を考えるうえで、こうした坐公文を受給した五山僧の広範な存在は、無視できない位置を占めているのではなかろうか。足利政権だけでなく、後続の豊臣政権や徳川政権が、公帖発給の職掌を継承しているのも、夷中の広範な「武士」たちの帰依を集める五山僧に高位の住持身分を与えることで、禅宗への宗教的帰依と政権への政治的支持とを一体化させ得たからだと捉えてみたい。禅宗や五山僧に対する「武士」たちの宗教的帰依の内実検討は、第III部の検討課題である。

第Ⅱ部　夷中の檀越と五山僧

第5章　鎮魂の強制から信仰の統合へ
――石見安国寺の諸山禅院への推移

はじめに

全国的な規模を有する足利政権の宗教政策として、利生塔・安国寺（以下、適宜寺塔と略記）の設定と、五山制度の構築がある。この二つの宗教政策の基礎的な事実関係は、辻善之助や今枝愛真が解明しているが[(1)]、近年は、とくに寺塔について、松尾剛次や大田壮一郎が、新たな検討を試みている[(2)]。さらに細川武稔は、利生塔・安国寺や五山制度と並行して、全国的に設定された将軍家祈願寺・祈願所について検討を加えている[(3)]。この三つの宗教政策は、相互にどのような関係にあるのだろうか。

寺塔について検討を進めた松尾の着眼点は、第一に、政権の意図だけでなく、伊賀楽音寺や備後浄土寺など、戦乱期における寺僧への「論功行賞」を求める寺院側の意図も、寺塔の指定に反映していること、第二に、利生塔・安国寺とも、禅院が主体と考えられてきたが、いずれも律院などを含んでおり、とくに利生塔については、律院と禅院とで設置事例が拮抗していること、第三に、利生塔はおそくとも建武五年（一三三八）には設置が始まっているが、安国寺の設定は、暦応二年（一三三九）八月の後醍醐死去が大きな画期となった可能性があること、つまり政策の重点が禅律拮抗の利生塔から禅中心の安国寺へ移動したと示唆したこと、以上の三点をあげられる。

大田もまた、寺塔設定政策を理解するうえで、政権の構想を明らかにするだけでは不十分で、松尾が指摘した各地の寺院の意図に加えて、各地の在地情勢を踏まえる必要があるとみた。すなわち、かつて今枝は、寺塔とも守護の菩提寺が指定されており、政権の意図は各国守護の掌握と統制であったとみたが、大田は、律院などを多く含む利生塔の場合、守護との師檀関係が存在したわけではなく、政権は守護の在地勢力掌握に依存して利生塔の設定を進めたと論じている。

以上の議論を筆者なりにまとめなおしてみると、祈願寺等に指定されることを望んだ各地の諸寺院であれ、寺塔であれ、中核にあるのは「論功行賞」を求めるような領主化志向で、その寺領保全を正当化する論理となる「祈禱」内容について、幕府が具体的に「南北朝動乱に伴う死者たちの鎮魂」と指定したのが寺塔であったと考えられる。さらにいえば、一般の祈願寺等では、長日祈禱や将軍の誕生日祈禱などが修されていたと推測されているが[4]、寺塔の任務とされた動乱死者の鎮魂は、寺領設定をめぐって利害対立しがちな在地勢力を説得しようという論理が、より明確に含まれているように思われる。その点で、寺塔政策の中核に在地勢力の掌握をみる大田の所論は的確と考える。

それでは実際のところ、南北朝・室町初期の幕府が課題とした在地勢力の掌握について、「祈禱」を中核とした寺塔政策はどの程度効力を発揮したのだろうか。結局は守護による軍事的補完が必要不可欠だったのだろうか。あらためて研究史をふりかえると、辻は寺塔を「臨済禅の隆盛」のなかで論じ、ついで五山制度の成立を論じている。一方今枝は、守護と寺塔との間には師檀関係が存在すると想定し、寺塔も五山制度も幕府の守護掌握・統制に関わるとみている。ところがそののち、室町期の宗教史研究では、従来の禅宗一辺倒の見方を批判し、「祈禱」など顕密系を中核とした宗教政策のなかに禅宗も位置づけるべきだという研究潮流が強まり[5]、寺塔は必ずしも禅宗系寺院や守護の菩提寺等で占められていたわけではない実態が、松尾や大田により明らかにされてきたといえる。しかしその結果、寺塔政策の限界を引き受け得たのは守護の軍事力などではなく、「禅宗一辺倒」の五山制度であった可能性も見失われたとはいえないだろうか。本章では、従来の寺塔の研究ではほとんど活用されていない石見安国寺をめぐる史料を豊富に含む江戸時代編輯の「国苑掌鑑」[6]を中核的な素材としながら、寺塔政策がどのように限界を迎え、五山制度の構築へと転換したのか、具体的な検討を試みたい。

一　利生塔・安国寺の警固人

寺塔設定の原型は、のちに丹波安国寺に指定される光福寺に伝えられた、建武二年（一三三五）三月一日付の「足利尊氏寄進状」[7]に示されている。光福寺長老に宛てて、「為レ祈二四海之静謐、一家之長久一、将亦為レ救二相模入道高時法名崇鑑并同時所所滅亡輩之怨霊一」という趣旨で寄進された日向国国富荘は、旧北条氏領であった。暦応三年（一三四〇）六月には光福寺領と並行して、同荘内に暦応寺すなわち天龍寺造営料所も設定されている。[8]このように、寺塔設定の原型が丹波光福寺でみられた理由は、同寺が尊氏・直義兄弟の生母清子の実家である上杉氏の氏寺であることに深く関わるであろう。尊氏はさらに、貞和二年（一三四六）十二月二十八日付で、「丹州安国寺本号光福寺」に対し、「為当寺興隆」という趣旨で、「春日部庄内中山村」を寄進している。[9]おそらくこの寄進に先立ち、光福寺を丹波安国寺に指定する直義御教書が発給されたはずである。この間、康永三年（一三四四）十月八日の同日付で、「宝積経要品」が高野山金剛三昧院に写経奉納されたり、「雑阿含経」が同御影堂に奉納されたり、「夢中問答集」が再跋されたりしており、いずれも尊氏や直義らの主導した宗教事業であり、寺塔設営に関連すると想定されてい

る。(10)

表5-1は、寺塔の設定、料所の寄進、遵行、警固につき、光厳上皇、足利尊氏、直義、高師直らが発給した文書の一覧である。いずれも、ほぼ一定の文言と様式とを用いた周知の文書だが、あらためて分類を説明しておくと、以下のとおりである。

A光厳上皇院宣＝個別寺家の「上人御房」ないし「禅師」に「塔婆修造の功」に努めるよう命じるもの。

B直義御教書＝個別寺家の「長老」に宛てて、若干の文言の異同はあるが、「為六十六基之随一（為六十六ヶ寺之随一、為当国安国寺）、寄料所（寄寺領）、可造立（可令興隆）」と述べるもの、あるいは、「院宣案如此、所被下通号也」と述べるもの。

C直義舎利奉納状＝「奉安置〇〇国〇〇寺塔婆……六十六州之寺社、建一国一基之塔婆、忝任申請、既為勅願、仍奉請東寺仏舎利、各奉納之」など、ほぼ同一の文で、塔婆（利生塔）に対する舎利奉納の趣旨を述べるもの。

D直義御教書＝様式文言とも一定しないが、寺塔所在地域を管轄する義詮、基氏、少弐氏などに対し、闕所地など寺塔料所の選定や保全を命じるもの。

E尊氏寄進状＝若干の文言の異同はあるが、「為当国塔婆料所、令寄附也」「為六十六ヶ寺随一料所、所寄附也」「右為当寺（安国寺）興隆、所寄附也」など、対象が寺塔であることを明らかにしたうえで、B直義御教書に即して、料所寺領を寄進しているもの。

F高師直遵行状＝右のE尊氏寄進状の遵行を寺塔所在国の守護に命じるもの。

G高師直奉書＝原則として寺塔所在地の在地勢力に対し、ほぼ同一の様式と文言で、寺塔料所の警固沙汰を命じるもの。本章の中核的な検討対象である。

関連文書一覧

E 尊氏寄進状	F 高師直遵行状	G 高師直奉書（警固人登用）	出典（参照刊本）
1340.3「為塔婆料所」	1340.3（吉見頼隆宛）		能登永光寺文書（曹洞宗古文書上）
			大慈恩寺文書（大日本史料）
			神田孝平所蔵文書（大日本史料）
		1346.7（服部持法宛）	大阪城天守閣所蔵文書（伊賀市史4資料編　古代中世）
			久米田寺文書（大日本史料）
1338.9「為当寺塔婆興隆」	1338.9（赤松則村宛）		法観寺文書（大日本史料）
①1335.3，②1346.12「為当寺興隆」			丹波安国寺文書（綾部市史史料編）
1339.12「為当国塔婆料所」			二方考抄（大日本史料）
			出雲安国寺文書（南北朝遺文中国四国編）
1349.3「為当寺興隆」	1349.3（上野頼兼宛）	①1348.12（上野頼兼宛），②1350.4（小笠原左近将監宛）	国苑掌鑑（斎藤注6論文）
①1339.10「為当国塔婆料所」，②1345.12「為六十六碁（基）随一所」		①1346.4（宮盛重宛），②1346.6（相原親光宛）	備後浄土寺文書（広島県史古代中世資料編 IV）
1341.11「為六十六基塔婆料所」			土佐最御崎寺文書（南北朝遺文中国四国編）
1341.12「為六十六ヶ寺随一料所」			相良家文書（南北朝遺文九州編）
		1347.5？（本文【史料6】参照）	歴世古文書所収浄土寺文書（南北朝遺文九州編）
			肥前東妙寺文書（南北朝遺文九州編）
			北嶋雪山著『国郡一統志』青潮社版
1342.7「為六十六ヶ寺随一寺領」	1342.8（少弐頼尚宛）	1346.9（合志能登守宛）	肥後寿勝寺誌所収（南北朝遺文九州編）
1342.9or11「為六十六ヶ寺随一領」			豊前興国寺文書（曹洞宗古文書上，南北朝遺文九州編）
			薩藩旧記二十所収宝満寺文書（南北朝遺文九州編）
			薩藩旧記二十所収水引泰平寺文書（南北朝遺文九州編）

表 5-1　利生塔・安国寺

地域	No.	寺塔所在地	宗派	A 光厳上皇院宣（塔婆指定）	B 直義御教書（寺塔指定）	C 直義舎利奉納状	D 直義御教書（料所寺領関連命令）
北陸道	1	能登永光寺（利）	禅	1339.12	1339.12「院宣如此」	1340.1	
東海道	2	下総慈恩寺（利）	律		1341.5「院宣如此」	1341.6	1345.3（義詮宛）
	3	伊豆修禅寺（利）	禅		1345.11「今年二月六日院宣案如此」		1351.6（基氏宛）
	4	伊賀平等寺（安）	禅		1346.6「去年二月六日院宣如此」		
畿内	5	和泉久米田寺（利）	律	1339.6	1338.5	1339.8	
	6	山城法観寺（利）	禅				
山陰道	7	丹波光福寺（安）	禅				
	8	但馬金剛寺（利）	律				
	9	出雲円通寺（安）	禅		1345.4		
	10	石見福園寺（安）	禅		1348.8		
山陽道	11	備後浄土寺（利）	律	1339.6		1340.1	
南海道	12	土佐最御崎寺（利）	顕密				
西海道	13	筑前景福寺（安）	禅				1341.5（少弐頼尚宛）
	14	筑後浄土寺（利）	律		①1340.12，②1347.8「院宣案如此」	1341.1	
	15	肥前東妙寺（利）	律	1339.6			
	16	肥後如来寺（利）	禅	1340.4	1347.8「院宣案如此」	1340.1	
	17	肥後寿勝寺（安）	禅				
	18	豊前天目寺（安）	禅		1340.5		1341.5（少弐頼尚宛）
	19	日向宝満寺（利）	律	1340.4	1340.3	1340.1	
	20	薩摩泰平寺（利）	律		1339.10「院宣如此」	1339.8	

注）表内の数値は文書発給の西暦．月である。

本章で中核的な素材とする№10石見安国寺伝来の「国苑掌鑑」の重要な点は、第一に、B、E、F、Gの写しを収録するが、他の寺塔関連の文書と比較して年次が新しく、寺塔政策の到達点と限界とを端的に示す最終段階の様相を示していること、第二に、寺塔政策が限界を迎えたのち、石見安国寺が五山制度下の諸山に位置づけなおされる経緯を知るうえで、手がかりとなる文書を収録していること、以上の二点をあげ得る。以下ではまず、全国的な寺塔設定政策がどのような矛盾をかかえ、その矛盾が「国苑掌鑑」所収文書にどのように投影・凝縮されてゆくのかを確認するという手順で、作業を進めよう。

（1）寺塔設定政策の全国的な情勢

上述の丹波安国寺の場合、二点のE尊氏料所寄進状（E列№7①②）は残されたが、寺塔指定の直義御教書は失われたと考えられる。寺塔指定関連のB直義御教書については、利生塔のものが多く伝わるが、安国寺のものとして、以下の四点の存在が知られている。年代順に記載する。

【史料1】（B列№18）

豊前国天目寺元号泰平寺事、為六十六ヶ寺之随一、寄料所、可令興隆也、可被存其旨之状如件

暦応三年五月十日　　左兵衛督

当寺長老

【史料2】（B列№9）

出雲国竹矢郷内円通寺事、為当国安国寺、寄料所、可令興隆也、可被存其旨之状如件

康永四年四月九日　　左兵衛督（花押）

当寺長老

【史料3】（B列No.4）

建武以来建立諸国寺塔毎国各一所事、去年二月六日 院宣如此、所被下通号也、早改当寺本号、可為伊賀国安国寺之状如此

貞和二年六月六日　　左兵衛督（花押）

平等寺長老

【史料4】（B列No.10）

石見国福園寺事、為当国安国寺、寄寺領、可令興隆状如件

貞和四年八月廿九日　　左兵衛督御判

当寺長老

こうした直義御教書の初見は和泉久米田寺で（B列No.5）、A光厳上皇院宣に先立ち、直義が同寺塔婆について「為六十六基之随一、早寄料足可造畢也」と述べている。右の【史料1】など、直義が独自に、またはAに先駆けて御教書を発給している事例は、ほかにB列No.14①、No.19の二例がある。一方、A光厳上皇院宣を踏まえて、「院宣如此」と述べるB直義御教書の事例（B列No.1、2、20）も混在している。北朝上皇と足利氏と、いずれが寺塔政策を主導しているのか、みえにくい状況である。

転機となるのが、暦応二年（一三三九）八月の後醍醐死去を経て、その鎮魂を目的に創建された天龍寺の落慶供養を目前にひかえた康永四年（一三四五）二月に出されたとされる光厳上皇院宣である。この康永院宣は、寺塔の

通号を定めたものとして著名だが、A光厳上皇院宣とは異なり原文や写が伝わらず、[11]B直義御教書によってその存在を知り得るのみである。すなわち、右にあげた【史料3】に「去年二月六日院宣」とあり、B列№.3では「今年二月六日院宣案如此」とあるもので、B列№.14②、№.16にみえる「院宣案如此」も該当するであろう。これらB直義御教書で言及されている康永院宣の特色は、それ以前のA光厳上皇院宣のように、塔婆を擁する個別寺家の「上人御房」宛に発給されたものとは異なり、直義を介して文言のみ提示されたのではないか。康永院宣は、「六十六基」「六十六ヶ寺」に利生塔、安国寺という通号を与えた点も重要だが、政策を主導しているのは足利氏であることを明らかにした点も重要で、そのことをさらに明確にしたのが、C直義舎利奉納状にみえる「忝任申請、既為勅願」という手続きを含まない安国寺の指定であったと考える。

しかしその場合、B直義御教書のうち、【史料2、4】が安国寺政策の主導性を示しているなか、【史料3】があえて「去年二月六日院宣」の存在に言及し、北朝の存在を示した事情が気になる。おそらく足利政権の意図だけでは制しきれない伊賀の在地情勢が関連する。

暦応三年（一三四〇）四月の「東大寺衆徒群議事書土代」によれば、「吉野と当郡とを往来・通路」している東大寺領名張郡内黒田・薦生両荘の悪党を退治するよう、「守護未補」により「柘殖(植)・服卩輩」に御教書が下ったという。[12]両者とも鎌倉期以来の伊賀の在地勢力とみられるが、[13]目立った活動徴証を示しているのが服部持法（のち道秀と改号、[14]以下持法で統一）である。たとえば、持法と対立する東大寺の主張によると、持法とともに東大寺領を侵犯した仁木義直の守護解任後も、持法は足利政権から「優恕」の沙汰をうけており、[15]おそらく政権が東大寺の要求に従い、暦応三年八月に持法らを退けるよう新守護桃井直常に命じた際にも、[16]持法らが守護代の伊賀入部に武力抵抗したため、かえって直常の守護職改易という「参差」（不揃い）の沙汰にいたったという。[17]そののち、貞和二年（一三四六）六月以前に伊賀守護となった仁木義長[18]は、在国して伊賀国内の諸勢力糾合につとめ、服部持法らの動きもある程度抑えたらしく、義長の退任後も、東大寺は同人の守護還補を求めている。(19) その義長の守護補任とほぼ並行して発給されているのが、次に掲げる貞和二年七月二十日付のG高師直奉書である。

【史料5】（G列No.4）

諸国利生塔安国寺事、建武以来異他之御願也、且為　勅願被下通号訖、仍定置警固人、可専興隆之由、所被経評議也、早於伊賀国安国寺者、柘植新左衛門尉相共致其沙汰、随雑掌申請、止甲乙人之妨、且全寺領之所務、且可注進造営之成否、将又有違乱輩之由訴申者、縦雖不遣奉書、毎度鎮狼藉、載起請之詞、可注申子細、若寄事於左右、有非法之儀者、可被処罪科之状、依仰執達如件

貞和二年七月廿日　武蔵守（花押）

服部右衛門太郎（持法・道秀）入道殿

「祈禱所」速成就院に関わり、和田四郎兵衛尉と真田平太に警固を命じている建武三年七月五日付の侍所頭人高師泰奉書は、こうした警固人設定の先駆的事例とも考えられるが、(20) 祈願寺等について、警固人の設定が一般的に行われた形跡は確認しがたい。一方寺塔については、地名や人名をのぞき、ほぼ同文のG高師直奉書が、No.10、11、17の寺塔にも伝えられている。No.4伊賀安国寺の場合、服部持法らの警固人登用は、守護仁木義長による在地勢力制圧の所産とも解釈されている。(21) ところがその後の動きをみてゆくと、同年十二月段階で、政権が改めて守護（仁木義長か）に対し、おそらく御家人の身分をもつ持法の所帯没収等を命じたところ、持法らは「都鄙縦横秘計」をめぐらし「庭中之烈訴」に踏みきり、(22) さらに一国平均棟別段銭により守護の停廃費用を調達し、「依二帳（張）本交名人等之秘計一、国中大略無レ残加二停廃之署一」と報じられている。(23) こうした持法らの訴訟行動は、守護仁木義長に対する武力抵抗が難しくなったことや、中央での政治力が東大寺には遠く及ばなかったことなどを示すと指摘されている(24)

が、警固人に登用されたことで守護と合法性を争う姿勢に転じたようにもみうけられる。いずれにせよ、その時々の情勢に応じた浮動性を示す持法らが、守護のもとで足利政権に帰服しきっていなかったことはたしかであろう。
伊賀は南朝の本拠地に近接し、「吉野の権威を慕う[25]」勢力も多かったとされる。伊賀平等寺の安国寺指定では、こうした在地情勢に対応すべく、先掲【史料3】で、あえて北朝上皇の存在を前面に打ち出したのではないか。貞和二年十二月段階で、東大寺の「伊賀国寺領悪党」の取り締まりを「武家」に求める光厳上皇院宣も発せられている[26]。しかし服部持法らは、北朝・足利氏やその配下である守護にも南朝にも与同しきらない微妙な立ち位置を維持して、東大寺からみれば目に余る「優恕」を足利政権から引き出していたのである。

西国の寺塔に目を転じてみると、現存する史料で確認できる警固人に登用された在地勢力は、すべて、北朝貞和六年（一三五〇）二月二十七日の観応改元以後、北朝の観応年号も南朝の正平年号も使用せず、観応二年（一三五一）六月にいたるまで貞和年号を使用し続けるなど、南北両朝いずれにも属さない立場を九州で示した足利直冬につらなる動きを示している[27]。たとえば、№17肥後寿勝寺をめぐる在地勢力である。

康永元年（一三四二）七月七日付のE尊氏寄進状（E列№17）を踏まえた同年八月十九日付のF高師直遵行状（F列№17）で、寄進遵行の命令をうけた肥後守護少弐頼尚は、同年十一月十八日付で、守護代と詫磨貞政に対し、「相共」に現地に「莅《のぞ》」み、下地を寿勝寺雑掌に沙汰付するよう命じている[28]。一方、貞和二年（一三四六）九月二十日付のG高師直奉書（G列№17）は、合志能登守に対し、詫磨宗直と「相共」に肥後安国寺（寿勝寺）の警固沙汰にあたるよう命じている。宗直は詫磨氏一族の「家嫡」として貞政を従える関係にあった[29]。注目されるのは、貞和五年四月以前に長門探題に補任されていた直冬が、尊氏・師直との対立激化により養父直義が失脚したために、同年五月前後に備後から肥後へと逃れたところ、「南北両勢力に旗幟を鮮明にしていない浮動的弱小在地国人勢力[30]」の支持を集めて勢力を拡大したという指摘である。なかでも詫磨氏は、いちはやく貞和五年十一月には直冬から恩賞地の給付をうけるなど[31]、九州における直冬の代表的な与党として活動し、肥後守護などをつとめていた少弐氏も、九州探題一色氏への対抗上、詫磨氏からはおくれて翌年九月までに直冬方に与同している。

肥後安国寺の警固人とされた詫磨宗直は、守護少弐頼尚の管轄下にあったのか、必ずしも明確ではないが、No.14筑後浄土寺について、次のような文書がある[32]。

【史料6】（G列No.14参照）

筑後国利生塔酒見浄土寺雑掌申当寺警固事、任貞和三年五月十日奉書、可被致厳密沙汰也、仍執達如件

貞和五年後六月九日　宮内少輔（一色直氏）判

三池兵庫（親元）殿

この頃の筑後守護は、康永二年（一三四三）七月段階で宇都宮冬綱と目されるが、貞和七年（一三五一）二月には直冬方に属したとみられる[33]。この間、九州探題一色氏は、B直義御教書（B列No.14①②）について、それぞれ「造立」と「通号」に関する指示として貞和三年十二月二十二日付で施行し、翌日には浄土寺雑掌の申請に基づき「殺生並守護使以下輩之乱入狼藉」の停止を指示している[34]。ついで出された【史料6】にみえる「貞和三年五月十日奉書」は、三池親元に浄土寺の「警固」を命じる内容や時期からみて、G列No.4、10、11、17と同様、三池親元を筑後利生塔の警固人に任じる高師直奉書であったとも考えられる。いずれにせよ、九州探題一色氏は、足利政権への向背が定まらない守護宇都宮氏に依存しない在地秩序の掌握を図り、利生塔の警固を名目として三池氏の動員を図ったのではないか。しかし観応の擾乱期に入ると、三池親元もまた、貞和年号の使用を続ける直冬方に属している[35]。

伊賀で南北朝いずれにも帰服しきっていなかった服部持法や、九州で直冬を推戴した詫磨宗直や三池親元の場

合、警固人として詳しい活動内容は伝わらないが、№11備後利生塔の警固人については、より具体的な活動状況を知ることができる。

備後利生塔を擁する浄土寺は、建武三年（一三三六）二月十八日付の尊氏寄進状[36]で得良郷地頭職（料所α）を寄進されたのち、暦応二年（一三三九）六月一日付のA光厳上皇院宣（A列№11）を経て、同十月六日付のE尊氏寄進状（E列№11①）で、塔婆料所として「金丸・上山村地頭職并草村公文職」（料所β）を寄進され、翌暦応三年正月一日付でC直義舎利奉納状（表C列№11）が出されるなど、利生塔としての整備が進む。ところが料所αは、暦応二年十月二十八日付の「左衛門尉書下[37]」によると、釈迦堂院主法智代小河□□（正徳か）房以下、倉用与一、赤江田讃岐房等による「当方使者」と称する濫妨停止が、また、暦応四年七月二十二日付の「守護方使者源兼継打渡状[38]」によると、曾六郎兵衛尉、和気弥七等による濫妨停止が、それぞれ命じられている。前者の左衛門尉の詳細は未確認だが、文中の「当方使者」と後者の「守護方使者源兼継」とが関連するならば守護配下であろう。また料所βの場合、暦応二年十二月七日付の「左衛門尉遵行状[39]」が、同所の地頭職や公文職を浄土寺雑掌に沙汰付しているが、暦応四年十月二十三日付の「足利直義下知状[40]」によると、在庁常五郎左衛門尉経康が、院宣や関東下知状の所持および当知行を根拠に、料所βを停止するよう訴えている。そのため直義は、守護細川頼春や椙原光房に事実関係の確認を命じたが、浄土寺雑掌が、経康は「禅師宮」に属して敵方となり逐電したと報告し、守護の注進を経て、同所は「竹内弥二郎兼幸跡」として浄土寺に寄進することで決着している。

こうした経緯ののち、貞和元年（一三四五）十二月三日付のE尊氏寄進状（E列№11②）は、あらためて櫃田村地頭職（料所γ）を利生塔料所とし、貞和二年四月二十六日付のG高師直奉書（G列№11①）は、宮盛重に対し、椙原親光とともに「上山村・草村（料所β）樻（櫃）田村（料所γ）」の警固沙汰にあたるよう命じたが、同年六月十六日付のG高師直奉書（G列№11②）は、椙原親光に対し、宮盛重とともに「樻（櫃）田村（料所γ）」の警固沙汰にあたるよう命じている。これに対し、宮盛重と相原親光は、それぞれ貞和三年五月付で、ほぼ同文の注進状を「奉行所」宛に提出した[41]。それによると、備後浄土寺の塔婆は去る二月より建築が始まったが、「高野領当国太田庄先預所大夫房不知実名、并堤五郎不知実名、号広沢一族、近隣悪党人等を相語らい、今月一日当寺敷地尾道浦堂崎百姓等住宅に乱入、追捕狼藉致すに依り、造作を閣められ候」という事態となった。そのため、塔婆を擁する浄土寺は、盛重らに対し「料所と云寺内と云、警固せしめ、造営の成否を注進せしむべきの旨、御教書を成し下さるるの上は、彼等の無道濫悪を退治せしめ、造功を終わるべき」と求めた。寺塔政策の眼目は、顕密禅律を問わず寺塔が本来的に有した領主化志向を活用して、地域の不安定要因である闕所地等を寺塔に帰属させる点にあったことを示唆する重要な記述である。そのために必要な強制力は、おそらく在地勢力の崇敬を集めていると自認する寺塔自身が、足利政権の保護も背景にしながら、警固人に直接働きかけることで調達されようとしていたようである。

しかし盛重らは、「料所外の狼藉」であるから「左右無く退治」するのは困難と認識し、対処方針について指示を政権に仰いでいる。つまり、料所αβを基盤とした備後利生塔の整備は、在地勢力の抵抗が激しく、守護の関与をもってしても進捗しなかったこと、そのため政権は、改めて料所γを寄進し、守護とは別に、寺塔を崇敬することが期待される在地勢力を警固人に任じ、備後利生塔の建築に着手したこと、しかしながら、おそらく建築に伴う負担を被りはじめた在地勢力が、浄土寺の境内そのものに乱入する事態となり、寺家雑掌は警固人に直接働きかけてその停止を図るが、警固人の宮盛重らは、在地でかろうじて合意を取りつける可能性が残されていた料所γ以外の警固沙汰には難色を示したこと、などを読み取り得る。政権はどのように対応するだろうか。

貞和三年六月十日付の「室町幕府禅律方頭人奉書[42]」で、藤原有範は宮盛重と相原親光に対し、「備後国浄土寺利生塔雑掌寂明」の訴えに基づき、「料所外」であっても「大夫房并堤五郎以下の輩」を「追出」すよう命じ、「警固人若し無沙汰の儀あらば、罪科遁るべからず」と警告、警固人の在地勢力与同を牽制している。当時の備後守護は細川頼春と目されるが、備後利生塔の警固人は禅律方が管掌していたことに注目したい。さらに、宮盛重らを備後利生塔の警固人に任じた高師直が観応二年(一三五一)二月に敗死し、直義が政権に返り咲くと、同年三月には九州の直冬が鎮西探題に任ぜられ、六月十日には北朝観応年号の使用を開始している。その直後にあたる観応二年六月二十九日付で、散位某が、改めて宮盛重に対し、料所βと料所γにつき築地六郎次郎秀国、三善鍛冶屋弥四郎以下の押妨狼藉を、また、料所αにつき鞆浦小松寺雑掌賢性の違乱を退けるよう命じている。[43] 料所αについては、同日付で工藤右衛門尉にも命令が出されており、[44] 料所$\beta\gamma$については、観応二年七月六日付で、工藤右衛門尉が有田三郎左衛門尉宛の施行状を発している。[45] しかし宮盛重の反応は明らかでない。

これら備後利生塔の押妨停止を命じた文書の奉者である散位については、従来、文書の付箋などから杉原(椙原)光房と考えられてきた。かつて宮盛重とともに利生塔の警固を期待された椙原親光との関係も気になるところである。しかし松尾剛次は、宮盛重に小松寺雑掌賢性の違乱停止を命じた文書の花押について、肥前国の河尻幸俊に謀反人等の跡地を同国高城寺に寄進するよう命じた観応二年六月十五日付の文書の奉者である「散位」の花押と一致するが、文和二年三月二十三日付で備後浄土寺に与えられた散位光房発給の禁制の花押とは異なると指摘している。[46][47][48] 松尾の指摘の主旨は、禅律方頭人奉書と同様式の文書を発給している「散位」が光房とは限らないこと、仮に光房であるとしても、尊氏方に属する禅律方頭人が、直冬の勢力圏であった備後や肥前の寺院を管轄できたか疑問であること、の二点である。松尾ののち、瀬野精一郎は、上記の文和二年三月禁制や、おそらく高城寺の河尻幸俊宛の文書を根拠に、光房を直冬配下の部将とみている。[49] 備後利生塔の押妨停止を宮盛重に命じた散位が、杉原光房かどうかはともかく、直冬配下の部将であることはたしかだろう。すなわち宮盛重は、かつて貞和三年(一三四七)六月に禅律方から命じられたのと同じ内容を、改めて鎮西探題の直冬から命じられたが、それに従った形跡は残されていないのである。

観応二年（一三五一）八月の尊氏・直義の決裂をうけ、宮盛重は、備後守護に任ぜられた尊氏方の岩松頼宥に対し、直冬方に属し交戦した形跡がある。[50] ただし盛重は、明確に直冬方であったともいいがたい。[51] 正平八年（一三五三）五月までに南朝に帰順した直冬は、大内氏や山名氏など足利政権に対抗する有力大名《たいめい》に擁立されて正平十七年に上洛をめざすが、その途上で、盛重の父とも目される備後宮下野入道道山（実名兼信か）の懐柔に失敗し、盛重の弟とも目される氏信は、その直後の貞治三年（一三六四）から翌年にかけて、一時備中守護に任ぜられたとみられる。[52] 盛重系宮氏の動静は明らかでないが、その時々の情勢に応じて、義詮方、直冬方のいずれにでも属する浮動性を示したのであろう。

(2)「国苑掌鑑」にみる寺塔政策の限界

前項でもみたとおり、本章が寺塔政策に関しとりわけ注目するのは、G高師直奉書により登用される寺塔警固人という存在であり、伊賀平等寺の服部持法、筑後浄土寺の三池親元、肥後寿勝寺の詫磨宗直、備後浄土寺の宮盛重などを検出、検討してきた。では、石見安国寺の場合には、どのような勢力が警固人に登用されているのか、とりわけ、上記の寺塔の場合、檀越が必ずしも明確ではないが、石見安国寺の場合、益田氏という明確な檀越が存在し、益田氏は果たして警固人に登用されているのか否かが焦点である。

石見安国寺の警固人については、他の寺塔とは異なる特徴がある。第一に、石見守護とみなされている上野頼兼自身が、貞和四年（一三四八）十二月十日付のG高師直奉書（G列№10①）により、警固人に任ぜられている。他国の寺塔の警固人は、これまで知られている事例をみる限り、二名が「相共」に任務にあたるよう命じられているが、上野の場合、「相共」に任務にあたる警固人は指定されていない。観応二年（一三五一）六月段階で、「安国寺造営功」により伊予守に任ぜられた細川元氏（清氏）[53]が、あるいは類例とも考えられる。第二に、料所寄進の事実を確認できる備後浄土寺、肥後寿勝寺の警固人登用は、E尊氏寄進状ののち行われているが、上野の警固人登用は、B直義御教書【史料4】（B列№10）を踏まえて、E尊氏寄進状（E列№10）に先行して行われている。上野の警固人登用の翌貞和五年三月十一日付で、E尊氏寄進状（E列№10）が、「河合南村地頭職栗熊弥五郎跡事」を石見安国寺料所として寄進し、それに連動した同日付の上野頼兼宛「高師直遵行状」、同年閏六月十一日付の「渕名重綱、三吉清実連署渡状」なども存在する。寄進に先立ち守護を警固人に定めている事実は、他国の寺塔設定が在地勢力の激しい抵抗を招いてきた実情を踏まえて、政権が先手を打ったものとも考えられる。

しかしながら、同年十二月二十二日付「高師直施行状写」によれば、早くも金子孫五郎入道等の濫妨が問題化し、雑掌源照の解状、つまり石見安国寺自身の領主化志向に基づき、師直は上野頼兼ではなく太平出羽前司に狼藉の糺明を命じている。建武三年（一三三六）五月以前に石見守護[54]となった頼兼は、貞和五年（一三四九）正月の軍忠注進を最後に石見での活動を確認できなくなり、直義・直冬党の丹波・但馬守護として観応二年（一三五一）九月に戦死する。頼兼に代わる石見守護は、直冬方攻撃のために観応元年六月に石見に発向した高師泰と考えられている。この経緯を踏まえると、貞和五年三月の上野頼兼宛「高師直遵行状」は、頼兼の石見守護としての活動徴証の終見を下らせる史料で、師直は上野頼兼が直義方として出奔したため、太平出羽前司に警固人の任務を託したと考えられる。

そののち、貞和六年三月八日付で、あらためて河合南村の渡状を連署で発給している秀能と実光は、同年二月二十七日の観応改元を経ているが、改元直後で対応しきれなかったものと考えれば、太平出羽前司か守護高師泰の配下とみなし得る。警固人については、観応元年四月十七日付のG高師直奉書（G列№10②）[55]が、あらためて小笠原左近将監に対し、善四郎左衛門尉と「相共」に任務にあたるよう命じている。そののち、文和元年（一三五二）十月十八日付で、将軍足利義詮が小笠原左近将監と土屋備前守に対し、雑掌源照の解状に基づき、金子孫五郎入道等の濫妨をうけている河合南村地頭職について、「両使相共に彼所に莅み雑掌に沙汰付」するよう命じている[56]。

以上、守護上野頼廉ののち、石見安国寺の警固人には、太平出羽前司、小笠原左近将監、善四郎左衛門尉、土屋備前守らが登用されていることをみた。本来であれば、同寺檀越益田氏が担うのが自然と思われる警固人の役割を、益田氏に代わって果たし続けている彼らは、一体どのような素性をもつ勢力であるのか。

太平出羽前司と土屋備前守は、「太平記」のうち、巻二四所載の康永四年（一三四五）八月の天龍寺随兵、巻二七所載の貞和五年（一三四九）八月の「御所囲」事件における「執事師直ノ屋形ヘ馳加ル人々」、巻三一所載の正平七年（一三五二）閏二月の尊氏鎌倉脱出随従者にそれぞれ含まれる大平義尚と土屋範遠に該当するだろう[57]。大平義尚は、貞和五年八月の政変で師直党に属したのち、同年十二月に石見で金子孫五郎等の制圧を師直から命じられるが、のち石見を出て観応三年（一三五二）閏二月には土屋範遠らとともに尊氏の鎌倉脱出に従い、文和元年（一三五二）十月には、実質的に大平義尚に代わり土屋範遠が、あらためて石見で金子孫五郎等の制圧を義詮から命じられたのであろう。

小笠原左近将監は、「太平記」に所見はないが、建武四年（一三三七）七月二十五日付の「小笠原貞完（宗）代桑原家兼軍忠状[58]」によれば、小笠原貞宗が石見国河本郷の一方地頭であったらしく、左近将監はその一族かもしれない。正平九年（一三五四）六月日付の「吉川経兼軍忠状[59]」によると、足利直冬の上洛に供奉した吉川経兼が、石見国邇摩郡温泉郷に城郭を構えた「荒川参河三郎并小笠原左近将監以下凶徒」と交戦している。「荒川参河三郎」は詮頼の父頼直とも比定されているが、いずれにせよ、守護荒河氏と軍事行動を共にした小笠原左近将監は、大平義尚や土屋範遠などと同じく、石見国外からの進駐勢力であった可能性をみておきたい。

一方、善四郎左衛門尉も「太平記」に所見はないが、文和二年（一三五三）四月付の「久利赤波重房軍忠状[60]」によると、赤波重房が荒河頼詮方に属して、やはり石見国邇摩郡近辺で「山名刑部少輔、佐波善四郎左衛門尉已下御敵等数百余人」と交戦している。佐波善四郎左衛門尉が善四郎左衛門尉に該当するとすれば[61]、同人は「赤穴郡連置文」で知られる出雲赤穴氏を庶流に従え、のちに足利将軍家奉公衆となる石見佐波氏の一族と考え得る[62]。そうだとすれば、石見の在地勢力の系譜をひく善四郎左衛門尉は、小笠原左近将監とは異なり、警固人から離脱して直冬方に奔り、小笠原左近将監と「相共」に石見安国寺を警固沙汰する役割は、進駐勢力である土屋範遠により代替されたと考えられる。善四郎左衛門尉は、石見安国寺警固人のなかでは、檀越益田氏にもっとも立場が近い在地勢力であったとみられるが、寺塔政策とは相容れない存在だったのである。

(3) 小括

以上、すべての寺塔に警固人が設定されたかどうか、現存史料では判断しきれないが、五カ所の寺塔で確認できる事例に即してみるならば、次のように考えられるのではないか。すなわち足利政権は、各地域の不安定要因であった闕所地等の帰属確定を促す一方策として、独自の領主化志向を有する地方有力寺院に対し、動乱死者を鎮魂する寺塔という名目を与え、実態としては闕所地等の強行的な帰属確定というべき寺塔料所の寄進に在地勢力も協力することを期待した。寺塔に指定された地方有力寺院の多くが、当時台頭していた禅律系寺院であるのも、在地勢力の崇敬と協力とを期待してのことであろう。もちろん現実は、守護による遵行も十分な成果をあげ得ない在地勢力の激しい抵抗を呼び起こすこととなり、自ずから実現する見込みもなくなった「在地勢力の崇敬と協力」を何とか目にみえる形とすべく、政権は在地勢力の警固人登用に踏み切ったとみられる。しかし警固人らは、寺塔料所の違乱勢力への与同が疑われるなど、政権に対し面従腹背の傾向が強く、寺塔政策の最終段階の姿を示す石見安国寺では、在地勢力とは異質な進駐勢力を代表する守護が警固人に登用されるにいたり、寺塔政策は事実上守護制度のなかに解消されたのである。とはいえ、「在地勢力の崇敬と協力」を引き出し政権安定の一助とするという構想は、守護や奉公衆などの軍事的制度とは異なる在地勢力編成の論理として、その後の足利政権を特色づけた可能性があると思う。すなわち、寺塔政策における警固人の登用は失敗に帰したが、それなりの成果を示したのが、在地勢力の禅宗崇敬に基点を据えた五山制度の構築であったと考える。

二　寺塔警固人から禅院檀越へ

寺塔政策は従来、寺塔に指定された地方有力寺院を崇敬する守護や在地勢力、とりわけ寺塔檀越の帰服に主眼を置いた政策と考えられてきた。しかしながら、たとえば肥後安国寺の警固人であった詫磨氏は、在地鎮守で祢宜の地位を兼ねていた形跡を認め得るが[63]、禅律の信徒や寿勝寺の檀越であった形跡は認めがたい。備後浄土寺利生塔の警固人であった宮氏も、後述のとおり利生塔とは無関係な備後の諸山中興寺の檀越である。伊賀安国寺の場合、檀越は北条氏一族と推測されており[64]、多くの史料を残す警固人服部持法は、同寺の檀越というよりも、地域安定の鍵を握る存在として、警固人に登用されたとみるべきであろう。

寺塔政策の主眼が地域の不安定要因である闕所地等の帰属確定にあり、寺塔檀越の帰服は副次的な関心事に止まったことを端的に示すのが、石見安国寺「国苑掌鑑」の事例である。石見安国寺の前身は、檀越益田氏が正和期に禅宗に改宗した福園寺である。ところが、寺塔政策が展開していた頃の益田氏は、惣領とみられる兼忠が直冬方に属し[65]、のちに惣領の地位につく兼見も直冬方から働きかけをうけるなど[66]、浮動的な存在であった。足利政権は、福園寺を安国寺に指定することで、その檀越である益田氏の帰服を図ったとも考えられる。しかしすでにみたとおり、同寺料所の保全に必要な実力の供給は、檀越益田氏ではなく守護に近い進駐勢力に期待されている。寺塔政策の基本となるのは、一定の基盤と組織とを有する地方有力寺院となっていた福園寺など寺塔が、地域の不安定要因である闕所地等を「塔婆・安国寺料所」として支配する意志や力をもっていることであり、益田氏など檀越がそれに協力する可能性は一般に高いと想定されるが、仮に檀越が協力せずとも、政権は檀越に代替し得る勢力を次々に送り込んだのである。福園寺もまた、そのような政権の期待に応える意志を示し続けており、康暦二年（一三八〇）九月という段階でも、「石見安国寺雑掌源照申状案」(67)は、BEFG列№10などの寺塔関連文書を副進し、安国寺料所として寄進された河合南村地頭職に対する金子五郎左衛門入道誓阿の押領を停止するよう求めている。足利政権の寺塔政策に呼応して、長く石見安国寺を担ってきた雑掌源照にとって、進駐勢力が料所保全に協力するのであれば、必ずしも檀越益田氏にこだわる必要はなかったと考えられる。

したがって、足利政権が益田氏の帰服を図るべく、石見安国寺を諸山に列して五山制度に加える政策に転換すると、益田氏は、檀越以外への依存も辞さなかった寺塔政策期以来の安国寺門派を改替した形跡がある。益田兼見の足利政権への帰参が最終的に確定したのは、益田氏と対立することもあった大内義弘の仲介(68)により発給された永徳三年（一三八三）二月十五日付の「足利義満袖判御教書」においてである。義満の本領安堵は、三隅、福屋、周布など一族諸氏が知行していた所領を、すべて益田氏本領と認め、益田氏惣領を中心とした一族の再編成を公式に認めた画期的なものと評価されている(69)。「国苑掌鑑」の所収文書をみると、それに先立つ永徳二年五月七日付で、斯波義将が石見安国寺の「長老」に奉書を発し、「可レ為二諸山之列一」と通知している(70)。名目のみの諸山列位は鎌倉期からみられるが、公帖による住持補任という内実を伴う地方禅院の諸山列位は、義満政権下のこの頃に本格化する(71)。

その住持補任につき、石見安国寺の諸山列位と同年と推測される五月二十八日付の兼見書状は、次男兼弘とみられる孫二郎に宛てて、「安国寺住持職事を、黄梅庵と桂昌庵へ口入申て候へハ、いさゝか異儀及候、公方御沙汰之趣も存知して候へハ、今度はかりの事ハ、御門徒中御談合候て、可レ然之様御はからい候へと、重状を進候、このやうを可レ被二心得一候」と述べている。[72] 永徳三年八月十日付の祥兼(兼見)置文は、次男孫次郎兼弘に安国寺の所在地である伊甘郷を譲与することや、自身が諸山に「申成」した崇観寺のことなどを定めている。[73] 益田氏本領の安堵に伴う一族の再編成にあたり、安国寺は所在地の伊甘郷ともども、庶子に委ねる構想だったのであろう。その安国寺の諸山列位をうけて、住持選定に関する兼見の意向を本寺東福寺に報知したところ、「いさゝか異儀」とあるように、若干の波紋が生じた模様である。住持の選定をめぐり、どのような問題が生じたのだろうか。

「国苑掌鑑」によれば、福園寺の禅宗改宗当初から、住持の選定は檀越の中心的な関心事であった。正和二年（一三一三）十二月八日付の「阿忍・鶴也佐連署寄進状写」は、「福園寺ならびに私領においては、即心長老一期のうち(ゝカ)は、器量の弟子なくば本寺東福寺より僧を招し下すべし」（原仮名文）と定めている。「国苑掌鑑」の所収文書は、そののち寺塔政策に関する文書ばかりとなり、ふたたび檀越益田氏が姿を現すのは次の文書となる。現存文書中では兼見最後の発給文書とされている。[74]

【史料7】

福園安国禅寺住持職所定之事

一住持勧請時、老僧達以二評議一、而後本塔中(頭)新命可レ有レ請候、其時吹挙状可レ進事、

一不レ対(帯)二公文一、濫不レ可レ有二入院儀一候事、

一住持退後留守事、

右、彼寺者進二置石門長老一候上者、曹渓庵(寺内塔頭か)門中老僧達以二談合一、全寺家請二住持一、興隆仏法、(可)レ被レ致二天下御祈禱一候、師檀大慶、与二天地一可レ為二久長一候、仍為二後日一所レ定法如レ件、

明徳二年辛未六月一日　　沙彌祥兼在判

正和期の「阿忍・鶴也佐連署寄進状写」によると、石見安国寺の前身である福園寺の禅宗改宗にあたり、中興開山として招かれたのは即心長老であったが、【史料7】では石門長老の名がみえる。『新修島根県史』は、「即心長老については、聖一門派の法系に見当らないので、恐らく聖一派の法系を汲んでいるが、さしたる禅僧ではなかったので、石門を勧請開山としたものであろう」(75)と述べている。五山僧の法系図をみると、即心の名はみつけられていないが、東福寺塔頭桂昌庵開山双峰宗源の直弟中に石門源聡の名を見出せる。江戸期の安国寺住持澧州源麗は、自ら編輯した「国苑掌鑑」で、石門について延文五年（一三六〇）の遷化、法諱を「□義」と記し、二世以下の石見安国寺歴代住持も掲げるが、彼らは石門源聡の法系と認められている(76)。兼見も永徳三年（一三八三）八月十日の置文で、「安国寺住持職事、可レ為二圭(桂)昌庵御計一」と定めており、石門の法諱は源聡としてよいであろう。

安国寺の開山が即心から石門に変わった事情について、澧州源麗は「国苑掌鑑」で、「抑亦即心之徒無二厥人一、是以寺門檀門、奉二禅尼(阿忍)遺命一、請二厥人於東福一、而石門和尚、以二高徳一、当二其選一、且児孫歴世相継住レ之、則竟推為二第一祖一邪」と考察している。即心の徒弟のなかに「器量の弟子」がみあたらなくなったために、阿忍の遺命に基づき、寺門と檀門とがあらためて、石門を第一祖としたとの解釈である。しかし「器量の弟子」の有無は、誰がどのように判断するのか。その具体的内容を示すのが、先にみた孫二郎宛兼見書状にみえる「黄梅庵と桂昌庵へ口入」ではなかったか。澧州は、正和期の阿忍と延文期死去の石門の活動期との時間差に苦慮しているが、石見安国寺の開祖を新たに石門と定め、その門弟に住持職を継承させると定めたのは兼見であろう。黄梅庵については、石見安国寺内の塔頭、京都大徳寺の塔頭などに比定されているが(77)、東福寺内廃絶塔頭とは考えられないだろうか。すなわち兼見は、独自の領主化志向をもち、檀越益田氏以外の諸勢力による警固沙汰をうけることも辞さなかった雑掌源照などを擁する黄梅庵・即心系統にかえて、自らが信頼する桂昌庵・石門系統に石見安国寺住持職を継承させようとし、「いさゝか異儀」を招いたが、「公方御沙汰」すなわち義満政権の裁定を経て、この住持門派改替を実現させた可能性をみておきたい。

その後の石見安国寺住持について、兼見は【史料7】で「公文を帯して入院《じゅえん》する」よう定めている。寺塔政策では、その発言や行動を一切確認できない檀越益田氏が、五山制度では一転して、その中核である足利政権の公帖（公文）発給による住持補任を、自ら求めているのである。

注目したいのは、かつて備後利生塔の警固人であった宮盛重一族を檀越とする備後の諸山中興寺の類例である。地誌類に引用されている中興寺伝来文書をみると[78]、年未詳十二月二十七日付で、下野守盛重が祈念による戦勝に「恐悦」し、「侍者御中」に宛てて「東条之内宇計原村」を「進入」している[79]。南北朝期に備後利生塔の警固人に登用された盛重本人の備後中興寺に対する寺領寄進状とみてよいであろう。その後も宮氏歴代の関連文書がいくつかみられるが、応永十五年（一四〇八）に、沙弥禅盛が次のような規式を定めている[80]。

【史料8】

当山条々事書并禁法

一公文者開山塔正覚院吹挙、啓二檀方一、以二旦方吹挙一、御判可レ申事

一為二諸山随一之寺一上者、自然於二寺家一有レ煩、有二寺領等相違一、与二檀方一申談、出二于時守護方一可レ申事

（寺内秩序関連の四ヶ条中略）

右守二此旨一、時住持可レ致二御成敗一、此外寺中行事不レ及レ記二規矩一事、可レ為二住持御計一者也

応永十五年六月十八日　禅盛判

備後中興寺が諸山に列せられていたことを示す初見史料である。[81]宮氏の三代は越前守満盛、四代は刑部大輔満重と伝えられ、禅盛はいずれかであろう。規式の内容をみておくと、第一条で公文すなわち足利政権発給の公帖について、中興寺開山塔頭とみられる正覚院の吹挙を踏まえるが、檀方の同意を得ること、つまり宮氏の崇敬を起点とすべきことを定めている。第二条では、寺内や寺領で何か問題が生じ、備後守護に解決を求める場合、事前に寺家と檀方とで相談するよう定めている。禅盛は三代満盛であれ四代満重であれ、奉公衆としての活動所見があり、[82]義満の偏諱をうけたとも考えられる。利生塔警固人としては足利政権に服しきらなかった宮氏が、この段階で政権に帰参しているのは、五山制度の構築に伴う中興寺の諸山列位のみが要因とはいい切れない。しかしながら、少なくとも中興寺の諸山列位に伴い、宮氏が益田氏と同様、中興寺の檀越として禅院規式を制定し、足利政権との関係を構想している事実は、奉公衆としての編成や、偏諱の授与などでは見出しにくい、宮氏の主体的な政権への帰服を示しているのではなかろうか。

同じ禅宗保護の政策にみえても、益田氏の事例のように、寺塔政策は禅院檀越との対立も辞さない側面を有する一方、五山制度は禅院檀越である在地勢力の帰服に主眼を置いていた様相は、日向大光寺檀越の伊東又六一族の事例でも確認できる。観応三年（一三五二）九月三日付で、義詮は九州探題一色直氏に対し、「丹波国安国寺本光福寺雑掌道性申、日向国々富庄内石崎郷事」につき、足利直冬方に与した伊東又六の「押領」を退けるよう命じている。[83]本章冒頭でみたとおり、国富荘は丹波安国寺料所、ついで天龍寺造営料所となる。その料所を侵犯した伊東又六は、一族が日向大光寺の開山に招いた岳翁長甫に協力し、後継住持の選定等にあたった「十方檀那」の一員で、岳翁の「徒弟」でもある木脇祐村（法号永勝）とみられる。[84]禅宗信徒の在地勢力であっても、天龍寺や禅宗系安国寺の料所設定には抵抗したのである。

注目されるのは、岳翁の師にあたる乾峰士曇が、年紀未詳だがこの前後の時期とみられる六月吉日付、岳翁宛の書状で[85]、「抑天龍寺領国富之事、御檀越中被二誘申一候、如レ元被レ打二渡于寺家一候者、殊以悦入候」と働きかけている事実である。乾峰自身は天龍寺住持等に補任された形跡はなく、岳翁を通じ日向伊東氏に影響力を行使し得る五山僧として、足利政権から着目されたのであろう。すなわち、政権は国富荘の回復を試みるにあたり、九州探題一色氏の強制力に期待しただけでなく、伊東氏が帰依した五山僧の影響力にも着目したとみられる。

日向大光寺は、足利義晴が天文十一年（一五四二）十月十五日付で十刹に列しているが[86]、その前段階の諸山列位の時期は不明で、「蔭凉軒日録」「鹿苑日録」『鹿苑院公文帳』などでも、足利政権の公帖による大光寺住持補任の記事は確認できない。ただし、応永七年（一四〇〇）付で「大光禅寺仏殿文殊点頭事蹟、開山岳翁和尚手自染毫記之」との板墨書を残し、岳翁の後継を自認している「住持比丘長逸[87]」は、永享九年（一四三七）以前成立の「惟肖巖禅師疏」所収「松隠逸首座住万松承天禅寺京城諸山疏　乾峰之孫[88]」に該当するであろう。松隠長逸の名は、筑前博多聖福寺の「当山世代牒」にも六八世としてみえる[89]。応永期の日向大光寺住僧松隠長逸は、足利政権の公帖をうけて、永享八年頃に十刹に昇格する以前の筑前博多の諸山承天寺住持と、同じく筑前博多の十刹聖福寺住持に補任されたのである。足利政権は、乾峰―岳翁の師弟関係が消滅したのちも、在地領主伊東氏の帰服を確保すべく、岳翁後継の大光寺住僧に五山制度上の住持身分を付与する公帖、すなわち坐公文を発給し、大光寺檀越の五山僧に対する宗教的支持と、政権に対する政治的支持との合致に努めていたと考えられる。

以上、寺塔政策の要諦が、寺塔自身の領主化志向を起点とした闕所地等の料所寄進であったとすれば、五山制度の要諦は、檀越である在地領主の崇敬を起点とした住持補任であった。住持補任のための公帖は、益田氏を檀越とする石見安国寺や、宮氏を檀越とする備後中興寺だけでなく、信濃守護をつとめた小笠原氏を檀越とする信濃開善寺や、播磨守護をつとめた赤松氏を檀越とする播磨宝林寺などでも、檀越の意をうけた吹挙を踏まえて足利政権が発給するものと規定されている[90]。なお、こうした五山制度の構築を進めた足利政権の関心事は、各地の禅院に諸山、十刹などの格式を付与することで、「禅宗の大檀越」として振る舞うことと考えられがちだが、その主眼は、在地勢力の帰依僧に置かれていたというべきである。したがって、大光寺住僧松隠長逸の事例のように、諸山、十刹に列せられていない「非官寺」の住僧に、諸山、十刹の住持身分のみを付与する坐公文が、室町期から戦国期にかけて主流となっていくのは(91)、むしろ必然であった。

おわりに

利生塔の設定については、備後浄土寺に関わる暦応元年（一三三八）九月日付の「浄土寺住持空教房心源申状(92)」、若狭明通寺に関わる暦応二年正月付の「明通寺衆徒等申状案(93)」、播磨清水寺に関わる（暦応二年）七月十一日付の「道戒書状(94)」、伊賀楽音寺に関わる暦応二年八月付の「伊賀国楽音寺縁起(95)」など、在地寺院が利生塔の設定を申請している事例や、若狭神宮寺に関わる文和二年（一三五三）十月付の「若狭国神宮寺僧侶等申状案(96)」、讃岐善通寺に関わる応安四年（一三七一）二月付の「誕生院宥源申状案(97)」など、在地寺院が利生塔料所ほか権益付与を求めている事例を少なからず確認できる。そのなかには、「可レ致二越前国凶徒対治《退治》御祈禱一之由、従二伊予守殿一被レ成二御教書一」と述べる若狭明通寺や、松尾剛次も注目するとおり(98)、「寺僧等捨二一命一、参二御方一不レ顧二勤労一也」と述べる伊賀楽音寺など、おそらく一定の実力を備えた大衆組織を擁し、幕府に「論功行賞」を求めているというべき顕密系寺院の事例もみうけられる。

寺塔政策を推進した足利政権の主眼は、こうした地方有力寺院の領主化志向を起点に据えて、地域の不安定要因となっていた闕所地等解消を試行することにあったというのが、本章の見立てである。ただし、闕所地等の帰属確定に必要な実力は、地方有力寺院の大衆等に依存するのではなく、本章で示した備後浄土寺や石見安国寺など、寺塔雑掌の申状等に基づき在地勢力を動員するというのが、寺塔政策の基本であったと考えられる。たとえば、若狭明通寺や伊賀楽音寺など、大衆組織を擁したであろう顕密系寺院の多くは寺塔の選から洩れている[99]。一方、顕密系寺院のような大衆組織は欠くものの、鎌倉後期から南北朝期にかけて特異な技術者集団としての存在感を示し、在地勢力からも注目されていた律院[100]や、鎌倉後期以後、室町・戦国期にかけて在地勢力の関心をひき続ける禅院など、在地勢力への影響力を期待できる禅律系寺院が多く寺塔に選定されているのは、闕所地等の帰属確定に対する在地勢力の協力を期待してのことであろう。そのような在地勢力の協力を、半ば強制的、政策的に調達しようとしたのが、警固人の登用であったと考える。

しかし政権の期待に反し、現実には、寺塔料所の設定に対する在地勢力の抵抗が続発し、必ずしも寺塔の檀越ではない警固人の離脱も相次ぎ、禅律系寺院を寺塔とすれば在地勢力の支持は得やすいという政権の目論見は外れる。そこで政権は、「国苑掌鑑」でみた石見安国寺の警固人変質の推移にも示されるとおり、引き続き守護制度を中核とした軍事的制圧を進める一方、こうした外面的強制だけでは調達しがたい在地勢力の内面的帰服を促すべく、在地勢力が少なからず禅宗信徒であるという実情を宗教政策の起点に据え直し、永徳期の頃から五山制度の構築を本格化させたのである。この政権の政策に呼応して、たとえば寺塔政策期には全く姿をみせない石見福園寺檀越の益田氏が、兼見制定の【史料7】では明確に姿を現し、寺塔時代の安国寺門徒を改替した形跡も見出された。備後利生塔の警固人であった備後宮氏、丹波安国寺料所の押領者であった日向伊東氏など、寺塔政策では容易に政権に服さなかった各地の在地勢力も兼見と同様の禅院規式を制定するなど、足利政権の公帖発給に基づく住持補任に内実を与える禅院檀越として、禅宗への帰依と政権への帰服とを一致させていったと考えられる。

もとより本章は、足利政権が五山制度のみをもって在地勢力を全面的に帰服させたと主張するものではない。たとえば、肥後安国寺の警固人であった詫磨氏は、多くの関連文書を残すが、禅宗の檀越であった形跡は確認できないなど、在地勢力がすべて禅宗信徒であったわけではない。また、石見益田氏の帰参については大内氏の介在、備後宮氏の帰参については奉公衆としての編成が、おそらく先行している。とはいえ、かつて今枝愛真が提示した「日本の五山・十刹・諸山一覧表」[101]に含まれる全国三一〇カ寺のうち、地方所在の諸山・十刹で、列位初見が室町期(義満期〜応仁の乱以前)であり、さらに公帖による住持補任を『蔭凉軒日録』で確認できる六一カ寺に絞って、その開基檀越を分類してみると

①鎌倉期の北条氏・御家人=八カ寺
②室町期に守護などをつとめる家格を有した大名=一一カ寺
③足利将軍家奉公衆=三カ寺
④京都を本拠としない国人=一八カ寺
⑤その他=六カ寺
⑥未詳=一五カ寺

という数値を得られる[102]。備後宮氏は③、石見益田氏は④に含まれるが、①や⑥など地方所在の諸山・十刹の檀越は、第7章で検討する備中の諸山宝福寺の群小檀越など、実際には奉公衆等に登用されがたい群小の在地勢力であった可能性がある。また、日向大光寺檀越伊東氏など、室町期には明確に諸山・十刹に位置づけられていない禅院の檀越であっても、足利政権発給の公帖と接点があった事実に注意したい。守護や奉公衆などの軍事的な制度が主柱であるにせよ、在地勢力の主体的な帰服を促す本格的な宗教制度として五山制度を構築したこと、こうした宗教政策の存在に、御家人役や軍役を中核とした前後の武家政権とは異なる足利政権の個性を見出せるのではないか。

時期は下るが、益田氏の場合、毛利氏に帰属する前後の時期に五山僧竺雲慧心著賛の足利義輝画像[103]を得ており、宮氏一族の場合、毛利氏が帰服を促すにあたり五山僧の説得に期待を寄せている[104]など、在地勢力の禅宗帰依は引き続き大きな焦点となっている。その内実はどのようなものだったのかが問題となるが、たとえば、祈禱や呪術ではなく、自身を省みることで現実の困難を乗り越えようとする儒仏一致的な禅宗教説が、室町・戦国期の在地社会に持ち込まれていた事実[105]に注目したい。宮氏出身の季照中明[106]が、足利政権の公帖により備後中興寺住持に補任されたことを祝する蘭坡景茝著「雪樵独唱集」所収「季照首座住備州中興道旧」にも、近世朱子学とは異なる儒仏一致の傾向を代表し、五山文学にも頻出する蘇軾に関わる「蘇太史為二人中龍一、変化可レ視」との一文がみえる[107]。こうした在地勢力の禅宗受容の実態に迫る諸事例のさらなる収集と検討は、主として第III部で試みる。

第6章　五山僧をめぐる師弟関係と師檀関係

――諸地域の十方院について

はじめに

足利政権の五山政策を特徴づける要素の一つとしてよく指摘されるのが、いわゆる五山派のなかでも有力門派といわれる夢窓派に対する保護・帰依政策である。中国宋代に由来する禅院住持補任の慣習で、門弟相承（甲乙住持制）にこだわらずあらゆる十方の門派から名僧を住持に招聘することを標榜する十方住持制[1]も、足利政権下では、他派禅院に夢窓派の五山僧を住持として受け入れさせる論理として活用されていたとする見解がある[2]。この見解によれば、十方住持制の名のもとに、足利将軍家と師檀関係をもつ夢窓派構成員が住持に送り込まれ、足利将軍家の直轄下に置かれた禅院こそ、いわゆる五山制度を構成する「官寺」の完成形態ということになる。しかし十方住持制とは果たしてそのようなものであったのか。既知の事例が中心となるが、本章ではその再検討を試みてゆきたい。検討対象はいずれも、住持補任に絡んで「十方」の語が明確に確認できる事例である[3]。

一　京都所在＝将軍家膝下の禅院

万寿寺の住持補任に関し、林羅山編『禅林僧伝』所収、仏日禅師梵琦撰「日本国京師建仁禅寺高山照禅師塔銘」[4]は、足利直義が「革㆓京之万寿甲乙㆒為㆓十方㆒」し、南禅寺虎関師錬、建仁寺嵩山居中、天龍寺夢窓疎石らの意見により「妙選住持」し、高山慈照が住持に選任されたと記す。高山慈照は康永二年（一三四三）の没、塔銘の撰者楚石梵琦（仏日普照慧辯禅師）は元末明初期の僧で、洪武三年（一三七〇）の没である。[5] 以上から、「塔銘」の年紀「乙巳」は至正二十五年（一三六五）とみられる。内容であるが、鎌倉期から万寿寺住持職は、「六条院」領の一部として、檀越大覚寺統の内情にも規定されて二門派（聖一派と大応派）で争われていた模様である。[6] 同寺に対する十方住持制の適用は、そうした関係当事者が広く納得し得る住持の「妙選」を標榜する措置であった、といえるのではないか。高山慈照の門派的立場（法灯派）をみても、足利政権が夢窓派の五山僧を万寿寺住持に送り込み、同寺を「直轄」下に置く意図をもって十方住持制を標榜したとはみなしがたい事例である。

大徳寺に伝来する永享三年（一四三一）九月付「仲方中正書状」[7]は、義教政権が大徳寺に対し、十刹格の「官寺」として十方住持制を受け入れるか、それとも十刹の寺格を返上するか、選択を迫った事例として著名である。[8] 足利政権が、夢窓派以外の禅院には厳格に十方住持制の履行を迫った典型的な事例と目されている。義教政権の政策意図が大徳寺に対する十方住持制の適用＝強制ではなく、実際にも十方住持制が適用されなかった経緯についてはすでに別稿で検討した。[9] しかし、この書状で「門中無㆓住持才㆒候者、十方派亦住院可㆑為㆓如何様㆒候哉」と提案されている点は、別途検討を要する問題である。大徳寺に十方住持制が適用されたならばどのような結果が期待（危惧）されるのであろうか。大徳寺に即したこの問題の検討は、第12章であらためて行うが、次にみる仏心寺の事例も参考になるだろう。

　仏心寺は「日本円海」が無象静照（法海禅師）を開山に招いて創建した禅院で、延文元年（一三五六）十二月には一時「准五山」とされ、応安元年（一三六八）五月には同寺で土岐頼康が父頼清三十三回忌法事を執行している[10]。のち諸山に列位され、「蔭凉軒日録」永享九年（一四三七）七月二十日条をみると、仏心寺住持は「門徒吹嘘状」をもって補任されている。ところが「同」寛正五年（一四六四）十二月六日条をみると、「仏心寺門中闕二住持之任一、故任二宝篋院殿御判之旨一、可レ為二十方院一之事、以二鹿苑院龍崗和尚之状一伺レ之」という記事があらわれる。住持の適任者が門中に闕ければ十方院にする、との内容は、右にみた大徳寺住持職に関する「仲方中正書状」の提案と同趣旨である。

　右の過程で仏心寺の住持候補として検討されていたのは、「同」翌寛正六年四月二十日条によれば「周匡首座」で、系字「周」からみて夢窓派とみられる。同寺に対する十方住持制適用は「夢窓派の勢力拡大」を伴った可能性もある。しかしそうした五山僧の門派的利害以上に注目したいのは、「同」寛正六年四月二十五日条に「就二仏心寺十方院之事一檀那土岐方難渋」と記録されている点である。同寺の住持補任は元来、「仏心寺門中」と師檀関係をもつ土岐氏の同意も得ながら遂行されていたことを示す。仏心寺住持を選定する「門中」合議は、同寺住持職を門派で確保しその利害を守る組織とみることもできるが、足利政権と檀越土岐氏の双方が納得できる住持候補を選出し、諸山住持といういわば体制的な権威創出に寄与する任務も果たしていたのではないか。仏心寺に対する十方住持制の適用は、「仏心寺門中」が、もはやそうした体制的な任務を負うことができないという宣告（門中闕二住持之任一）であると同時に、仏心寺の住持補任が政権と土岐氏との合意形成の所産ではなくなる意味も含み得る。少なくとも十方住持制の適用は、檀越の地位や利害に直結する問題であったことが確認できよう。なお大徳寺の場合、歴代住持は入院（就任）にあたり「赤松香」を拈ずる慣習があり、赤松氏が仏心寺の土岐氏に相当する存在であった可能性をみておきたい。

鹿苑寺の住持補任について、「蔭凉軒日録」永享十年（一四三八）六月十九日条をみると「以二鹿苑寺一被レ為二十方門徒一、即被レ請二大愚和尚一、以二衰老故一固辞、然不レ允」とあり、同二十五日条には「大愚和尚為二鹿苑寺新住持一」とある。「鹿苑日録」天文十二年（一五四三）八月十一日条に、「昨日善恵彭叔和尚話曰、勝定院殿請二大愚一、住二北山鹿苑寺一、嵯峨門徒一列ニ訴訟、非二嵯峨一不レ可レ然云々、勝定相公曰、於二大愚一如レ此、以後嵯峨門徒之外可レ禁、乍レ去於下如二大愚一名僧上者、以後亦可レ令レ住云々」との記事もある。鹿苑寺は諸山、十刹、五山などに列位されておらず、いわば将軍家の「私寺」に相当する嵯峨門徒（夢窓派）の禅院である。同寺の住持職は夢窓派の一派「嵯峨門徒」の独占に帰するはずであったが、義持ないし義教は同寺を「十方門徒」とし、聖一派の重鎮大愚性智を住持に迎えようとしていたものとみられる。大愚は応永十三年（一四〇六）七月の伊勢安養寺住持補任を皮切りに、同十六年八月に駿河清見寺、同二十年八月に五山東福寺、同二十二年八月に五山天龍寺、同二十四年二月に五山之上南禅寺住持に補任されている。[11] まさに当代の「名僧」が将軍家を檀越とする「私寺」に招かれようとしているのである。

足利政権下の十方住持制について、これまでの通説的理解が、①対象は五山、十刹、諸山などの格式をもつ「官寺」、②内実は夢窓派以外の「官寺」に対する夢窓派住持の受け入れ強要、とみてきたことを踏まえるならば、この事例はそうした理解にさまざまな見直しを迫っている。第一に、この事例は、門派の枠組みにあえて注目するならば、夢窓派の住持職継承が否定された一件といえるが、うがちすぎであろう。鹿苑寺檀越足利将軍家の関心事は、おそらく「名僧」大愚の招聘以外のものではない。第二に、玉村竹二によれば、通常複数の師のもとで研鑽を積む五山僧が自分の師を公表するのは、住持就任の時に述べる入院法語中の「嗣法香」であり、[12]「寺院の住持たらんがために、便宜なる人の法を嗣ぐ事さへ行はれる」ことも確認されている。[13] それが嘆かわしいことであるか否かはともかく、大愚がいまだそうした表明を終えていない若い五山僧であったならば、彼が聖一派の諸師のもとで研鑽を積んできたとしても、夢窓派禅院の住持となるにあたり、夢窓派の一員に転ずることは、むしろ通常のことであったのではないか。ただし第三に、新住持が就任儀礼において、衆目の期待どおりの「嗣法」を表明しない場合、門派的な制裁が加えられる事例も若干存在することは、これも玉村の指摘するとおりである。[14] 本件の大愚の場合、すでに聖一派の重鎮というべき経歴を積んだ五山僧で夢窓派への転派は困難であり、しかも鹿苑寺はそうした立場を固め終わった「名僧」を任意に迎え得る将軍家の「私寺」的存在であったために、珍しく五山僧の門派的な枠組みが禅院住持補任を規制する要素として表面化したものではなかろうか。

十方住持制は従来、住持職の門弟相承（甲乙住持制）の否定であると説明されてきた。しかし以上にみたところによれば、「門弟相承」の体裁を整えることができない住持補任はむしろまれであったように思われる。そうだとすれば、十方住持制とはいわば「門弟相承」の体裁を整えないという選択を示すにすぎないと考えられるのだが、それでよいのか、もっと別の意義を伴っている可能性はないのか、さらに検討を進めたい。

二　各地所在＝諸勢力膝下の禅院

播磨法雲寺について、長享二年（一四八八）の識語をもつ大有有諸撰「雪村和尚行道記」は、「被レ旨、己卯（暦応二年〔一三三九〕）冬十一月至日、位二于天下諸山之列一、而定二十方住持一者、時際興運、山門・檀門、天旼地利、一代盛事、住持得レ人、衆亦龍象、陞堂説法、規矩厳粛、可レ謂二般若叢林一、中国第一名藍」と記す。[15] 石田善人はこの記事に関し、「法雲寺が諸山に列すると、その住持には開山の門流に限らずあまねく人材が招請されることになる。宗峰妙超の門流が住持になることが定められた大徳寺が、それを固守するために五山の列を辞退したように、雪村友梅の門流のみが法雲寺住持になることは不可能になる。雪村友梅に傾倒すること父円心以上であった赤松則祐が、法雲寺とはべつに宝林寺を建立したのはまったくこのためであった」と述べている。[16] さきに触れた大徳寺住持職をめぐる一件や、播磨宝林寺の創建事情にも目配りした貴重な見解である。ただし右の「行道記」の記事をみる限り、法雲寺の「十方住持」は、すぐれた住持が諸方から集まる同寺の隆盛を示す修辞にすぎないようにもみえる。同寺の諸山列位は、十方住持制の適用が目的だったというよりも、直後の暦応四年に、開山雪村が半ば強引に万寿寺住持に招聘されてゆく一件[17]の伏線ではなかったか。

法雲寺の住持補任の実態については、おそらく赤松政則を戴く赤松氏再興期の状況と思うが、文明五年（一四七三）死去の瑞溪周鳳の作品集である「瑞溪疏」所収「心岳安西堂住法雲諸山」に「乃宝覚禅師（雪村友梅）為レ之創業焉、凡鼻祖一派、與二他家之徒一、更主之」という記事がある。[18] 玉村竹二は、「（開山）雪村の一派と他の諸派とが、一世交代で、交互に任命される規定」とみて、「十方住持制度の頽勢を観取」するが、[19] 問題は、こうした住持補任様式が、檀越赤松氏の意向とは無関係に、足利政権の政策として持ち込まれたものであったのか否かである。時期をさかのぼって、義堂周信「空華集」所収「天錫字説」をみると、「壬戌（永徳二年〔一三八二〕）秋、前南禅第一座天錫疇公禅師、以二番陽太守源公薦剡一、膺二于相府遴選一、授以二法雲住持之職一」という記事がある。[20] 当時の播磨守護は赤松則祐の息義則であり、[21] その推挙に基づき、足利政権が天錫貲疇を法雲寺住持に補任するという関係がみてとれる。これに対し「蔭凉軒日録」は、法雲寺住持の補任に関し、「赤松阿波殿吹嘘」（永享八年〔一四三六〕八月六日条）、「赤松阿波守吹嘘」（同十年八月十二日条）、「吹嘘赤松阿波入道」（同十二年十二月九日条）を記録する。「赤松阿波守」が、「赤松系図」「赤松略譜」に「安房守（大夫判官）」と記されている満弘だとすれば、[22] 旧惣領範資の孫（七条家）に相当する。足利政権の政策というよりは、住持の吹嘘権限が新旧嫡流の間で移動し得る法雲寺檀越赤松氏の存在形態こそ、同寺住持職の開山一派と他家之徒の一世交代という十方住持制的な現象に関連している可能性はないだろうか。

信濃西岸寺は、康安元年（一三六一）に大徹至鈍を「中興開山」に迎え、応安六年（一三七三）四月に飯島修理助入道法名正運以下「三旦那」の寄進状に基づき諸山の寺格を与えられ、同年九月に寺領を安堵されている。以上の経緯を記す西岸寺規式（至鈍置文）[23]は、同寺の住持補任について、飯島氏「三旦那」の袖判も得たうえで、「次可レ請二住持一次第之事、一番開山門派（大覚派）、二番十方門派、三番大通門派、四番十方門派、終而復レ始、輪次住院、守二此遺戒一、大衆評定、而可レ出二吹挙一」と定めている。「蔭涼軒日録」は同寺の住持補任について、「吹嘘広灯庵正英」（永享十二年〔一四四〇〕十二月十七日条）を記録する。広灯庵はおそらく建仁寺所在の嵩山居中（西岸寺三世）の塔頭で、西岸寺の「本寺」に相当する。ただしこうした吹嘘は、広灯庵—西岸寺の本末関係として自己完結しているわけではないだろう。「蔭涼軒日録」文明十七年（一四八五）四月十六日条をみると、東福寺荘厳蔵院が、仏事執行の必要上、石見崇観寺の住持早期交代をもとめる「国諸檀那」の意向を蔭涼職つまり足利政権に伝達している事例がある。西岸寺の場合も、広灯庵吹嘘の実態は右の規式に規定されている「大衆評定」の「吹挙」であり、そこでは飯島氏をはじめとする在地檀越の同意も調達されているとみてよいであろう。

西岸寺規式をさらにみてゆくと、「有二寺家大事一者、三旦那之孫々、并外護旦那等、判形之孫々、可二談合一者也、但旦那無二寺家興行一、而却作二寺家之煩一者、是不旦那、喚二寺家興行之子孫一、可レ定二旦那一也」とある。住持招聘も、「三旦那之孫々、并外護旦那等、判形之子孫々」の「談合」を要する「寺家大事」にあたるであろう。とりわけ「十方門派」の住持就任は、「三旦那」以外の「外護旦那」の欲求に広く対応し、さらには「寺家興行之子孫」を「喚」び「旦那に定める」上で有効だったと想定することはできないだろうか。西岸寺が所在する南信地域には、地域を代表する守護などの勢力が存在した形跡がない[24]。足利政権の政策ではなく、そうした地域の状況こそ、さまざまな勢力と関係をもつ五山僧を柔軟に住持に迎え得る西岸寺の「十方門派」という住持補任原則に反映していた可能性をみておきたい。同様の状況は尾張妙興寺周辺でも見出すことができると思う。

尾張妙興寺には、貞治三年（一三六四）六月十九日付「足利義詮御判御教書」が伝来する。「当寺長老」宛で、「尾張国妙興寺事、為二諸山之烈一、大応国師門徒管領之、宜レ為二十方院一之状如レ件」と記す。[25] この文書について玉村竹二は、妙興寺が「苟も官寺となり、諸山に列せられた以上、住持は十方より求めなければならない。しかし開山の門派は従来私寺の時代に於て、之を独占し来つた者であり、且開山以来、檀越との間にも、住持職についての契約もある事であるから、遽かに之を無視出来ず、大応国師即ち南浦紹明の門徒が優位に立ち、いづれの派より住持が出た時でも、寺院自体は、常にこの派が管領する條件を以て、諸山に陞せると規定したのであろう」との解釈を示している。[26] 玉村は別稿で、さらに詳細に妙興寺歴代住持の出身門派を検討し、大応派優勢と結論づけている。[27] ただし同寺住持職について「契約」関係をもつとされる檀越の検討はほとんどなされていない。妙興寺の檀越とはどのような存在だったのだろうか。

妙興寺開山滅宗宗興が地域の土豪中嶋氏出身で、同地域の荒尾氏が、妙興寺檀越の中心的存在であったことなどは、すでによく知られている。[28] ただし、永徳元年（一三八一）五月の玉岩曇璵の妙興寺住持補任は、尾張守護を兼ねていた土岐頼康の意をうけたものであったらしい。[29] さらに義満政権は、土岐頼康のあとをついだ康行を打倒した[30]のち、明徳二年（一三九一）八月に、妙興寺雑掌の訴訟に基づき、「被管人等幷荒尾以下輩」の寺領「押妨」を排除するよう、新守護土岐満貞に命じている。[31] 土岐氏や荒尾氏など特定の勢力が、妙興寺住持補任について、足利政権に「吹嘘」を行い得る地位を確立していたとはみなしにくい状況である。そのことも念頭に置いて、「蔭凉軒日録」で「吹嘘」主体が判明する妙興寺住持の事例をみてゆくと、①紹源／「以二治部少補《ママ》殿推挙状一」（永享七年〔一四三五〕六月五日条）、②周妙／「吹嘘円福寺性才」（永享十二年八月四日条）、③瑞頔／「自二堀出雲守方一白レ之、栖真院末寺、乃栖真院真崇首座吹嘘状并万寿寺後板秉払吉州和尚諱川祥謝語有レ之」（文明十九年〔一四八七〕六月十六日条）、④子儼／「自二尾州妙興寺一以二連署一白云」（長享元年〔一四八七〕十二月十二日条）、⑤慶甫宗誕／「自二兵衛佐殿一預二尊簡一」（延徳二年〔一四九〇〕十一月二十二日条）の五点をあげることができる。①〜⑤の住持たちが、実際に妙興寺住持に就任したか、それとも現地に来ない坐公文であったかは検討を要する点だが、③〜⑤は少なくとも「蔭凉軒日録」では「入寺（再住）」扱いである。①も当時の状況からみて新命＝入寺であろう。[32] 入寺であるか坐公文であるかが不明確なのは②だけである。その点を確認したうえで、各住持の吹嘘者たちの人物比定を試みてゆきたい。

まず①の「治部少輔殿」であるが、同時期にこの官途を名乗った人物としては、京極持光、武田信栄などをあげることができるが、尾張守護斯波義郷（治部大輔）の可能性も念頭に置くべきであろうか。[33] 次に②「円福寺性才」であるが、永享期に十刹大徳寺、文安四年頃に五山之上南禅寺住持に出世している樗庵性才に該当する可能性をみたい。樗庵は、宝徳元年（一四四九）以後、京都錦小路大宮の円福寺に退閑したとされているが、同寺は、義満により廃絶された妙心寺の復興に尽力した無因宗因、日峰宗舜師弟が拠点としたことでも知られる大応派の拠点寺院であり、樗庵もおそらくは、大応派の重鎮として円福寺を拠点に活動し、妙興寺など大応派に縁のある禅院住持の推挙に関与することがあったのではなかろうか。[34] ③の栖真院もまた、玉村が大応派に属する南禅寺の塔頭であることを明らかにしている。[35] ④は「前住子儼西堂」の再住について妙興寺の衆僧らが申請してきた事例である。⑤は尾張守護斯波義良（義寛、左兵衛佐）とみてよいであろう。[36] 以上、とくに⑤の事例は、妙興寺の所在する尾張守護斯波氏が住持補任に関与している可能性を示しており注目できるが、斯波氏と妙興寺の間に、先にみた赤松氏—法雲寺に類する明確な師檀関係を見出すことはできない。むしろ①〜⑤の多様な吹嘘は、守護のような特定勢力ではなく、種々の勢力が妙興寺住持補任に関与していたことを示唆しているとみなし得るのではないか。

こうした妙興寺檀越の存在形態に関わると思われる史料が、彦龍周興の文集「半陶文集」にもおさめられている文明十四年三月付「妙興禅寺仏殿再興幹縁疏写」[37]である。「幹縁疏」とは募縁のための上申形式の文書で、「尾州路長島山妙興報恩禅寺」が廃壊の危機に瀕していることを述べる序文の一節に、「一派不下以二甲乙一主上之、而延二十方有道衲子一、以為二住持一也」との一文がある。住持職を「一派」「甲乙」に委ねることなく、「十方有道衲子」を住持に迎えていると述べ、「貴官長者、甲第編戸を扣《ひ》き、一針一草を庶幾《こいねが》」う構成になっている。十方住持制は本来的には、禅院の存続を支える「貴官長者、甲第編戸」がいわゆる「十方檀那」[38]ともいうべき存在形態をとっている場合に、彼らの支持・信仰を幅広く「扣く」うえで有効な住持補任原則であったと考えられる。妙興寺の「十方檀那」である「貴官長者、甲第編戸」の具体像については、第9章であらためて検討を加えることとする。

おわりに

十方住持制についてはこのほか、応永期から永享期にかけて、伊勢神応寺や播磨円応寺の住持補任原則が「甲乙」から「十方」に改められた形跡がある[39]。このように、基本的に他宗派には認められない十方住持制という慣習が、禅院でとくに目立つ理由について、従来は、禅院では住持職の「師資相承」よりも「器量」が重視されたためとする議論が行われてきた[40]。しかしながら、たとえば円応寺が「十方住持の所在」となったことについて、高坂好は、播磨守護赤松氏の本流であった円応寺檀越宇野氏と赤松円心との関係に注意を促している[41]。師資相承つまり相伝の論理と器量の論理とが相互に矛盾するという認識自体が、必ずしも自明のことではない[42]。ちなみに玉村竹二は、どの禅院住持に就任しようとも、「物質的」な寺系上の師を強制されず、「精神的」な師を維持できる「自由」

さに十方住持制の価値を認めるが、[43] それまでのいきさつを離れて「寺系上の師」を選択できることも一つの「自由」といえるとすれば、教団内部の人間関係のあり方として、「寺系」重視の甲乙住持制と「精神」重視の十方住持制との間に客観的な区別をつけることは困難であろう。

では、禅院でとくに十方住持制という慣習が目立つ理由をどう考えるべきか。本章では、禅院住持補任が将軍家や檀越勢力など、当該禅院をとりまく諸勢力の共同作業であった可能性を注視した。なかでも播磨法雲寺、信濃西岸寺、尾張妙興寺は、守護庶流家や地域諸勢力など、いわば「十方檀那」の保護や帰依を「喚」び「扣」く地域の焦点であったために、足利政権の関心対象にもなり、諸山、十刹などに列位された十方院の事例と考えられる。他方、京都万寿寺、大徳寺、仏心寺、鹿苑寺などの事例は、将軍家膝下で、諸勢力に求心力を発揮し得る十方院が政策的に創出されようとしていた事例といえるかもしれない。つまり玉村説のように、「官寺」は十方住持制を適用、強制されたとみるより、十方院は「官寺」になりやすかったとみる方が、より実態に近いと考える。

禅院の住持補任問題を規定している要素として、これまで五山僧の「門弟相承」という関係が、やや過度に実体視される一方、檀越層の関心も大きな意味をもっている点は意外に見落とされてきたように思われる。そうだとすれば、十方住持制という禅院独特の住持選挙についても、「門弟相承」という門派的な利害の打破そのものを目的とした師弟関係上の問題とみるより、むしろ「十方檀那」という檀越の存在形態に関連した師檀関係の問題として理解してみる必要があるのではなかろうか。住持職が「門弟相承」される代表的な禅院と目されている五山東福寺について、「九条道家初度惣処分状」が「不㆑可㆑受㆓十方檀那之施利㆒」と規定している事実は象徴的である。[44]

第7章　地方諸山禅院の無名檀越たち

——備中宝福寺を事例として

はじめに

かつて今枝愛真が提示した「日本の五山・十刹・諸山一覧表」は、頂点部分の京都五山、鎌倉五山だけでなく、その広大な裾野を形成する十刹や諸山も含めて「五山官寺機構」を総合的に理解すべく、全国規模で三一〇カ寺にものぼる禅院を収録している。各禅院ごとに注記された所在地や関連史料などの基礎情報とあわせて、大きな成果である。(1) 問題は、なぜこのような大規模な宗教制度が、鎌倉末期の頃から室町・戦国期にかけて形成され得たのか、という点にある。今枝自身は、各地に所在する十刹・諸山について、「各地域における五山派の前進拠点」「五山派の地方発展における進捗状態を示すもの」と述べている。ここには二つの前提がある。第一に、「五山官寺機構」の成立は、中央から地方に押し及ぼされた結果だという前提、第二に、そうした中央から地方への「前進」「発展」を担ったのは、五山派と総称される門派に属する五山僧たちだという前提、つまり中央中心、五山僧中心の視点である。しかしこうした「中央」の「五山僧」の伝道布教の成果として、全国的規模を有する五山制度の成立を説明しきれるだろうか。

本章で対置したいのは、地方中心、受容者中心の視点である。あらためて「日本の五山・十刹・諸山一覧表」を見返すと、今枝自身も禅宗の受容者の重要性に配慮しており、各禅院について「開基檀越」の欄を設け、判明する限りでの情報を記載している。京都＝山城所在分を除く二七八禅院について、開基檀越の素性を多い順に分類配列してみると、

①京都を本拠としない国人　＝　五一（一八・三％）
②室町期に守護に任じられ得た大名《たいめい》　＝　四五（一六・一％）
③得宗北条氏などを含む旧御家人　＝　三一（一一・一％）
④その他（皇族貴族、尊氏身辺など）　＝　八（二・〇％）
⑤足利将軍家奉公衆　＝　五（一・七％）
⑥未詳　＝　一三八（四九・六％）

という数値を得られる。一見すると②〜⑤など中央につらなる勢力が多く、今枝は「五山官寺機構の地方展開」を支えた有力な要因として、幕府による②守護の統制という問題をあげている。しかし実数として見直すならば、諸禅院の開基檀越としてもっとも多いのは①国人であり、③④⑤も実質的には①に類する可能性がある。さらに、もっとも重要な点は、分類⑥の存在である。このなかには、檀越をもたない五山僧が、独立の領主的存在として禅院を経営した事例も含まれているかもしれないが、檀越が群小の勢力で開山伝記などでも無視されている事例の方が、むしろ多いであろう。

本章で素材とする備中宝福寺の場合、開基檀越は「日輪阿闍梨」とあり、具体的な名が伝えられていることから仮に①国人に分類しているが、限りなく⑥に近い存在である。このような檀越未詳の禅院は、ほとんどの場合史料乏少であるため、具体的な検討は不能であるが、宝福寺の場合、寺蔵の中世文書が伝わるほか、開山伝記のような

禅宗史料では無視されてしまいがちな檀越に関する情報を、室町期の荘園史料や江戸期の地誌類など、宗門外の史料に見出し得る。果たして地方の十刹・諸山につらなる全国の群小の檀越たちは、中央の五山僧の伝道布教の対象という客体的な存在にすぎなかったのかどうか、備中宝福寺やその末寺である神応寺の事例に代表させる形で検証を進めたい。

一　江戸期地誌類にみる宝福寺末寺の群小檀越

天台の古刹として創建された宝福寺の開基檀越は日輪阿闍梨と伝えられるが、詳細は不明である。同寺が禅宗に転じたのは、備中真壁の薬師寺氏出身であった鈍庵慧聡が、東福寺の円爾に参じ、円爾弟子の玉渓慧瑃を宝福寺住持に据えた時点とされる。(2) 江戸中期に宝福寺に存在した世牌は、鈍庵を開山、玉渓を二世とする。(3) そのあとをついだ三世無夢一清も、やはり円爾の門弟であるが、長期にわたる入元の経歴を有するなど、当寺歴代のなかではもっとも高名というべき五山僧で、宝福寺の基盤を整えた実質的な開山と目される。

宝福寺が諸山に列せられた時期について、今枝愛真は応永三十一年（一四二四）を下限とする「不二遺稿」所収「恕三克住備中宝福山門疏」をあげるが、宝福寺の諸山列位の様相は、「本朝高僧伝」で延文四年（一三五九）とされる無夢の東福寺住持補任にあたり、中巌円月が著した「東海一漚集」所収の次の作品に示されていると思う。読み下し文で提示する。(4)

無夢の東福に住する江湖疏并びに序

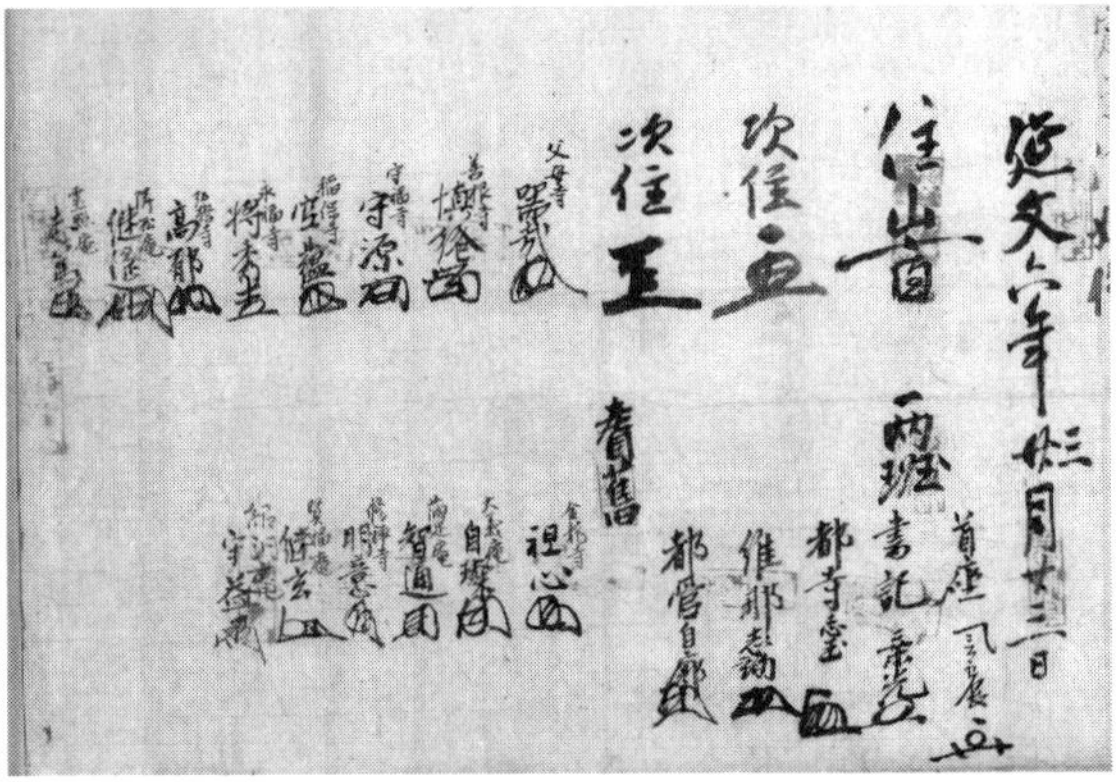

図7-1　「井山門徒連署宝福寺条々式目」のうち末尾の連署部分（宝福寺所蔵，岡山県立博物館寄託，内池英樹撮影）

　東福禅寺虚席、檀越大丞相、無夢禅師を敦請《とんせい》す。井山《（宝福寺）》の隠を起《た》ち、この補處に膺《よう》ず。吁《ああ》公挙久しく廃れ、宗門寂寥《せきりょう》、妄庸《もうよう》競い馳せ、住持を以て奇貨為りとす。（中略）今斯の一挙、相公護法の志に出《い》ず。俄に以て本色宗門の爪牙《そうが》を選掄《せんろん》す。

無夢を東福寺住持に招請している主体である檀越大丞相とは、東福寺檀越九条家の長で、当時関白・従一位左大臣であった九条経教である。延文三年に尊氏は死去しており、この段階の将軍義詮は、参議・従三位左近中将で「大丞相」に該当せず、住持補任を中核とした五山制度の構築も本格化していない。しかしながら、無夢の宝福寺から東福寺への移住は、のちの諸山→十刹→五山という五山制度下の住持出世の原型を示しており、宝福寺が諸山に列せられる素地を示している。なお、義詮のあとをつぐ義満の頃から、足利政権は檀越九条家による東福寺住持の招請を大局的な立場に立って公認する意味をもつ公帖を発給するようになり、補任された東福寺住持自身も、おそくとも応永十八年（一四一一）までには、自身の補任主体として、檀越九条家よりも将軍足利氏を重視するようになる。[5]

　無夢に率いられた宝福寺の内部構成を示す史料として、延文六年三月二十三日付の「井山門徒連署宝福寺条々式目」がある。各条首部に「乾坤清気」、耆旧六人の連署字面に「吉備里人」の朱印十四顆などを捺しているとされ、とくに後者は、現状では印文不鮮明だが（図7-1）、事実とすれば宝福寺の濃厚な地方色、本書でいう夷中の自覚を示しているようであり、興味深い(6)。その第二条をみると「住持職事、本寺末寺門徒中、選下有二徳行才智一器用之仁上、以可二召請一之、今時多、以二党類一作二長老一、以二材福一為二住持一、是皆仏法破滅之因縁也、尤可レ慎之」とある。宝福寺住持に選定されるべき僧は、「党類」や「材福」に左右されるべきではない、というのである。では、実際には宝福寺住持の選定を左右したのであろう「党類」や「材福」とはどのようなものだったのか。

この式目の制定には、無夢自身も「住山」として関わっており、東福寺住持補任が延文四年だったとすれば、無夢はその後も東福寺や京都に本拠を移しきることなく、備中を重要な拠点とし続けたとみられる。その無夢のもとで、「次住」の二名、宝福寺の役僧である両班五名、「父母寺器哉」以下宝福寺の塔頭・末寺の住僧一四名が、制定主体として連署している。では、この合議の構成員はどのような存在なのか。

「次住」の二名は、宝福寺五世の高庵芝丘と、道号未詳の六世復圭である。また、一四にのぼる塔頭末寺群の住僧たちであるが、宝福寺の本庵（本寺）として東福寺内に設けられた天得庵の塔主選定ほか維持管理について定めている応安元年（一三六八）三月十八日付の「井山門徒連署天得庵定書(7)」をみると、一六名の僧と、宝福寺芝丘、（無夢）一清、住持復圭の三名が連署している。復圭の「住持」の肩書きは、天得庵住持の意味であろう。また、一六名の僧のうち、自璨、将秀、高郁の三名は、延文六年の「式目」にも連署している「大義庵自璨」「永福寺将秀」「弘誓寺高郁」に該当するであろう。

寛文十三年（一六七三）の由緒書によれば、宝福寺は「備前備中両国之内ニ末寺百弐拾ヶ寺余」を擁していたという(8)。宝暦三年（一七五三）自序の石井良節撰「備中集成志(9)」は、名称が明らかな宝福寺末寺として八六カ寺庵をあげるが、大義院（庵）、永福寺、弘誓寺は「未詳郡邑寺跡」と一括している。一方、延文の「式目」に連判している他の塔頭末寺で、江戸期まで「寺跡」を保った可能性があるのは、賀陽郡門田村の善根寺、同郡下足守村の守福寺、下道郡水内村の稲宝村である。このうち善根寺は「文永年中建立、開基玉溪慧璿」と伝える。守福寺は「足守一人杉原氏菩提所」と記載されており、足守藩家老杉原氏の菩提寺となっている。従来の在地勢力の菩提寺を継承したとも考えられる。稲宝寺は「備中集成志」に永徳年中の開創と記載されており、延文の「式目」にみえる「稲保寺空蘊」とは無関係かもしれないが、「開基檀那水内上田村領主上田氏也、天正三年(一五七五)上田実親討死而家系滅却ス、寺産又無納」と注記されている。水内上田氏は、石清水八幡宮領備中国水内荘の代官等をつとめていたとされる。

以上を要するに、宝福寺住持の選定を左右し得た「党類」や「材福」の実態は、たとえば稲宝寺檀越とされる上田氏など在地勢力の政治的、経済的な自己主張ではなかったかと推測される。では、宝福寺末寺の檀越である在地勢力が、宝福寺住持の補任に関心を寄せる理由は何か。おそらく、帰依僧が中央に対し発言権を有する東福寺住持に出世するうえで、宝福寺住持は重要な一階梯であったという事情が絡むが、詳しくは次節で検討したい。以下では、在地勢力が宝福寺住持にどのような関心を寄せていたのか、近世の地誌や軍記物等で確認できる事項を整理しておこう。

「備中集成志」で、やはり宝福寺末寺の一つにあげられている賀陽郡小寺村の二階山報恩寺は、大永五年(一五二五)二月十六日卒の二階堂山城守政行が開基檀那で、「中国兵乱記」の著者である中島元行の墓があると記載されている。元和元年(一六一五)の跋文を有する「中国兵乱記」をみてゆくと、元行は祖父にあたる二階堂政行について、

永正六年(一五〇九)六月(中略)御近侍二階堂大蔵少輔政行、上野民部大輔、伊勢左京亮、備中へ被レ指二越、国侍ヲ御身方ニ引入候様ニトノ上意ニテ、上野民部大輔ハ下道郡下原郷鬼邑山ニ在城、伊勢左京亮貞信ハ小田郡江原村高越山ニ在城、二階堂大蔵少輔政行ハ浅口郡片島ニ在城、近郷地頭為二冠職一在城、(中略)親二階堂政行ハ被レ侵二重病一、大永五乙酉暦二月十六日ニ卒去、廟所在三井山宝福寺一、

と記している。永禄十年（一五六七）の備前竜口城をめぐる戦いでは、政行の子、元行の父にあたる中島加賀守が戦死したらしく、「中島加賀守死骸ヲ取持セ備中へ引退、加陽郡刑部郷小寺村於二報恩寺一仏事作善ヲ執行」と記載されている。中島元行が属した毛利方と、信長に属した三村元親とが戦った天正三年（一五七五）には、「芸州へ内通」の者を三村氏の備中松山城に送り込む際、「井山雄西堂」が同道して三村方を信頼させ、雄西堂らは落城間近となった元親に切腹ではなく「立退」を勧めたともいう。落城後も、三村氏残党は粛清の対象となったようで、「於二井山谷《ニ》一被レ果《サ》ケル、三村一類・石川久式一族追々ニ尋出シ、不レ残於二井山一殺害、一堆ノ塚ニ納置、一家滅亡到来」という記事がある。おそらく三村氏残党は、最後の拠り所として井山宝福寺近辺に集結し、そこで殲滅されたのではないか。これをうけて中島元行は、「供養千部執行」を思い立ったといい、

諸城ニテ戦死之武士、於二井山一殺害之侍大将、可二弔慰一無二親類一、元行ハ累代之因ヲ思ヒ、於二井山宝福寺一雄西堂ヲ為二導師一、一宗之僧侶ヲ集、天正四年七月十日ヨリ同十六日迄、執二行法花千部之作善一、自国ハ不レ及レ申、近国之士農工商、日々参詣、逆心之一族、合戦之刃ニ亡シ所従へ思々ニ廻向ス、

と書き記している。のち天正九年二月には、織田信長が元行に対し、「東福寺大機」を「使僧」として帰属を促してきたが拒絶したこと、「中島元行在所之社明現社、氏寺宝福寺、墓所報恩寺」に対する軍勢狼藉の禁制を毛利氏に求めたこと、なども記載されている。

以上、「中国兵乱記」にみえる宝福寺関連の記事は、末寺報恩寺檀越中島氏の関心に即したもので、たとえば「義稙公中国御政道」として、永正六年（一五〇九）六月に二階堂政行らが備中に入部したという所伝は、他の確実な史料で裏づけられず、疑ってみるべきであろう。ただし、「国侍ヲ御身方ニ引入」「近郷地頭為二冠職一在城」など、備中の在地勢力として一定の地歩を得るには、宝福寺末寺の檀越となることが有効な手段の一つであったこ

と、中島氏や三村氏など備中の在地勢力は、戦国末期の段階で、地域外勢力である毛利方や織田方に引き裂かれつつあったが、宝福寺を共同して支える室町期以来の末寺檀越としてのあり方を継承していたことなどは、おそらく事実とみてよいのではないか。本寺宝福寺を「廟所」ないし「氏寺」、末寺報恩寺を「墓所」とする中島氏のようなあり方は、貞和年中再興の賀陽郡日羽村安楽寺檀越と伝えられる貝原氏、延文年中建立の下道郡西園村瑞松院檀越と伝えられる休庵自天居士の一族、応安年中建立の下道郡西園村報恩寺檀越と伝えられる上野氏、永徳年中建立の下道郡水内村稲宝寺檀越と伝えられる上田氏、永正年中建立の賀陽郡門前村報恩寺檀越と伝えられる生石氏など、「備中集成志」で確認できる在地勢力においても想定し得ると思う。

では、毛利方の中島氏と織田方の三村氏の双方から信仰をうけていたとされる宝福寺の「雄西堂」とはどのような存在か。該当するのはおそらく大機恵雄で、信長使僧とされた「東福寺大機」も同一人物とみられる。「備中集成志」によれば、宝福寺に歴代住持としての「世牌」があり、下道郡久代村の出身、同地所在の末寺天福寺に住し、秀吉の朝鮮侵攻に先立ち朝鮮国内の情勢を探ったという略伝も収録されている。確実な史料でいえば、たとえば「鹿苑日録」や『鹿苑院公文帳』によると、同人は永禄十三年（一五七〇）三月に備中諸山宝福寺住持と山城十刹真如寺住持に補任されている[13]。当時僧録の任にもあった仁如集尭が、宝福寺住持補任を祝する山門疏で、「大檀越征夷大将軍鈞命」と明記しているとおり[14]、将軍義昭の公帖をうけての補任であった。実はこの公帖は、実際の入寺を予定してのものではなく、『公文帳』に「無払、鹿苑院造営御寄附三通之内、真如同時」とみえるとおり、相国寺鹿苑院の造営費用を賄うために発給された宛名未定の坐公文によるもので、一定の官銭が納入されたはずである。その共同出資者として、備中宝福寺の末寺檀越でもある在地勢力を想定できるのではないか。ちなみに中島元行は、天正九年（一五八一）二月段階で、「東福寺大機」を通じ信長から服属を請われたと記していたが、『公文帳』によると、大機恵雄の五山東福寺住持出世は慶長三年（一五九八）十一月で[15]、元行の記載は、織田方からの働きかけを誇大に記した可能性もある。元行は、地域史の焦点に位置づいた宝福寺や五山僧大機恵雄という存在を虚実おりまぜて登場させることで、父加賀守の戦死、備中松山城の陥落、三村元親の切腹、三村残党の殲滅、織田方から中島氏に対する働きかけなど、子孫に伝えるべき激動の時代を劇的に叙述できると考えたのであろう。

二　室町期荘園史料に探る宝福寺末寺の檀越像

宝福寺檀越の実態を示す室町期の史料としては、どのようなものがあるだろうか。

文安元年（一四四四）十一月の「給主源致・玄作連署書状」[16]は、東福寺檀越の九条家に伝来した東福寺領備中国上原郷の関連史料である。峰岸純夫の整理によれば[17]、焦点は庄主光心と百姓との対立にあり、光心や先代庄主の栄松は守護被官であること、この直後の十二月五日付で著名な目安を提出する百姓らは、守護方を恐れて東福寺上使のもとに出頭してこないこと、光心は、もし自分が処罰されるならば、上原郷は闕所地として守護に接収されると恫喝していること、などを読み取り得る。一方、峰岸と前後してこの史料の内容を紹介した石田善人は、峰岸がとくに触れていない第五条で、

一　御年貢之米納次第売候、相残分ハ井山龍溪院喝食親いわさ方口入候て、にしあて（西阿知）の倉にあつけ置候由申候、
　此いわさと申人ハ、御屋形之はたさしにて候

などとみえる「屋形」について、守護という理解を示した[18]。古野貢もこの第五条に注目し、屋形＝守護は「東福寺の末寺」でもある宝福寺塔頭龍渓院などを通じ、西阿知など「国内流通の拠点・結節点を把握していた」とみてい

る。[19] 一方辰田芳雄は、「西阿知は細川備中守護家・野州家さらには国衙領の多くを支配下に置いていた京兆家も拠点にしていたはずである[20]」と述べ、屋形は細川京兆家ではないかと示唆している。あらためて史料全体を見返すと、「守護」と「屋形」とは意識的に使い分けられており、「屋形」は守護ではなく細川京兆家だという辰田説に分があると考える。

ただし本章で注目したいのは、多額の年貢を左右する在地勢力とみられる「いわさ」の素性を説明するのに、「井山龍渓院喝食親」、すなわち宝福寺檀越の一員という属性と、「御屋形之はたさし」という属性とが並記されている事実である。上原郷は東福寺領であるから、「いわさ」についても東福寺末寺宝福寺の檀越であることが特記されたのか、それとも、地域の有力禅院の檀越という属性は、京兆家や守護家の被官に匹敵する重要な属性と認識されていたのか、両様に考えられるが、上原郷は東福寺檀越である九条家領としての性格があり、のちにみる東寺領新見荘の事例も踏まえるならば、地域の禅院や五山僧の檀越という属性のもつ意味は大きい。

峰岸や石田の検討によると、上原郷はこののち、文安四年（一四四七）から一時守護領となり、東福寺の支配は宝徳元年（一四四九）末に回復する。このような情勢をうけて出されているのが「竜谿(龍渓)院永広書状[21]」である。関係部分を抜粋する。

上原郷事、先年守護殿(細川氏久)勘落候て、両三ヶ年寺家不知行、彼在所へ罷下一年無足堪忍仕候、其後雖二本腹(復)候一、過分渡残候之間、連々注進申候処、於京都無二御了簡一候、田舎にて如何様廻二籌策一候へと被二仰下一候間、太化和尚以二御異見一連々内者にて侘事仕候間、如レ元悉被二渡申一候、（中略）

十月廿三日　永広

進上　東福寺納所都聞看寮禅師

宝徳二年正月付「上原郷上使在荘下用注文」[22]は、おそらく永広の「一年無足堪忍」の様相を示しており、そのなかに「同銭借納自井山寺官方栄松御秘計」などの記載もある。永広の素性については、川本慎自が中叟良鑑の偈頌集を検討し、中叟から「春沢」の道号を与えられた永広監寺の名を見出し、東福寺所属の東班衆がなぜ備中の在地で活動できたのかと問いを立て、「備中興法寺春沢和尚」としての活動実績を活かしたものではないかと推測している[23]。しかし東班衆は通常、西班衆から任用される住持となったり、和尚と尊称されたりすることはないようにも思われる。私見では、東福寺東班衆の春沢永広と宝福寺塔頭龍渓院永広とは別人で、後者は「いわさ」出身の龍渓院喝食ときわめて近い関係にあり、宝福寺近辺の在地勢力の出身とみるのが妥当かと思う。

川本に先立ちこの史料を検討している石田善人は、文中にみえる「太化和尚」について、寛正五年（一四六四）十二月に死去している東福寺住持大化宗育であることを見出し、「大化宗育の努力は主として中央交渉に限られていた」こと、大化が交渉した「内者」とは小守護石川豊前入道道寿、同備前入道昌秀ら石川氏一族であること、その成果として、石川氏から若干の下地打渡や寄進が行われたこと、などを指摘している[24]。

石田の指摘について、本章で付け加えておきたいことは二点ある。

第一に、大化宗育の基本的属性を「中央」で活動する五山東福寺住持とみてよいのか、という点である。あらためて史料を読み返してみると、京都では決着がつけられないので「田舎で籌策を廻らす」ことになり、大化が内者たちと交渉した、という文脈である。石田は指摘していないが、大化宗育は永享七年（一四三五）七月に義教公帖で宝福寺住持に補任されており[25]、「備中集成志」によれば「世牌」も残されている。東福寺住持への補任は、さきにみた戦国期の大機恵雄と同じく、名目のみの坐公文を受けたのであろう。大化や大機は、名目のみ中央の五山など高位の住持身分を得て、実際には「夷中」での活動を継続した室町期五山僧の典型例とみなし得る[26]。

第二に、石田は石川氏一族から東福寺に引き渡された所領等のうち、次に掲げる「石川道寿渡状」[27]にみえる上原郷長谷寺の事例に注目している。

（包紙ウワ書）「石川豊州闕所分渡状両通」
備中国上原郷内長谷寺事、松都寺知行也、依㆓彼罪科㆒為㆓闕所分㆒道寿給分也、然ヲ東福寺へ渡申也、但彼寺事者、道寿知行間、住持定置候間、根本寺領悉寺家ニ付置候、此内年貢を沙汰申下地ハ、当年計寺家造営仕間、年貢共々可㆑有㆓御免㆒候、於㆓来年㆒者、限有年貢沙汰可㆑申候、仍状如件
享徳元（一四五二）十月日　道寿（花押）
上原庄主禅師

石田はこの史料について、石川氏一族が「東福寺僧の松都寺の支配を排除し、意のままに動かせる僧（おそらく地元の僧であろうし、あるいは石川一族のものであったかも知れない）の支配に移しただけであり（中略）決して損な取引きではなかった」とみる。松都寺が東福寺僧であるという理解の根拠は不明だが、注目したいのは「備中集成志」の宝福寺末寺一覧に、「一長谷寺　下道郡上原村　建立年代不分明。右同断（備前領）今存小堂。安観音像。桃源院同村右両寺トモ同断（先年備前国儒道盛トス。寺院多ク破滅ス）之時破壊」という記事がみえる点である。廃仏を進めた池田光政の統治期にいたるまで、上原郷の故地に長谷寺という宝福寺末寺が存在したのである。石川氏は河内出身の京兆家の被官として備中に入部した外来勢力で、石川道寿は在京していた形跡もある。(28) しかし一方で道寿は、松都寺の闕所を機会に上原郷の宝福寺末寺長谷寺の檀越となり、石田も推測するように、おそらく身辺から住持を送り込み、その造営に着手するなど、宝福寺末寺領を実質的に差配し、現地の富は極力現地に留保しようとする在地勢力としての性格をもちはじめたのではないか。

「備中集成志」で、長谷寺などと同じく宝福寺末寺にあげられている哲多郡神代村神応寺についても、いくつか

室町期の史料が存在する。神応寺は実は宝福寺とともに諸山に列位された「官寺」だが、檀越は「開基義陽」とのみ伝えられており、開基檀越未詳の地方十刹・諸山の一例である。果たして檀越は存在しなかったのだろうか。

神応寺の史料上の初見は、管見の限り明徳五年（一三九四）で、一貫五百文を東寺に貸与する経済力を備えていたようである。(29) ついで岐陽方秀の「不二遺稿」をみると、応永八年（一四〇一）夏に神応寺が「官寺」つまり諸山に列せられ、和翁芝中が住持に補任されたことを祝う山門疏が収録されている。(30) 読み下し文で提示する。

> 中和翁、備中神応寺に住する山門の疏
> 備の中州、霊感山神応禅寺は、高庵和上創業以来、二十余年を更《こう》す。堂の若《ごと》き殿の若き、叢林の宜しく有るべき所は悉く備う。辛巳夏、准三宮《(足利義満)》陞《のぼ》せて官寺と為《な》す。仍《よっ》て上足和翁中公座元《ぞげん》に命じ、以て其の席を董す。鈞帖既に山門に到る。凡そ闔寺《こうじ》雲納、欣抃《きんべん》喜踊《きよう》せざる莫《な》し、日を択びて開堂、聖躬万安を祝延する者。

この史料によれば、神応寺の開山は先にみた延文六年（一三六一）の「式目」に「次住」として連署している宝福寺五世の高庵芝丘である。檀越の名はやはりわからないが、高庵自身の出自が一つの手がかりになる。高庵は、「延宝伝灯録」によれば「姓雅楽氏、備後州人」、「瑞石歴代雑記」によれば「備中貞徳寺檀越備前守藤原景貞俗兄」で、神応寺が諸山に列位された直後の応永八年十月五日に死去したという。(31) 芝村哲三の成果をうけた田中修實は、高庵に師事して備中貞徳寺の開山に招かれた武蔵川越出身の松嶺道秀（生没一三三〇～一四一七）の伝記のうち、天文五年（一五三六）の写本が伝わる「證羊集」に「未ㇾ幾師景殯㆔身戎陳㆒、景父備前太守雅楽景貞不ㇾ堪㆓悲哀之情㆒、益㆔弘基址㆒、曰㆓此貞徳寺㆒、募㆓于本志㆒、助㆓彼冥福㆒」「蓋師之檀越景貞、高庵之俗弟」とあり、「延宝伝灯録」に「有㆓藤師景㆒、数来問法、捌㆓貞徳寺於備中㆒、延為㆓開山祖㆒」とあり、師景の史料上の終見は永和元年（一三七五）と紹介している。(32) 問題は、これらの史料にみえる貞徳寺檀越の雅楽景貞・師景父子と、同時期の東寺領新見荘関連史料に押妨者として頻出する多治部師景との関係である。田中は、南朝方山名氏に従い、山名氏が貞治二年（一三六三）に足利政権に帰順したのちも新見荘の「押妨」を繰り返した師景について、荘園領主側は、鎌倉幕府吏僚の系譜や由緒をひくことを示唆する雅楽の呼称を避け、根拠地名である「多治部」の名で指弾したものかと推測する。高庵はその伯父にあたることになる。

さらに田中が参照しているのは、「明徳二年（一三九一）間事」を報じる「新見荘給主某（増長院義宝）申状案[33]」である。そのなかに、「自二備後一越二備中一、対二多治部僧一（多治部師父（夫カ）、東福寺長老）廻二秘計一、即依二長老之教訓一、多治部致二廿貫沙汰一了、其後者毎年十貫相続之、多年沙汰了、然間者、守護方沙汰云、地下秘計、其煩雖二多端一、寺家之公平、無二一塵之営一、併以尽二私力一者也」という一文がある。備後より備中に越し、という文意をつかみかねるが、備後は「延宝伝灯録」で高庵の出身地とされており、近親者を介し働きかけた、ということであろうか。いずれにせよ、このころ新見荘給主職を握っていた東寺供僧の増長院義宝[34]は、「多治部師父（夫）」である「東福寺長老」に「秘計」を廻《めぐ》らし、その「教訓」に従い多治部氏は年貢の納入に応じたと記している。田中や辰田芳雄[35]も述べるとおり、「多治部師父、東福寺長老」は高庵と推測される。高庵は先にみた無夢、大化、大機らと同じく東福寺住持に出世しており、そのことを祝する入寺疏が、夢巌祖応「旱霖集[36]」や天境霊致「無規矩[37]」に収録されている。雅楽・多治部氏一族にとって、師景の伯父にあたる高庵の「秘計」「教訓」には無視できない重みがあったであろう。

ただしこうした重みが、単に血縁上の尊属という点に由来するならば、大化宗育の「田舎における籌策」や、織田方・毛利方の対立を超越した大機恵雄の発言力も同様に理解しきれるか、疑問も残る。高庵、大化、大機の三者に共通する五山東福寺住持への出世という要素が、やはり重要だと予測される。田中は、松嶺に帰依し一族から高庵を出している雅楽・多治部氏一族の禅への傾倒について、地域における信望獲得と勢力拡大に資したのではないかと推測している。傾聴すべき見解である。付け加えておきたいのは、在地勢力を専ら押妨者と捉える荘園史料では、こうした多治部氏の姿を検出しがたいと田中は述べるが、禅宗檀越としての多治部氏の自己主張は中央に全く伝わっていなかったのかどうか、という点である。

「旱霖集」所収の「丘高庵住東福江湖疏」で、無厳祖応は高庵の東福寺住持補任を祝し、「叢林無㆓公論㆒久矣、在野誰招㆓法社㆒致㆓凋瘵㆒、由㆑斯同床不㆑察、大檀那洗㆓光恵日古精藍㆒、一㆓新祖風㆒洋々優々、庸庸祇祇」と述べている。久しく「公論」も失われ、「在野の誰」を住持に招いても「凋瘵《ちょうさい》を致さん」(おとろえ病む)と懸念されたなか、檀越九条家が高庵芝丘というすばらしい人選を行い、東福寺の祖風は一新された、という内容である。空疎な美辞麗句の連続にもみえるが、高庵は多治部氏一族を「教訓」して東寺に一定の年貢を納入させており、東福寺の「凋瘵《ちょうさい》」についても実際に解決する力量を備えた住持といえる。さらに、高庵の「教訓」であれ、大化の「籌策」であれ、荘園領主の利害が一方的に貫徹したはずはなく、石川道寿の事例のように、在地勢力の側にも少なからず富が留保されたはずである。高庵は、九条家、東福寺、東寺など、京都の荘園領主からみれば取るに足らない出自で、荘園支配を妨げる押妨者の一族ですらあるが、そのような五山僧を、在地勢力の利害の代弁者、つまり「公論」として中央に受け入れること、それが檀越九条家や、足利政権による東福寺など五山住持補任の重要な内実であったとは考えられないだろうか。さきにみた無夢の東福寺入寺疏にも「公挙」という語があること、五山制度には貴種を戴く門跡がみられないことなども想起しておきたい。

以上の検討を要するに、神応寺の開基檀越は、貞徳寺などと同じく雅楽・多治部氏の一族か、それに近い勢力で、雅楽・多治部氏の出身、宝福寺五世住持、神応寺開山であった高庵芝丘は、在地勢力の利害つまり「公論」の代弁者として、京都中央の五山東福寺住持に補任された可能性をみた。こうした見通しを踏まえ、神応寺について別の史料を提示したい。

応永八年(一四〇一)九月の頃、東寺が新見荘代官に補任していた岩生宣深と栗木教賢の山伏両名は、年貢収納困難のため「得分三分一」を譲渡する「私契約」を水速入道と結ぶが(38)、他者とも契約を結ぶ動きをみせたため(39)、水速入道から東寺に対し、次のような働きかけがあったという。「最勝光院方評定引付」応永九年七月五日条(40)の一節である。

一新見庄所務職事、水速入道（又号安富因幡入道）為二所望一、代官平岡（水速甥云々）令二上洛一、以二神応寺住持（但前住云々）状一、付二高井加賀法橋一申レ之、当代官山臥非拠条々申レ之、

注目されるのは、水速入道が山伏両名の「非拠」を訴え、自身を代官に補任するよう求め、「神応寺前住の状」をもたらした点である。神応寺開山の高庵芝中は前年に死去しているので、ここでいう「前住」は、さきにみた応永八年夏に義満公帖を得て神応寺住持に補任された和翁芝中であろう。同人が東福寺住持に出世した形跡は確認できないが、備中神応寺の本寺と位置づけられた高庵芝丘開創の東福寺塔頭天応庵を京都での拠点としていた形跡がある(41)。神応寺の開基檀越は、実は雅楽・多治部氏一族ではなく、同様の在地勢力とみられる水速入道で、応永八年の神応寺諸山列位と和翁芝中に対する義満公帖発給も、檀越水速入道の地位強化に資するものだったと考えられる。

では、神応寺和翁芝中の「状」ないし代弁を得た水速入道の代官補任要求は、果たして中央で受け入れられたのだろうか。東寺は応永八年段階から平岡へ酒肴代、水速入道の大山参詣へ餞別を支出するなど、水速入道を「国方」の一員として重視していたが(42)、辰田芳雄も詳しく検討しているとおり(43)、その後の新見荘は義満愛妾高橋殿につらなる垪和氏などが勢力を強めてゆく。東寺は高橋殿方の代官と「弓箭」に及びかけた平岡について、「雖レ似二呵法一、一者又神妙至歟」と評価するが(44)、義満生存中は思うように新見荘の代官を選定できなかったようである。義満死去を経て、「最勝光院方評定引付」応永十五年六月六日条では「守護辺有縁子細」ある浜四郎、同十九日条では「左(右)京大夫入道(京兆家細川満元)内奉行」という清七郎入道らが、それぞれ代官補任を求めている。しかし同二十日条で東寺側は、

蜷川周防入道の新見代官職所望を退けるにあたり、清七郎入道ともども「今程」の「権門」ではあるが、「先約」により「不レ可レ叶」と述べている。[45]おそらく「先約」に基づき代官に就任したのは、同年八月十日に代官職請文を提出した安富入道宝城である。[46]安富氏といえば、関東出身で幕府奉行人等を経て細川京兆家の内衆に登用された一族が著名で、たとえば、永享元年（一四二九）の備中惣社造営事業で願主となっている安富盛光は、備中守護家の膝下で活動する京兆家被官として知られている。[47]

問題は、さきにみた水速入道＝安富因幡入道と安富入道宝城との関係である。同一人とみる見解もあるが、[48]細川京兆家のもとで応永十六年から同二十年の頃に讃岐守護代をつとめている安富安芸入道宝城の存在が知られており、[49]東寺も新見荘の件で使僧を讃岐に下向させて安富方と交渉している。[50]水速因幡入道と安芸入道宝城とは別人であろう。注目されるのは、宝城の配下とみられる「新見庄又代官安留四郎左衛門」「国代官四郎左衛門」の存在である。[51]備中新見荘の現地支配を担った安富四郎左衛門は、宝城と同じ安富氏一族で、因幡入道の系譜につらなる人物とも考え得る。すなわち、東寺は義満愛妾高橋殿の勢力が強まるなかで、水速入道の新見荘代官登用を保留したが、義満の死去をうけて、水速入道への「先約」に基づき、その同族を統括する宝城を代官に任じた可能性をみておきたい。

上記の見通しが妥当であるとしても、神応寺前住の「状」が新見荘の代官補任に決定的な影響を与えたとまではいいがたい。東寺はむしろ、水速入道一族が東寺の利害に即して「弓箭」に及びかけたことなどを重視したとも考えられる。とはいえ、荘園制の権益に食い込むべく、備中諸山神応寺の和翁芝中の「状」を用いた水速入道は、大化宗育の「籌策」により一定の権益を留保した石川道寿を思い起こさせる存在である。斎藤利国を檀越とする美濃の諸山承国寺の梅心瑞庸書状[52]や、赤松政秀を檀越とする播磨の十刹法雲寺の陽叔集雍書状[53]などは、こうした「状」ないし「籌策」の具体例とみなし得る。赤松氏、斎藤氏とも、下剋上の雄として著名で、守護代などの高い地位にあり、水速入道とは異質な面もある。しかし両者とも、第一に、守護代という地位だけで足利政権が護持している寺社本所の権益に食い込めたわけではなく、第二に、「下剋上の雄」として濫妨・押妨という批判に無関心であったわけでもない。この二つの課題を突破すべく、彼らは足利政権の公帖を帯びる「官寺」住持の「状」を得たのであり、その利害の主張が、少なくとも濫妨・押妨という批判を回避し得ている事実は見逃しがたい。宝福寺末寺群の檀越であった石川道寿や水速入道など、十刹・諸山の檀越として明確な名を残さない在地勢力も同様に、足利政権の公帖を帯びた五山僧の「状」を支えに「官寺」檀越として自己主張する場合があったと考えられる。在地勢力の権益確保は、実力本位ないし在京特権につらなる大名被官という側面から理解されがちだが、宝福寺檀越（末寺長谷寺・神応寺檀越）、あるいは美濃承国寺檀越、播磨法雲寺檀越など、五山僧檀越の自己主張という側面から捉え直すべき事例が含まれている可能性に留意したい。

おわりに

近年の足利政権論を筆者なりに総合してみると、守護や奉公衆などの軍事的制度をもって一定の在地勢力を編成しているが、その本質は中央の寺社本所など在京特権層の権益護持にあり、「武士」というよりも荘園公領の支配権限をもつ寺社本所のために存在したというべき足利政権は、京都室町に本拠を構えた京都都市領主の一員であり、「室町幕府」「室町殿」という呼称でそうした特色を捉えることができる、ということになるかと思う。守護は一般に足利政権の軍事的な支柱と理解されているが、「守護の本源的な責務は、一国規模の勧農権祭祀にかかわる顕密寺社を守り護ることにあるものと推測される」という指摘(54)も想起したい。それでも足利政権が、「地方」や

「武士」の利害を汲み取る政権としての側面をもっていたとすれば、それはどのように検出し得るか。世俗的に足利政権からは縁遠く、大名被官や荘園代官などに編成されていた群小の在地勢力が、あえて足利政権につらなる「武士」になろうとするならば、足利政権の公帖発給を中核とした十刹・諸山の体系に接近し、五山僧の檀越になるという宗教的な方法があり、足利政権が在地勢力の利害を汲み取ることをかすかに期待させたからこそ、五山制度は全国規模の宗教制度となり得たのではないか、というのが本章の見立てである。

もとより本章は、室町期のすべての在地勢力が五山僧の檀越とならなければ室町期荘園制のなかで地歩を築けなかった、と主張するものではない。大名被官や荘園代官など、世俗的な地位のみを足がかりに苦闘していた勢力の方がむしろ多数派であろう。その場合、彼らは足利政権につらなる「武士」とはいいがたいことも確認しておく必要がある。では、五山僧の檀越でなければ「武士」とはいえないのか、「武士」を決定づける要素は、果たして足利政権や五山僧に限られるのか。このような疑問が当然出されるだろう。今後の課題とすべき事柄であるが、現時点での見通しを簡略に述べておきたい。

本章は室町期の荘園史料を主な分析対象としたため、禅宗に対する在地勢力の関心についても、荘園制下の経済的利害関係のみが浮上した。しかし他の宗派や信仰思想と比較して、儒仏一致を大きな特徴とする禅宗が本来檀越にもたらしたのは、国家や社会のあり方について、徹底して現世に踏みとどまり捉え直そうとする「士」的な姿勢だったと予測している[55]。のちの近世統一政権における軍役など、在地勢力を「兵」として特殊化し、編成しきろうとする軍事的力量を示さなかった足利政権は、このような「士」的関心を有する一部の在地勢力を禅宗檀越として編成・処遇し、自己の基盤強化の一助とする志向を有していたように思われる。つまり、現実の政治的、社会的秩序に知的関心を寄せる在地勢力ないし臣従者のあり方が、足利政権の体制を特色づけていた部分はなかったか、そのような関心をもって檀越対象の禅宗語録など[56]を読み込んでいくことが、今後の検討課題になると考えている。

第8章　戦国期在地勢力の五山文学受容

――尾張知多半島域を事例として

はじめに

南北朝期から室町期における列島社会で大きな存在感を示した五山僧は、保護者であった足利政権の凋落に伴い、戦国期には衰退すると、一般的には理解されている。代わって戦国期に台頭するのは、本寺住持の紫衣着用に象徴されるように、天皇・朝廷との直属関係を指摘されている大徳寺、妙心寺派や曹洞宗など、いわゆる林下と呼ばれる禅宗諸派と考えられている。

知多半島を含む愛知県域は、現在、曹洞宗の分厚い分布でよく知られている。戦国期知多半島の二大勢力ともいうべき水野氏や佐治氏もまた、それぞれ乾坤院、斎年寺という、曹洞宗系の菩提寺を創建している(1)。おそらく戦国期以降の当地域においても、林下に分類されている曹洞宗系禅宗が重要な意味をもちはじめていたことは疑いない。ただし、戦国期の知多半島域では、現在の宗派分布では想像できないほど、五山僧が影響力を保っていた可能性についても考慮する必要がある。

「蔭涼軒日録」や「鹿苑日録」など、足利政権の中枢で全国の五山僧を統括していた鹿苑僧録周辺の古記録を読むと、「夷中」という用語をしばしばみかける。京都を離れた「地方」の語感に近く、五山僧は室町期から戦国期にいたるまで、「夷中」との往来で特徴づけられる存在だったと考えられる。(2) これまで五山僧といえば、足利政権の庇護のもと、京都を中心に活動したと考えられがちであり、その著作物として膨大に伝存している五山文学についても、作成者である京都五山僧の周辺事情の考察が中心となっている。(3) しかしこうした五山文学作品を一見するならば、知多半島域をはじめ、各地の地域史料として活用されるべき記事が豊富に含まれていることに容易に気づく。もちろん、五山文学作品の史料的価値については早くから認識されており、東京大学史料編纂所編の『大日本史料』などにも積極的に採録されているが、五山文学作品が各地でどのように受容されているのか、具体的な事例検討の蓄積はきわめて乏しい状況である。当地域の場合、瀧田英二がいちはやく、「鏤氷集《るひょうしゅう》」や「幻雲文集」などの五山文学作品中にみられる記事を活用しているが、近年の自治体史等ではこれらの史料は採録されない場合も多く、本格的な検討はこれからである。(4) 本章では、「鏤氷集」に収録されている知多半島関係の諸作品の内容紹介を中心に、知多半島域における五山僧の活動実態を検討し、「夷中」の側から五山僧や五山文学の全体像を捉え直す試みの一作業としたい。

一　慈雲寺雲岫永俊と佐治氏

すでに触れたように、戦国期知多半島を代表する勢力は、半島東北部の小河（現東浦町緒川）を拠点とする水野氏と、半島西北部の大野（現知多市）を拠点とする佐治氏の二大勢力で、いずれも曹洞宗系の菩提寺を創建している。しかし大野佐治氏の場合には、曹洞宗系の菩提寺である斎年寺のほか、現在は臨済宗妙心寺派に属する近隣の岡田慈雲寺とも関係をもっていた形跡がある。

岡田慈雲寺の前身は真言刹千光寺であった可能性が指摘されている。その根拠は、明徳元年（一三九〇）から応永三年（一三九六）にかけて書写された知多市の雨宝山如意寺所蔵大般若経のうち、第一七一巻から一七九巻にかけての奥書である。いずれも「慶方禅尼」の写経で、第一七一巻は千光寺本と校合、第一七二～一七九巻は慈雲寺本と校合されている。以上の事実から、この時期の慈雲寺は、旧称の千光寺で呼ばれていたものではないかと指摘されている。(5) なお、源義朝終焉の地としても知られる野間大御堂寺に所蔵されている嘉暦四年ないし元徳元年（一三二九）書写の「覚禅鈔」二十巻が、大野庄岡田千光寺本であったことも知られている。(6)

このように、中世顕密仏教の重要拠点であった岡田千光寺が、岡田慈雲寺として、禅宗に改宗されたとすれば、それはおそらく、南北朝期に知多半島に勢力を及ぼした一色氏の意図による。すなわち、慈雲寺観音堂本尊台座銘をみると、「檀那一色左京大夫、本寺住持前妙興周幹再興、明徳三壬申春三月」(7) とあり、一色詮範が明徳三年（一三九二）三月に前妙興寺住持周幹を慈雲寺住持に招き、同寺本尊の「再興」を行ったことが確認できる。一色詮範がこの仏事を主催させている「周幹」は、義堂周信「送大正幹首座住妙興」や汝霖妙佐「幹大正住妙興法眷」で妙興寺住持への補任が確認できる大正周幹であろう。(8) 慈雲寺にはこのほか、一色詮範の父で嘉慶二年（一三八八）没の修理大夫範光に関し、年紀不詳で「慈雲寺殿徳翁伝公大居士俗名一色修理大輔範光」と記す宝篋院塔銘(9)や、嘉慶二年二月付の「送一色範光弔詞写」(10) が伝来する。宝暦二年（一七五二）成立の松平君山修撰「張州府志」(11) によれば、弔詞は「一条台閣」の作で、慈雲寺の寺号も、範光の法名である慈雲寺殿に由来するという。以上の事実関係を総合すると、一色詮範は足利政権の公帖により妙興寺住持に補任された実績をもつ五山僧の大正周幹を迎え、その権威を背景として、地域を代表する古刹であった千光寺を禅宗慈雲寺へ改宗再興し、一色氏の菩提寺として掌握したという経緯を推測できる。

そののち、室町期における慈雲寺の存続状況を示す史料は今のところ確認できていないが[12]、戦国期の知多半島で勢力をもった佐治氏のもとで、同寺が存続していたことをうかがわせる史料が、「鏤氷集」のうちに含まれている。佐治氏は、菩提寺にあたる常滑市の斎年寺に伝わる「万松山斉年禅寺縁起」[13]によれば、一色氏に招かれ知多半島に入部したともいう。この所伝についてはすでに瀧田英二が、ただちに歴史的事実とみることはできないと指摘しているが[14]、慈雲寺檀越の地位が、結果的に一色氏から佐治氏へと受け継がれたとみることはできそうである。

「鏤氷集」は戦国期の五山僧であった仁如集堯の作品集である。仁如は天正二年（一五七四）に九一歳で没しているので、数え年で逆算すると文明十六年（一四八四）の生まれで、知多半島の出身ではなく、信濃井上氏の出身である[15]。天文十二年（一五四三）に六〇歳で五山相国寺住持（入寺は翌年）、同十六年に六四歳で五山之上南禅寺住持に出世し、永禄三年（一五六〇）から示寂する天正二年まで鹿苑僧録の地位にあった戦国期京都五山の重鎮である[16]。その仁如の作品集である「鏤氷集」のなかに、戦国期知多半島に関わる史料がいくつかみられる。以下、東京大学史料編纂所所蔵謄写本（京都相国寺蔵本写）の丁数と全文を提示し、句点、返り点と読み下し案を付して、各方面のご叱正を乞うことにしたい。なお、漢字は適宜、常用のものに改めている。

まず最初に掲げるのは、佐治氏一族と目される「不白軒」という「良医」のために作成された作品である。

【地巻　五〇丁ウ】

寄二良医不白軒一尾張慈雲々岫俊西堂、乞也

江州甲賀佐治氏、蚤帰二依釈門一、以二法名一曰二道慶一。迁二居於尾陽智多郡大野庄一者、于今十余年也。世々以二遍倉術一為レ業矣。頃者遊二典薬駈菴之門一。同類相応同気相求之謂也。構二小軒一号二不白一。盖取二于曹山孤峯不白之話一也。曰、曹山本寂禅師僧問、雪覆二千山一、為二甚麼一孤峯不白。師云、須レ知レ有二異中異一。琅瑘覚云、曹山慈

悲濃厚接㆓引群生㆒云々。夫医之於㆓技術㆒也、不㆑択㆓貴賤分（貧カ）冨㆒、救㆓済群生患難㆒。以㆓慈悲深重㆒為㆓本意㆒者也。与㆔曹山接㆓学者㆒其意同一機也哉。庸流、非㆑所㆓企及㆒者、異中異也。謂㆓之孤峰（ママ）不白㆒。亦可乎。又曰、公祖㆓仏門㆒円㆓其頂㆒。吾仏如㆓良医㆒知㆑病与㆑薬。諸教皆薬方也。佛之為㆑字、弗㆘与㆓衆人㆒同㆖。異中異乎。然則公、仏病祖病、倶医得者也。何況世人五行、所㆑侵之諸病、応㆓手得㆒平復者如㆑禅而已。宋范希文云、不㆑為㆓良相㆒、可㆑為㆓良医㆒。相之与㆑医者、用㆓其意㆒也。愛㆓愍天下人民㆒、而父母如㆑思㆓其子㆒矣。

（読み下し案）

良医不白軒に寄す　尾張慈雲雲岫《うんしゅう》俊西堂の乞いなり

江州甲賀佐治氏、蚤《はや》く釈門に帰依し、法名を以て道慶と曰う。尾陽智多郡大野庄に迁居する者《こと》、今に十余年なり。世々遍倉術を以て業と為す。頃《しばら》く典薬駢菴の門に遊ぶ。同類相応じ同気相求むの謂なり。小軒を構え不白と号す。蓋《けだ》し曹山孤峯不白の話に取るなり。曰く、曹山本寂禅師に僧問う、雪千山を覆う、甚麼《なん》と為《し》てか孤峯不白と。師云く、須べからく異中異あるを知るべしと。琅琊覚云く、曹山慈悲濃厚にして群生を接引すと云々。夫れ医の技術に於けるや、貴賤貧富を択ばず、群生の患難を救済す。慈悲深重を以て本意と為す者なり。曹山の学者に接《まじ》わると、その意同一機なる哉。庸流、企ての及ぶ所に非ざれば、異中異なり。之を孤峰不白と謂う。亦可なる乎。又曰く、公、仏門を祖《もと》としその頂を円むと。吾が仏良医の如く病を知り薬を与う。諸教皆薬方なり。佛の字為るは、衆人と同じからず。異中異乎。然れば則ち公、仏病祖病、倶に医の得る者なり。何ぞ況や世人五行、侵す所の諸病、手得に応じ平復するは禅の如き而已。宋の范希文云く、良相為らず、良医為るべしと。相の医に与《お》けるは、その意を用うるなり。天下人民を愛愍すること、父母の其の子を思うが如し。

この作品の要点は次のようにまとめられると思う。

①不白軒は江州甲賀佐治氏一族で、法名を道慶といい、尾張知多郡大野庄に遷居して十余年になる。

②佐治不白軒は遍倉術（扁鵲と太倉公こと淳于意、ともに中国春秋時代の名医）[17]を生業とし、半井駉庵のもとへ遊学したこともある。

③不白軒の号は、中国曹洞宗の大成者本寂禅師（生没八四〇～九〇一）の拠点であった曹山が「慈悲濃厚接引群生」の盛況を誇り、周囲の雪山のなかで唯一「不白」ともいうべき「異中異」の様相を呈していたという故事に由来し、貴賤貧富を選ばず群生患難を救済すべき医者にも通じる面があるとの意味を込めている。

④士大夫の心構えを説いた北宋の名臣范希文（范仲淹、生没九八九～一〇五二）は、「良相たらず、良医たるべし、相の医に与けるは、その意を用うるなり。天下人民を愛愍すること、父母の其の子を思うが如し」と述べ、「良相」と「良医」の共通性を指摘している。

以上の内容のうち①②については、すでに瀧田が、大野佐治氏初代として知られている「左馬允の後にも、なほ近江の甲賀佐治から、大野佐治へ流入した人があつた」ことを示す史料として言及しており、佐治不白軒は「後の前山村の医家、佐治宗伯家――俗称林佐治家――の遠祖ではあるまいかに考へて居る」とも述べているが[18]、大野佐治宗家との系譜関係については未確認である。本論部分ともいうべき③④は、仁如が曹洞宗の大成者本寂禅師や范仲淹などの中国故事を通じ、佐治不白軒に対し、自身のあるべき姿を説いているともいうべき部分である。とくに注目したいのは、「愛愍天下人民、而父母如思其子」という「良医」の資質は、政治統治者の資質と表裏一体であり、ただちに「良相（宰相）」の資質に転化するという論旨である。仁如は、佐治不白軒が在野の医師的ないし知識人的存在であるというよりも、知多半島の有力な統治者の一族であることを多分に意識して、このような論旨を織り込んだのではないか。

ところでこの史料でいまひとつ注目したいのは、史料冒頭にみえる「尾張慈雲々岫（雲岫）俊西堂乞也」という作品作成の経緯、つまり慈雲寺住持雲岫永俊の要請により仁如が佐治不白軒のための作品を作成したという経緯である。戦国期における慈雲寺の存続を示す貴重な記述である。では、佐治不白軒に文章を寄せるよう仁如に依頼している慈雲寺住持雲岫とはどのような人物であるのか。瀧田は雲岫について、大野の隣村北糟屋の出身で、文禄二年（一五九三）の没であることなどを紹介しているが、ここでは以下の諸史料をみておきたい。

まず第一に、『鹿苑院公文帳』を検証すると、雲岫は永禄十年（一五六七）十月に相国寺慶雲院（七代将軍足利義勝を祀る相国寺内塔頭）の造営料を寄附した功績により、景徳寺、真如寺住持補任の坐公文、つまり名目のみの住持身分を得ている。「西堂」という身分は諸山・十刹住持経験者のものであるから、仁如が雲岫永俊「西堂」の要請に基づき佐治不白軒のための文章を作成したのも永禄十年以後となる。雲岫は元亀三年（一五七二）十一月にも景徳寺・真如寺住持に再度任命されているが、これは「前代ニ給御判有りと雖も、当御代棄破、又改めてこれを給う」（原漢文）という事情による。つまり足利義栄と義昭の将軍位争いの最中にあたる永禄十年に発給された足利義栄公帖が無効とされ、あらためて足利義昭の公帖をうけたものと考えられる。なお、その公帖の原本は、相国寺本坊に伝来している。[19] さらに雲岫は、仁如没後の天正五年（一五七七）三月には五山相国寺住持補任の坐公文を得ているが、これも相国寺造営料を寄進した功績による。

第二に、「鏤氷集」は雲岫に関わる作品をほかに二点収録している。一点目は次のようなものである。

【地巻　六八丁オ】

尾陽慈雲禅寺雲岫西菴和尚者亀阜　普明国師裔孫也。自二壮年一掛二錫於当山慶雲院一。小師悦渓欣公首座、自レ幼隷二于万年籍一、以剃二染尾之竜雲山大興寺主盟一也。又有二松岩軒一為二宴座室一矣。令嗣竹氏之息、諱永筠、年未レ及二志学一、緑髪少年也。就レ予見レ需二別称一。以二慈渓一雅二其号一。蓋令三慈雲悦渓以為二一人一者也。賦二一偈一祝二遠大一云、

二親愛レ子義尤宜、法乳恩深愛二業師一、経呪誦来流水急、広長舌相釈牟尼、

元亀三年壬申夏五中澣

（読み下し案）

尾陽慈雲禅寺雲岫西菴和尚は亀阜（相国寺）普明国師（春屋妙葩）の裔孫なり。壮年より当山慶雲院に掛《か》錫《しゃく》（滞在）す。小師悦渓欣公首座、幼より万年（相国寺）の籍に隷し、以て尾の竜雲山大興寺の主盟に剃染（髪を剃り墨染めの衣を着）す。又松岩軒有りて宴座室と為す。令嗣竹氏の息、諱永筠、年未だ志学に及ばず、緑髪の少年なり。予に就き別称を需《もと》めらる。慈溪を以て其の号を雅す。蓋《けだ》し慈雲悦溪をして以て一人と為さしむる者なり。一偈を賦し、遠大を祝して云く。

二親子を愛するの義尤も宜し　法乳の恩深く業師を愛す、　経呪誦し来たって流水急、　広長舌の相釈牟尼、

元亀三年（一五七二）壬申夏五中澣

この史料からわかることは、第一に、慈雲寺雲岫は春屋妙葩の裔孫（弟子筋）で、壮年より当山（相国寺）慶雲院門派に所属していたこと、第二に、雲岫の小師（弟子）である悦溪欣公首座は幼隷より相国寺籍で、竜雲山大興寺の主盟（住持）について剃染（出家）したこと、第三に、仁如はおそらく雲岫―悦溪師弟の依頼に基づき、「令嗣竹氏の息（諱永筠）」に、悦溪の一字をとって「慈溪」の号を与えたこと、以上の三点である。

このうち、悦溪が属した大興寺とは、岡田近隣に所在する寺院で、同寺所蔵の大日如来像からは延応二年（一二四〇）の胎内銘が発見されており[20]、同じく同寺所蔵の「金剛界・胎蔵界大日如来懸仏墨書銘」や「聖観音懸仏墨書

銘」には「尾州知多郡大野庄大福寺御正躰也、永仁四年（一二九六）十一月二十六日、勧進僧賢智敬白」などの記述がある。(21) この大福寺を前身としているとみられる大興寺が、慈雲寺の前身とみられる千光寺に匹敵する古刹であることをうかがわせている。また、この作品で慈溪の号を与えられた「令嗣竹氏の息（諱永筠）」とは、悦溪の弟子（令嗣）、雲岫の孫弟子で、「竹氏」の出自ということだと思うが、この「竹氏」は、後述する佐治氏被官竹村氏であるとも考えられる。

二点目の作品は次のようなものである。

【地巻　一四二丁ウ】

尾陽慈雲禅寺主盟、雲岫西菴和尚者、予旧識也。今茲初夏、以レ事入京。時々来訪、款話移レ刻。雖レ為二旅寓一、其夷険一レ節。有二淹留之志一、而無二帰去之情一。知己之者、将三謂得二莫逆友一矣。仁人也。不レ可レ失焉。爰自二本寺一令三使僧来一曰。国搶攘之事起。故寄二棗亀信一。若師不レ来、則累卵難二保護一也。因不レ能二面別一而回馭矣。遺憾惟夥面(而)已。聊賦二一絶一、以漏二老懐一云。

我儂君去有誰憐、屢訪二老翁一情更専、可レ羨郷人濡二法霈一、慈雲高仰二白衣仙一、元亀三年壬申仲冬初六

（読み下し案）

尾陽慈雲禅寺主盟、雲岫西菴和尚は、予の旧識なり、今茲に初夏、事を以て入京す。時々来訪し、款話刻を移す。旅寓為りと雖も、其の夷険（順境と逆境）節を一にす。淹留《えんりゅう》の志あり。而して帰去の情なし。知己の者、莫逆《ばくぎゃく》の友を得たりと将謂《おも》う。仁人なり。失うべからず。爰に本寺より使僧をして来らしめて曰く、国搶攘の事起こる。故に棗亀の信を寄す。若し師来らざれば、則ち累卵（非常に危うい物事）保護し難きなりと。因りて面別能わずして回馭《かいぎょ》す。遺憾惟れ夥しきのみ。聊か一絶を賦し、以て老懐を漏らして云く。

我が儂君（我が君、くらいの意味）去り誰有り憐れみ、屢《しばしば》老翁を訪ね情更に専とす、羨むべし郷人法霈《ほうはい》に濡るる（恩沢に浴す）、慈雲高く白衣仙を仰ぐ、元亀三年（一五七二）壬申仲冬初六

この史料から読み取れることは、第一に、仁如と雲岫は「旧識」の間柄であること、第二に、元亀三年に雲岫は上洛しており、両者はしばしば参会していたが、「本寺より使僧をして来らしめて曰く、国搶攘の事起こる」との事情により急遽帰国したこと、第三に、雲岫があまりにもあわただしく帰国したため、見送りもできなかった仁如は、惜別の意をこめた七言絶句を雲岫のために作成し贈呈した、以上の三点である。

史料中、「寄棗亀信」の棗亀は人名とみることができようか。そうであるとすれば、棗亀は、「国、搶攘（みだれるさま）の事」の勃発をうけ、雲岫の早急な帰国を求める書信を京都によせた人物と考えられる。また、雲岫の早急な帰国を求めて使僧を派遣してきたという「本寺」は、詩文中に「慈雲高く白衣仙を仰ぐ」の語もあり、慈雲寺とみてよいのではないか。「白衣」の語義は、無位無官の意、仏徒の黒衣に対する俗人の意、あるいは、正当な得度受戒儀礼を経た「官僧」の意があるとされるが[22]、ここではさしあたり、雲岫を称える修辞とみておきたい。元亀三年秋〜冬段階で、雲岫永俊の帰国を必要とした「国、搶攘の事」とは何を意味するのかだが、「東龍寺過去帳」の辛未（元亀二年）五月と「万年山斉年禅寺縁起」の天正二年七月とで年紀が食い違っているが[23]、佐治八郎ほか家臣一〇名が信長方に属し長島一向一揆との戦いで戦死したことに伴う混乱とも考えられる。雲岫が佐治氏膝下の現地の安定にとって、重要な役割を期待されている五山僧であったことはたしかであろう。

雲岫に関する第三の史料は、「相国寺塔頭末派略記並歴代」である。瀧田の紹介によれば、そのなかの善応院の項に、

仙齢永椿嗣㆓雲岫俊㆒位㆓于真如㆒、当院新成後蒙㆓檀命㆒主㆓院事㆒故勧㆓請先師雲岫㆒為㆓開祖㆒、寛永十二年（一六三五）乙亥十月

廿五日遷化、

という記事がある。[24]善応院は池田氏が池田勝入室（荒尾氏）の菩提を弔うために相国寺内に設けた塔頭で、善応院の父である荒尾善次は大野佐治氏出身である可能性があり、右の史料によれば、その塔頭善応院の住持に据えられた仙齢永椿は、師の雲岫を同院の勧請開山に据えたと記しているのである。なお、同院の実質的な開山である仙齢は、『鹿苑院公文帳』によれば慶長十五年（一六一〇）七月に景徳寺・真如寺住持に同時補任されており、この時点で西堂の位にのぼっている。さらに仙齢は、斎年寺所蔵「万松山斉《ママ》年禅寺縁起」に記載されている大野佐治氏二代為貞の子息（三代信方の兄弟）、すなわち「京都相国寺内善応院ニ住ス」と注記されている「陳西堂」に該当するであろうことも瀧田が指摘している。[25]つまり相国寺善応院は檀越、開山とも大野佐治氏の関係者とみられるのである。

以上、雲岫に関わる諸史料を三種掲げたが、その人物像は次のようなものであったとまとめられるであろう。すなわち彼は、門派的には京都五山の相国寺慶雲院に所属し、その造営費用を寄進した功績で、諸山景徳寺、十刹真如寺、五山相国寺の住持身分を得ているが、こうした住持身分は肩書きのみ、すなわち名目だけの住持任命状である坐公文をうけたもので、実際の活動拠点は岡田慈雲寺であったとみられる。坐公文の受給に必要となる官銭の拠出については、雲岫が佐治不白軒のために仁如集堯の作品を調達していることや、佐治氏宗家出身の仙齢を弟子としている点などからみても、おそらく檀越佐治氏周辺の出資を得ていたのではないか。つまり雲岫は檀越佐治氏の支援により、相国寺慶雲院の修造費用に用いられる公帖官銭を寄進し、高位の五山住持身分を得ていたが、実際には岡田慈雲寺住持として、近隣の古刹大興寺などを統括しつつ、佐治氏周辺に五山文学の受容を促し、緊急時には地域で求心力を発揮することが期待されるような「夷中」の五山僧であったとみられるのである。

二　知多半島域における五山文学受容の諸相

雲岫永俊の存在を中核とする五山僧と佐治氏との師檀関係は、半井駉庵のもとへ遊学し得る知識人を一族に擁する佐治氏ならではの特殊な事例であり、必ずしも当時の地域社会の一般的な動向とみなすことはできない、と考えるべきであろうか。おそらくそうではないだろう。

たとえば、永禄期から慶長期にかけての記事に同時代性が認められる『鹿苑院公文帳』には、諸山・十刹の坐公文を同時受給している五山僧が多数記載されている。一見したところでは名目のみの住持身分の付与であり、従来、足利政権や豊臣政権による公帖官銭収入を目当てとした公帖の売却的発給とみなされてきた現象である。しかしこうした坐公文受給者の一人が、前項にみた雲岫のような五山僧であり、その坐公文受給が、佐治氏のような在地勢力の出資および欲求に対応している可能性を考慮するならば、別の側面からの検討も必要となるであろう。すなわち、戦国期における各地の在地勢力が、総体でみれば莫大な額にのぼる公文（公帖）官銭の拠出をあえていとわず、それによって五山僧にどのようなことを期待していたのか、という検討課題が浮上してくるのである。一つの可能性としては、戦国期の広範な在地勢力が、佐治不白軒に与えられているような五山文学作品の享受を必要としていたという、列島規模の動向を想定してみることもできるのではなかろうか。

当地域に関していえば、右に述べた『鹿苑院公文帳』に記載されている多数の坐公文受給者のうち、雲岫と同じく相国寺慶雲院の造営料寄進の功績により、天正九年（一五八一）十一月から十二月にかけて諸山景徳寺・十刹真如寺住持補任の坐公文を得ている高安禅祥と、やはり慶雲院絡みで慶長十八年（一六一三）三月十八日に諸山景徳寺住持補任の坐公文を得ている伝甫恵教の公帖受給に関わる史料が、近隣の海音寺（常滑市、現在は臨済宗妙心寺派）に伝来している(26)。彼らの公帖受給を支えた政治的、経済的背景については今のところ不詳だが、佐治氏の帰依僧と目される雲岫の属した相国寺慶雲院門派は、慶長期にかけて、大野周辺の地域支配層の支持を確保していたとも考えられる(27)。

戦国期知多半島の関係者で、仁如集尭と接触し、その作品を得ているのが佐治氏帰依僧の雲岫だけではない事実もまた、五山僧や五山文学に対する関心が、当地域で比較的広範に共有されていたことを示唆している。関係史料は前節と同じく「鏤氷集」に収録されている諸作品で、六点を確認している。以下前節と同様、漢字は適宜常用のものに改め、読み下し文案も付して、各作品ごとに全文を提示し、当地域における五山文学受容の諸側面を確認してゆきたい。

【地巻　九丁オ】

芳郷号

真如寺正菊座元者尾陽人也。於二智多郡内海郷一卜二其居一矣。未レ有二其雅号一。故就レ余見レ需焉。余素昧半識、辞者再三、請而不レ止。以二芳郷一塞二其命一。盖漢武辞曰、蘭有レ秀兮菊有レ芳。本于此語而已。副以レ郷者、字訓曰、郷々向也。言為三人所二帰嚮一也。又曰、時人相褒尊之称、猶レ言レ公也。不二亦宜一乎。何況芙蓉城中仙人、有二芳郷一。所謂尾州者日本蓬莱、神仙所レ都也。芙蓉菊其芙蓉城之芳郷乎。雖レ然猶未レ尽レ美矣。更有二一事一。菊有二達磨者一。若然則、公聯二祖苑芳一、弥布二海東一者、讖此乎。貫華一首、解二其義一而、且祝二遠大一云。

胡蝶追尋遶二短籬一、与レ蘭為二伍一一叢滋、紛々郁々人和気、惟徳非レ公又是誰。

（読み下し案）

芳郷号

真如寺正菊座元は尾陽の人なり。智多郡内海郷に於いて其の居を卜す。未だ其の雅号有らず。故に余に就き需《もと》めらる。余素昧半識、辞する者《こと》再三、請じて止まず。芳郷を以て其の命を塞ぐ。蓋《けだし》漢武辞に曰く、蘭に秀あり菊に芳ありと。此の語に本づくのみ。副うるに郷を以てするは、字訓に曰く、郷は郷向なりと。言えらく、人の帰嚮する所と為るなりと。又曰く、時人相褒尊の称、猶公を言うなりと。亦宜しからずや。何ぞ況や芙蓉城中の仙人、芳郷あり。所謂《いわゆる》尾州は日本の蓬莱、神仙の都する所なり、芙蓉菊は其の芙蓉城の芳郷か。然りと雖も猶未だ美を尽くさず。更に一事有り。菊に達磨という者有り。若し然れば則ち、公は祖苑の芳に聯《つら》なり、弥《いよいよ》海東に布くは、讖《しるし》此か。貫華一首、其の義を解し、且つ遠大を祝して云く。

胡蝶追尋《こちょうついじん》（昔をおもいたずねる）短籬（まがき）を遶《めぐ》る、蘭と伍一して䕺滋《そうじ》（むらがり茂る）、紛々郁々人和気す、惟《この》徳、公に非ずして又是誰か。

この作品は、知多郡内海の人で、京都真如寺に寄寓していた正菊座元に、芳郷の号を与えるにあたり作成されたものである。「芳郷」という命名の主旨は、正菊が菊の「芳」に蘭の「秀」も加えて「人の帰嚮する所と為る」ことを願ってのことだと述べられている。正菊は、この新しい道号にふさわしく、居所を構えていた内海の人々の信仰を集めて大成するよう激励されたのであろう。芳郷正菊は、戦国期の典型的な夷中の五山僧であり、実際に地域の人々の「帰嚮」を得られたならば、雲岫永俊、高安禅祥、仙齢永椿、伝甫恵教のように、坐公文官銭の出資を得て諸山住持以上に出世することも期待されたと考えられる。

【同　九丁ウ】

潤如号

尾州捴持庵者在㆓知多郡内海郷㆒。秀玉典蔵為㆓之主席㆒。一日介㆑人、索㆑立㆓其字㆒。因以㆓潤如㆒称㆑之。大戴礼云、玉在レ山而木潤。料二知　公所一レ居。一山衆徒蒙二其潤一者、分レ之宜也。賦二一祇夜一以充二其解一云。

漱口維二芳翰墨林一、成章子産与レ旱諶、天垂二雨露一幾思レ渥、枯槁群生蕝二渇心一。

（読み下し案）

潤如号

尾州捴持庵は知多郡内海郷に在り。秀玉典蔵は之の主席為り。一日人を介し、其の字を立するを索《もと》む。因りて潤如を以て之を称す。大戴礼に云く、玉山に在りて木潤うと。公の居る所を料《はか》り知る。一山衆徒その潤を蒙る者、之を分けて宜しきなり。一祇夜を賦し、以て其の解に充てて云く。

漱口（くちをすすぐ）し芳翰墨林（書画家の仲間）を維《も》つ、成章、子産、旱に与うるの諶《まこと》、天雨露を垂らし、幾ばくか渥《うるおい》を思う、枯槁群生渇心を蕝《いや》す。

この作品は、内海郷捴持庵の主席（住持）であった秀玉のために「潤如」の号を与えたものである。秀玉の玉の字と潤の字との関係などを解説し、末尾にやはり七言絶句を付している。

諸橋轍次著『大漢和辞典』によれば、詩文にみえる成章は、①後晋、楊彦詢、②明、裴斐、③明、李玉、④清、濮璜、⑤清、楊方熾らの字号であるが、仁如にとって②③は時代が近く、おそらく古典的な意味はもちにくい。また④⑤は仁如以後の時代の人物である。したがってここでは、太原節度使として天福中（九三六〜九四四）鎮国に渉り、のち金吾衛大将軍にいたったという①楊彦詢《ヤウゲンジュン》が念頭に置かれているとみてよいであろう。また子産は、①春秋鄭、公孫僑、②春秋魯、冉季、③漢、馮逡、④後漢、唐檀らの字号である。このうち②は孔子の弟子、③④も官吏・文人としての事績が知られているが、仁如が念頭に置いているのは、鄭の大夫として四十余年にわたり執政し、晋楚も兵を加えず、孔子も「古の遺愛」と賞賛したという①公孫僑《コウソンケウ》である可能性が高い。戦国期の内海の山中に捴持庵という庵が存在し、そこにおいて、中国の名宰相、名官吏のように周囲を「潤」すことを期待された夷中の五山僧が存在したのである。庵とは、禅宗では一般に「大寺に付属する小僧房をいう」(『日本国語大辞典』)。「一山衆徒」が存在したと記されるが、「寺院社会」を形成しているというほどの規模ではないだろう。潤如もおそらくは半僧半俗に近い居士的な存在として地域社会に溶け込んでおり、それゆえに内海捴持庵は、「寺」としての痕跡を一切今日に残していないのではなかろうか。

【同　一〇丁オ】

廉甫号

尾陽智多郡内海郷徳隠禅庵主盟、中泉記室禅師、遠寄二玉楮一、索二別称一。以二廉甫両字一付レ之。盖處(虔)州報恩寺有二廉泉一。昔東坡居士過レ之賦レ詩曰。渇(竭)来廉泉上、捋レ鬚看二鬢眉一、好在水中人、到処相娯嬉。千載美談也。公自今以往随処相娯、受用不レ尽者、有二何疑一乎。其偈曰。

気類相二求孝与忠一、人心正直保二初終一、一生受用不レ貪レ宝、平日宜レ開二伯叔風一。

(読み下し案)

廉甫号

尾陽智多郡内海郷徳隠禅庵の主盟、中泉記室禅師、遠く玉楮を寄せ、別称を索む。廉甫の両字を以て之を付す。盖《けだ》し虔州《けんしゅう》報恩寺に廉泉有り。昔東坡居士これを過《よぎ》り、詩を賦して曰く。竭来《けつらい》廉泉の上《ほとり》、鬚《ひげ》を捋《らつ》して鬢眉《びんび》を看る、好在《こうざい》水中の人、到る処相娯嬉《あいごき》と。千載の美談なり。公自今以往随処に相娯《たの》しみ、受用尽きざるは、何の疑い有るか。其の偈に曰く。

気類孝と忠とを相求む、人心正直にして初と終とを保つ、一生受用して宝を貪らず、平日宜しく伯叔の風を開くべし。

この作品は、やはり戦国期の内海に存在した徳隠禅庵の中泉のために「廉甫」の別称を与えたものである。中泉は、仁如のもとにはるばる玉楮（料紙）を寄せて、別称の授与を依頼したとあるので、内海から料紙を京都へ送ったのであろう。内容は、中泉の「泉」の字から、蘇軾の廉泉の詩を連想したものである。蘇軾の原詩[28]は、流謫途上の自分を水面に映して、良い顔をしている（好在水中の人）と詠じたもので、仁如はこれを、すべてを受け入れ用いる「受用」の境地とみている。ただし蘇軾は原詩で、人には廉もあれば貪もある、と詠じ、自身の「貪」をも受け入れようとしているが、仁如は廉甫中泉に「宝を貪らない」ことを期待し、「貪」を否定的にみている点に、違いがあるようにもみうけられる。流謫を繰り返した蘇軾の詩文の特徴は、いったんは中央で得た富貴名声を失うことで気づいた本当の人間的幸せを詠じるところにある。自身も信濃という夷中の出身であった仁如は、こうした蘇詩の主題を「宝を貪らない」境地としてあえて強調し、内海という夷中にいることの幸せを、廉甫中泉に説いたとも考えられる。

【同　一〇丁オ】

維天号

尾州慈雲精舎有二侍史一。其諱曰二永倫一。令三予立二其字一。以二維天一為二雅号一。経云、仏告二阿難一、汝我同二気情一均二天倫一。今也従二慈雲老禅一、居二侍局一。情均二天倫一者、古今若レ合二符節一乎。一偈重テ説其義一云。

得二一大一哉清浊（濁）間、彼蒼高仰隔二塵寰一、瞿曇堂第好二相比一、紅粉阿難侍者班。

（読み下し案）

維天号

尾州慈雲精舎に侍史有り。其の諱を永倫と曰う。予をして其の字を立たしむ。維天を以て雅号と為す。経に云く、仏阿難に告ぐ、汝と我気情同じくして天倫均しと。今や慈雲老禅に従い、侍局に居す。情天倫に均しき者《こと》、古今符節を合わすが若《ごと》き乎。一偈して其の義を重説して云く。

一大を得るかな清濁の間、彼蒼《ひそう》（そら、天）高仰《こうぎょう》（高く仰ぐ）塵寰《ぢんかん》（人間世界）を隔つ、瞿曇《くどん》（釈迦如来）堂第相比《そうひ》（互いに近いこと）を好む、紅粉《こうふん》を阿難侍者に班《わか》つ（字号を永倫に班つ、の比喩か）。

この作品は、慈雲老禅（雲岫永俊か）に仕える永倫のために「維天」の号を与えたものである。慈雲老禅と永倫との師弟関係を、釈迦と十大弟子の一人阿難との師弟関係になぞらえつつ、釈迦が阿難に述べたとされる経典の言葉を典拠に、永倫の倫の字と維天の天の字とを関連づけている。これまでにみた内海の諸禅庵よりは規模が大きく、現在まで存続している慈雲寺における師弟関係に重点を置いた作品といえよう。

【同　一〇丁ウ】

寿岳号

尾陽智多郡大野庄有二恵日（東福寺）附庸一。名曰二隣松院一。芳祝蔵局管レ之。其族竹村氏而、掌二松院一。歳寒晩節、得二其処一哉、今茲永禄癸亥、以レ事遊二于洛下一之次、寄二白楮一、索レ書二雅号一。卒以二寿岳一為レ称矣。一偈具述焉。

結子蟠桃在二海東一、長生薬只可レ求レ蓬、又知二炎漢太平日一、料峭三二呼万歳一嵩。

旹永亥季夏如意珠日

（読み下し案）

寿岳号

尾陽智多郡大野庄に恵日附庸有り。名を隣松院と曰う。芳祝蔵局之を管す。其の族竹村氏にして、松院を掌る。歳寒晩節、其の処を得るや、今茲に永禄癸亥（六年〔一五六三〕）、事を以て洛下に遊ぶの次《つい》で、白楮を寄せ、雅号を書するを索む。卒《にわか》に寿岳を以て称と為す。一偈して具《つぶさ》に述ぶ。

結子《けっし》（結実）蟠桃（三千年に一度開花するという桃の木、転じて長寿を賀する語）海東に在り、長生薬只蓬に求むべし、又炎漢（漢の王朝の別称）太平の日を知る、料峭《りょうしょう》（肌寒い春風）に万歳を三呼す嵩し。

旹永亥（永禄六年〔一五六三〕）季夏如意珠日

この作品は、知多郡大野庄に京都五山東福寺（恵日山）に属する隣松院という禅院が存在し、その住職である芳祝の一族である竹村氏が上洛のついでに、おそらく芳祝のための号を仁如に求めてきたので、寿岳の号を与えたという内容である。

瀧田英二は、大野佐治氏菩提寺の斎年寺末寺である石瀬村全昌院について、宝暦二年（一七五二）成立の「張州府志」や弘化三年（一八四六）成立の「尾張志」が佐治氏の「家臣」竹村氏の創建と記していることに触れ、竹村氏の関係史料として本作品にも触れている(29)。竹村氏が斎年寺末寺の全昌院を創建し、佐治氏に従う形で曹洞宗と関係をもっていたとすれば注目される。ただし、竹村氏の仁如に対する接触は、佐治氏の帰依僧とみられる雲岫がいる慈雲寺を経由しているとは記されておらず、竹村氏膝下隣松院の門派も慈雲寺雲岫らが属する相国寺慶雲院系ではなく、南北朝期以来強い独自性を維持してきた聖一派である。竹村氏と五山僧との師檀関係は、必ずしも主家佐治氏の影響によるものとはいいきれない自立性を備えているといえよう。

【同　六〇丁オ】

尾州智多郡大野庄、鎮海菴主盟禅才首座、未レ有二別称一。介二于人一就レ予求レ雅二其号一。因以二文甫一付レ之。昔唐玄宗、愛二鄭虔才一為二広文一。宋神廟、誦二蘇軾文章一曰奇才。公其勉旃。偈。

日月星辰天発光、山川草木地成レ章、人能弘レ道玩二美藻一、遍界斕班(斑)不レ覆レ蔵。
永禄戊辰林鐘廿二　子建西堂乞レ之

（読み下し案）

尾州智多郡大野庄、鎮海菴の主盟禅才首座、未だ別称有らず。人を介し、予に就きて其の号を雅するを求む。因りて文甫を以て之に付す。昔唐玄宗、鄭虔の才を愛し広文（広文館博士）と為す。宋の神廟、蘇軾の文章を誦《とな》えて曰く、奇才と。公其れ勉旃《べんせん》せよ。偈す。
日月星、辰天（東南東）に発光す、山川草木地に章を成す、人能く道を弘め美藻（美しい修辞の意か）を玩《もてあそ》ぶ、遍界斕斑《らんぱん》（あやのあるさま）にして蔵を覆わず。
永禄戊辰（十一年〔一五六八〕）林鐘（六月）廿二（日）　子建西堂之を乞う

この作品は、大野庄鎮海庵の禅才に「文甫」の号を与えたもので、仲介者として「子建西堂」の名がある。該当しそうな五山僧として気づくのは京都西芳寺の住持であった子建寿寅である。この作品からさかのぼる二三年前の天文十二年（一五四三）に、おそらく知多半島域を通過して西芳寺再興勧進のために駿河今川氏のもとに下向した経歴をもつ[30]。詩文の内容であるが、禅才の「才」の字から唐の鄭虔や、先にみた宋の蘇軾の文才を連想し、「文甫」の号を授け励ましている。仁如は、夷中の小禅庵の五山僧であった文甫禅才に詩文の才能を期待し、偈の本文でも「美藻」を勧めているが、それは仏教や坐禅の余技などではなく、「道を弘める」営みそのものだったのである。

以上の六点はすべて、仁如集堯が知多半島域の寺庵に拠点をもつ五山僧らに道号を与えたことを示す諸史料である。いずれも道号の意味を説明する漢詩文を伴っており、典型的な五山文学作品である。五山文学といえば、ともすれば五山僧の自己満足の所産であるかのように考えられがちであるが、少なくとも戦国期の知多半島域では比較的広範に受容されている文物であった。仁如から道号をうけているこれら知多半島域の五山僧たちの具体的な活動についてはほとんど未詳だが、彼ら自身も、少なくとも自身に与えられた道号の意味を理解しうるような教養を積み、さらには雲岫永俊のように、地域の檀越に対し、その活動の指針ともなり得るような古典的知識の提供や解説を行っていたものではなかろうか。

なお、現地の綿密な踏査を要するが、歴史地名辞典類を検索する限り[31]、以上の諸作品に登場する戦国期知多半島域の五山僧らが拠点とした小庵群の存続や地名的な痕跡は確認することができない。従来、禅宗の「地方展開」を扱う諸議論は、しばしば、現存の寺院分布を重要な論拠としてきたが、五山僧らは必ずしも地域社会において明確な「寺院社会」を形成したわけではなく、むしろ地域社会に散在し今は消滅した小庵群を拠点とし、こうした寺庵の外部に題材を求める詩文作成を重要な思想的営みとしていたために、彼らの活動を「寺院史」という観点で捉えるのは限界があると考えられる。

ところでこれまでの検討では、仁如の「鏤氷集」に収録されている知多半島関係者のための諸作品をみてきたが、他の五山僧の作品も当地域に受容されていたことを示す一例として、近江江見氏出身で越前朝倉氏の帰依をうけたことでも知られる建仁寺長老、月舟寿桂（天文二年〔一五三三年〕没、生年不詳）の作品集である「幻雲文集」に収録されている「賛一覚斎寿像」をあげておきたい。この作品については瀧田が全文を紹介しているので、返り点と読み下しについても瀧田に従って提示する。[32]

賛二一覚斎寿像一

尾州知多郡有二一俗漢一。従二洞下老宿一而参レ禅、為有二実証一。遂落髪受衣、法名曰二全勝一号曰二徳容一。榜二其斎一曰二一覚一。平生行履洒々洛々、喚作レ僧則僧、喚作レ俗則俗、且持二一圏木槵子一、以唱二仏名一、而後嫌レ仏不レ成。

郵便はがき

料金受取人払郵便

千種局承認

323

差出有効期間
平成31年10月
31日まで

4 6 4-8 7 9 0

092

名古屋市千種区不老町名古屋大学構内

一般財団法人

名古屋大学出版会

行

ご注文書

書名	冊数

ご購入方法は下記の二つの方法からお選び下さい

A. 直　送	B. 書　店
「代金引換えの宅急便」でお届けいたします 代金＝定価（税込）＋手数料230円 ※手数料は何冊ご注文いただいても230円です	書店経由をご希望の場合は下記にご記入下さい ＿＿＿＿＿＿ 市区町村 ＿＿＿＿＿＿ 書店

読者カード

（本書をお買い上げいただきまして誠にありがとうございました。
このハガキをお返しいただいた方には図書目録をお送りします。）

本書のタイトル

ご住所　〒

TEL（　　）　—

お名前（フリガナ）　　年齢

歳

勤務先または在学学校名

関心のある分野　　所属学会など

Eメールアドレス　　@

※Eメールアドレスをご記入いただいた方には、「新刊案内」をメールで配信いたします。

本書ご購入の契機（いくつでも○印をおつけ下さい）

A 店頭で　B 新聞・雑誌広告（　　）　C 小会目録

D 書評（　　）　E 人にすすめられた　F テキスト・参考書

G 小会ホームページ　H メール配信　I その他（　　）

ご購入書店名　　都道府県　　市区町村　　書店

本書並びに小会の刊行物に関するご意見・ご感想

唯消二遣世慮一而已。此写二寿容一、命二一僧一需二予賛詞一。観二其像一則一箇閑道人也。座側有二一柄苕帚一。即是這漢金剛王也。瞎着則瞎。賛曰。

円頂方袍白髪新、離レ禅離レ教俗邪真、掃二魔仏一去即抛擲、一柄生苕亦是塵、

(読み下し)

一覚斎の寿像に賛す

尾州知多郡に一俗漢有り。洞下の老宿に従って禅に参じ、為に実証あり。遂に落髪受衣し、法名を全勝と曰い号を徳容と曰う。其の斎を榜して一覚と曰う。平生の行履洒々洛々、喚んで僧と作《な》さば則ち僧、喚んで俗と作《な》さば則ち俗、且一圏の木槵子《かんし》(むくの実)を持し、以て仏名を唱え、後仏を嫌いて成らず。唯世慮を消遣するのみ。此《このごろ》寿容を写し、一僧に命じて予が賛詞を需む。その像を観れば則ち一箇の閑道人也。座側に一柄の苕帚《てうさう》(くさぼうき)有り。即ち是れ這《こ》の漢金剛王也。瞎着するときんば則ち瞎《かつ》す(目にすると盲目となる、の意か)。賛に曰わく。

円頂方袍白髪新たなり、禅を離れ教を離れ俗か真か、魔仏を掃い去って即ち抛擲、一柄の生苕《すゐ》(「六祖壇経」に由来する語か)亦是れ塵。

この作品は、尾州知多郡に居住する道号徳容、法名全勝、一覚斎と号する人物の生前画像(寿像)に対する著賛である。瀧田はこの作品について以下の三点を指摘している。

①像主である一覚斎＝徳容全勝は常滑水野氏の初代紀三郎忠綱に相当する。

②「水野半左衛門家譜」によれば水野紀三郎＝一覚斎は享禄二年(一五二九)七月十三日の没である。

③一覚斎が参禅している「洞下老宿」は、慶長七年(一六〇二)筆の「天沢院世住」によれば「水野堅(監)物守徳容

図 8-1　伝・徳川家康自画像（愛知県東龍寺所蔵）

全勝」が乾坤院から常滑天沢院開山に招いた雲関珠崇とみられる。

徳容全勝という名は、寛政十二年（一八〇〇）四月筆、乾坤院所蔵の「現住等玄記」にもみえる。天文十一年（一五四二）七月二十八日の日付で、徳容全勝居士について「水野監物守尚ヨリ、壱貫弐百文目寄進状有」と記しているという。(33) ここにみえる日付は水野忠綱の年忌法要執行の時点かと思われるが、そこで忠綱のために一貫余を乾坤院に施入している「水野監物守尚」は、のちに守隆と改名し、本能寺の変に際し明智光秀に与同し、常滑城主の地位を失ったとされる常滑水野氏三代目当主とみてよいであろう。(34) 小河水野氏の庶流家にあたる常滑水野氏が、本家にならって乾坤院系の禅僧を膝下天沢院の開山に招く一方、大野佐治氏と同様、詩文に長じた五山僧に接触し、自己の存在意義を確認するかのような五山文学作品として、肖像画賛を得ている事実に注目したい。月舟寿桂は曹洞宗系の宗旨も学んだ五山僧で、(35) 忠綱が賛の入手を命じている「一僧」は、菩提寺天沢院系の人脈とも考えられる。賛文の大意は、画像中で像主忠綱の脇に置かれている苕帚に注意を向け、掃除道具である苕帚も究極的には塵と同じく邪魔になるように、忠綱にとって仏や禅は無用になっていると述べ、その境地を称えている。つまり忠綱が五山僧に期待したのは、仏教に想定されがちな死後の冥福への導きなどではなく、半僧半俗の域に入り、仏教も手段として使い捨てるような自分の生き方について、詩文をもって認められることであったのだろう。五山僧の著賛がある肖像画類は、禅宗の葬儀を特徴づける掛真仏事に用いられる遺像つまり遺影であるようにみなされやすいが、こうした生前の寿像ともども、現に生きる人々のための作品だと捉え直してゆく作業が必要である。

ところで、月舟が賛を施した一覚斎寿像の現物については、今のところ伝存を確認していないが、これに類する作品として、常滑市東龍寺に「徳川家康画像」として伝わった武将画像（図8-1）をあげておきたい。この画像は、おそらく戦国期にさかのぼる貴重な武家画像の作例で、本来は像主を特定できる賛文を伴っていたものの、上下切断、すなわち賛文除去によって「家康像に充てた可能性」が指摘されている。[36] 東龍寺に伝わる過去帳には、「密岑道堅禅定門、当城主八郎殿二十二歳辛未五月河内ニテ打死」という記載のあることが知られている。元亀二年に織田信長方に属して長島一向一揆と戦い、そこで戦死した佐治八郎信方であろうと考えられている。[37] このように、東龍寺が佐治氏一族を弔う役割を担っていたことを踏まえると、同寺に伝わった「徳川家康画像」の真の像主は佐治氏一族であるとも考えられる。東龍寺は禅宗系ではなく浄土宗系の寺院で、この画像にも像主脇に仏の姿が描かれており、五山僧の賛文がある「生きるための肖像画」とは異質な供養像とみられるが、当地域の有力者が、一族の肖像画を作成し、機会があれば五山僧の賛を得るという文化を共有していた可能性を示す貴重な事例として、あえて提示しておくことにしたい。

おわりに

五山文学については従来、傍観的、衒学的、集大成的、大陸模倣的な性格を特徴とする中世禅林の知的営為の所産であり、宗教から独立した近世的な学問・文芸成立への橋渡し役という点に、その主要な意義を認める見解が示されている。[38] 五山文学の読解にはかなりの労力を要し、上述のような評価は、ある意味では五山文学に正面からとりくんだ現代の知識人の労苦を率直に表現したものといえるかもしれない。しかしながら、本章でとりあげた道号付与や肖像画賛など、五山文学に属する諸作品が、戦国期の知多半島域で比較的広範に受容されている事実は、当該期の「夷中」の支配層が、こうした実生活とは無縁ともみえるものの、内容豊かな文物を必要とし、かつ受容していた実情の一端を示している。世俗の支配層には五山文学作品の内容を自力で理解するのは困難だったとしても、少なくとも知多半島域には、その内容を解説し得る五山僧が散在しており、景徳寺・真如寺の坐公文を受給している雲岫永俊はその代表格とみることができる。戦国期にかけて、景徳寺・真如寺等の坐公文を受給している五山僧は『鹿苑院公文帳』に多数記載されており、雲岫に類する五山僧が全国各地に分布し、その裾野ではさらに多くの五山僧たちが活動していた可能性を考慮する必要がある。

では、本章でとりあげたような各地域ごとの五山文学作品受容の事実は、従来の五山僧や五山文学をめぐる理解にどのような見直しを迫っているといえるであろうか。

本章でとりあげた「鏤氷集」や「幻雲文集」を通覧するならば、知多半島域以外でも、仁如集堯や月舟寿桂の作品を求める動向が広範に存在したことは容易に確認できる。そのなかでも、仁如集堯の永禄五年（一五六二）の著賛がある山口県豊栄神社所蔵の毛利元就寿像[39]や、月舟寿桂の永正七年（一五一〇）の著賛がある京都市・中村家所蔵の四宮長能遺像（四国国人、細川氏被官[40]）は、作品の現物が伝存している貴重な事例である。このうち毛利元就画像賛において仁如は、依頼者（毛利隆元―竺雲慧心）側からの要望に基づくと考えられるが、正親町天皇即位式における毛利家の貢献などを踏まえて、毛利家が西国の覇者にふさわしいことを称えている。各地の有力者が仁如の作品を求めている事実は、一面では地方に対する中央の価値観の浸透という側面を伴っている。しかし他方、細川氏一族の内紛のなかで自殺した四宮長能の七周忌にあたり、子息の禅僧から画賛を求められた月舟は、玄宗皇帝や宋温公の故事から賛文を説き起こしており、必ずしも「列島中央」の価値観で地方を評価するといった論法をとっていない。すなわち、戦国期の五山僧は、経済的にも価値観のうえでも、従来いわれているほどに、足利将軍家を中心とした既存の中央権力の庇護に依存しきっていたわけではなく、たとえば中央での富貴名声にとらわれない蘇軾の詩文をもって夷中の人々を導き、夷中の人々の支持を引き出していた側面も重要であろう。足利政権の衰退とともに五山僧の勢力は凋落し、代わりに曹洞宗や大徳寺・妙心寺派など、朝廷と結びつきをもつ林下の諸派が台頭するといった、実質的には中央政局を後追いしているともいうべき「門派交代史」については、夷中の五山僧の視点から見直してゆく必要がある。

第9章　居士大姉仏教と五山文学

――尾張・三河の諸山と五山僧

はじめに

西尾賢隆は、中国仏教史における会昌の廃仏の位置づけを検討し、伽藍、仏像、経典、仏具を必須とした天台、法相、華厳、密教は打撃をうけたが、禅宗の亀山智真は、仮に寺院や僧の身分を失っても、在俗で「金粟如来」の生まれかわりのように人々を教化できると述べたことに着目した。そして会昌の廃仏は、禅宗がより深く社会に浸透する画期となったこと、僧尼中心の中世仏教から居士大姉中心の近世仏教への画期となったことなどを論じた(1)。西尾自身は、こののち宋元期の五山僧は「臣僧」を自称し王朝への従属傾向を強め、亀山にみられるような唐代禅宗の活力は失われたかのように叙述する(2)。しかし、居士大姉仏教という禅宗のあり方自体が、宋元期にかけて失われたと明確に述べているわけではない。

日本中世仏教史の研究を顧みると、顕密寺社をめぐる権力構造なり寺院社会なりが、いわば同時代社会の縮図でもあることが解明されてきた(3)。しかし禅院の場合、清規に代表されるような集団生活の規定は存在するものの、顕密寺社に匹敵するような寺院社会が実在したかどうかまでは明らかにされていない。実のところ何百人もの掛塔僧がいたとされる鎌倉や京都の大禅院すら、顕密寺社にみられるような寺院社会を構成する顕著な大衆勢力が存在したわけではなく、主として世俗社会に混在する小寺庵群ないし塔頭群が、必要に応じ臨時に集まる場にとどまったのではないか。そうであるなら、住持として補任された五山僧が、実際には補任された寺院に入寺しない坐公文についても、従来「不法」な「嗤う」べき「弊風」であり「濫発」であるように考えられてきたが、むしろ寺院にこだわらない禅宗の居士大姉仏教としての特色にかなうあり方だったとも考えられる。

本章では、中央権力でも容易には調達できないような遣明船派遣費用等をまかなうほどの「坐公文官銭」を支出する力をもちながらも、「嗤う」べき「不法」な「濫発」と貶められがちであった坐公文発給の内実というべき、夷中の五山僧に対する信仰崇敬の実態について解明を試みる。具体的には、中世の尾張・三河で活動した五山僧は、必ずしも禅院に明確に帰属した「僧」であったとは限らず、むしろ寺外に飛び出し僧俗未分離な居士大姉仏教の担い手としての様相を示していた側面を明らかにし、彼らの主要な営為であった五山文学の読解を試みるという手順で、作業を進めたい。

一　夷中の諸山と十方檀越

(1)　諸山妙興寺の十方檀越と歴代住持

禅院の開基檀越といえば、足利政権から守護や奉公衆などの地位を与えられた有力武士と考えられがちである。足利政権から諸山の格式を与えられた尾張の妙興寺の場合には、多くの土地寄進を行っている荒尾氏や、在庁官人の系譜をひき、開山滅宗宗興の出自とみられる中嶋氏が該当するようにみえやすい(4)。しかし全国を見渡してみると、足利政権など歴代政権から十刹や諸山の格式を与えられた禅院の檀越は不明確な場合が多い。

実は妙興寺においても、荒尾氏は明徳二年（一三九一）八月七日付の「管領細川頼元奉書」で妙興寺領の「押妨」を指弾され(5)、まもなく没落したらしく、中嶋氏の妙興寺に対する土地寄進も十四世紀の半ばで途絶える。著名な五山文学僧の一人であった彦龍周興が、文明十四年（一四八二）三月に著した「妙興禅寺幹縁疏(6)」によると、室町・戦国期における妙興寺の存続の鍵を握ったのは、「貴官長者、甲第編戸」と総称されたような、檀越としての目立った名前を残さない群小かつ不特定多数の檀越、いわゆる十方檀越であったと考えられる。さらに彦龍の疏によれば、彼ら十方檀越の支持をひきつけるためには、妙興寺は特定の門徒が住持職を独占する「一派甲乙」の度弟《つち》院《えん》ではなく、「十方有道衲子」を住持に迎える十方院であるべきであった(7)。

かつて玉村竹二は、妙興寺を諸山に列した貞和三年（一三四七）六月十九日付の「将軍足利義詮御判御教書(8)」が、「大応国師門徒管領之、宜レ為二十方院一」と記載している点について、「事実上は大応派の度弟院と同様になってしまった」と結論づけたが(9)、禅僧の法系の検討のみで檀越に関する検討を欠く。原田正俊は、玉村の指摘を意識しつつも、妙興寺は「比較的忠実に十方刹の原則を守っている」とし、「住持職を中島《嶋》氏が独占するわけではない点」に注意喚起する。そして、十方刹の禅院は「一族寺の形成と所領保全のためだけ」の存在ではなく、「地域領主全体のものとして形成され」たのであり、そのような「地方の檀越の外護」が「多額の坐公文官銭」の拠出源であったと見通している(10)。玉村には欠けていた檀越の関心事に焦点をあわせており、本章の作業も、多くはこの原田の見通しを跡づけてゆくことになる。ただし原田は、十方院ではない徒弟院（度弟院）であっても、「禅院の中心部は公界、一般には常住とも呼ばれ、寺家の中心を誰もが私できないものとして、公界寺の原則は維持されていた(11)」と述べるものの、事実上は大応派の住持独占禅院であったという玉村説との齟齬がやはり気になる。以下では、十方檀越の関心事は、必ずしも玉村が述べたような大応派度弟院の興隆でもなければ、原田が述べたような

表 9-1　妙興寺領寄進状一覧

寄進者	点数	面積記載のある寄進状にみる寄進地規模	所見時期	主な寄進の願意				子孫不孝・悔返等制止
				現当二世	先祖等菩提	近親等菩提	子孫繁昌等	
荒尾氏	19	1 通平均 5 町 3 反余 12 通合計 64 町 7 反余	1329～1373	7	0	0	0	11
中嶋氏	10	1 通平均 4 町 8 反余 10 通合計 48 町 6 反余	1349～1367	6	1	0	0	7
その他（十方檀越）	57	1 通平均 1 町 2 反余 55 通合計 70 町 8 反余	1336～1554	18	2	5	2	29

出典）「妙興寺文書」（『愛知県史　資料編 8～10』所収分）による。

「公界寺」の形成だったわけでもなく、究極的には妙興寺という諸山禅院の存在を不要化してゆくような住持の出世であった事実を注視、抽出してゆくこととなる。

「貴官長者、甲第編戸」をもう少し具体的に理解するために、妙興寺領の寄進状の情報を表9-1にまとめた。荒尾氏・中嶋氏の存続期から、両氏没落後の一六世紀にいたるまで妙興寺を支えた十方檀越（荒尾氏、中嶋氏や、足利氏などの中央の有力者を除いた人々）は、しばしば同日付で土地寄進状と売券とを作成している。妙興寺と門流が近い京都の大徳寺にも、兼好法師が元亨二年（一三二二）四月二十七日の同日付で作成した売券と寄進状とが伝来している。[12]売券による土地移動では、徳政で無効となる危険があったため、寄進状がつけられたと考えられている。[13]いわば売券より寄進状の方が効力が強かったといえる。妙興寺の十方檀越らの寄進状の場合、土地面積がわかるのは五五件である。荒尾氏寄進状の合計（単純合計、以下同じ）六四町余、中嶋氏寄進状の合計四八町余と比較して、平均で一町余という規模である。その過半を占める二九件は五反以下であり、応永二十六年（一四一九）十月八日付「織田教継寄進状」（ただし一保大薬師堂定灯田）の三段、[14]大永五年（一五二五）四月二日付「織田達清寄進状」の三段[15]など、織田氏一族の寄進二件もここに含まれるが、十方檀越には後述のとおり、名主職を保持しつつ妙興寺の衆僧を養子とするような僧俗未分離というべき人々も含まれていた。寄進状に記された願いをみると、荒尾氏や中嶋氏を含め、「現当二世」つまり現世と来世における寄進者個人の救済を祈る内容が多く、先祖の冥福や子孫の繁昌ないし菩提を祈っているのは、寄進先が不明確な暦応二年（一三三九）七月十二日付の「藤原右遠寄進状」[16]を除けば、文和元年（一三五二）十二月日付の「源顕長・源氏女寄進状写」[17]だけである。寄進者の信仰心の強さを示す決まり文句ではあるが、子孫の「不孝（義絶）」や「悔返」を戒める内容も目立つ。

妙興寺領寄進状を詳しく分析した鈴木鋭彦は、「不孝之仁」という文言は、全国的にみても妙興寺文書に目立つこと、この「不孝」文言は、「現当二世」の救済という仏教上の信仰を子孫の違乱から守る目的をもつこと、荒尾氏や中嶋氏などの有力国人は、「不孝」文言をもって「子孫への懲罰威嚇」とし、妙興寺領の保全をはかったこと、などを指摘した[18]。私見では、「現当」文言はあるが「不孝」文言はない事例が一〇件あるなど、「現当」と「不孝」とは必ずしも併記されるとは限らない。また、荒尾氏・中嶋氏以外の十方檀越も、「現当」を祈っている事例が一八件、「不孝」を制している事例が二一件見出される。「現当」と「不孝」の二つの文言が、荒尾氏・中嶋氏のような有力国人に特徴的な文言だという見解には従いにくい。他方で鈴木は、伊予観念寺領をめぐる檀越越智氏を中心とした寄進状を分析し、越智氏のような有力者層は「現当」救済よりも父祖菩提を祈る傾向にあること、「不孝」制止の事例もあるが、一族中の地位の高い人物はむしろ「氏寺」を強調する傾向があること、などを指摘した[19]。傾聴すべき見解である。伊予観念寺は、延元二年（一三三七）三月二十一日付の「四条有資禁制」に「伊予国諸山観念寺」と記載されている事実をもって、諸山禅院とも考えられている[20]。しかし「蔭凉軒日録」等では足利政権の公帖による住持補任を一件も確認できず、伊予観念寺が足利政権が認めた諸山禅院であったかどうかは再考を要する。いずれにせよ伊予観念寺とは異なり、尾張妙興寺は、特定の有力国人等がその「家」の安寧を祈る場所ではなかったと考えられる。

中世の尾張・三河の人々が寄進状を寄せた他の寺社文書でみると、子孫の違乱を制止する「不孝」の文言は、醍醐寺、尾張の真福寺や地蔵院にも類例があるが、地蔵院は文書の点数自体が少なく、真福寺の場合は必ずしも主要な用例ではない。また醍醐寺には、永和三年（一三七八）八月一日付「大江忠興寄進状」の「当家子孫繁昌」[21]、永和五年三月十六日付「大江忠興寄進状」の「子孫安穏」[22]など、子孫のことを祈る事例もある。「現当二世」も醍醐寺、真福寺、地蔵院にみられるが、妙興寺と同じ禅院でみると、東観音寺の永禄五年（一五六二）六月付「福島春興寄進状」の一例があるだけで[23]、むしろ加茂郡長興寺の貞和四年（一三四八）九月十一日付「中条秀長寄進状」にみえる「天下泰平・家門繁富」[24]、渥美郡長興寺の明応五年（一四九六）三月七日付「戸田宗光寄進状写」にみえる「先祖菩提」[25]、東観音寺の永正三年（一五〇六）八月付「藤田定光寄進状」にみえる「子々孫々盤（繁）昌」[26]、永禄五年（一五六二）六月付「福島春興寄進状」にみえる「子孫武運長久」「子孫繁栄」[27]など、地域に「武士」として君臨しようとした禅院の檀越たちが、先祖や子孫を含む「家」の繁栄を祈る事例が目立つ。荒尾氏や中嶋氏も、これらの有力者と並び「家」の繁栄を願ってもおかしくはない存在だが、少なくとも妙興寺に対しては、そのような趣旨で寺領寄進を行った事実を確認できない。寄進寺領の規模の大きさに関わらず、両氏とも実質的には十方檀越の一員として平等に処遇されている点に、妙興寺の性格が現れていると考えられる。

妙興寺の十方檀越の具体像については、次に掲げる応永三十年（一四二三）五月二日付の「妙興寺評定衆連署置文」[28]に注目したい。

妙興寺内橋内名畠地之事

合壱町大者

右彼畠地者、自二開山滅宗和尚一、寄二付服部四郎左衛門入道宗直一、彼御自筆契約之状、太陽庵主温（祖温）首座持参、於二評定衆中一披露之、評定衆□□（披見）、利運（理）之旨、為二明鏡一者也、□□□□物謂未定、彼契約状在二太陽一者、自然取散、転伝而、落二侘家之手一、為二寺領一不レ可レ然也、評定衆与温首□（座）、致二談合一、先請二取彼契約状一、天祥庵之重書箱仁置レ之、自二太陽一所用之時者、無二一儀一可レ渡レ之者也、評定衆為二後証一連判在レ之、次又開山御自筆契約之案文、別紙写レ之、渡二申太陽庵主一処実也、仍而後代亀鑑之状如レ件、

応永卅年五月二日

維那　祖綱（花押）
都寺　正従（花押）
首座　宗全（花押）
性勝（進叟）（花押）　竜受（花押）

（裏書）
「自太陽錬□（錬剛祖柔か）座元、返進于本寺、蓋評定衆証明焉、
明応壬子（元年）小春十又六
住山宗誕（慶甫）」

妙興寺の衆僧たちが、開山滅宗―服部宗直―太陽庵祖温と継承された畠地の権利を承認している。服部宗直は応永六年（一三九九）十二月の譲状で、滅宗から「買得」した同地について、進叟性勝らの師であった玉峰祥金[29]を「養子」として「譲与」したという事実も確認できる。[30]玉峰については、永徳二年（一三八二）に死去した滅宗自筆の「公役納法下地等目安注文[31]」にみえる「一所五反　義長辺」の下に「祥金分、反別百宛」の記載がある。上村喜久子は、「加地子名主職所有者であり、かなり領主化している」存在の一例とみている。[32]妙興寺の衆僧であり、

名主職を保持し、妙興寺を経済的に支えた檀越とみられる服部氏の「養子」でもあるという玉峰祥金や、同人を含む滅宗―服部―玉峰―祖温という長期の僧俗にまたがる土地の継承のあり方は、いわば半僧半俗で、子孫の繁栄を必ずしも祈らなかった妙興寺十方檀越の実像、居士大姉仏教であった禅宗信徒の実像を示しているのではなかろうか。こうした人々により継承されている土地に関わる「契約状」が、「侘家之手」に落ちることは「寺領」として好ましくないという認識も注目できる。明応元年（一四九二）十月当時の妙興寺住持であった慶甫宗誕は、以上の文書に示された土地権利の継承について、改めて住持として「裏書」を加え、承認を与えたのである。

ところで慶甫は、明応五年（一四九六）の伝心宗密百回忌を機に、「一門之諸徒」の計らいで山城の十刹真如寺住持に出世し、万里集九が祝詩を寄せている[33]。さらに永正八年（一五一一）十二月に五山建仁寺住持[34]、おそらく永正十一年に五山之上南禅寺住持へと出世している[35]。同年三月付の「建仁寺三益永因請取状写」は、慶甫が「公帖礼銭」五貫百文を建仁寺に納入し、同寺修造の費用調達の手段として足利政権から同寺に寄進されていた宛名未定の公帖を買得することで、おそらく南禅寺住持の身分を得た際のもので[36]、出資者はやはり「一門之諸徒」であろう。永正十八年四月三日付の「慶甫宗誕遺物目録」は、末尾に「公帖四通」を記載し、諸山、十刹、五山、南禅寺の公帖四通が存在したと考えられるが[37]、公帖は慶甫のいわば個人的な「遺物」扱いとなっている点に、とりわけ注意したい。ちなみに、現在「妙興寺文書」として残されている公帖は、足利義持が進叟性勝を美濃の諸山大円寺および相模の五山寿福寺の住持に補任した際のものだけである[38]。このほか遠江の貞永安国寺には、肩書が諸山住持以上の身分である「西堂」であることから、進叟におそらく山城十刹の安国寺住持の身分を与えた義持公帖が伝わるが[39]、いずれも進叟の妙興寺外での活動ぶりを示す史料として注目できよう。つまり公帖は、受給者である五山僧が属した禅院に帰属するのではなく、おそらく住持となった五山僧個人に帰属する場合があり、進叟は自らが開山であった塔頭耕雲庵を擁する妙興寺に公帖を持ち帰る一方で、慶甫などほとんどの歴代住持の公帖は寺外に持ち去られ、

「妙興寺文書」として残されていないのであろう。なお、東福寺や相国寺などには、五山僧の受給公帖がまとまって伝来しており、公帖の伝来をめぐる本格的な検討は、今後の課題である[40]。

ともあれ、妙興寺を核として、土地財産を相互に保証しあっていた十方檀越は、その共同の利害を見守る役割を果たし続けることを歴代の妙興寺住持に期待し、その権威に重みを与えるために、十刹、五山や南禅寺住持への出世を促し、共同で出世に必要となる「公帖礼銭」をまかなっていたとみられる。その結果、彼らの利害を俯瞰する五山僧は、必ずしも「妙興寺住持」である必要はなく、むしろより高位の住持身分への出世が期待されるようになった。歴代住持の公帖の伝来状況からみても、あるいは慶甫の寺外における五山文学上の活躍ぶりからみても、妙興寺住持は、必ずしも大応派の一員として同寺の興隆に専心したわけでもなければ、「十方制」で選任された「公界寺」の中心となったわけでもなく、文字どおり妙興寺から遊離し、妙興寺の中枢は空洞化する傾向を示したのではないか。妙興寺は、夷中の五山長老と十方檀越とのいわば仮の集合体のような形となっていったために、南化玄興による妙心寺派禅院としての再興[41]が必要になったと考えられる。

(2) 諸山長興寺の十方檀越と歴代住持

中世の尾張・三河でみると、足利政権は妙興寺のほかに、尾張光音寺、三河実相寺、長興寺(加茂郡)にも諸山の格式を与え、自ら直接、住持を補任していた。このうち三河実相寺は、一般的には吉良氏を開基檀越とした禅院として知られている。康安二年(一三六二)に吉良氏が足利政権に帰順した折りに作成されたとみられる住持太山一元主導の実相寺釈迦三尊像胎内文書をみると、吉良満貞願文が見出される。しかし同じ胎内文書は、むしろその他多くの結縁者の存在で特徴づけられる[42]。実相寺の歴代住持をみてゆくと、一峰明一は門弟であった今川了俊の著「難太平記」により今川氏被官三河高木氏の出身[43]、太山一元は幡豆郡須美保山園村の伴氏で、やはり今川氏被官層の出身とみられる。[44] 実相寺が妙興寺と同様に、十方檀越に支えられた禅院であったと考え得る手がかりである。

実相寺歴代住持のなかでも、比較的詳しい伝記[45]がある太陽義冲の場合、筑前国藤原氏の出身で、暦応四年（一三四一）に実相寺住持となったようだが、とくに吉良氏に招かれたとは伝えられていない。そののち、康永元年（一三四二）に京都普門寺住持、翌年には九条家から東福寺住持に招かれ、ついで中条秀長から三河国加茂郡長興寺の開山に招かれたという。長興寺領に関する貞和四年（一三四八）九月十一日付「中条秀長寄進状」があり、[46]関連しよう。ところがこの寄進状で、秀長から「天下泰平・家門繁富之祈禱」を期待された長興寺は、明徳二年（一三九二）十二月付の「長興寺申状写[47]」において、「南禅寺之前住」にまで出世した太陽が開山、中条秀長が「檀那」で、貞和四年（一三四八）八月には「諸山御教書」も得たが、「料所」がなく「破壊顛倒」に及んでいると述べ、かつて同寺に設営されていたとみられる利生塔のための塔婆料所を長興寺に寄せるよう足利政権に求めている。妙興寺の荒尾氏、中嶋氏や、実相寺の吉良氏と同様、中条氏も長興寺の檀越としての活動をほとんど示さなくなったために、こうした長興寺の維持存続の問題が生じたとも考えられる。

室町・戦国期にかけて、諸山長興寺を必要としその存続を支えたのは、やはり地域の十方檀越であったとみられる。天明六年（一七八六）頃の書付[48]によると、中世の長興寺には「十七院末寺」があったらしく、①八名郡小畑邑延命寺、②賀茂郡下伊保村報恩寺、③同曽孫末黒田村宝昌院、④同曽孫末同村本光庵、⑤武村龍光寺、⑥東境村永源寺、⑦美濃国駄知村長久寺、の七寺庵名が、具体的に記載されている。このうち⑤⑥⑦については、「他派ニ属之末年代不相知」とある。⑤に該当するとみられる竹村龍興寺は文治五年（一一八九）鈴木氏の開基と伝えられ、[49]⑥は寺跡未詳、⑦は現地に存続し、⑤と⑦は現在臨済宗妙心寺派に属する。なお、②も寺跡未詳であるが、いずれも中世段階では長興寺の末寺であったということだろう。

①延命寺については、貞和四年（一三四八）の創建、開山は長興寺と同じく太陽義仲と伝えられる。[50] 同寺所蔵の

「大般若波羅蜜多経奥書」[51]に、

時応永十三年丙戌十二月四日、於三河国八名郡宇利新庄内上宇利郷小波田村延命禅寺草亭、如形令書写畢、
右筆者信厚春秋五六
顓願現世安穏、後生善処、福智円満、寿即長円、悉地成就也

とある。また同寺所蔵の同写[52]に、

時応永十三年丙戌七月八日、於三州八名郡宇利新庄上宇利郷小波田延命寺草亭、雖為悪筆、為現世安穏後生善所、生々世々値遇頂戴、不顧外見所奉書写而已、信厚

とある。さらに御津神社所蔵の「大般若波羅蜜多経奥書」[53]に、

応永二十九年八月晦日、於延命寺書之、釈氏信厚生年四十六

とある。③宝昌院は応永十年（一四〇三）、④本光庵は応永十三年、いずれも徳雲義孝の開山と伝えられ、①延命寺の末寺、長興寺の「曽孫末」である[54]。

このように長興寺は、地域社会に散在した寺・院・庵を末寺として擁した。そして、これらに付属する土地財産を、おそらくは前掲の応永三十年（一四二三）「妙興寺評定衆連署置文」と同様に、衆僧と十方檀越とで、僧俗にまたがり相互に継承し保証し合っていたのではないか。具体的には、①延命寺に属した信厚、③宝昌院や④本光庵の開山と伝えられる徳雲、⑤の鎌倉期の開基と伝えられる鈴木氏といった人名を検出できる。とくに中世史料が残る信厚は、大般若経の書写にいそしんでいる様子からみると、長興寺につらなる禅僧というよりは、僧俗未分離の

居士的な檀越ではなかろうか。妙興寺の寄進状と同様に、先祖から子孫にいたる家の維持などではなく個人的な救済を願っており、また、「悪筆」を恥じている様子などは、必ずしも高位とはいえない長興寺十方檀越の社会階層を示唆している。少なくとも、五山僧の外護者は身分の高い有力武士だという通念は見直す必要がある。

長興寺は、観応二年(一三五一)九月付の「曹源庵制規写」で太陽が開創した東福寺塔頭曹源庵の末寺に位置づけられ[55]、永徳元年(一三八一)八月六日付の「長興寺入院規式写」で、新住持着任の儀式を東福寺と同様に行うよう定められている[56]。永徳三年二月付の「長興寺規式写」は、「長老住持」の任期を五年、僧衆を三〇人までと定めたうえで、塔頭や末寺の権益拡大をさまざまに制止している[57]。このように、地域の檀越とのつながりが深いとみられる塔頭や末寺の全体的な利害を調整したであろう「長老住持」は、任期を五年に限られ、その権限の独占を抑制されていたが、十刹や五山の住持に出世し、一定の発言力をもつこともおそらく期待されていた。長興寺の歴代住持を調べてみると、全員が開山門派の本寺にあたる十刹普門寺や五山東福寺の住持に出世していたわけではなく、十刹住持への出世では禅興寺(東谷圭照)、真如寺(松蔭永棟、玉渓礼璋、礼慶)、五山住持への出世では建仁寺(祥龍)、円覚寺(海東礼鷹、礼譚)、建長寺(玉渓礼璋)などの事例が散見する。つまり歴代の長興寺住持は、開山門派の本寺にあたる東福寺を下支えする以上に、足利政権から十刹・五山の住持身分を与えられ、地域秩序を安定させる権威となることを、おそらく足利政権と十方檀越との双方から期待されていたのである。

もちろん彼ら歴代長興寺住持のなかには、単に諸山住持の身分を得ただけで、実際には長興寺に来住しなかった坐公文受給者も含まれるであろうが、伊勢大義寺に関連している長興寺歴代住持は、伊勢と三河との地域交流に根ざした存在と考えられる。たとえば、瑞巌義麟が大義寺の開山であったことは「延宝伝灯録」[58]にみえる。同人の頂相賛[59]は、無為昭元、太陽義冲の法系をひくこと、大義寺や長興寺を歴住ののち、東福寺住持に出世し、同寺曹源庵で死去したことなどを記す。舜田義旻の頂相賛[60]には「三川長興寺、勢州玉田山大義寺を歴住す」とある。熊式(法諱未詳）が足利政権の公帖により長興寺住持に補任されたことを祝う月泉祥洵の偈頌の表題は「大義寺熊式和尚の三川長興の帖を賜るを賀す」とある。[61] このほか、大義寺の名はないが、十刹真如寺住持に補任されている（道号未詳）礼慶も「伊勢人」であった。[62] 矢作川流域の三河の在地勢力でもあった長興寺の十方檀越は、おそらく伊勢の在地勢力と人脈を有したであろう住持を迎える主体であり、伊勢と三河との海上交通を通じた経済的、文化的な交流と連動していたという地域情勢を想定してみたい。

二　夷中の五山長老

五山の制度は、これまで述べてきた状況からもわかるように、夷中といわれた地域社会で活動する五山僧たちに、足利政権が公帖という補任状を発給し、五山、十刹、諸山の住持身分を与えることに主眼を置いた禅僧本位の制度というべきである。したがって、五山、十刹、諸山などの格式を与えられた大禅院を必ずしも本拠とせず、尾張・三河の地域社会に深く分け入って活動した夷中の五山僧たちが存在した。これまでほとんど注目されることはなかったが、南北朝・室町・戦国期の政治史理解や地域史理解に新しい視角を提供できるかもしれない存在である。いくつか具体例をみておこう。

心華元棣の詩文集に、「寄仏心謙中和尚兼簡前光禄大夫土岐源公（頼康）」と題する詩文がある。[63] 美濃・尾張・伊勢の三国の守護で嘉元元年（一三八七）に没した土岐頼康から某寺住持に招かれた心華が、病気を理由に謝絶するにあたり、仲介者である仏心寺の謙中善益を通じ土岐頼康に贈った詩文である。土岐氏の乱の直後の明徳元年（一三九〇）五月六日付「将軍足利義満御判御教書」は、「善益西堂」に対し美濃・尾張所在の諸権益を美濃瑞巌寺領として安堵している。[64]この善益は、道号をはじめ謙中と名乗り、のちに大中と改めたことがわかっている。[65]心華の文集によれば、大中善益は土岐氏が檀越であった山城の諸山仏心寺の住持に補任されており、諸山住持以上の「西堂」の身分を有していた。[66]謙中改め大中善益は、五山派の一つである法海派の長老として、明徳五年に相模景徳寺を円覚寺正続院の末寺に寄進する連署寄進状にも名を連ねている。[67]のちに五山最高位の南禅寺住持にまで出世しているが、そこでは「防州人」と注記されている。[68]以上から推察されることをまとめると、周防出身の大中は、美濃に拠点があり、関東にも人脈を及ぼす法海派の重鎮で、頼康が招請をめざした心華の謝絶を頼康に伝えることができるなど、土岐氏に対し発言力をもった夷中の五山僧であった。足利政権もこうした大中に着目し、諸山仏心寺の住持から、最終的には南禅寺住持にまで出世させるとともに、その拠点とみられる美濃瑞巌寺に属する地域の諸権益について、直接大中に安堵したのである。土岐氏の乱後の人心収攬策とも考えられる。

尾張国井上荘近辺に、かつて大円寺という禅院が存在した。[69]その住持であった悦林中怡は、万里小路時房の一一歳年長の従兄弟であったため、[70]時房の日記「建内記」にかなり詳しい記述がある。それによると、悦林の父は、時房の父嗣房の異母弟であった醍醐観心院俊増僧都で、「母民部卿典侍譲与相伝所領」であった丹羽郡井上荘山科に土着し、晩年を過ごしたらしい。三十三回忌修法が嘉吉三年（一四四三）四月に行われているから、応永十八年（一四一一）頃の死去であろう。[71]悦林が本拠とした大円寺も井上荘山科に寺領を有し、足利義満、義持の寺領安堵判物以下、守護代織田常竹の渡状などを得ていた。[72]悦林は寺領をめぐる争いで訴訟となった際には時房を頼り、こうした寺領文書の管理などを委ねていた。[73]他方で、春日部郡には万里小路家が領家職を保持した六師荘があった。時房は同荘の年貢を抵当に相国寺から借銭し、厳しい返済の催促をうけていたらしく、[74]地下百姓を心服させ着実に年貢を上納する代官の人選に苦慮していた。時房は、こうした現地の管理つまり「田舎之儀」[75]について、大円寺悦林やその侍僧周喜、周誠の助言や助力を得ていた。[76]彼らの応対にあたっていた「唐人三郎」なる人物も注目されよう。織田郷広の被官であった坂井広通との争い[77]では、大円寺の使僧が「織田母知音の僧の事、秘計を廻らし、所詮喜（周喜）蔵主忩ぎ上洛すべく談合すべき[78]」という時房側の意向をうけて尾張へ下向している。この使僧の下向とほぼ並行して、坂井をかばい続けてきた織田郷広が、尾張守護斯波義健や織田一門から「絶交」され逃亡するという事件が起きている[79]。「織田母」に「秘計」をめぐらす人脈を有した大円寺悦林は、織田郷広—坂井広通を孤立させた包囲網の一環をなしたのではないか。

ところで悦林は、時房にあてた永享十一年（一四三九）以前二月付の書状で、六師荘の代官人選など自身に相談するよう勧めるとともに、「拙者公帖」に言及し、大円寺の重書とともに大切に保管するよう時房から助言されたことを記している[80]。妙興寺の進叟や慶甫の事例でもみたが、ここでも、公帖の管理は受給者である五山僧の判断に委ねられていた状況を示す。悦林は、おそくとも嘉吉元年（一四四一）三月には「西堂」と呼称されており[81]、足利政権から諸山住持補任の公帖をうけていた。さらに時房は、嘉吉四年二月に山城十刹安国寺の住持が退院《ついえん》するという情報をききつけると、足利政権の公帖発給を管轄していた鹿苑僧録に悦林の安国寺入院の希望を伝え[82]、翌月にこれが実現すると、悦林に祝意を表している[83]。さらに悦林は、文安四年（一四四七）までには五山建仁寺の住持に出世している[84]。その前後にかけて、悦林は建仁寺嘉隠軒の門徒として、宇治の蔵勝寺や嵯峨の大雄寺など「門徒巡請・巡役」の禅院住持を歴任している[85]。五山長老としての経歴を着実に積み重ねていったのである。しかし時房は、悦林がこれらの経歴を積み重ねたのちも、悦林のことを「大円寺和尚[86]」と記し続けている。地域秩序の要として大円寺を拠点にその影響力を発揮すること、これが、尾張に所領を有した時房や、悦林に公帖を発給して五山長老の高い住持身分を与えた足利政権、さらには尾張に土着した俊増、悦林父子と人脈を築いた地域の有力者層に共通する利害だったと察せられる。

京都の寺社本所勢力と、その権益を擁護する足利政権から、所領の「押領」を指弾された尾張守護代の系譜をひいた織田敏定も、高位の住持身分をもつ五山長老に関心を寄せていた。延徳四年（一四九二）五月に、霖父乾逌が敏定の「一行」つまり推挙状をもって、五山建長寺住持補任の公帖を与えられたという記録がある。[87]さらに霖父は、同年八月にあらためて五山相国寺の住持に補任されている。そのときの記録によると、霖父は備前出身で、三河・尾張の滞在歴は三〇年に及び、尾張では霊源院、三河では満目院を拠点とし、名目的に丹後の諸山雲門寺、駿河の十刹清見寺の住持身分を得ていたらしい。[88]おそらくはこうした経歴を記載した「目子」を参照して、横川景三らが「道旧」つまり同門の友人として、霖父の相国寺住持補任を祝い本人に贈った延徳四年八月付の道旧疏の原本が、正木美術館に現存しており、西尾賢隆が詳しく検討している。[89]

道旧疏は入院儀礼で披露されることを前提に作成されるが、冒頭で「前建長霖父大禅師、大檀越征夷大将軍の鈞命に栄膺し、万年山相国承天禅寺に視篆す」と述べ、将軍足利義材の任命をうけたと明記する。歴代の足利政権の首長は、公帖を含め「征夷大将軍」を用いることはほとんどなく、当時の義材であれば自他共に「左近衛中将」を用いたと考えられるが、五山僧は「征夷大将軍」の呼称をしばしば用いており、五山僧の檀越である「武士」たちの関心に応えての特徴かとも考えられる。ついで八対の対句構造を駆使しながら、横川は霖父の相国寺住持補任を称えるが、そのなかに、「不レ隔二三川市朝一、而歴二八州都督一」「万山伝二霊源伽陀一、中秋月白、九老遊二普明僧舎一晩歳髪黄」という二対がある。後者は、霖父の尾張での拠点であった霊源院と、霖父が新たに着任した相国寺、つまりかつて普明国師春屋妙葩が住持した僧舎とを対句に仕立てたものだとわかる。問題は前者であるが、西尾は「八州の都督を歴たり」と読む。延喜式によれば、尾張は知多、愛智、山田、春部、丹羽、葉栗、中嶋、海部の八郡からなり、鎌倉期以後の分裂や統合で、この当時にそのままこの八郡が維持されていたかどうかは検討を要するが、西尾の解釈のとおり、八州は尾張の古典的な雅称とみてよいだろう。さらに西尾は、霖父が「八州の都督を歴」任したという解釈をとっているが、尾張の五山僧が歴任するような尾張の複数の都督（長官職）としてどのようなものが想定されるかは難解で、西尾は、「都督は、不詳」と注記している。他方、「市朝」について西尾はとくに注記していないが、大別して、市中、市井と朝廷、の二義があり、「朝とは市の行列が朝廷の列位のやうであるからいふ」と解説されている。[90]この部分は、一休宗純など当時の禅僧ないし五山僧らが広く参照していた「三体詩」所収の許渾の句、「隠者を送る」のなかにみえる「古自り雲林市朝に遠ざかる」[91]を踏まえているのではないか。隠者の雲林と俗人の市朝とを対比しつつ、両者とも、さらにどのような貴人も、頭上の白髪を免れることはできないという趣旨は、道旧疏末尾の「晩歳髪黄」に通じる。霖父はあたかも許渾の句の白髪のように、三河で雲林と市朝とを隔てることなく、俗人たちと親しく交流したということであろう。この句との対句関係を重視するならば、「歴」には「傅」、つまり、「ちかづく」「つく」の意味があるので、[92]「八州の都督に歴たり」と読み、「尾張では都督に近侍し」と解釈すべきではないかというのが私見である。八州の都督とは、霖父との関係からみて実質的に尾張守護代の織田敏定を指すだろう。新しい相国寺住持の就任にあたり、その檀越であった敏定について、守護斯波氏をさしおき尾張の「都督」つまり地方長官であるかのようにあわせ称える表現は、政治的にきわどい。横川はおそらく、織田氏の期待に応えることを意識しつつも、それとは明示しない表現を駆使したのではないか。

そのほかにも、足利政権の公帖を受給して尾張・三河で活動していた五山長老たちの記事が、いくつかある。長享二年（一四八八）には、真琇西堂が住持登用の審査の機会となる秉払という説法を正しくこなさないまま、諸山や十刹の公帖をうけたことが露見し、尾張熱田から美濃へ逃避したものの、「濃州人」に知られて「讃歎」され、さらに三河へ逃避したという記録がある。[93]五山僧の住持身分に対する「濃州人」など地域社会の高い関心が存在しなければ、このような逃避行も不要だったのではないか。戦国期の五山の重鎮であった仁如集堯の文筆を知多半島の有力勢力であった檀越佐治氏に取り次いでいた岡田慈雲寺の雲岫永俊は、[94]永禄十年（一五六七）十月に、おそらく佐治氏の出資を得て、相国寺慶雲院から公帖を買得することで、諸山景徳寺、十刹真如寺の住持身分を得ていたが、さらに元亀三年（一五七二）十一月に、両寺住持補任の公帖を受給しなおしている。(95) 相国寺慶雲院の修造費用を賄うために、足利義栄から相国寺に寄進されていた宛名未定の公帖の効力が否定され、義栄と争った足利義昭寄進の公帖こそ有効であるという中央政局の影響が、知多半島の地域社会にまで及んだとみられる。同じく知多半島に所在する海音寺には、年未詳十二月一日付で、やはり慶雲院修造のために足利政権から相国寺に寄進されていた宛名未定の公帖を相国寺から買得することで、禅詳首座が諸山景徳寺、十刹真如寺に住持出世することを認めた鹿苑僧録等の連署状が伝わる。(96) 高安禅詳の両寺出世は天正九年（一五八一）であったことが鹿苑僧録の記録で確認できる。(97)

五山の制度が、五山、十刹、諸山などの格式を与えられた大禅院を中心とする制度であったとすれば、五山の制度と地域社会との関係も、ごく限られたものであったとみえやすい。しかし五山の制度は、足利政権から公帖の発給をうけた禅僧本位の制度であったとみなおすならば、足利政権の権威を分有した禅僧たちが地域社会に深く分け入り、在地勢力の信仰と期待とをうけ、地域秩序にさまざまな影響を与えた諸局面がみえてくる。もちろん彼ら夷中の五山長老は、もっぱら足利政権の権威を分有する存在であったことにより、在地勢力の信仰をうけ影響力をもったというわけではない。霖父の事例でいえば、「三川の市朝」や「尾張の都督」の信仰を集めていた存在であったことが、足利義材による相国寺住持補任の前提であり、むしろこの補任によって、義材は自らの権威を高めることを期待できたとも考えられる。そうであるとすれば、彼ら五山長老は、どのような思想や信仰や言葉をもって人々の関心をひきつけ、足利政権も着目するほどの存在感を示したのかが根本的な問題となる。節をあらためて、室町・戦国期の尾張・三河で作成され受容されていた五山文学の実例をみてゆこう。

三　夷中の五山文学

列島社会には古代から、仏教の一部分としての「禅」は伝えられていた。しかし中世という時代になって、新しく大陸から列島社会にもたらされた禅宗は、儒学との融合を重要な特色としており、釈迦の教えを記す経典類よりも、実際に見聞きした先師たちの言葉や行動を記録し、語録や詩文集にまとめることを重視した。西尾賢隆は中国仏教史について、古代は仏典、中世は偽経、近世は語録の時代、その主な担い手は、中世の僧尼から近世の居士（および大姉）に推移すると、端的に概括している。[98]日本に渡来した宋元代の禅僧たちのなかには、もっぱら坐禅に努めるべきだと説く者もいたが、彼らは多く宋元代の士大夫層の出身で、そうした教え自体を詩文で示す習慣があったため、列島社会で新しい禅宗を学ぼうとした人々もまた、彼ら渡来僧の真意を理解するためには、詩文を学ぶ必要があった。[99]たとえば嘉暦三年（一三二八）秋には、渡来僧の清拙正澄が、七言四句の詩文を伴う「平心」の字説を平心処斉に授けている。[100]また、高名な渡来僧として知られる明極楚俊は、「斉禅人参方」「滅宗興禅人」[101]と題する詩文を作成している。「斉」は定光寺開山の平心処斉である可能性があり、「滅宗興」が妙興寺開山の滅宗宗興であることは確実である。尾張における五山僧の先駆けというべき平心や滅宗は、こうした詩文を渡来僧から与えられ、必死でその内容を理解しようと努めたことであろう。

中世の尾張・三河でいちはやく禅院を開き、開山と仰がれた禅僧たちは、実際のところ多くの詩文を作成し、弟子たちによって語録にまとめられた。定光寺開山・平心処斉の「覚源禅師偈頌」[102]、三河国加茂郡の広沢庵から遠江国方広寺の開山に転じた無文元選の「無文禅師語録」[103]、天恩寺開山・弥天永釈の「弥天和尚語録」[104]、乾坤院開山・川僧慧済の「川僧禅師語録」[105]などである。これらの語録に含まれている作品は、おおむね、①五言四句、七言四句などの詩文、②仏像・堂塔・経典類の供養法語、③身辺の僧俗に関する葬祭追善法語、④詩画軸や扇類に付した題賛、⑤肖像画類に付した画像賛、⑥門弟や信徒に与えた字説や示教、に六分類できる。その内容構成をまとめてみると、表9-2のようになる。川僧ら曹洞宗系の禅僧は、③葬祭追善が大きな割合を示していること、対して渡来僧との関係が強い平心らの場合には①詩文の比重が高いこと、無文や弥天はその中間的な特徴を示すが、いずれにせよ彼らの語録は葬祭追善だけで埋め尽くされているわけではないこと、などを確認できる。その後の尾張・三河に関わる五山僧らの文筆活動も、おおむねこの分類からの継承発展として理解できる。以下、（1）修道としての詩文（主として①関連）、（2）詩画軸をめぐる交流（主として④⑤⑥関連）、（3）仏事と政治（主として②関連）の三項目に分けて、一般に知られている葬祭追善（③）にはとどまらない五山文学の多面的な史料的性格と価値とを明らかにしたい。

表9-2　語録の内容構成

	平心	%	無文	%	弥天	%	川僧	%
詩文	108	67.1	2	2.5	3	5.8	9	1.7
像堂経典類の供養法語	4	2.5	4	5.0	8	15.4	6	1.1
僧俗の葬祭追善法語	8	5.0	42	52.5	23	44.2	348	66.5
詩画軸類の題賛	13	8.1	6	7.5	3	5.8	35	6.7
肖像画類の像賛	21	13.0	26	32.5	10	19.2	20	3.8
字説示教	7	4.3	0	0	5	9.6	105	20.1
	161		80		52		523	

出典）「覚源禅師偈頌」（『愛知県史　資料編9』に一部収録，全文は『瀬戸市史　資料編3　原始・古代・中世』），「無文禅師語録」（『愛知県史　資料編14』78号に一部収録，全文は大正新修大蔵経80），「弥天和尚語録」（建仁寺両足院原蔵，東京大学史料編纂所謄写本），「川僧禅師語録」（曹洞宗全書語録一）。

（1）修道としての詩文

もっとも点数の多い詩文では、平心の「覚源禅師偈頌」に歴史史料としてみるべきものが多い。たとえば、「寄東陵和尚」すなわち足利直義に招かれ元より渡来した東陵永璵との交流や、「建禅蔵庵、土岐氏喜捨浄財建立伽藍」「康安二年二月十二日土岐刑部禅門来問」など、美濃・尾張等の守護土岐頼康の弟頼忠との交流がみられる。また、「和義空正忠首座員（韻）」という作品もある。義空正忠は駿河の十刹清見寺の住持に出世していることが天境霊致の文集[106]でわかる。平心自身は五山・十刹・諸山などの住持身分をもたず、定光寺もそうした寺格を有さなかったが、定光寺は明らかに五山僧らの拠点であった。

内容で興味ひかれるのは、「衆僧の学文を誡む」と題する詩文である。「結夏の同人 三十余、知らず 誰か是れ実に安居すと。坐禅習定するは渾閑事（日常事）、何ぞ嘮々（べちゃくちゃと喧しくしゃべるさま）として日に読書するを用いん」と詠む。坐禅よりも読書とそれに基づく議論とに力が入っていた平心の弟子たちの様子がわかる。また、「時に僧の 数《しばしば》 病に染む」と題する詩文も二首ある。それぞれ、「人々に 頼《さいわい》 に護身の符有り、何ぞ必ずしも外辺に別に書を用いん。大地より採り来れば薬ならざる無し、今朝請うらくは病の一時に除《さ》らんことを」「時節の因縁は信符の如し、善財の茎草 方書を示す。未だ文彩を彰かにせず 霊験を施す、自是《もと》より人間の衆病除《さ》らん」と詠む。救われたいならば、書物にみえる遠方の知識より、身辺の雑事にひそんでいる本質に着目せよと説いており、医療にことよせているが、「学文」偏重への戒めと同じ趣旨であろう。ちなみに最後の詩文は、「五灯会元」巻二文殊菩薩章にある「善財、遂に地上に於いて、一茎草を拈じて、文殊に度与す」に基づくが[107]、定光寺所蔵本の「覚源禅師偈頌」は「財」字につき誤りがあり、詩文の理解水準を知る手がかりになるかもしれない。

弥天の詩文では、たとえば「晩学を勧む」という詩文があり、「勧めんとす 後生参学の士、光陰矢の如し 空しく過ごすこと莫かれ。人々箇の霊台の在る有り、塵埃を払拭して急ぎ琢磨せよ」と詠む。人それぞれの霊台（たましいのあるところ、心）は、いつでもだれでも磨きはじめることができると励ます内容である。川僧の詩文では、乾坤院の落成を祝う詩文がある[108]。序文があり、「長福・報恩の二大士、二三の同侶と、弊廬を訪らう。寒暄（時候の挨拶）の後、報恩、一偈を賦し、以て雲堂の落成を賀せらる。余、口吃（どもる）手戦して、即席に酬唱すること能わず。翌日拙偈三章を書し、以て報恩の牀下に呈し奉る」と記す。身体の不調で、詩文で即応できなかったという川僧の弁明を記しており、超然とした高僧というのではない人間味を示している。曹洞宗系禅僧の語録は、一般に葬祭供養の法語の比率が高く、川僧の場合も同様の傾向を示すが、一方で川僧は、「画扇に題し人の軍に従い相陽に赴くを送る」と題する詩文五首など、詩画軸をめぐる交流に分類できる作品も残しており、その点では五山僧と変わるところはない。

以上は、尾張・三河ないし隣接する遠江に関連禅院が存続し、その開山と仰がれる禅僧たちの詩文であるが、中世の五山僧の多くは、現在は全く痕跡をとどめない小寺庵に散在し、世俗社会に交わる居士大姉仏教の担い手としての性格を示していたと考えられる。

南北朝期の五山文学を代表する詩文集の一つ、「松山集」(109)を残した龍泉令淬は、伝記によれば後醍醐天皇の落胤で、宮廷に仕えていた母が尾張海東郡で産んだ子であるという。(110)龍泉は貞和二・正平元年（一三四六）と、文和三〜延文四・正平九〜十四年（一三五四〜五九）にかけて、少なくとも二度にわたり、南朝の後村上天皇と詩文をやりとりしており、両者の兄弟関係を示しているとも考えられている。(111)龍泉は鎌倉・南北朝期の五山を代表した学僧・虎関師錬の高弟として、虎関の伝記である「海蔵和尚紀年録」の編纂や虎関の編著である「元亨釈書」の入蔵を主導しており、中央の貴族的五山僧の典型であるようにみえる。しかし龍泉には、郷里尾張との往来を保ち続けたという側面もある。「松山集」には、「寄贈定光寺斉長老」「適三川実相寺訪汨書記不逢忽解後別村作一偈別之」と題する詩文があり、尾張・三河地域の禅院の先駆けをなした定光寺や実相寺との交流を示す。「自洛至尾道中偶作」「自海東瑞松遷住万松山円通」など、京都と尾張との往来に関わる作品もある。龍泉は自身の身分について、次にみる「祭乳母文」では「前住筑州万松山勅賜承天禅寺、見住尾州海東郡瑞松山真福興聖禅寺比丘」と記している。龍泉は、延文五年（一三六〇）頃に筑前の承天寺住持に出世したのち、(112)貞治三年（一三六四）に京都の五山万寿寺の住持に出世しているが、(113)尾張の真福興聖禅寺を重要な本拠としていたのである。

伝記によれば、龍泉は「仏理に通じた」乳母の影響をうけて虎関に入門したとされているが、康安元年（一三六一年）十月には「祭乳母文」を作成し、尾張平氏の出身であったという乳母の死去を悼んでいる。その四言連句の書き出しをみると、「民は国の本、食は亦民の本、本 苟《も》し立たざれば、人道 其れ 踠《たう》る」とある。この考え方は、おそらく食を生み出す農事への関心に連動している。文和二年（一三五三）の「癸巳春、菊の苗を種う」と題する作では、「戦争は終に是れ田疆を堕《こぼ》ち、塵は暗し 長安虞芮《ぐぜい》の郷。更に問う 東籬無用の地、一たび膏雨に鉏《す》きて（耕耘して）秋糧を占めん」と詠む。見苦しい故事として有名な「虞芮」の際限ない土地争いと、こうした見苦しい人間世界を去ろうとした陶淵明の「東籬菊」とを対比させつつ、眼前の南北朝期の戦塵と、陶淵明が愛でた山居の垣根の菊花よりも見事というべき秋の収穫をめざす農作業とを対比してみせた詩文であろう。同様に「立春　時在尾州」という作品では、「泥牛 角を擎《もたぐ》れば是れ黄金、鼻縄を製断して威気新たなり。今日一鞭すれば鞭砕け了り、還って村落賀春の人と成る」と詠む。「泥牛」は立春に祭る泥土でつくった牛のことで、闘う泥牛も海に入れば消え失せるという「景徳伝灯録」の話題[114]に関連しそうだが、文字どおりには、立春となり勇ましく牛耕農業にとりかかった人が、居所の村落に戻って称えられる様子を詠んでいる。

虎関・龍泉の師弟は、日常些事に題材をとった詩文の作成に特徴があるとされる。身辺雑事に宇宙の真理があるとみた宋学の先駆者・周敦頤の「太極図説」との関連も想定してみたい[115]。彼らにとって詩文の作成は、日常の些細な出来事にもいわば宇宙の真理をみようという「修道」の一部であり、龍泉の修道的な詩文の場合、龍泉の母方の出自ともみられる尾張の土豪層の身辺事情であった農業生産活動が主要な素材の一つになっていたといえよう。

（2）詩画軸をめぐる交流

五山文学を扱おうとするときに、ぜひ着目すべき主題は、美少年である。男色を忌避する近現代の価値観からは退廃堕落と悪評されやすい[116]が、室町文化を理解するうえでは欠かせない存在である[117]。尾張・三河にも、文明年間

（一四六九〜八七）の頃に、京都の五山長老たちを魅了し、五山文学の主役となるような美少年がいた。竹圃宗悟[118]と中谷宗覃[119]である。彼らをめぐり、先述の分類でいえば、④詩画軸や扇類に付した題賛、⑤肖像画類に付した画像賛、⑥門弟や信徒に与えた字説や示教、に属する作品が作成されている。

そのなかに、中谷宗覃を尾張から京都に送り出す際の詩作がある。万里集九「梅花無尽蔵」にみえる。「晩楼山色」[120]という表題の作品だが、万里はこの詩に注目すべき注記を残している。詩題の下に「南禅の宗覃中谷侍者は、廼《すなわ》ち倚松軒首座の寧馨《ねいけい》なり。岐に帰りて、又、洛に赴く。諸徒、筵を設けて送る。覃を祖するは、則ち蓬の織田也」、また詩文の末尾に「是の時、持提（是）院、席上に解后す」と注記しているのである。中谷宗覃は織田氏の出身であること、南禅寺に所属していたが本来は鵜沼大安寺の塔頭倚松軒に所属していたこと、その送別の宴には美濃の守護代斎藤妙純（持是院）も臨席していたこと、などがわかる。美貌の少年をとりまく詩文の制作や交換は、尾張織田氏や美濃斎藤氏など、互いに緊張関係を有する地方の有力者をも巻き込む力をもった文化的な営みであった。

ところで、景徐周麟の「翰林葫蘆集」をみると、「次韻松泉遊播陽寄竹圃」[121]「招竹圃留滞尾陽」[122]など、竹圃関連の詩文が収録されている。このうち前者は、おそらく文明十三年（一四八一）の頃に、京都の五山長老たちが松泉（亀泉集証）の詩文に「次韻」して竹圃に送った詩作の一つであり、故郷の播磨国に下向したままもどらない亀泉の帰洛を待ち望む気持ちも込めている。実は、景徐がこの詩文に書状をつけて播磨の亀泉本人に送ったことが、「諸賢雑文」という文集で明らかになる。「翰林葫蘆集」では、こうしたもとの書状形式は解体されたのである。[123]このように、五山僧の語録や詩文集の作成過程を示す貴重な事例が、三河の禅院にも伝えられている。たとえば、天恩寺旧蔵の「葛藤集」[124]は、妙心寺派につらなる禅僧たちの詩文や書翰などが雑然と収録されているが、これらは、詩文集としての体裁が整えられる途中経過を示す文集と理解できる。太平寺所蔵の「雪叟詩集」は、やはり妙心寺派につらなる禅僧たちの作品集であるが、その内容は「まさに「五山文学」そのもの」であり、「室町禅林文芸という観点からすれば、五山と林下の別はなく、等しく「五山文学」的な文芸活動を行っていた」と指摘されている。さらにこの詩集の大きな特徴は、目に余るほどの誤字であるが、その大部分は「同音による誤記である」という。[125]詩文が文字ではなく耳でやりとりされていたことを示す。「次韻」つまり韻を踏むという作法も、考えてみれば字面ではなく聴覚で判別すべき事柄である。美少年という視覚、書状に記される文字、韻を踏む音声など、さまざまな感覚を通じた人々の結びつきが、尾張・三河地域を含めた各地の五山僧詩文集の成立を促したのである。完成された形態の五山僧詩文集の多くは、京都五山など中央に伝えられているが、未完成な側面を示す「葛藤集」や「雪叟詩集」、中央の詩文集に先立つ「覚源禅師偈頌」などは、夷中が五山文学生成の重要な場であったことを示す貴重な古典籍といえるだろう。

ところで五山文学の視覚的な楽しみは、もちろん美少年だけではない。禅僧たちの詩文は、さまざまな絵画類とともに流布したという重要な特徴がある。絵画につけられた詩文の類をみておこう。

現在国宝に指定されている雪舟筆の「慧可断臂図」は、面壁坐禅中の達磨に弟子入りするために、自ら腕を切断したという慧可の故事を題材とする。天文元年（一五三二）に佐治為貞が斎年寺に寄進したという記録があり、注文主が判明する貴重な事例である。[126]この作品に賛はないが、江戸初期にかけて活躍した春屋宗園の語録「一黙稿」には、「面壁　織田民部少（信重）請」という作品がある。[127]これによって、佐治氏だけでなく織田氏もまた、面壁九年に及んだという達磨の祖師説話に関心があり、絵画や詩文を求めていたことがわかる。文亀元年（一五〇一）没の蘭坡景茝は、三河より京都へもどるにあたり、「吉良左武衛之求」をうけ、「便面」つまり扇面へ賛文を著している。[128]文亀三年（一五〇三）に七六歳であった万里集九は、それより以前に「参河佐谷需之」により「画軸」へ賛文を著している。[129]延徳三年（一四九一）七月に行われた乾坤院の授戒会に参加している「貞富　御米修理殿御レウニン」[130]は、水野氏の料人つまり子女で、おそらく佐谷氏に嫁した「佐谷公夫人薫心貞富淑儀」[131]「薫心淑儀」[132]と同一人物で、万里がその画像賛を著している。[133]このほか万里は、尾張の岸日向守の求めで「人丸（人麻呂）画像賛」を著しており、作品原本二点が正木美術館に現存する。[134]

五山僧の詩文と絵画に関心を寄せていた尾張・三河の有力者のなかでも、代表的な存在といえるのは、やはり尾張織田氏であった。文明二年（一四七〇）の頃、万里は「織田和州（敏定）」の求めに応じ、「画鷹賛」を著している。[135]文明十六年の頃、横川景三も「織田大和守請」により「鷹軸」を作成している。[136]少し時期は下るが、天文二十四年（一五五五）に沢彦宗恩は、織田達成が鷹狩に百舌鳥を使うことを賞賛する文章を著している。[137]妙興寺には、万里周九が賛文を記入した「鷹図」が現存する。[138]賛文は上記いずれとも異なり、また、注文主の記載もないが、おそらくは織田氏に類する有力者の注文に応じて作成され、何らかの経緯で妙興寺に持ち込まれ、今日に残された貴重な遺品と考えられる。

万里はまた、おそらく文明十六年（一四八四）の頃に、織田敏定の求めにより「天神賛」を著している。[139]「南遊は楫に非ず、径山近し」つまり舟に乗らずして中国南方の禅宗の本場径山に渡ったとの句を含み、天神菅原道真が渡宋して無準師範に参禅したという架空の説話を題材としている。定光寺には、箱書などで狩野永徳の画、策彦周良の賛と伝えられる渡唐天神画像が伝来する。[140]また、時宗の称名寺には、松平氏遠祖が上野国より三河国に携行したという近世後期の縁起[141]や、天文十二年（一五四三）の天満宮における連歌興行でかけられていたとの伝承がある渡唐天神画像[142]が伝来する。箱書きや縁起の記述が事実そのままではないとしても、禅宗と連動した天神信仰が戦国期の尾張・三河地域で一定の広がりをみたことを示す遺品といえる。

延徳元年（一四八九）の八月から九月にかけて、織田敏定は京都の五山長老たちに屏風画賛一二枚を発注している[143]が、それらはおそらく、清須（清洲）城やその居館の格を高める調度品であった。万里の作例をみると、具体的な画題がいくつか判明する。たとえば文明十四年（一四八二）の頃、万里は「尾の府第の翠障に貼る所の扇面の図に題す」として、「水色、舟閑かにして、山影浮ぶ。細やかに看れば、一々、蘇州を写す。凝香は隔てず、画屏の底、和気、春を吹いて、昔遊に勝る。織田和州の守、[144]之を需む。」と詠んでいる。現在の寧波、かつての明州の外港としてその富貴を称えられた蘇州に集い遊んだ詩人たちと、清須の凝香亭に集った人々との間に大きな隔たりはないと述べている。同じ頃、万里は「清洲の府第の翠障扉の、張良、履を進むるの図に題す」として、「此れ、大玄童子　橋西に履を進め来る。功成って天下定まる。花は漢宮の枝に満つ」とも詠んでいる。[145] これは漢の高祖劉邦の功臣張良の故事に題材をとっている。また、やはり万里が敏定のために著した「龍虎二軸賛」の一幅には、劉邦の面貌を特徴づけた「隆準」の語がある。[146] 清須の居館を訪れた人々は、こうした風景や故事について、敏定と互いに試し合い、時に共感する関係にあったと推察される。

「弓を取る判官の画賛二十韻」[147]は、清須の居館に関わる作品とは明記されていないが、やはり万里が敏定の求めに応じて、「平家物語」を素材に制作した詩文である。義経といえば、南北朝期の頃までは、容貌は優れず野蛮で卑劣な戦略家であり、平家の女性たちも陵辱を恐れて海に身を投げたと理解されてきたが、室町・戦国・江戸という長い時間をかけて、「武士」の一つの理想像として造形されていったという指摘がある。[148]「勧進帳」の原形とみられる能「安宅」などはその過程で生み出されたが、万里もまた、義経という「英傑」は「申楽・田楽・琵琶の調べに残る」と述べている。敏定の身辺でもそのような「武士」の理想像形成に関わる芸能が行われていたのであろう。

（3）仏事と政治

ここまで主に紹介してきた詩文は、どちらかといえば内輪の即興的な、いわば私的な作品群が多いが、もとは②仏像・堂塔・経典類の供養法語に属したというべき作品群は、広域の人々、あるいは後世の人々にみられることを意識した、いわば公的な作品群として、その時々の政治情勢ともからみつつ独自の発展を遂げたように思われる。著名な事例としては、南化玄興が織田信長のために著した「安土山記」[149]や、文英清韓が南禅寺住持の身分をもって豊臣氏のために著した方広寺鐘銘[150]などをあげ得るが、ここでは、それに先立つというべき三河関連の作品を二点みておきたい。

「三川金星山華蔵禅寺転不退法輪蔵記」[151]の場合、薩南学派の祖とされる桂庵玄樹にも影響を与えた讃岐出身の岐陽方秀が、恵寿らの発願で吉良義尚らの後援も得て華蔵寺に一切経を納める経蔵が造営された始終を記す。華蔵寺には現在、近世の鉄眼版一切経が伝来するが[152]、同じ三河国で明徳四年（一三九三）から応永六年（一三九九）にかけて書写された六百巻にのぼる石巻神社所蔵の大般若経の事例も参考になる。[153]石巻神社の事例は、書写の字体に踏み込んだ分析により、「鳥」と「為」との区別が不確かであったり、頻出する「一切」の字体が異なったりするなど、読み書きのできない人々が一字単位で寄合書に参加したと考えられている。多くの人々が参加した大般若経の書写事業の発起人は希綱という人物で、おそらく守護一色氏に従った疋田氏や大草氏などが旦那として後援していた。華蔵寺の一切経蔵の場合には、吉良義尚以下、巨海省柔、大河内省貞、比丘恵林久柏堂、近事女瑞貞、比丘道助といった人々が、事業を後援主導したらしい。最後に岐陽は、この事業が華蔵寺の開山であった一峰明一の遺志にも叶うと認め、発願者であった恵寿が椿庭海寿から「頤石」の道号を授けられたことを記す。この作品の年紀は、応永己丑つまり応永十六年（一四〇九）と記されているが、義尚は応永二十二年の出生[154]とすれば、時期が合わない。岐陽は応永三十一年に死去しているので、義尚はまだ年少だという疑念も残るが、たとえば応永辛丑・二十八年（一四二一）の誤写などを考えてみる必要がある。ちなみに岐陽は、応永九年（一四〇二）に「贈春和侍者従師帰尾陽叙」[155]と題する作品も著している。先学である虎関師錬の論を意識して、詩、書、礼、楽のそれぞれの長所をいかして「心」を養うならば、儒教の聖人、仏教の大覚と同等の境地にいたれると説いており、近世儒学の先駆けとされる岐陽の本領を示している。[156]こうした岐陽の教えは、尾張の春和や三河の恵寿など、夷中の人々にも受け入れられていたのである。

次に、長門出身の五山僧であった仲方円伊が著した「三州大岩寺千手観音像記」[157]をみよう。現在も寺名が残る大岩寺の千手観音像と、近隣の東観音寺の馬頭観音像とは、かつて聖武天皇の時代に熊野にこもって修行していた伝説的な名僧である行基が、三河渥美半島の沖合から現れた神の乗馬から化けた木材をもとに製作した一対の作品だという縁起を記す。東観音寺には、文永八年（一二七一）に安達泰盛が奉納した「馬頭観音懸仏」[158]や、熊野権現の乗馬から化けた霊木を境内中に描く一七世紀初頭の「東観音寺参詣曼荼羅」[159]が伝来しており、関連するであろう。なお、仏像といえば本来は胎内から光を放つ金色が普通だが、列島社会では神の依り代である霊木への信仰が混入し、あえて原木の面影を残す事例があり、栃木県中禅寺の千手観音像、茨城県西光院の十一面観音像、福島県恵隆寺の千手観音像などが知られている。[160]大岩寺千手観音像も類例といえよう。

仲方がこうした文筆をふるった背景には、当時の三河の統治者変遷の問題が絡んでいる。永徳三年（一三八三）の頃、三河の統治者は、足利政権に従う守護一色範光の子である詮範（右馬頭）が守護代、小笠原長身（但馬権守）が守護又代であった。[161]のち嘉慶二年（一三八八）に範光が死去すると、詮範が守護、長身が守護代となり、応永十三年（一四〇六）七月に詮範が死去すると、その子満範が守護となる。そして満範は、同年十月に小笠原長身の甥とも兄弟とも想定される小笠原長春父子[162]を捕らえ、応永十五年には長春の弟[163]とも孫[164]ともされる安芸守長正らと三河幡豆で戦い、その一門を滅亡させたと伝えられる。

長身はこの前後に死去したらしく、仲方は、三河宝陀山普明禅寺の住持として「観音菩薩開光安座」を著し、守護代長身（但州太守源公常存居士）の「撫民」を称えている。[165]さらに「三州大岩寺千手観音像記」は、長身の後継者として幸長が適格であることを明らかにするために、満範か幸長本人の依頼をうけて、仲方が執筆したものと考えられる。すなわち文中に、「応永癸亥長身即世、主器将作少府幸長以蔭襲任」とある。「主器」は長子の意、[166]「将作少府」は秦漢の官職名で、史記・孝景帝紀に「将作大匠」に改められたとあり、木工頭の唐名にあたる。[167]つまり「長身が死去したため、長子である木工頭幸長が蔭を以て（親の跡を）襲任した」と解することができる。「応永癸亥」は実在しない年代だが、たとえば「応永丁亥」つまり応永十四年（一四〇七）の誤写とみれば前後関係は通じる。

図 9-1　現在の岩屋観音堂（大岩寺境外仏堂，愛知県豊橋市）からの眺望（2009 年 11 月撮影）

仲方は、地域の人々の協力により維持されてきた大岩寺観音の興隆に幸長も尽力したことを述べるが、「沃野千里、海天無際、獵々数州、皆在目下」という眺望（図 9-1）を誇る大岩寺の興隆は、「平生狭陋之地、廓然無復畦畛、不待薫陶、自然到至善之域」という意味をもつ、という部分が最大の眼目であろう。幸長自身の考えを仲方が文章化したものという体裁をとるが、日常の細々とした争い事も廓然として（心が広くさっぱりして）畦畛（彼我の限界）がなくなり、薫陶を待たずして自ずから至善の域にいたる、と解することができる。大岩寺の眼下で現実に繰り広げられている権力闘争も、大岩寺に登って見下ろすならば、雄大な眺望の一齣に過ぎないことに気づくであろう、という趣旨であり、些末（権力闘争）を離れ根源（人の心、天の理）に立ち返れと呼びかける五山僧らしい儒仏一致の思想をもって、人々に融和を呼びかけた文章だと考えられる。

仲方はそののち応永十六年（一四〇九）に五山建仁寺住持、[168]さらに応永二十年（一四一三）の死去以前に五山之上南禅寺住持[169]に出世している。足利政権の公帖による五山住持の出世には、地域秩序と密接に関わり、時に鋭い政治的対立に絡む文筆活動の担い手に権威を与える政治的意味があったといえよう。

おわりに

尾張の諸山妙興寺の歴代住持は、十刹・五山の住持にまで出世できる存在であったが、なかでも南禅寺住持にまで出世した慶甫宗誕は、その代表格といえるだろう。では慶甫はなぜ、南禅寺住持にまで出世できたのだろうか。慶甫のことさらに強い出世欲とか、妙興寺住持への推挙者であった斯波氏との人脈といった要因もあるかもしれない。しかし根本的には、妙興寺領をめぐる僧俗にまたがる共同利害を俯瞰する権威であることを求められていたからだというのが、本章で示した理解である。さらにいえば慶甫は、万里集九の「梅花無尽蔵」にその名が折々現れ、万里も関与した美濃瑞龍寺新版の「碧巌録」を京都の横川景三に贈る[170]など、濃尾地域における五山文学の重要な担い手であったことが、彼の地位を南禅寺住持にまで押し上げた重要な要因ではなかったか。人間は自然界の一部であるという感覚をもって人々を導いた五山文学の担い手は、地域の人脈の中核に立ち、その文筆の受容者たちの後押しもうけて、その地位をさらに出世上昇させたものと推察される。

では、慶甫ほどの五山僧であっても、その詩文集や語録が今日に残されていない事実はどのように考えたらよいであろうか。実際には慶甫の作品集は作られたものの失われたのかもしれないが、今のところ手がかりはない。「松山集」の龍泉冷淬は尾張の真福興聖禅寺、「懶室漫稿」の仲方円伊は三河の普明禅寺など、それぞれ、今日は跡形もない夷中の禅院を活動拠点としており、寺院史の観点からいえば、今日に残る妙興寺の住持であった慶甫の方が視野に入りやすい。しかし、霖父乾逍の拠点であった尾張の霊源院や三河の満目院、悦林中怡の拠点であった尾張の大円寺などを含め、今日では跡形もない小寺庵こそ、夷中の五山僧にとっては一般的な拠点であったといえよう。他方で、内実は十方檀越の所領であった寺領経営に携わり、今日にのこる大刹妙興寺の住持であった慶甫らは、むしろ自身が檀越であるかのように、交際のあった万里集九らの文学活動を支援する側にまわっていたのではなかろうか。新版の「碧巌録」を贈られた横川が、慶甫に贈った詩文にわざわざ「走筆」と書き添えているのも、対等な文学僧同士の交際というよりも、檀越に書き与えたかのような印象を与える。

あらためて顧みたいのは、五山僧の詩文集としては時期が早く先駆けといえる「覚源禅師偈頌」、漢詩が口語でやりとりされていた面影を伝え、それゆえに同音異字が目立つという「雪叟詩集」、五山文学作品として整序される以前の雑然とした書翰集の様相を呈する「葛藤集」など、五山文学の生成という問題を考えるうえで重要な手がかりとなる諸作品集が、尾張・三河という夷中で作成され伝来してきた、という事実である。尾張・三河の五山僧は、一つには、岐揚方秀と尾張・三河の関係者とを仲立ちし、「不二遺稿」内の作品成立に関わった春和や、仁如集尭と知多半島の佐治氏等とを仲立ちし、「鏤氷集」内の作品成立に関わった雲岫慶俊など、著名な五山文学僧と夷中とを仲立ちした類型がある。もう一つには、「覚源禅師偈頌」の平心や、万里と漢詩唱和を行っていた慶甫など、実際に詩作の能力をもっていたことを確認できる類型がある。「雪叟詩集」や「葛藤集」など、必ずしも洗練されていない五山文学集は、後者の類型に含めて考えてよいだろう。

五山文学の重要な生成と受容の場は夷中であることを繰り返し述べてきた。しかし、現存する五山文学作品の多くは、いわば中央文壇で名をあげた五山僧の作品集に属しているという実情がある。もちろん受容者論の観点からみれば、こうした傑出した五山文学僧の作品が、しばしば夷中で受容されてきた事実は容易に確認できる。そこからさらに進んで、五山文学作成の主要な担い手もまた、夷中の檀越と混在し、半僧半俗の様相を呈していた五山僧たちであったといえるかどうか。本章は、必ずしも独自の寺院社会形成には向かわず、居士大姉仏教の担い手としての性格を色濃くもった夷中の五山僧の活動の所産として、五山文学の捉え直しをはかった作業の第一歩のつもりである。

第III部　五山僧の思想史的位置

第10章　夷中考

——列島社会と五山文学

はじめに

室町期前後の五山僧の重要性は、主として、遣唐使廃止以来の正式な国交を伴った明朝など、他国に対する漢文外交文書の起草者として知られている。秀吉のもとでも、西笑承兌のような五山僧が、明朝を含む諸国宛て外交文書の起草にあたっていた。ただし田中健夫は、次のように述べている(1)。

彼ら〔瑞溪周鳳らの文学僧——引用者注〕にとって外交文書の作成ということは詩文の作成よりも重要な意味をもつものではなかったのではないだろうか。玉村竹二氏は、五山禅僧として世に通用して行くには、政治的手腕によって要領よく出世するか、博識以て時代の要求に応え得る優秀な天才的な才能をもつか、いずれかでなければならなかった、としているが、瑞溪をはじめ外交文書起草者たちはさしあたって後者の範疇に属する人々であったといえようか。

五山僧にとって、外交文書の作成はいわば詩文の作成の余技である、という見解は、村井章介もそのまま引用継承している。[2] 田中や村井が参照している玉村竹二の見解にさかのぼるならば、五山僧のなかには、瑞溪周鳳のように「博識以て時代の要求に応え得る優秀な天才的な才能」をもって「外交文書の作成」にあたる者もいたが、それは五山僧の一部であったということになる。では、五山僧の主要な特徴として玉村が想定している「詩文の作成」や「政治的手腕」とは具体的にどのようなもので、この両者はどのような結びつきがあり、どのような時代的要請に応えていたのだろうか。

こうした疑問に答える手がかりとして本章で着目したいのは、五山関係史料に散見する「夷中」という用語である。[3] 本章ではまずはじめに、五山僧の漢詩や漢文つまり五山文学に含まれているはずの思想・信仰の特徴を五山僧の前史に探りつつ、宋代五山は王朝色よりも地方色が濃いこと、後世の五山僧らが強く意識した蘇軾や蘭溪道隆らはいわば「夷中」への流謫を飛躍の契機としていたことなどをみてゆく。さらに「夷中」の意味内容について、対外関係史研究が明らかにしてきた列島社会に内在する異国的要素、とりわけ陶磁や舶来銅銭だけでなく「唐人」「宋人」と呼ばれた人々が列島社会に散在していた状況を概観し、儒仏一致の思想を主内容とした漢文をもって「外交」すべき存在は、必ずしも海外にのみ存在したとは限らないと展望する。そのうえで、五山文学にみられる「難解な漢文」は、京都中央の現実社会から遊離した一部の人々の文学的遊戯にすぎないという理解を構築してきた五山文学の研究史について、列島社会における単一言語の存在を暗黙の前提としていなかったかと批判的に回顧する。最後に、先学が検討を加えてきた五山文学作品のいくつかを、言語的に地域差のある「夷中」において作成され受容された作品として捉え直す作業を試みる。

一　五山僧の前史

（1）仏教と儒教

五山僧の特徴といえば儒仏一致であり、宋元期の士大夫文化の影響を色濃く受けていることもよく知られている。では、彼ら五山僧が大きな関心を寄せた「儒」の内実とはどのようなものだったのか。いわゆる諸子百家の一つであり、古くから日本の朝廷に受容されてきた古註段階の儒学や、儒学を世界的な思想へと脱皮させた新註段階の儒学、つまり朱子学の影響ももちろん考えねばならない。しかし、彼ら五山僧がもっとも親近感をもっていたのは、朱子学が仏教から分離しきる直前の、いわゆる道学段階の儒学・儒教だったのではないか。[4]そのようにみるならば、道学の代表的な思想家であり詩人であった蘇軾などに対する五山僧の傾倒ぶりも理解しやすくなるように思われる。

荒木見悟[5]は、「本来」と「現実」との往復運動として、仏教と儒教という思想の内容を捉えようとしている。たとえば、釈迦の教説である法つまり本来と、衆生の機つまり現実との往復運動として、あるいは、儒学でいう理つまり本質と機つまり現象との往復運動として、それぞれの思想を捉えてみようという試みである。荒木によれば、法と機とが融合しているか否かを重視したのが天台智顗で、法華経など日本の天台教学へとつながる流れとなる。他方で、法と機のそれぞれの本来性を重視したのが法蔵で、華厳経が重視されるが、この華厳経学の流れのなかから、禅宗や朱子学なども生成してくるとみる。華厳思想を示した松尾芭蕉の俳句として、「よくみればなづな花さく垣根かな」が知られている。[6]見過ごしがちな日常のなかに真理はある、と読めるのであろう。なお、法蔵、宗密系統の華厳学に対し、密教の形成に影響を与えた澄観系統の華厳学があり、東大寺など南都の華厳学は、後者の澄

観系統につらなるという。(7)

荒木は、「本来」「本分」という事柄をもっとも強調するのは禅宗であり、その思想的基盤は華厳学だと指摘している。(8) 華厳の「理」の思想が、程朱の学に大きな影響を与えていることは、江戸儒学の思想史を検討した尾藤正英も指摘している。(9) では、人間の本分という事柄に大きな関心を寄せた儒仏の分かれ目、つまり禅宗と朱子学との分かれ目はどこにあるのだろうか。

朱熹（生没一一三〇〜一二〇〇）が先学と仰いだ程頤（程伊川、生没一〇三三〜一一〇七）は、「聖人は天に本づき、釈氏は心に本づく」と述べたという。(10) 宋学や陽明学の根底には、「宇宙的な原理と共感しようとする感情」「道家的な意識」があるという島田虔次の理解(11)も援用するならば、天（宇宙）があるから心（人間）は存在するのか、それとも、心（人間）があるから天（宇宙）は認識されるのか、という議論であり、聖人つまり儒者は前者、釈氏つまり仏教者は後者に比重を置く、ということなのだと思う。

宋代禅宗の巨匠であった大慧宗杲（生没一〇八九〜一一六三）は、「ただ本を得れば末を愁うるなかれ。此の心を空却するは、これ本なり。既に本を得れば、則ち種種の語言、種種の智慧、日用、物に応じ縁に随い、七顛八倒、或いは喜び或いは怒り、或いは好み或いは悪み、或いは順い或いは逆らうは、みな末なり」と述べたという。(12) さきの心と宇宙との関係論にひきつけて解釈すると、心があるから宇宙は認識されるのであり、その心の究極的な鍛えよう、つまり「空却」によって、あらゆる宇宙の事象は枝葉末節だと達観することができる、という考え方であろう。荒木によれば、坐禅を重視して「綿密安詳」を誇ったいわゆる黙照禅の立場に立つ宏智正覚（生没一〇九一〜一一五七）は、公案に基づく問答を重視した大慧らいわゆる看話禅の「直捷痛快」を批判したが、「万象」は「一心」に従属するという考え方は大慧に共通するという。(13) こうした禅宗の考え方に対し、朱熹は「仏老の学の如き、它《かれ》、長処なきにあらず。ただ它はただ一路を知るのみ。その知の及ぶ所以のものは、則ち路逕《ろけい》甚だ明らかにして、差錯あるなし。その知の及ばざる処は、則ちみな顛倒錯乱して、是《ぜ》なる処あるなし。格物の工夫なきに縁《よ》るなり」と述べた。(14) さきの理解にひきつけて解釈すると、禅宗はきわめて単純な心（人間）と天（宇宙）との対応関係しか扱えず、複雑な人間社会への現実的な対応能力を欠いており、宇宙のあらゆる事象に対する観察と考察、つまり「格物の工夫」を立て直す必要がある、と説いたのである。

論理的、時代的にいえば、朱子学は禅宗を批判し克服しようとして登場してきた思想であり、世界的な思想へと成長する。では、朱子学によって禅宗は思想的にも克服されたのかといえば、そうでもないらしい。蘇軾（生没一〇三七～一一〇一）に対する朱熹の執拗な批判が、そのことを象徴しているように思われる。土田健次郎の検討に即してみておこう。

朱熹が先学と仰いだ程頤を蘇軾が排斥した理由について、朱熹は「彼は放肆を好んだので、きちんとした士が礼によって身を律しているのを見ると、その人が自分を批判しはしないかと懸念し、かくも誹謗したのだ」と述べたという。(15) 単なる保身であるようにみえるが、程頤の高弟であった朱光掞に関し、次のような逸話もある。(16)

朱光掞（光庭）が御史であった時、笏を持ち直立し、威あって犯し難く、班列は蕭然とした。蘇子瞻（蘇軾）は人にむかって言った、いつかこの敬とかいうものをやっつけてやる。（土田健次郎の意訳による）

ここから読み取ることができるのは、蕭然とした儀式を覆う雰囲気を「敬」と名づける姿勢への反発、目にみえないものにまで名称を与え、わかったつもりになる姿勢への反発であろう。江戸初期の儒者、山崎闇斎が、ことさら「敬」を重視し、新しい神道の創唱にまでいたった陥穽に思いいたる。(17)

蘇軾自身の発言として、土田は「潮州韓文公廟碑」を提示している。仏骨を宮中に奉迎しようとした憲宗を批判し、流罪に処された韓愈（生没七六八～八二四）を称える碑文の一節である。(18)

以前天人の区別についてこう論じた。人の行為は際限無くても、天は偽りを許容しない。智は王公を欺けても、豚や魚を欺けない。力は天下を得られても、匹夫匹婦の心を摑めない。(土田健次郎の意訳による)

「人の行為は際限無く」とは、宇宙のあらゆる事象を知的に理解しきれると思い上がり、あらゆる事象に名称をつけてわかったつもりになるという程朱の学にみうけられる傾向のことであろう。しかしそのような「智」で王を欺けても豚や魚は欺けない。人間の知的理解には自ずから限界がある。蘇軾はそのような批判意識をもっていたということであろう。蘇軾が、朱子学に結実する知的挑戦に一定の評価を示しつつ、禅や浄土などの仏教思想に従う在俗の信徒、つまり居士であり続けた理由、ひいては、五山僧が蘇軾に親近感を抱き続け、儒仏一致を追求し続けた事情を示す記事だと思う。

朱子学以前の仏教と儒学との並存期を特徴づける道学や、その代表的な思想家と目される蘇軾に関する上述の研究史理解はどれほど妥当であるのか、また、こうした道学や蘇軾の思想に関する五山僧の理解水準はどの程度のものだったのか、検討を要する課題はいくつも残っている。しかしともかく、こうした思想的挑戦が宋代に行われ、当時の政治・社会体制の変動と連動し、列島社会における五山僧の思想や、彼らの政治的・社会的な基盤となった五山制度の前史源流となったことはたしかである。儒仏の併存と分離とを重要な思想的内実とした政治・社会体制の変動の問題、具体的には宋代における科挙と五山に関する研究史の確認を次に試みたい。

(2) 科挙と五山

中国の歴代王朝は、皇帝の私的財産というべき古代王朝、特権的な貴族層の共有財産というべき中世王朝、より広い社会的基盤の上に立つ近世王朝へと推移したという見方がある。[19] 近世王朝と社会とを結びつけた重要な要素として想定できるのが科挙、すなわち、地主層など広範な社会的有力者を官吏として皇帝権力の支柱に登用する試験の整備である。科挙自体は、「漢に淵源し、隋に興り、唐に盛んに、宋に成る」[20]といわれるとおり、宋代に創始された制度ではないが、最終的な選抜試験として、皇帝による面接つまり殿試が取り入れられるなど、重大な整備が行われたのは宋代だと考えられている。

こうした科挙の整備と儒学とりわけ朱子学との関連だが、渡辺浩は、朱熹が「しばしば、人間の存在構造を、官人に譬えている」と述べている。具体的には「朱子語類」において、天命の命とは皇帝の辞令、性とはなすべき職務、心は官人、気質は官人の性質、情は役所で事件を処理すること、などにそれぞれなぞらえられているという。さらに渡辺は、教養ある社会的な有力者である士大夫が、科挙に合格して地方官にでも登用されたならば、一人で行政官、税務署長、警察署長、検事、裁判官、教育委員長等をかねて、「時に言葉さえ通じない一地方」の二〇万もの人々を統治せねばならない、いわゆる one-man government の担い手となったのであり、彼らには恐るべき責任と困難とが課せられたのであり、「己を修めて人を治める」は「全く抽象的な御題目ではな」かったと指摘する。[21]

小島毅は、人を生まれで差別していた魏晋南北朝期において、孔子は「玄聖素王」であったが、「聖人学んで至るべし」と考える朱子学や、「満街聖人」と述べる陽明学などは、人間はみな同じという前提に立つため、孔子は「万世師表」へと変貌したと指摘する。人々は、どれだけ天理に近く、人欲に遠いか、ですべて序列化されたのであり、西洋近代の自由と平等とは異なり、「紀律と選抜」に基づきだれもが聖人となり得る、という平等的な人間観に基づく階層社会が、東アジアの近世を特徴づけたとみる。[22]

私見では、こうした広範な地主層ないし社会的有力者が皇帝権力に参加する科挙の整備と、五山の創始とは、宋代において一対の事業ではなかったかと考える。

五山に関する宋元代の史料は、よく知られているとおり意外に乏しく、「日本側の資料のほうが先行している」[23]

といわれるほどだが、宋代については石井修道、元代については西尾賢隆の収集作業が、一定の成果を示している。[24] そのなかでも注目される史料をあげておくと、たとえば天台徳雲（生没一二〇〇〜五一）著の「天目禅師行状」がある。五山の一つとされる浄慈寺の住持をつとめた天目文礼（生没？〜一二五〇）の伝記だが、そのなかに「晦菴、母は敬わざるやと問う。師、叉手して之を示す」という朱熹と天目とのやりとりがある。天目は朱熹よりもかなり年少のはずだが、「出家」して個人主義的な解脱をめざす仏教者の「不孝」を朱熹が糺問したのに対し、天目は、朱熹には仏教側の反論を受け入れる準備などあるまいと、その内心を禅宗流に喝破してみせたのだろう。物初大観（生没一二〇一〜六八）著の「北磵禅師行状」は、禅僧北磵居簡（生没一一六四〜一二四六）の伝記であるが、その生家は「世々儒を業」としており、北磵は「日者」から「宜しく緇を披るべし」と勧められ、父母は「割愛」をためらったが、「姑」の理解があって仏教者の道にすすみ、大慧宗杲に仕えたという。北磵に禅宗への道を勧めた「日者」であるが、家柄より個人の能力が問われる科挙の時代において、士大夫層の間では運勢判断が流行し、運勢判断の担い手である「日者」などと呼ばれた道仏混淆の人々が存在し、徽宗の道教溺信もその文脈にあるという。[25] 石井が収集した他の史料でも、宋代五山の禅僧は北磵のように儒学を修め科挙官僚の道に進む人々の出自と共通する事例がある。禅僧の伝記の執筆者自体が、しばしば科挙官僚の担い手である士大夫層であった。さらに北磵の伝記を読み進めてゆくと、「旨有りて浄慈に遷るも亦た平章公の遴選する所なり」「霊隠、員を欠く。京尹趙節斎、例を以て師を奏して補処せんと欲す」などの記述がある。皇帝の命令である「旨」や官僚たちの推薦をうけて、五山第五位とされた浄慈寺から、第四位とされた霊隠寺の住持へと出世した様子を記す。廟堂つまり皇帝寧宗（在位一一九四〜一二二四）自身が、「仏法に鋭意し、人材を急《せま》り、鼎望の禅室の者に抛《かか》り、争いて知る所の附離の者を挙げて、掖《かか》えて升らしむ」とも記されている。皇帝権力は、「天の理」をきわめる儒者を科挙により、「人の心」をきわめる禅僧を五山により、それぞれ登用することで、声望ある学者や宗教者に対する社会的な支持を自己への政治的支持につなげようと図っていたかのようである。

ただし石井の収集史料をみて気づくのは、五山をめぐる宋代の史料は、おおむね禅僧側の自己主張に属するという事実である。元代五山の史料についても、西尾は行宣政院の関与を重視するが、五山住持招請の実務は、「院使」をつとめた龍翔寺住持や諸山の合議に基づいていたらしく、少なくとも王朝側の法制史料というべきものは示されていない。

石井の指摘によれば、宋朝が五山を創始したと明記する史料の初見は、宰相史弥遠の提案によると記す明代の宋濂（生没一三一〇～八一）著「住持浄慈禅寺孤峰広徳公塔銘」までくだる。さらにくだって、寛保元年（一七四一）刊行の学僧無著道忠著「禅林象器箋」は、江戸時代の文献でありながら、宋代五山に関する史料として広く参照されている。内容であるが、第一に、「支那の五山」は、①径山興聖万寿寺〈杭州臨安府〉、②阿育王山鄮峰広利寺〈明州慶元府〉、③太白山天童景徳寺〈明州慶元府〉、④北山景徳霊隠寺〈杭州臨安府〉、⑤南山浄慈報恩光孝寺〈杭州臨安府武林県〉と明記する。関連して、首位の徑山は、当初「小刹」であったが、大慧宗杲の代に「巨刹」となったと記す。室町期に渡明した五山僧のなかには、これら五山の住持肩書きを得ている者も散見する。第二に、無著は上記とは別の宋濂の著述をひいて、「浮図の禅学を為す者、隋唐より以来、初めより定止無し。惟だ律院を借りて以て居す」と記す。日本中世仏教史研究では、禅と律とは一括して論じられがちだが、序章でみたとおり、ひたすらな持律は思考停止につながるというのが五山僧らの考え方であった。第三に、無著は南北朝期の学僧虎関師錬の説として、「唐土の五山は、大慧已後に起れり。当時、霊隠寺の兄弟《ひんでい》、直指堂に会して、五山を議定す。朝廷の制にあらず」と記す。すでに高雄義堅や永井政之も着目している論点だが[26]、五山をめぐる宋元朝の法制史料の欠如もあわせ踏まえるならば、五山は本当に皇帝権力が整備した制度であったといえるのか、実のところ疑ってみる必要がある。

一般に南宋期の禅宗は、皇帝権力を支える官僚的性格を備えた「南宋禅」と呼ぶべきもので、モンゴルの圧迫をうけて国家主義的な性格を帯び、鎌倉幕府北条氏もそのような禅宗の政治的特色に着目し、積極的に禅宗受容を主導し、それが周囲にも影響を及ぼした、と考えられてきた。[27] たしかに、南宋代初期五山の中心人物の一人であった大慧宗杲などは、皇帝権力との密着ぶりで知られている。ただし大慧の皇帝賛美には、原理的な政治批判の要素が含まれ得る、という見解もある。[28] 宋元の皇帝や北条氏らに対する禅僧らの奉仕や賛美、「臣僧」の自称なども、禅僧らの国家的首長に対する官僚的従順を示すと考えられてきた。しかし同様の奉仕や賛美は、敗者に属するような檀越に対しても同様になされたことの方がむしろ重要である。「臣僧」の自称は、皇帝等が檀越として認識された場面においてことさらに用いられた修辞にすぎないのではないか。いずれにせよ南宋代以来の士大夫官僚は、先にあげた one-man government の論に示されるように、統治の最前線に立たされ厳しい自己確立を求められた人々であり、権力に追従するのみの存在だという見方は、一面的であろう。

近年では、五山の源流となる慧能以来の禅宗は、「南宋禅」というよりむしろ「南宗禅」と呼ぶべきもので、濃厚な地方的色彩に注目すべきだという見解[29]が示されている。五山の所在地は中国のなかでも南方の辺境で、片田舎ともいうべき寧波（宋元期の明州）周辺地域であり、それゆえにこそ、同じく辺境というべき列島からの渡海僧らを温かく迎える土地柄であったのではないかともいわれる。[30] 概していえば、「南宋禅」論で述べられているように、禅宗が著しく国家主義的な、ありていにいえば魅力に欠ける存在であったとすれば、その後の列島社会への定着も、得宗、後醍醐、足利など歴代政権の権力的意図を過度に強調するほかはなくなるだろう。しかし禅宗が、「南宗禅」論に述べられているような魅力を本来的に備えていたとすれば、列島社会における五山制度の構築についても、発信源だけでなく受容先も含めて、「夷中」主導の視角で描きなおせるのではないか。

以上の論旨をまとめておこう。第一に、儒者と禅者とでは、「天の理」か「人の心」かで比重の違いはあるが、天の事物なり人なりを具体的内在的に観察し描写することをその思想的な特徴としていたこと、第二に、科挙と五山とはともに宋代の皇帝権力により整備されたようにみえるが、五山は禅僧たちの自発的な制度として出発したという理解があり、少なくとも宋元代の法制史料に恵まれないこと、第三に、科挙官僚も五山僧も、皇帝権力に追従するばかりの主体性を欠いた存在ではなく、とくに五山僧については、国家間交流ではなく地方間交流の文脈で、列島への渡来を捉える必要があること、以上の三点を踏まえて、列島社会における五山僧の役割、とりわけ「対外関係」をめぐる問題について、論を進めたい。

二　列島社会内の対外関係

(1) 国家的外交と五山僧

五山僧が足利政権の対明外交を担った事実は、すでに田中義成が概説で触れていた(31)。田中健夫は具体的に、瑞溪周鳳につらなる文芸史上の系譜が、ほぼそのまま外交文書起草者の系譜に一致すると指摘した(32)。

五山僧がなぜ足利政権の対明外交文書を起草するのか、対外関係に関わる記録や文書を収集し、「善隣国宝記」を撰述した瑞溪周鳳以上に、この問題を批判的に自覚していた五山僧は見出しがたい。あらためて、瑞溪が述べた足利義満期の対明外交文書への批判(33)をみておくと、第一に、自ら「王」を称するのは明帝の「封」を用いることになり「不可」であること、第二に、「臣」を自称するのは明らかに「非」であって、「吾が皇」に属することを明らかにすべく「朝臣の二字」を用いるべきこと、第三に、年号も中国年号を用いるのは好ましくないことなど、明朝には通用しがたい主張を展開している。そのうえで、「凡そ、両国好《よしみ》を通ずるの義は、林下の得て議すべきものに非ず。国王の信を通ずるが若きは、則ち書は当に朝廷より出ずべし。代りて之を言うか。近者《このごろ》大将軍は国を利せんが為の故に、窃《ひそか》に書信を通ず。大抵は僧を以て使と為し、其の書もまた僧中より出るのみ」と述べ、親交があった清原業忠からも賛同を得たと記し、後進の戒めとすることを期している。明朝が足利政権と外交関係を結ぼうとした重要な動機が倭寇の取り締まりであったとすれば、足利政権が明朝と外交関係を結ぼうとした動機は「国を利せんが為」であり、名分より実利を優先した「窃」な行為だという解釈は興味深い。

ところで、瑞溪が批判した義満期外交の実態について、近年、橋本雄が重要な史料を再発見し、検討を加えた。宮内庁書陵部所蔵、壬生家旧蔵の「宋朝僧捧返牒記」である。[34] 応永八年（一四〇一）五月付の足利義満書[35]が明帝に受納され、義満を「日本国王」と認めた建文四年（一四〇二）二月付の明建文帝詔書[36]が到来すると、義満は「事過タル様[37]」と批判されるような受封儀礼をもって拝受したと考えられてきた。ところが「宋朝僧捧返牒記」によると、その受封儀礼の参列者は「義満の北山殿で執行される法会に集う「寵臣」たちと何ら変わりがない[38]」というのである。具体的には、公卿一〇名、殿上人一二名、僧中一〇名の顔ぶれが問題となる。大田壮一郎や細川武稔の見解を踏まえるならば、北山殿におけるごく内輪の、義満身辺の祈禱法会の構成員と重なるという。顕密八宗論から導き出された祈禱法会の研究成果が、義満の対明外交の理解にも資することを示した重要な指摘である。義満の主眼が、「窃」に「国を利」することにあったのか、それとも一風変わった外交儀礼ならざる仏教儀礼を「窃」に楽しむことにあったのかはさておき、瑞溪が述べたような価値観は、義満も十分に弁えていた可能性が出てきた。

問題は、明使の供奉行列のなかに相国寺当住大岳周崇、建仁寺前住大年祥登の名はあるものの、この儀礼に五山僧が表立って列席していない事実である。橋本は、受封儀礼の骨格をなしたであろう被冊封国の受封儀礼が、五山僧の主要な留学先の一つであった天界寺で学ばれていた可能性を指摘し、五山僧は「裏方として動いていた[39]」と想定する。あり得る想定である。とはいえ、五山僧が顕密僧にならぶ受封儀礼の正規の列席者でなく、せいぜい裏方にとどまったという事実は、やはり重要であろう。歴代最高権力者の宗教政策は、顕密八宗全体の興隆を主眼としていたこと、彼ら最高権力者のいわゆる禅宗帰依は、後世の宗派的な自己主張に由来する部分が大きいことなど、序章でみた顕密八宗論の事実認識にも合致する。

足利政権の外交文書の起草が五山僧の重要な任務であったとしても、それは「窃」な「裏方」の仕事にとどまるものであって、五山僧の政治的、社会的な存在感を説明するうえで十分な要因とはいいがたいのではないか。つまり足利政権の外交の担い手という側面から、当時の五山僧の政治的、社会的な存在感を説明するのは、限界があるのではないか。五山僧が活躍した「外交」の晴れ舞台は、足利将軍家身辺の中央政界などではなく、もっと別の場所、端的にいえば「夷中」にあったのではないか。そのような想定をもって、さらに検討を進めたい。

(2)「夷中」の異人たち

おおおむね鎌倉期から戦国期にかけて、大陸や半島から渡来したと考えられる銭貨や陶磁が列島各地から多く出土している。これら銭貨や陶磁は、国家や中央から地方に分配されたものとは考えがたく、各地域がそれぞれ海外と結びつく自立性を備えていた証だと考えられている[40]。人の場合も同様であろう。

かつて網野善彦は、東洋文庫所蔵「香取田所文書」に含まれる鎌倉期とみられる蔵人所牒案に着目し、蔵人所つまり天皇に直属し、諸国往返の特権を認められ、櫛などを扱っていた「唐人」商人集団の存在に繰り返し言及した[41]。このような「唐人」が列島社会内部に日常的に存在したことを、網野と同様に認めた村井章介は、渡来僧竺仙梵僊の語録中にみえる侍者椿庭海寿との問答で、「其の舌音を却転し、日本郷談を作し」「日本音を操り」など、渡来僧の言語能力の高さを示す記事を見出した[42]。もちろん渡来僧のすべてが「日本音」に堪能だったわけではなく、「言語不通」に悩むと読める諸史料もあるが、そのなかには、一山一寧が筆談を駆使していたことを示す史料[43]もあり、五山文学における詩文隆盛はその延長線上の現象だと考えられる。南北朝期の事例となるが、義堂周信が近侍僧に、建仁寺における月心慶円の上堂説法の様子を尋ねたところ、近侍僧は「唐語の説法なる故、聴き得ず記し得ず」と返答したという[44]。「言語不通」を重視する今泉淑夫は、当時の禅宗受容が新規重視から細部理解へと進む段階にあった様子を示すとみる[45]。しかし義堂に近侍した京都の禅僧らはさておき、遠江出身で一七歳にして渡来僧竺仙梵僊に近侍し、高度な言語能力を示した椿庭海寿[46]や、駿河出身で蘭溪道隆系統の大覚派に属し、入元経験をもつ月心慶円[47]など、夷中の五山僧らはそれなりに「唐語」になじんでいたのではなかろうか。後述するとおり、春屋妙葩が「元音」に堪能であった事実もよく知られている。

やはり渡来僧の一人であった蘭溪道隆の場合、おそらく蒙古の間諜ではないかという「万千謗訕」に悩まされていたらしく、知己宛の書状で「もし宿縁により此の一刹（建長寺）に住せざれば、想うに道隆亦た蠹類の属たり」と述懐している[48]。蘭溪は、当初から得宗の招聘をうけて渡来したわけでも、建長寺開山としての地位を保証されていたわけでもなく、民間交流の波に乗ってやってきた渡来僧の一人であった。日蓮は、蘭溪の死去をきいた弘安元年（一二七八）の信徒宛書状[49]で、蘭溪の「教外別伝」の主張は、「権教」つまりスリランカ経由の奔放な南海仏教の経典だという指摘もある楞伽経[50]に基づいていること、「日本国の道俗」はこれを「外道の法」と弁えていたが、「上を畏れて」つまり得宗を憚ってこれを「尊み申」したと述べる。ではなぜ、得宗は蘭溪を厚遇したのかといえば、その重要な手がかりが、やはり同じ日蓮の書状中に示されている。すなわち、「建長寺は所領を取られてまどひたる男どもの、入道に成て四十五十六十なんどの時走り入て候が、用は無レ之道隆がかげにてすぎぬるなり」というのである。所領を失ったような不平分子から多くの支持をうけていたこと、これが得宗が蘭溪を厚遇せざるを得なかった本当の理由ではなかったか。同様の事情は、のちに虎関師錬がまとめた蘭溪の伝記にも記されている。かつて蘭溪は、「流言」により甲斐へ流罪となったのだが、現地の「胥吏氓黎《しょりぼうれい》」は蘭溪の「竄謫《ざんたく》」を「幸い」とし、蘭溪もまた、「我、法の為に海を跨《こ》えて此の国に入り、只だ皇畿侯服《おうきこうふく》に周旋するのみ。遠陬《えんすう》を誘導するに遑《いとま》あらず。偶《たま》讒《ざん》誣《ぷ》に罹《あ》いて羯獠《かつりょう》に狎《な》る。是れ我が弘道の素なり」とうそぶいたという。[51] まもなく得宗が蘭溪を鎌倉に呼び戻したのは、蘭溪が地方勢力の支持を集める存在であることを再認識しての判断であったと考えられる。京都の貴族文化や顕密仏教に対抗すべく、得宗が自ら積極的に蘭溪を招くなど禅宗を受容し、その影響が周囲の御家人等や地方有力者層に及んだという根強い通説[52]は、おそらく因果が逆転している。

応安元年（一三六八）に渡来し、駿河大森氏から乗光寺の開山に招かれ、応永九年（一四〇二）に死去したという聯庵明聴をめぐる記録は、同様の渡来僧の史料として、きわめて貴重である。[53] 西蜀金氏の子、中峰明本の弟子で、元の順宗から円通禅師号を特賜されたらしく、蘭溪にまさるとも劣らない経歴の持ち主である。しかし他の日本中世史料には現れず、江戸時代元禄期に発掘された骨器銘の内容が、さらに明治期になって記録されたことで、かろうじてその存在が知られる渡来僧の一人である。蘭溪の表現にならえば、「蠢類」同然で終わった渡来僧といえようか。しかしむしろ聯庵明聴のように、中央には名が知られず、地方支配層が自立的に招き尊崇し、そののち史料的痕跡をほとんどのこさず消え去った渡来僧群こそ、のちの「夷中」の五山僧たちの先駆けだったと考えられる。

村井章介は、「元音」に巧みであった春屋妙葩が、丹後退隠中に山口・博多滞在中の明使らと交わした詩文集「雲門一曲」にみられる「開かれた交際」と、瑞溪周鳳「善隣国宝記」にみられる「閉じた世界」とを対比した。[54] 春屋はこののち中央政界に返り咲くが、その出身地は甲斐つまり夷中であり、明使との詩文もまた、丹後、山口、博多など「夷中」で交わされたのである。さらに村井は、故郷出雲に隠棲中であった夢巌祖応が、同地に漂着した「高麗漁人」と交流し、戯れに作したという「高麗人十首」に着目し、しばしば漂流民が漂着したであろう山陰ならではの「開明性」と、神功皇后の伝説で漂着を意義づける「伝統的な偏見」とを対比した。[55] この見解について上田純一は、神功皇后伝説への言及は「衒学的表現の一つであったと考えるほうがよい」と述べている。[56] また伊藤幸司は、村井が重視した春屋型の対外交流の力量は、必ずしも春屋門下のエコール（学統）にのみ継承されたわけではなく、むしろ西日本の地域勢力と密接な関係をもっていた幻住派の門派的な枠組みが重要だと指摘した[57]。対外交流の力量が、中央ではなく地方で養われていたという伊藤の視角は、とりわけ重要である。

五山僧が漢詩や漢文をもって「外交」する必要があったのは、もっぱら海を渡って列島社会にやってきた渡来人や渡来僧だったのだろうか。あらためて、網野が指摘した「唐人」ないし「宋人」について、先行研究などから拾い出すことのできる類例をいくつか年代順に列挙してみたい。

「百練抄」「扶桑略記」の康平三年（一〇六〇）条によると、越前に漂着した宋人林養は、のち但馬に移住したらしい[58]。「参天台五台山記」延久四年（一〇七二）三月二十二日条で、成尋が渡宋時に便乗した宋商船の船員林皐は但馬の唐人林養の子であったという[59]。「為房卿記」寛治五年（一〇九一）七月二十一日条によれば、敦賀に宋人が在住していたといい[60]、石山寺所蔵、康和二年（一一〇〇）の「金剛頂瑜伽経十八会指帰」は、白山参詣途次の僧某が、敦賀津で「唐人黄昭」を雇い書写させたものという[61]。対外交流の表玄関であった北陸地方で、宋人は日常的に接する存在だったとわかる。「台記」康治二年（一一四三）三月八日条には、「熊埜那智有二一僧一、自称二宋朝人一、生年二十九、十一歳渡二日本国一、所習論語・孝経而已在宋国、時習也、唐声誦レ之」という記事がある[62]。五山僧にも通じる儒仏一致が、地方で「唐声」をもって実践されていた事実を示す。松本市御射神社所蔵の大般若経は、奥書によれば正応五年から六年（一二九二〜九三）の頃に、他の史料には全く所見がない「唐僧円空」により信濃浅間宮に書写奉納されたものという[63]。延慶四年（一三一一）三月の頃、興福寺の尋覚は「所労」のため「宋人」の施薬を受けたという[64]。先にみた瞭庵の渡来年にあたる応安元年（一三六八）八月に叡山衆徒が著した「南禅寺対治訴訟[65]」は、「陳隋両朝者、八宗正法也、当時繁栄之宋韻皆蒙古之曲声、更不レ用二真実之正語一、頗可レ非二仏子之所一レ誦」と記す。五山僧がいかに同時代の唐人、宋人と同様に「宋韻」に堪能であったとしても、それは「蒙古の曲声」にすぎないのであって、仏教の真意に迫るには「陳随両朝」の「正語」によるべきだという顕密仏教の見解を示す。この前後、網野が着目した鎌倉期の「唐人」商人、あるいは蘭溪、竺仙、瞭庵らの渡来期を経て、応安三年（一三七〇）には義堂周信が「唐人刮字工陳孟才、陳伯寿二人」の来訪を記録している。彼らは南北朝期後半の臨川寺や天龍寺などの五山版最盛期を支えたことで知られる。(66)「若狭国税所今富名領主代々次第」によれば、スマトラ島の華僑の頭目から派遣された「南蕃船」が応永十五年（一四〇八）に若狭に来着したほか、応永二十六年の「外寇」の情報を将軍義持に伝達したのは陳宗寿（外郎）であり、その講和交渉のために朝鮮使節の宋希璟が渡来すると、かつて倭寇の被虜であった魏天という者が通訳をつとめた。この頃には京都においても「内なる異人」の活躍が目立ったのである。(67)第9章で検討したが、「建内記」嘉吉元年（一四四一）十二月条をみると、尾張国六師荘をめぐる万里小路時房と織田氏との対立問題で、現地に影響力をもっていた尾張大円寺の五山僧悦林中怡の使僧に応対していたのは「唐人三郎」という人物であった。文明期の頃、興福寺の経覚に仕えた楠葉天次・西忍の父は天竺人であった。(68)「臥雲日件録抜尤」寛正五年（一四六四）三月二十三日条は、大陸を襲った「雲州海賊」が拉致してきた七歳と六歳の兄弟が詠じたという漢詩を記す。(69)「蔗軒日録」文明十六年（一四八四）七月八日条は、堺大安寺の仙圃長寿を「唐人」だと記す。(70)天文十六年（一五四七）二月二十日付の「大内氏渡唐船法度条々」は、要検討の史料ではあるが、「対二唐人等一、不レ可レ及二言語一、同私筆談停止也、但到二医学儒学等練習一者、非二制之限一事」と定めている。(71)「医学儒学の練習」に限り、「唐人」との「言語筆談」を認めるという内容だが、実際には幅広く言語筆談を交えた唐人との交流が行われていたことを示唆する。濃尾の山間部に位置する五山僧らの拠点であった定光寺に伝わる「年代記」の天文十八年（一五四九）条は、「卯月ニ唐人当寺来ル　諱ハ大泉云也」(72)と記録する。

史料の性格も時期も飛躍するが、癸未（一七六三年）信使製述官・南玉「日観記」第十は、「我国訳学・通事之不能暁、大坂以西、西京、江戸等之処語、馬州之倭多未通解、不如筆語之詳以訳探情其亦疎矣」と記録する。(73)江戸中期における朝鮮通信使随行員の観察だが、対馬人は必ずしも列島本土人と支障なく言語でやりとりできたわけではなく、「筆語」を要した事実、つまり現代とは比較にならないような「処語」の地域差の大きさ、「日本語」の未成立を示している。かつて佐藤進一は、関東・東北地方の中世古文書において、りうし（猟師）、りうち（聊爾）、しうもん（証文）、りう舟（漁舟）、ほうくう（奉公）、ゆうしや（用捨）、はうひ（語義不明）など、おそらく口語に由来する独特の表記が存在すると指摘しており、関連しよう。[74] さきにみた竺仙と椿庭との間で交わされた「日本郷談」「日本音」もまた、列島全域に通用する現代日本語とは区別すべきものであろう。なお前近代の列島社会では、地域差に加えて身分差も大きく、近世における身分差の大きい「日本人」同士と、同じ身分階層に属する「日本人」と「朝鮮人」とでは、どちらの意思疎通が容易であったのか、一概には判断しかねる実情も存在した。[75] このようにみるならば、平安期から戦国期にかけてそれなりに日常的な存在であった列島社会各地の「唐人」「宋人」は、必ずしも今日的な意味での「中国人」と同様の存在とは限らず、実際の渡来人を含み込みつつも、言語不通で筆談の補助を要するような、いわば「内なる異人」全般を指すとは考えられないだろうか。

関連する隣接分野についてみておくと、「漢文」は列島社会でどのように受容されていたのか、五山文学の漢文としての価値を減じる要素ともみなされてきた「和臭」とは何であるのか、いずれの問題についても、言語接触に伴う創造の可能性をみようという「ピジン・クレオール」論[76]が注目される。石川九楊は書史の立場から、①現代でも中国はいわばヨーロッパに類似した諸地域の寄せ集めであって、「中国人」全員に通用する「中国語」は存在しないこと、②言語的に不統一な中国に統一を与えてきたのは漢字であること、つまり中国が漢字を生んだのではなく、いわば漢字が中国を生んだとみるべきこと、③そのような観点からみるならば、中国内部の諸地域も、朝鮮や日本も同様に、漢語文化圏のなかの一地域と捉え得ること、④漢字は基本的に支配層の文化であり、琉球が清朝中国の支配を離れ日本に属したことを、伊波普猷はいわば漢字からの解放とうけとめたこと、おなじく清朝中国の支配を離れた東南アジアの人々は、表意文字の漢字よりも表音文字の欧語を使いこなすことで、むしろ自らの解放を進めた側面があること、などを指摘した(77)。

漢字を駆使できたのは支配層であり、五山文学を「民衆」の営みの所産とみることはできない。さらに、列島社会で長く漢字を駆使し、支配層に君臨してきたのは京都中央の貴族層であるから、漢文学の傍流である五山文学もまた、京都中央の貴族層につらなる文化だと考えられてきた。しかしこれまで述べてきた「唐人」「宋人」や、彼らをめぐる言語状況を踏まえるならば、漢詩や漢文を文雅の営みとしてではなく、日常生活の場面でも必要とし使いこなしていたのは、京都の貴族層よりもむしろ地方の支配層だったとは考えられないだろうか。いわゆる五山文学の発展も、五山が京都よりもむしろ地方つまり「夷中」を基盤としていたために、「内なる異人」との交流が日常的であったという事情と関連づけて理解すべき部分はないだろうか。そのような視点で、次節では先学がとりあげてきた五山文学に関する議論を再検討してみたい。

三　五山文学の受容者論

(1)　貴族文学と五山文学

五山僧の思想や文筆活動を研究対象とした先駆けの一つとして、薩摩藩士・伊地知季安が長い逼塞期間のなかで著した「漢学紀源」をあげられよう(78)。この書物は、文化九年（一八一二）から天保十二年（一八四一）の頃に成立し、戦国期の五山僧桂庵玄樹などいわゆる薩南学派を顕彰したことで知られているが、おそらくは近世後期の各地域でみられた由緒論でもあり、いわば郷土史の側面をもったと思われる。玉村竹二によれば、江戸時代の儒者たちは、おそらくこうした地方色を伴った五山の儒仏一致傾向や彼らの漢詩漢文を「嫌悪」していたといい、五山僧たちが作成した漢詩漢文を五山文学と名付けて、意識的に収集した先駆けは上村観光だと指摘する。[79]愈慰慈は五山文学という用語について、北村澤吉が一八九九年の論考で無意識に使いはじめ、上村観光が一九〇五年の著書で歴史的段階を示す用語として定義づけたと指摘し、中国文学の一分野である禅林文学と五山文学とは区別すべきだとする。[80]上村観光に先立つ仕事として、一九〇四年の久保天随『日本儒学史』に着目すべきだという見解もある。[81]文献史学の分野では、田中義成が一九二三年の著書で五山文学をとりあげ、「五山の文学が乱世にも拘わらず、其生命を維持せしは、全く政治上の関係ありしが為なり。（中略）徒に花鳥風月の詩文を弄するのみに止まらば、恐らくはかくまでにその生命を維持する能わざりしならん」と述べ、近江の小倉実澄と五山僧横川景三らとの交流など「地方に於ける将士の文学」をまとめて論じている。[82]伊地知季安から田中義成の頃まで、五山文学は地域社会つまり「夷中」の所産であるという見解は、たしかに存在したと思われる。

ところがこうした見解は、こののち戦後にかけて主流から退く。たとえば津田左右吉は、「要するに禅僧の漢文学は、概していふと、叢林の裡にのみ行はれた別世界の文学的遊戯に過ぎなかった」と述べる。[83]芳賀幸四郎は、禅林文学研究の課題の一つとして、伊地知などに目立つ「郷士意識」からの脱却を掲げている。[84]江戸時代の儒者以来、いわば中央の学者が等閑視してきた禅林文学ないし五山文学の重要性を認めるべきだという真意とみられるが、五山文学を「夷中」から切り離した研究史上の焦点といえよう。なお同時期に和島芳男は、関東の足利学校周辺で、五山僧らが関東の方言にひきつけられた訓点を用いて、京都中央の批判をうけていた事実を紹介しており、本論で想定している「処語」の地域差と連動した漢文受容の具体例として目をひく。[85]

津田や芳賀らと同時期に、文献史学の立場から禅宗史研究を本格化させた玉村竹二は、のちに上村観光の『五山文学全集』をひきつぐ『五山文学新集』を大成させた。しかし玉村は、世俗の檀越の需要については、五山文学の発展要因ではなくむしろ「貴族的粉飾」や「御用文学」などに傾かせる衰退要因とみる点に大きな特徴がある。一九四六年の論考では、鎌倉武家の北条氏は南宋で貴族的発展をとげた禅宗により、「貴族の風貌を装はんことに汲々としてゐた野人」[86]だと述べる。一九五五年の著書では、「北条氏をはじめとする、武家の上層部の人々は、新興の貴族として、自己を粉飾する必要を感じ、その一手段として、禅宗を利用」したのであり、「盲目的に先代の遺策を模倣」した「足利氏を棟梁にいただく新興の武士も（中略）貴族的な粉飾を必要」としたとみる。さらに「元来武家は、貴族的雰囲気を好む」ことから、「室町時代の五山禅僧の作品の半ば」は、「檀越にこびるあまりに荘重さと俊快さとをあわせもった葬儀法語で占められるにいたったと述べる。[87]一九六一年の論考では、「主として相国寺内に伝統を保」った「五山文学の正統派」は、「多少幕府との関係が深すぎるために、御用文学化して、仏事法語や外交文書作成に力を入れすぎた傾」があるとする。[88]ただし同年の別の論考では、「御用文学のやうな傾向を帯びる」相国寺と比較して、「建仁寺を中心とする文壇」では「幕府から遠ざからうとするやうな風があった」とも指摘する。[89]一九六三年の講座論文では、当時一流の禅僧が大友氏など「地方大名の招聘」に応じたと述べるが、その主要な関心事は「貴族的外装」であったとみる。[90]

私見では、玉村の五山文学理解は、足利将軍家と相国寺との師檀関係に集約されない「建仁寺文壇」の存在や、「地方大名」の需要など、継承すべき重要な論点を含む。しかしながら玉村自身は、禅林の絵画も文学も、本来は世俗から「隔絶」された「特殊な社会」「同士的結合」の所産だという見解[91]をもっていた。そのために、「叢林の裡にのみ行はれた別世界の文学的遊戯」という津田の五山文学理解と共存し、世俗における五山文学の受容事例があったとしても、それは「貴族的粉飾」にとどまるという理解が、もっぱら拡大継承されていった。たとえば、禅院の経済面を支えた東班衆への先駆的な着目[92]で知られる藤岡大拙は、一九五七年の論考で、なぜ武家が禅宗を採用したのかと問いを立て、「新興の貴族として、自己を粉飾する必要を感じ」たという玉村説を引用継承している。[93]

中世文化史の業績で知られる大隅和雄は、一九六七年の講座論文で、「禅宗は宋朝の末に貴族化した性格を示すようになっていたが、鎌倉時代に受身ではあれ、受容された理由は、北条氏をはじめとする上流武士がその貴族趣味にひかれ、禅宗によって自己の権威を飾ろうとしたからにほかならない」のであり、「足利氏は貴族的な中国の禅を理解できず、夢窓の門派を重んじたが、その意図は同じであった」と述べる。(94) 禅宗理解につきしばしば玉村説を参照した黒田俊雄は、七四年の論考で「五山文学」を立項し、「社会から遊離し特権化された僧院の文芸はそうした〔艶詩などの――引用者補足〕退廃をまぬがれることはできず、室町幕府とともに没落する運命にあった」が、「禅僧が権勢に連ならず真実の出家・遁世者であった段階では、遁世草庵の文芸としての側面をもっていた」と述べ、玉村説の真意を的確にいい当てている。(95) 一九七六年に日本の封建制と天皇との関係について山口啓二と対談した永原慶二は、天皇・公家につらなる山門以下の宗教勢力に対抗すべく、武家側もとくに尊氏から義満の時期に「もっぱら禅宗寺院を保護して、自分の思うようになる寺院勢力を別につくり出そうと」したのであり、具体的には「五山の制」をつくることで、「社寺勢力にバックアップされる天皇・公家の有利な位置」に迫ろうとしたと述べる。(96) 五山の制には天皇・公家を相対化する狙いがあったという見通しは興味深いが、史料的な実証を伴った論ではなく、「バックアップ」を得て天皇・公家に並ぶという見通しは、「貴族的粉飾」と同様の論理といえよう。禅宗史研究の重要な潮流である「地方展開史」の分野でも、伊地知から田中義成の頃までみられた郷土史的な視角に立った五山文学理解はなかなか復権せず、玉村説の影響下に置かれ続けたようにみうけられる。代表的な言及をあげておくならば、広瀬良弘は、入宋入元僧の性格が、道元など鎌倉期前半の求法から、やがて貴族文化摂取へと目的変化するとみて、「文学に走る五山派への批判」が「地方に進出していった林下の人びとからなされる」と述べる。(97) 上田純一も、鎌倉武士は禅理解能力を欠如するという玉村説を踏まえて、豊後大友氏の禅宗受容は密教への関心に重点があったとみる。(98)

ところでこの間、文献史学以外の分野では、五山文学に関する研究成果が相当に蓄積されてきた。その主要な関心事はもちろん相互に交錯するが、私見では、特定の五山僧の作風に迫ろうという研究[99]、五山文学理解の鍵となる観念や用語に着目しようという研究[100]、それらの用語の出典ともなっている類書や抄物、あるいはその出版などに関する書誌学的な研究[101]、に大別できるかと思う。こうした研究の進展とともに、従来は「貴族的粉飾」として一括されがちであった貴族文学と五山文学との相違を浮かび上がらせる注目すべき指摘もみられるようになってきた。

小川剛生[102]は、「花園天皇日記」元亨元年（一三二一）三月二十四日条と、室町後期の五山僧であった桃源瑞仙が文明九年（一四七七）に著した抄物である「史記抄」とをとりあげた。そして、花園が孟子について、「仲尼の道」「人の心性」「道の精微」を明らかにするうえで有益だと評価しつつも、「さしたる説」がないため「伝受」に及ばず、ただ「見る」にとどめると記していることと、桃源が「前漢書」について、博士家の「点」がなく「未師行[施]」であると記していることとは、時代に隔たりはあるものの対応関係にあるとみた。つまり小川は、博士家の点がある書物＝施行本＝「読む本」と、博士家の点がない書物＝未施行本＝「見る本」という分類を提言したのである。かつて和島芳男は、博士家である清原家の学問が、五山の学問と交流をもちながらも、たしかな学問的蓄積をもって優位に立っていたと確信していた[103]。ひるがえって桃源は、京極氏被官という出自ながら五山相国寺の住持に出世した典型的な五山僧の一人であった。花園につらなる廷臣の学問文学は、もとより「読む本」に重点を置くべきであったが、五山僧の文学は、桃源が前漢書をとりあげ「未師行ホドニ家ノ点本ハフツトアルマイ」と述べるなど、むしろ「見る本」に重点があったのではないか。花園が、とくに後醍醐周辺の「学風」や「風体」を念頭に置いて、「其の意仏教に渉り、其の詞禅家に似る」「是宋朝の義也」「頗る隠士放遊の風有り、朝臣に於いては然るべからざるか」などと憂慮しているのも[104]、桃源に類似する思想的、学問的な傾向をみてのことであろう。

安田次郎[105]は、「禅僧の日記や漢詩」などが一般的な日本中世史料と比べて「難解」であり、「できるだけ避けて歩いていることを白状しなければならない」と述べている。五山僧も時代の一員であった日本中世史を専攻する多くの研究者の率直な感想であろう。しかしその一方で安田は、小川と同様に、貴族ないし廷臣と五山僧との違いを考える興味深い素材を提案している。すなわち、東福寺の禅僧太極の日記「碧山日録」応仁二年（一四六八）三月十五日、六月十五日、十一月三日条と、一条兼良が将軍義尚に呈上した「樵談治要」にみえる足軽に関する描写の違いである。一条兼良は足軽について、洛中洛外の諸寺社、五山十刹、公家、門跡を滅亡させ、名ある侍同士の戦いを妨げるなど、平家物語にみえる「かぶろ」をも超過した悪党だと述べる。足軽という存在について、古典を消滅させる戦災の主因として非難する姿勢は、おそらく他の廷臣層にも共通する貴族的な思考様式であろう。これに対し五山僧の一員であった太極は、「殆ど制兵の法に非ず、惟だ細民奸猾、陵上の漸也」など、足軽への批判的な言句もみられるが、とりたてて「五山の滅亡」を嘆くでもなく、「西軍の糧道を絶つ」「甲を擐《つ》けず、戈を取らず、只一剣を持ちて敵軍に突入す」「隙を伺い宗全の兵櫓六七間を焼く」「各長矛・強弓を持ち、踏歌奔躍す。頭には、或いは金冑を着し、或いは箨笠を頂き、或いは赤毛を蒙り、単衣細葛、其の膚露見に至る也。寒きが如きは以て恐れざるは、蓋し其の身を軽くして疾走すること飛ぶが如くならんことを欲する也」など、その風貌や行動をきわめて具体的に記している。深読みを承知でいえば、眼前の現象を凝視することで、そこに宿る本質つまり「天の理」「人の心」を見極めようとした儒仏一致の五山僧の観察眼だと思う。近年では室町期の通史的叙述の根拠として廷臣層の日記類を用いることが定着しているが、そこで得られる認識の限界を知るためにも、禅僧の日記類との異質性は有用な論点になるのではないか。

（2）夷中の五山文学

禅宗は「武士」たちの「貴族的粉飾」の手段に終始したとみる玉村以来の通説は、五山文学と貴族文学との相違点を明らかにしつつある現段階の研究水準からすると、克服されつつある見解だと考えられる。ただし「貴族的」という表現から派生したというべきもう一つの含意、つまり五山文学は「夷中」ではなく中央、とくに京都周辺の人々の営みだという通念は、ほとんど見直しが図られていない。また、五山文学の研究史を概観してみると、研究者がいわば五山文学作品の享受者として、その内容を論評するような傾向も根強い。五山文学は近代文学とは異なるのであり、現代人である研究者が論評を加えるには注意を要するという自覚も示されつつある(106)が、その作品を実際に受け取る立場にあった当時の受容者に着目した五山文学の受容者論は、これから着手すべき研究領域といえよう。受容者論の構築は、とりわけ文献史学に期待されている五山文学研究の課題だと考える。

ところで、これまで先学が検討を加えてきた五山文学作品について、受容者論の視角で眺め直してみるならば、実は「夷中」の五山文学として評価すべき事例がいくつもあることに気づく。なかでも重要と思われる事例を具体的に提示してみよう。

中巌円月「祭大友江州直庵」は、檀越であった大友貞宗が元弘三年(一三三三)十二月に死去したことを悼んで作成されたいわゆる祭文で、五山文学の一分野に属する。この作品を紹介した中川徳之助(107)は、二つの注目点をあげる。第一に、「公、平生朱家の調う所の素を嗜む」という部分、つまり朱子学の関心事となっているようなこの世の根本原理ともいうべき「素」をめぐる思索、本章の表現でいえば、「天の理」「人の心」への関心である。第二に、中巌は貞宗の「縦臾」により、「原民」「原僧」という二つの自著を後醍醐天皇に呈したという部分である。檀越大友貞宗に対するいわば弔辞であるから、過大な称揚に注意する必要はある。しかしこの祭文を文字どおりに読む限り、貞宗の禅宗受容は儒仏一致の本質をおさえたものであり、さらに、後醍醐の新政にも影響を及ぼそうという発信力を示す。大友氏の禅宗受容は、従来「地方武士」の「貴族的粉飾」の典型例のようにみられてきたが、天皇率いる貴族層の学問思想の余流に甘んじるようなものであったかどうか、再考を要する。

夢巌祖応の「祈穀」と題する連作の一つは、郷里であった出雲に潜居していた延文五年（一三六〇）の作である。酒宴で狂乱する農民たちの姿を、秦王に対峙した趙使藺相如の「睨柱」の故事（史記）なども交えつつ活写し、猿回しや飢人の参集など、通常の日本中世史料にもなかなか現れない貴重な地方農民の様子を記す。ついで後半では、「頃年」の「兵戈」続発、「一主已南遷、一主拠帝座」つまり南北朝の分裂、「諸将勲未策」つまり諸将の無策などをあげ、「大人方臲卼《げつごつ》（安らかでないさま）として、宅に在りて誰か安きを与《とも》にせん、国空しくして君子無し、稼熟して誰か湌《さん》（餐）を与にせん」と記している。この作品を紹介した蔭木英雄[108]は、とくに末尾の部分「豈に斯の人独り爾《のみ》、己を愧じて莞《わら》い（愧じて已に莞《わら》いカ）、潜を成す」に着目し、「大運の識り難き諦念と、やる方なき悲憤との交錯した作者の心情を写して絶妙である」と述べる。しかし私見では、この作品のもっとも重要な部分は、前半の農民たちの具体的な酒宴の描写と、後半の当時の政治状況をめぐる抽象的な叙述とのつなぎ目にあたる一文、「誰か訛替《かたい》の処に於いて、理を欺き子細を観んや」であると思う。夢巌にとって出雲は郷里だが、本論で想定している列島社会内部の「処語」の差異に関わる記述としても注目される。「訛替の処」つまり地域差のある「処語」が用いられる「夷中」においてこそ、かえって「理」に目を閉ざして事物を子細に観察することなどできない、と述懐しているのだろう。地方農民の狂乱という現象の本質には、その実りの貢納先である政治の乱れがある、という儒学的な政治社会観察の作品と考えられる。

蔭木は、こうした政治詩的、社会詩的な作品は、五山文学では希だと述べるが、千坂嵃峰は、むしろ政治詩こそが漢文学に由来する五山文学の本領だと述べる[109]。朝倉尚が紹介した文明六年（一四七四）の横川景三「次匀小倉文紀居士見寄」[110]もまた、「夷中」の五山文学の政治詩的な作品の一つといえる。内容は、近江の小倉実澄が軸装し送付してきた漢詩に対し、横川景三が「洛下の諸老」を率いて唱和し、序跋をととのえ、さらにこの詩軸を京極政高（政経）にも示して、唱和の漢詩を得たというものである。政高の漢詩は、「春風十里隔江郷、人似葵花傾太陽、国在戦図書在手、東征異日快移床」[111]、つまり、政高と実澄とは、いまは京都と近江とで隔たっているが、ひまわりが太陽に傾くように、実澄は政高に従うべきであること、戦いの最中でも政高は「図書」を手放しておらず、「東征」の暁にはまた会合しようというものである。この政高の漢詩を得た横川は、「盖し平日の忠肝義膽、公（小倉実澄）の致す所に於いて無弐ならん耶、平賊の日、此の詩を以て凱歌に入れば可也」と付記している。五山文学は、戦国期の機微に満ちた人間関係形成の先端を担っていたのである。

ところで横川は、かつて相国寺常徳院に所属していたものの五山から離脱し、書写山のふもとで夜な夜な異形の姿を現していた湛碧という者の文筆を大切に所持していたという。この逸話を記録した景徐周麟は、「江湖」を「罵詈」した報いをうけたものかと感想を記しており、今泉淑夫は、湛碧の満身創痍に「自省の深さ」をみる。[112]ここで注目したいのは、やはり、中央の五山を離脱しながらも、その文筆能力について一目置かれるような人物が、地方つまり「夷中」に存在したという点である。湛碧と同様の存在ともいうべき万里集九が、五山文学の代表的な担い手であることについて異論はないだろう。その作品をみてゆくならば、すでに芳賀幸四郎も注目していたとおり、越後において読まない童子はいないという「三体詩」に朱墨を加えるよう求められた折りの作品[113]がある。また、朝鮮王朝から大蔵経を招来したことで知られる美濃の諸山承国寺[114]には、それ以外にも膨大な漢籍があり、万里はそれを借覧していた。[115]地方の支配層の子弟たちは、「三体詩」などの漢籍を学ばなければ、「太陽に従う向日葵」など機微に富んだ政治的呼びかけに気づけず、支配層の一員にとどまることも難しかったのではないか。

天文期頃の成立と考えられている「中華若木詩抄」は、詩文作成の知識習得を必要としていた入門者のための注釈書で、戦国期五山文学の巨匠で越前朝倉氏などの帰依をうけた月舟寿桂の弟子、如月寿印の撰である。如月について検討した朝倉尚は、その師である月舟寿桂が三条西実隆と交際していた事実に検討の重点を置いた。しかし朝倉の検討をみてゆくと、「実隆公記」における如月の終見である天文三年（一五三四）二月十五日条の段階で、如月は能登にいたこと、天文十二年十一月に、継天寿戩が建仁寺住持に着任した際、同門疏に法弟にあたる如月も名を連ねており、このとき継天が四九歳であることから、仮に如月が四〇歳前後だったとすれば、永正元年（一五〇四）頃の生まれであること、如月はおそらく細川高国の近親者で、能登への下向は高国の没落に連動しており、中央における如月の文名は、早熟で大成しなかったという傾向で捉えられていること、などが明らかにされている。[116]端的にいえば、「中華若木詩抄」が著述されたのは能登つまり「夷中」であり、万里の作品をみるならば、そのような著述を支えるだけの人的、物的な蓄積もまた、夷中に備わっていたと考え得る。

ところで如月は、この編著のなかで、いわゆる「東坡載笠図」につけられた室町中期の五山僧、江西龍派の著賛をとりあげている。「東坡載笠（笠履）図」とは、宋の支配領域の最南端、黎族の居住地域であった南方儋州《たんしゅう》に流された蘇軾が、不可思議な笠を着て彷徨する図のことである（図10-1）。江西は南都で華厳を学び、蘇軾の詩文を得意分野とした五山僧として知られている。その江西詩文に関する如月の注釈のなかに、「コ、ハ夷中《ゐなか》、コ、ハ京ト分別スルコトモナイゾ」という注目すべき記述がある。[117]どういうことかといえば、江西の詩文のうち、「夷中」

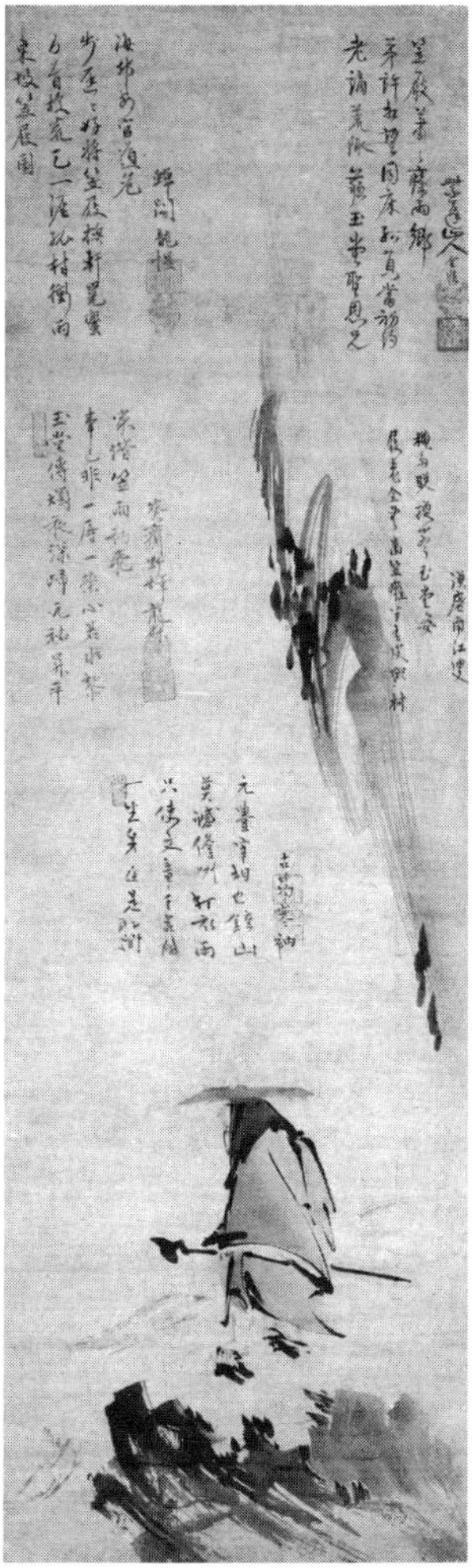

図 10-1　『東坡笠屐図』（メトロポリタン美術館所蔵）

で多く飼われている牛がいなないて振る雨、「牛欄西畔ノ雨」と、かつて天子の側近くでみた「天上ノ玉堂雲霧ノ窓」とを、蘇軾は区別していない、という部分に関わる注釈である。蘇軾は、なぜ「牛欄西畔ノ雨」と「玉堂雲霧ノ窓」、あるいは、「夷中」と「京」とを同一視できたのか。江西の賛は「酔眼」と述べているが、如月は、「常ノ人ナラバ（牛欄西畔の雨を）懶《モノウ》キコトニ思フベキガ、東坡ハ儒者ノ知識トテ大明眼《めいがん》ノ者ナレバ」と説明している。つまり、「酔眼」は「明眼」なのである。眼前のあらゆる事象に宿る共通の本質、「天の理」や「人の心」を見極めようとする儒者や禅者にとって、天子の宮殿の窓外にみえた雲霧と、田舎の泥にまみれた牛のいなないきに降りそそぐ雨とが同一のものだというのは、自身の「艱難」を客観視する難しさを除けば、初歩的な理解だといえる。しかしこうした理解は、身分や地域の差異を取り払う衝撃力をもっている。「酔眼」でなければ口には出せない事柄ともいえよう。「夷中」は「酔眼」を「明眼」といいかえられる場だったのである。

おわりに

「夷中」の五山文学に関わる先行研究は、さらにある。

大桑斉は真宗思想の達成をはかる視点から、南化玄興が文禄四年（一五九五）に近江の井口金吾に与えた「中巌」という字説に注目した(118)。南化は、のちに儒学色をほとんど払拭し、近世仏教の一宗派として禅宗の新たな隆盛を導く妙心寺派に属するが、この作品は、「仏祖之奥義、聖賢之正道」など、儒仏の思想を織り交ぜた内容となっている。かつて田中義成が「将士の文学」の担い手とみた文明期の小倉実澄と同様の存在が、近江では文禄期の井口にかけて継続的に存在したことを示している。

城市真理子は美術史の立場から、岳翁の画、了庵桂吾らの著賛という組合せの詩画軸群に着目した。これら室町後期の詩画軸は、美術史の分野では田中一松の業績など早くから研究が蓄積されてきたが、城市は、これらの諸作品が了庵の郷里であった伊勢において作成され、あるいは受容されていた可能性にとくに注目したのである。[119] 現存する詩画軸を主な研究対象とする美術史の立場は、詩画軸の伝来事情、ひいてはその受容者の問題にまで視野を及ぼす必要性が高い。史料批判の一環として、史料の伝来事情に大きな関心を寄せる文献史学の立場から、五山文学の研究進展にむけて、協働できる部分があるだろう。

視点は変わるが、村井章介は、茨城県出土の舶来陶磁である「青白磁牡丹蓮花唐草文瓶」と、これを模倣した鎌倉市出土の瀬戸焼である「古瀬戸黄釉牡丹唐草文瓶」とを比較し、「技術水準における彼我の途方もないギャップは、ほとんど埋まっていない」と評した。[120]「生きた唐物」ともいわれる渡来僧[121]がいわば舶来陶磁にあたるとすれば、五山僧はさながら瀬戸焼である。瀬戸焼は陶磁と比べて技術的に粗雑かもしれないが、それでも着実に列島社会の人々の必要を満たしたように、五山僧の「和臭」ただよう漢文も、「衒学」などといわれながらそれなりに列島社会の人々の需要を満たしていたと思う。瀬戸焼が舶来陶磁や舶来銅銭と混在して列島各地から出土するように、五山僧もまた、今日的な意味での「中国人」とは限らない「唐人」「宋人」つまり「内なる異人」とともに列島社会に混在し、叡山が「蒙古の曲声」と批判した「宋韻」をもって日常的に交流していたとすれば、それは京都からみれば異国的な要素に満ちた「夷中」というべき世界であっただろう。本章では、「国民」や「民族」といった近現代の感覚では想像しにくい「処語」や「訛替」の多様性が五山文学の母胎であると想定してみた。

ただしこうした想定をもって、どれほど五山文学を精確に読解できるかどうかは、さらなる批判的な検討を経なければならない。

第11章　五山僧の栄西認識

はじめに

戒律重視により在来の顕密主義全体の立て直しを志した禅律僧栄西(1)と、中世禅宗の主流をなした五山僧(2)とは、同じく「禅」を標榜しているのであるから、互いに先駆者と後継者の関係にあるとみて差し支えないのだろうか(3)。あるいは、栄西を禅宗の始祖とする見方は、同著「興禅護国論」や同付録の「未来記」に着目した無住道暁「沙石集」や虎関師錬「元亨釈書」の解釈ないし作為が先駆けだと考えられてきた(4)。しかしながら、「興禅護国論」を「無視した」とまでいわれる五山僧(5)の栄西認識が、同書に基づく無住や虎関の栄西認識を果たしてひきついでいるといえるのか、必ずしも自明ではない。

「弘安以後新渡之僧、来朝之各（客）、是皆宋土之異類、蒙古之伴党也(6)」とは、五山僧に対する敵意をことさらに煽り立てようとした応安元年（一三六八）閏六月の山門による排撃論である。栄西自身も「異国様の大袈裟」が物議をかもしたと伝えられるが(7)、「興禅護国論」の執筆動機とみられる叡山と栄西との緊張関係は、明雲に対する慈円の批判など叡山内部の党派的な対立に由来し、天台宗と禅宗との対立のみによるとはいえない可能性も示唆されている[8]。これに対し、上記のような南北朝期山門の五山僧に対する排撃は、在来の顕密主義に対し愛着も危機感も持っていなかったであろう蘭溪道隆や無学祖元ら渡来僧の影響力[9]や、その前後から進展する宋学との融合傾向など、栄西段階とは異質な展開を遂げつつあった五山僧の側面をそれなりに捉えているように思われる。

すでに玉村竹二は、禅の法脈自体は栄西以前から日本に入っているにもかかわらず、栄西が日本臨済宗の祖といわれる理由について、現在までその法脈が残っていること、その開山寺院が残っていることによる、と指摘している[10]。では、栄西の法脈をひくと自認する黄龍派を擁し、栄西開山の建仁寺等の存続を担っていた五山僧は、栄西をどのような存在と認識していたのだろうか。以下、栄西に対する五山僧の認識を示す史料の収集と分析[11]を中心に、とくに「仏心宗」という考え方に着目して、検討を進めたい。

一　栄西は禅律僧か

室町・戦国期の五山僧は、いつ、どのように、栄西という存在を意識したのだろうか。

第一に、京都五山建仁寺、鎌倉五山寿福寺、筑前十刹聖福寺の住持に知己が就任したことを祝う入寺疏や、自身が住持に就任した際に述べる入院《じゅえん》・住院法語において、開山である栄西に触れる場合である。第二に、画像賛の類である。このうち栄西像賛は、おおむね建仁・寿福・聖福の三所開山の事蹟に触れている。栄西以外の像賛の場合は、ほぼ栄西の系譜をひくと自認する黄龍派の五山僧を像主としており、その派祖として栄西に言及している事例である。第三に、詩文会や壮行など私的な交流に関わる文章作品である。これらは、作品の作者か受給者が黄龍派の五山僧であるため、その派祖である栄西の存在に触れた事例が多く、その他は栄西の「祖塔」に触れているなど、建仁寺関連の可能性を認め得る。このほか、記・銘・叙・題などの公式的な文章作品や、勧縁疏、仏事法語、字説などもあるが、栄西の流れをくむ黄龍派を除く大多数の五山僧は、栄西を建仁・寿福・聖福の三所開山と意識していたのである。

こうした五山僧の栄西認識について、さらに呼称の分類に踏み込んで分析してみると、単に建仁寺等の「開山」と述べる事例もあるが、「千光大士甘棠古道場」[12]など「千光」を用いる事例が一般的である。さらに「千光」に尊称をつける場合であるが、これまでの収集事例[13]では、「祖師」あるいは「祖」を付する事例が多く、ついで、相互重複もあるが、「古仏」「大士」「禅師」「法師」「(大)和尚」などの事例が続く。

注目したいのは、五山僧は、おそらく叡山の栄西住房に由来し[14]、虚庵懐敞の印可状や宋元明人の文筆にひきつがれ、栄西のいわば国際的[15]な呼称となった「千光」を多用したが、同じく宋元明人が用いた「禅師」の尊称は、五山僧では必ずしも主流の用例ではなかったことである。近世日本では「千光国師」と並び「栄西禅師」という呼称が普及するが、これとは対照的な栄西に対する「禅師」尊称の忌避傾向は、五山僧の顕著な特徴といえる。

五山僧は、栄西の師である虚庵懐敞など宋元期の禅宗高僧については「禅師」の尊称を用いたが、栄西についてはなぜ「禅師」の尊称を必ずしも用いなかったのか。「禅師」といえば、蘭溪に対する「大覚禅師」号付与の事例や、大乗院・一乗院など顕密寺院で僧綱に昇る以前の若年の貴種門跡が用いた事例[16]などが想起される。しかし、「遁世の身ながら、僧正になり給ひける」[17]といわれるように、栄西が禅律という実践面を重視し、遁世僧と見下されることも厭わず顕密主義の立て直しに尽力したと認識されていたとすれば、五山僧は、実践により験力を現す人々という「禅師」の原義[18]を意識したのではないか。すなわち、宋元僧と日本僧とでは「禅師」のもつ意味が異なり、日本僧では顕密僧よりも一段劣った遁世僧ないし禅律僧だという意味が付随するために、五山僧は栄西の尊称として用いることを憚り、「禅師」以外のさまざまな尊称を模索したのではないか。その現れが、「祖師」「古仏」

「大士」など、五山僧によるさまざまな尊称の使用だったとみておきたい。

二　栄西は密教僧か

五山僧が栄西を意識したのは、主として建仁寺、寿福寺、聖福寺など、五山僧の重要拠点であった諸禅院の開山であったからだとすれば、五山僧とこれら諸禅院、とりわけ建仁寺とはどのようにして結びついたのだろうか。「扶桑五山記」(19)で建仁寺の歴代住持を調べてみると、開山栄西ののち、八世までは「嗣葉上」とあり、九世も栄西弟子退耕行勇の嗣法であったらしく、いずれも栄西の密教上の法脈につらなっている。また、六世厳琳は第七代、七世円琳は第四代、九世了心は第八代の、それぞれ東大寺大勧進職であった(20)。重源の後継者であることを強く意識した書状の新発見(21)も記憶に新しい開山栄西以下歴世の建仁寺住持は、資財流用等を「互用の罪」とみる厳しい戒律意識を信頼され、諸寺社の復興事業に幅広く登用された禅律僧(22)であった。十世円爾も、「嗣葉上」の注記はないが、栄西の血脈をうけていることを自認しており(23)、第一〇代の東大寺大勧進職でもあった。

こうした「葉上」の法脈や禅律僧の系譜を断ち切るかのように建仁寺に入ったのが、おそらく弘長元年（一二六一）(24)に一一世となった蘭溪である。その入院法語をみると、蘭溪は檀越香で「東州の信心の檀越、最明寺禅門」、嗣法香で「前住平江府尊相禅寺無明大和尚」をあげている(25)。蘭溪は円爾と親しく交流していたが、ここでは檀越北条時頼の命により、南宋の無明慧性の弟子として、建仁寺住持に就任する、と宣言したのである。虎関師錬は東福寺開山円爾以来の聖一派を誇るなかで、「建久之間、西公導二黄龍之一派一、只濫觴而已、建長之中、隆師諭二唱東壤一、尚薄二于帝郷一(26)」と述べたが、実際には、蘭溪は栄西の遺跡を襲うことで、「帝郷の濫觴」にその「諭唱」を及ぼしたのである。

その後の建仁寺住持を「扶桑五山記」でみると、「宋国西蜀人」と注記された一二世義翁紹仁(27)は蘭溪道隆と、一六世鏡堂覚円(28)は無学祖元と、それぞれ同行渡来したことで知られている。さらに「大宋台州人」と注記された二二世石梁仁恭は、「正安元年（一二九九）、従二一山（一寧）一東渡、出住二信之慈雲一、檀越創二慈寿寺一延レ之、遷二筑之聖福、洛之建仁一、所レ至秉二向上鉗鎚一」という経歴の持ち主であった。(29)信濃の檀越すなわち在地勢力に迎えられた石梁は、元徳元年（一三二九）には(30)博多聖福寺住持に転じており、さらに建仁寺住持に招かれたらしい。かつて得宗政権は、蘭溪を蒙古の間諜と疑い甲斐へ流罪に処したが、現地の「胥吏氓黎」がこれを「幸」とする情勢となり、まもなく鎌倉に招喚された、という逸話(31)を思い起こさせる経歴である。ちなみに「聖一国師年譜」によると、博多の貿易商たちに影響力を有した東福寺開山の円爾も、正嘉二年（一二五八）五月に「元帥」すなわち北条時頼の「敬信」により、蘭溪に先立ち将軍宗尊親王の命で建仁寺一〇世に補任されたという。(32)

栄西、円爾、蘭溪の間に、単純な連続や断絶は指摘しがたいが、建仁寺住持の前者から後者への推移は、同寺の支持基盤の中央権門勢力から地方在地勢力への推移を象徴するのではないか。早い段階では、「台記」康治二年（一一四三）三月八日条に、熊野那智で「唐声」をもって論語孝経を誦した宋僧の記事がある。(33)信濃浅間宮では正応期に「唐僧円空」による納経(34)があり、応安期に相模大森氏が乗光寺開山に迎えた瞭庵明聴は、中央の記録に現れない渡来僧の事例である。(35)果たして在地勢力が、どれほど渡来僧らの教義を理解できたのか、という疑問については、悪党に類する活動で知られた安東蓮聖の子息が父の肖像画に明極楚俊の著賛を求めた事例(36)があり、在地の悪党的勢力が禅宗の「難解な教義」など理解できたはずはない、という先入観に再検討を促している。

建仁寺住持の招聘など得宗の禅宗政策の基底にある関心事は、こうした渡来僧の受容などで、中央に先行する可能性すら示した地方の力量(37)を再編することであったと考えられる。すなわち、五山僧と建仁寺との結びつきは、栄西からの法脈等の継承ではなく、おそらく在地勢力に対する禅宗の影響力に着目した得宗が、将軍家創建の京都建仁寺住持として有力禅僧を招聘しはじめたことに端を発する。そうだとすれば、これら有力禅僧の法脈をついだ五山僧の関心事は、栄西の教義の継承などではなく、重要拠点として手中にした建仁寺の興隆を図るべく、開山栄西に対する信仰をさまざまに喚起することにあったと考えられる。そのような観点から視野に入る史料をいくつかみておこう。

たとえば、「霊洞雑記」所収「附宮辻子地于霊洞庵文」である。延文二年（一三五七）六月の次のような「社頭三塔衆会議」を収録している。(38)

延文二年六月十八日社頭三塔集会議曰備叡覧了

左中弁判

早且依二本山免許一、且任二禅庵衆望一、被レ経二御奏聞一被レ申二綸旨一、速止二宮辻子一、永為二寺塔頭一、囲二入霊洞禅室管領敷地一、建二広済禅師《（高山慈照）》追福梵場一、偏安二置僧侶一可レ紹二隆仏法一由事

右建仁寺者、千光禅師開祐之鴈宇（中略）、直稟二禅宗於異域之風一（中略）、然則日域五山之最初也、禅閣之締構自二斯時一而令レ興、台岳四明之別院也、顕密之擁護至来際而勿レ転者乎、爰彼寺如二望申一者、愛宕以北谷河以南、止二宮之辻子一、為二寺之塔頭一、囲二入霊洞禅庵相伝之敷地一、欲レ立二広済禅師追修之禅室一云、此条可レ塞二往古之道路一之段、先年雖レ出二異端之事書一、再就二鄭重之衆望一、則及二免許之評議一訖（後略）

史料の体裁は、日吉社頭における叡山三塔集会事書をうけて、左中弁（蔵人頭日野時光）が後光厳天皇に奏聞したものかとみえる。また宮辻子とは、建仁寺周辺の辻子であろうか。文中に「先年異端の事書を出だすと雖も」とあるが、正平七年（一三五二）には叡山が建仁寺の料所確保の動きを制止した事実も確認できる。(39) ところが今回は

「免許之評議」に及んだ、とある。注目したいのは、事書の直後にみえる「千光禅師」という栄西呼称である。これまでの収集事例では、「千光禅師」は道元や宋元明人の著述に認められる用例だが、先に述べたとおり、五山僧で「禅師」は必ずしも主流の用例ではない。一方、廷臣・顕密寺社周辺は、栄西の国際的な呼称というべき「千光」を忌避する傾向を示す。そのなかにあって上記は、顕密寺社が「千光」という呼称を用いた可能性を示す珍しい事例である。

建仁寺系塔頭に伝来し、その利害を記すこの文書は、本当に叡山が作成したのだろうか。「異域之風」を直接うけている「五山之最初」など、建仁寺の寺格を誇る叙述は、五山僧による作成を思わせる。しかしこの文書は、五山僧があまり使用しなかった「禅師」の尊称を用いている点も注目される。すなわちこの文書は、建仁寺の開山栄西が叡山ないし顕密主義の補助的な存在、つまり遁世僧に類する存在だといわば卑下することで、建仁寺が辻子を占有し塔頭敷地に組み込むことにつき、叡山の軟化を引き出す効力を有した、とも考えられる。結論は持ち越すが、五山僧は叡山と交渉するにあたり、栄西の呼称をかなり自覚的に操作し、建仁寺の興隆に結びつけようとしていた可能性をみておきたい。

「一心戒儀軌」もまた、五山僧の栄西認識を探るうえで重要な史料である。「応永廿年(一四一三)二月廿七日（中略）大虚(梵仝)和尚、授レ予以二此本一、然有二小異一、所以葉上一流為二正伝一也、龍統志レ之」との奥書を有する。[40]

経典に匹敵する重要性を師の言行に認め、語録や詩文集などを整えるのが「祖師禅」の系譜をひく五山僧の特徴だとすれば、「禿尾長柄帚」などの作品集をのこし、建仁寺住持もつとめた正宗龍統は、歴とした五山僧の一員と評価して差し支えない。しかし一方で、黄龍派に属した五山僧であった正宗は、派祖栄西の戒律重視について、江戸期の高峰東晙につらなる関心を寄せ、栄西の真撰か今日も議論のある「斎戒勧進文」や「日本仏法中興願文」を引用する古文献として知られる「一心戒儀軌[41]」の書写に関わったのである。

注目すべきは「葉上」である。正宗は、栄西の密教上の法流を指して「葉上一流」と述べているのだが、栄西の密教僧としての呼称である「葉上」は、密教僧であれ禅律僧であれ遁世僧であれ、栄西を顕密主義の一員とみなす廷臣・顕密寺社周辺だけでなく、実は五山僧につらなる清拙正澄や月舟寿桂らも用いている。(42)「派祖明庵栄西」の「台密禅兼修の昔」(43)に対する関心は、黄龍派や正宗に限られた特殊なものではなく、建仁寺を擁した五山僧全体に共有されていた可能性がある。

五山僧の「禅」は、密教を削るのではなく何かを付け加えることで、むしろその性格を明らかにした、と考えてみる必要はないだろうか。その何かとは、おそらく宋学を主流とした儒学と、それをとりまく混合的な諸思想であった。月舟寿桂の作品検討へと移ろう。

三　栄西は仏心宗第一祖である

戦国期の五山文学を領導した月舟寿桂は、栄西を派祖とする黄龍派ではなく、当時の五山僧を席巻していた諸門派横断的な幻住派に属したが、(44)建仁寺住持を何度かつとめており、たとえば次の諸作品において、開山栄西について言及している。

①永正十年（一五一三）「前霜台英林（朝倉孝景）居士三十三年忌陞座」(45)
②永正十一年（一五一四）「建仁開山祖師三百年忌辰化斎疏」(46)
③大永四年（一五二四）「播弟夢拝千光大士記」(47)
④天文二年（一五三三）以前「除夕小参」(48)

⑤天文二年（一五三三）以前「六月旦上堂」[49]

作品の性格だが、①は檀越越前朝倉氏のための法事法語、②は栄西遠忌供養執行への寄付を呼びかける勧縁疏、③は栄西関連の夢想があった知己禅僧に与えた文章、④⑤は建仁寺住持としての説法など住院法語の一部である。月舟はこれらの作品で栄西に触れる際、基本的に「千光」の呼称を用いており、尊称としては、①「祖師」、③「大士」などを用いるが、先述の「禅師」は用いていない。その一方で、月舟は②で「葉上僧正」、⑤で「葉上僧正大法師千光」など、「千光」だけでなく「葉上」も併用している。ただし月舟の栄西認識を特徴づけるのは、おそらく「千光」でも「葉上」でもなく、①「吾建仁開山千光祖師入二大宋一、見二黄龍八世孫虚庵敞一、伝二仏心宗一」、②③「仏心宗第一祖」というものであった。「仏心宗」は一般に「禅宗の異称」とされるが、その内実はどのようなものだったのか、検討を試みたい。

戒定慧の三学の基盤として「心」を重視する考え方は、すでに最澄に見出され[50]、最澄以来の叡山仏教の再興を志した栄西は、主著「興禅護国論」で、北宋・永明延寿の「宗鏡録」なども参照しつつ、「心」を重視し「不立文字」「教外別伝」を説いたとされる[51]。栄西に先立ち列島に禅宗をもたらした大日能忍は、禅宗を「心宗」と称したという指摘もある[52]。他方、「仏心宗」という考え方は、もう少し後の段階で明確化したという見解もある。たとえば、本格的に「仏心宗」を構想した円爾は、密教のもっとも困難な無相頓行と同等のものという意味で「仏心宗」の語を用いたとの説[53]や、戒律を保持することで仏に至れるという栄西の考え方を批判し、禅者はおのずから仏である、という意味で「仏心宗」の語を用いたとの説[54]がある。蘭溪も「仏心宗」を理解するうえで外せない存在であり、その著「坐禅論」の一節に、「禅仏内心也、律仏外相也、教仏言語也、念仏仏名号也、是皆従二仏心一出、是故為二根本一也」とみえる[55]。ほぼ同様の記述が円爾「坐禅論」にあり、両者とも「宗鏡録」の影響をうけているが[56]、円爾の「心」の用例は「宗鏡録」と全く同一ではないという見解もある[57]。なお日蓮は、栄西については「持戒第一葉上房」

と述べる程度で、「宗鏡録」に基づく円爾の儒仏道一致論も取り立て批判の対象としなかったが、蘭溪については、その思想の中核を「教外別伝」とみなし、典拠はスリランカ由来ともいわれる楞伽経だと喝破し、天台教学正統派の立場からもっとも厳しい批判の対象にしたとされる。[58] すなわち、「教外別伝の仏心宗」は、栄西やその母胎である叡山仏教を経由していたにせよ、実際に明確化したのは、密に対する禅の優位を説いた円爾や、奔放な南海仏教の系譜をひく蘭溪だというのが、上記の研究史から得られる理解である。

ところが円爾や蘭溪ではなく、栄西こそ「仏心宗第一祖」だという認識も、戦国期にかけて目立ってくる。早い段階では、弘安十年（一二八七）成立の道光著「鎌倉佐介浄刹光明寺開山御伝」が、浄土宗系の良忠について「仏心禅宗、教外別伝之旨」を栄西門人の栄朝や道元に学んだと述べる。[59] 円爾の系譜をひく龍泉令淬編「虎関和尚紀年録」の場合、「惟我明庵、参二遍宋地台州万年一、遇二著虚菴一、受二仏心印一」と記すが[60]、この文脈は、越前朝倉氏のために記された月舟①に「吾建仁開山千光祖師入二大宋一、見二黄龍八世孫虚庵敞一、伝二仏心宗一」と引き継がれ、「仏心宗」という用語が明確化している。月舟①に先立ち、「碧山日録」寛正元年（一四六〇）四月九日条は、宋国に「仏心宗」のあることをきいた道元が、のち「建仁明庵」に「器許」されたと記す。[61] あるいは、室町期五山文学の代表的な担い手であった横川景三は、葉上流に興味を示していた正宗龍統が住持として就任した聖福寺について、「日本国仏心宗第一祖千光大士甘棠古道場也」と述べ[62]、正宗自身も、建仁寺住持に就任した際の入院法語で、嗣法を表明した瑞巌龍惺につき「日本国仏心宗第一祖、開山千光大士七世的孫」と述べている。[63]

円爾や蘭溪が説いた「仏心宗」は、おそらく彼らの禅と既存の三学に含まれる禅との異同を主題とした仏教内部の議論であったが、横川景三、正宗龍統、月舟寿桂らが栄西を初祖とみなした「仏心宗」は、むしろ仏教外部の諸思想の付加で特徴づけられるものであったようにみうけられる。先述の月舟②で考えてみよう。

この作品で月舟は、建仁寺における栄西三百年忌の法事執行のために、「上自二王侯一、下至二士庶一、無レ緇無レ素、概然楽レ施」と述べ、身分の上下、僧俗の区別に関係なく、法事への協力出資を求めている。月舟①にみえる越前朝倉氏なども出資者として想定してよいだろう。時期は異なるが、織田信秀が建仁寺内の堂舎修造幹縁に応じたとみられる事例もある(64)。ところが、こうした広範な出資を募るのは、儒典が「諂」として、神祇が「神不歆」としてそれぞれ禁じる「非類」「非族」の祭祀にあたるという懸念が存在したらしい。これに対する月舟ら建仁寺宿老たちの答案こそ、「吾祖日本仏心宗第一祖也、不レ分二自家他家一、不レ論二同派異派一、趨二祖庭一者、誰不二敢薦蘋蘩一、猶若二儒家一者、各祭二文宣王一、何必拘二孔氏子孫一也哉」という認識であった。「心」に着目した「仏心宗第一祖」栄西は儒学や神祇をも導く存在で、栄西への信仰は孔子への信仰に類似するのだから、儒学や神祇を信奉する人々の禁忌には触れない、という主張であろう。すでに虎関師錬も、最澄と栄西との関係を孔子と周濂溪との関係になぞらえていたが(65)、禅と密の関係性よりも、こうした禅宗の儒学的要素を強めた点にこそ、五山僧の特徴があるのではないか。

「心」を要とした戦国期の神儒仏一致思想の盛行については、先学の指摘がある。たとえば、五山僧相手に講釈し、月舟と学問的交流もあった清原宣賢は、実父吉田兼倶の「神道大意」にみえる「心」理解や禅宗の「直指人心」を参照しながら、清家学の発展を図ったという(66)。また、天正十九年(一五九一)七月に五山僧の西笑承兌が起草したポルトガル領インド・ゴア総督宛秀吉返書は、「夫吾朝者神国也、神者心也(中略)此神、在二竺土一喚レ之為二仏法一、在二震旦一以レ之為二儒道一、在二日域一謂二諸神道一、知二神道一則知二仏法一、又知二儒道一、凡人処レ世也」と述べる(67)。当時の五山僧の思想的営為は、仏教内・国内における禅か密か、千光か葉上か、という院政期に確立した日本中世仏教の枠組みのなかで終始していたのではなく、仏教外・海外に連なる神儒仏一致思想に絡む「仏心宗」の構想で特徴づけられよう。

それでは五山僧は、栄西を「仏心宗第一祖」と提唱することで、建仁寺の興隆につきどのような人々からどの程度の支援を得ることができたのか。直接この問いに答えるものではないが、秀吉の朝鮮侵攻について、中国古典世界の再現をめざしたものと意義づけた五山僧の秀吉画像賛が、一定の武士層に受容されていた事実[68]に着目したい。室町・戦国期の在地勢力の末裔を含む彼らは、多大な惨禍と「武」をめぐる観念的な負の遺産とを残したが、侵攻でどのような世界が実現されるのか、五山僧の賛文のなかに答えを求めようという文明的な関心も備えていたとみられる。月舟らが建仁寺興隆の基盤として期待したのは、海外への関心と侵攻とを同居させるような神儒仏の一致思想に基づく世界認識、つまり五山僧が述べる「仏心宗」に関心を寄せた檀越たちであった可能性をみたい。

おわりに

建仁寺檀越であった鎌倉の将軍家を実質的に差配していた得宗政権が、在地勢力の関心をひきつけるべく、一〇世円爾、一一世蘭溪らを住持に招聘し、同寺が五山僧の重要拠点となった時点をもって、五山僧は、開山栄西に対する信仰をさまざまに喚起し同寺の興隆を図るべき立場に置かれた。では五山僧は、室町・戦国期にかけて、どのようにして栄西への信仰を喚起したのか。①蘭溪ら渡来僧の建仁寺入院など、五山僧が本来有した国際性に見合った「千光」呼称を多用しつつ、②「葉上」の呼称も併用して栄西は密教僧だという理解を保持し、③加えて「心」を重視する栄西は儒学や神祇も導く「仏心宗第一祖」だという理解を構築していった、と整理できよう。五山僧は、②の密教を削ることで「禅」の立場を明確化し「純粋化」したのではなく、むしろ①の国際性を更新すべく③の儒学などの要素を強めた点に特色があり、それによって、蘭溪―甲斐の在地勢力、石梁―信濃の在地勢力、明極―安東蓮聖、瞭庵―相模大森氏、月舟―越前朝倉氏など、諸勢力の栄西・禅宗・海外への関心を喚起したのではなかろうか。

残された検討課題および研究展望を述べてみたい。

第一に、五山僧は栄西の国際的な呼称というべき「千光」を多用することで、列島各地の在地勢力の信仰を喚起し、建仁寺檀越であった歴代政権の禅宗政策をも左右したと見通したが、栄西呼称の網羅的な収集に基づき、これを疑問の余地なく論証するのは、実際のところ難しい。ただこれまでの収集事例では、「千光」という国際的な呼称は、「葉上」という顕密主義につらなる呼称に優位する形で近世地誌類に普及している。列島に流入した禅宗の主流は、中国王朝中央からは辺境視された南方の「南宗禅」であったことが知られているが、列島側の受容は鎌倉幕府や室町幕府など中央政権が主導したという理解がなお根強い。しかし、禅宗の発信者側だけでなく受容者側においても、主役は中央の国家ではなく「夷中」と呼ばれた地方社会の人々であり、彼らがどのように高度な統治者文化というべき禅宗を受容していたのかを解明することは、引き続き五山研究の焦点だと考える。

第二に、「仏心宗」についてである。本章では、栄西呼称に付随して現れた限りでの「仏心宗」を論じたが、「仏心宗」という用語の網羅的な収集は未着手である。ただこれまでの収集事例では、栄西を「仏心宗第一祖」とみる理解は近世以後あまり普及していない。その理由はおそらく、近世の諸思想や宗教が、月舟②のいう「自家他家・同派異派」を区別する方向へと進んだためであろう。近世社会において「家」や「村」が広範に成立し、「家」や「村」の始原への関心をひきうけた神祇や、「家」や「村」内部の人間関係への関心をひきうけた儒学がそれぞれ自立の基盤を得て、仏教の個人主義的な側面を厳しく批判しはじめたという事情を想定できる。[69] そのようななか、仏教の一宗派として再出発しようとした近世禅宗にとって、栄西が説いた戒律重視は「仏教らしさ」を取り戻すうえで仰ぐべき規範であり、[70] また、いわゆる「純粋禅」の形成が、実は密教色よりも儒学色の払拭を志すものだったとすれば、儒学の受容について目立った事績を示さない栄西が、[71] 円爾や蘭溪など五山僧の祖師たちを差し置き「臨済宗の始祖」とみなされた事情も理解しやすい。栄西と儒学との関係について、中世の五山僧と近世の禅宗僧とは正反対の解釈を示したのである。

第12章　南禅寺住持論

――列島史のなかの五山僧とキリシタン

はじめに

従来の日本中世禅宗史の研究は、叡山周辺で学んだ栄西の建仁寺開創や円爾の東福寺開創、得宗が開創に関わった建長寺や円覚寺、後醍醐天皇および足利氏歴代の帰依を得た夢窓疎石系統の拠点であった天龍寺や相国寺、近世臨済宗を主導した大徳寺、妙心寺、近世曹洞宗を主導した永平寺、総持寺、およびこれらを拠点とした禅宗門派の検討が、議論の中心となりがちであった。しかしこの時代における列島の禅僧の最高位は南禅寺住持である。詳しくは本章で述べてゆくが、いわゆる林下として五山からは一線を画していたといわれる大徳寺、妙心寺あるいは曹洞宗系の禅僧にとっても、南禅寺住持は最高権威であったとみて差し支えない。

南禅寺住持が列島の禅僧の最高位であった理由は、南禅寺が天皇家を檀越とした禅院であったからではない。第一に、創建の当初は、建長寺や円覚寺など、渡来僧を相次いで住持に迎えていた建長寺や円覚寺の方が格上であったこと、第二に、南禅寺檀越としての天皇家の活動は南北朝期以後ほとんどみられなくなること、第三に、南禅寺住持補任の職掌は基本的に武家政権の首長が担っていたこと、などを確認しておこう。さらにいえば、南禅寺住持という存在は、必ずしも南禅寺という一禅院の長であったわけではなく、むしろその住持身分を帯びた禅僧たちが、寺外に飛び出して列島各地で活動した点に特徴がある。その点からいえば、南禅寺住持という存在を検討することは、南禅寺という一寺院史の問題でもなければ、禅宗という一宗派史の問題でもなく、一四〜一七世紀の列島史に関わる問題となるはずである。

本章ではまず、江戸期編纂の「本朝高僧伝」の出自情報にとくに着目して、顕密僧・律僧と禅僧とりわけ五山僧との比較をはかる。ついで、キリシタン史料のとくに思想面に着目して、「本朝高僧伝」では記載が手薄な真宗僧や法華僧を含めた仏僧らと五山僧との比較をはかる。そして最後に、五山僧の頂点に位置づく南禅寺住持をめぐるいわゆる林下の禅僧たちや信長、家康ら天下人たちの認識を探る。こうした一連の作業をもって、全国各地の有力者の信仰や支持をひきつけた五山僧という存在の内実を理解する作業の一助としたい。

一 「本朝高僧伝」のなかの南禅寺住持

江戸時代中期の学僧、卍元師蛮は、元禄十五年（一七〇二）三月付の自序をもって「本朝高僧伝」を完成させた(1)。卍元自身は臨済宗妙心寺派に属しており、禅僧重視の傾向があるかもしれないし、「本朝高僧伝」は浄土真宗や日蓮宗・法華宗の「高僧」を収録していないほか、重要な顕密の「高僧」をもれなく収録しているわけでもなく、自ずから限界がある。しかし、同書が前近代の列島社会における僧侶伝記集成としては最大規模の集大成であり、列島社会における代表的な仏教の担い手たちを概観できる優れた素材であることもたしかであろう。

卍元は江戸時代の禅僧であったが、実際には禅宗に限らず、多方面からの仏教に対する関心に応えるべく努力したと思われる。今日の研究でも注目されている学侶や聖など多彩な「高僧」について、同書で基礎的な伝記を確認できる事例も少なくない。注目したいのは、それぞれの「高僧」について、主な活動拠点ないし肩書きとなった寺名等をあげて「〇〇沙門」と記し、出自についても丁寧に記載している点である。とくに、顕密・禅律仏教論においてしばしば言及される代表的な「高僧」とその出自を没年順に列挙しておくと、次のようになる。なお没年は、異説が併記されていたり、訂正を要する場合もあるかもしれないが、あくまでも配列の目安であるから、原則として卍元の本文の説に従う。

①江州延暦寺沙門良源伝（巻之九、浄慧二之六）、永観三年（九八五）没、「姓木津氏、江州浅井県人、母物部氏」

②和州多武峰沙門増賀伝（巻之九、浄慧二之六）、長保五年（一〇〇三）没、「京兆人、父諫議大夫橘恒平、母某氏」

③播州書写山円教寺沙門性空伝（巻之四十九、感進四之四）、寛弘四年（一〇〇七）没、「京兆人、大相国諸兄橘公六世之裔、大中大夫橘善根之子也。母源氏」

④江州睿山沙門源信伝（巻之十、浄慧二之七）、寛仁元年（一〇一七）没、「世姓卜氏、和州葛木郡人、父名正親、母清氏」

⑤紀州伝法院沙門覚鑁伝（巻之十二、浄慧二之九）、康治二年（一一四三）没、「肥前州人、平将門之遠孫也。父兼元、累世有武、郷党畏敬、母橘姓、有子四人、皆為桑門」

⑥和州東大寺沙門重源伝（巻之六十五、檀興六之二）、建永元年（一二〇六）没、「典厩丞紀季重子、長谷雄十二世之孫」

⑦京兆大谷寺沙門源空伝（巻之十三、浄慧二之十）、建暦二年（一二一二）没、「姓漆間氏、作州稲崗人也。父名時国、母秦氏」

⑧城州笠置寺沙門貞慶伝（巻之十三、浄慧二之十）、建暦三年（一二一三）没、「左少弁藤貞憲之子也」

⑨城州高山寺沙門高弁伝（巻之十四、浄慧二之十一）、歓喜四年（一二三二）没、「父平重国、紀州在田郡人、母藤氏」

⑩和州招提寺沙門覚盛伝（巻之五十九、浄律五之三）、建長元年（一二四九）没、「和州服部人、不詳姓氏」

⑪江州睿山沙門静明伝（巻之十五、浄慧二之十二）、没年不記（円爾〔一二〇二～八〇〕に学び後嵯峨天皇〔位一二四二～四六〕に召される）、「山城州人、藤丞相実能之遠孫、左典厩資能之子也」

⑫和州東大寺沙門宗性伝（巻之十五、浄慧二之十二）、没年不記（弘安元年〔一二七八〕没）、「不詳郷譜」

⑬和州西大寺沙門睿《叡》尊伝（巻之五十九、浄律五之三）、正応三年（一二九〇）没、「和州添上郡箕田県人、父源氏、母藤氏」

⑭相州極楽寺沙門忍性伝（巻之六十一、浄律五之五）、嘉元元年（一三〇三）没、「父伴貞行、母榎氏、以建保五年、生於和州磯城島」

⑮和州戒壇院沙門凝然伝（巻之十六、浄慧二之十三）、元亨元年（一三二一）没、「予州高橋郡人、仁治元年春三月生于藤氏」

出身地域をみると、⑤肥前出身の覚鑁、⑦美作出身の源空（法然）、⑮伊予出身の凝然以外は、すべて五畿内か畿内近国の出身である。本章では、五畿内（山城・大和・河内・和泉・摂津）および隣接して重要な顕密寺社も所在する近国（播磨、丹波、近江、伊賀、伊勢、紀伊）を中央、それ以外を地方と分類する。

出自階層であるが、卍元の記載内容は、現在の研究水準でもほぼ踏襲されているが、⑥重源の場合は異説があり、平岡定海は「紀氏」出身とするにとどめている[2]。⑫宗性の場合、藤原隆兼の子で、生没一二〇二～七八年であり[3]、⑬叡尊の父は、興福寺の学侶慶玄であることが[4]、辞典類に記載された現在の事実認識となっている。鎌倉期の顕密学僧の多くは僧侶の子であることが知られているが、(5)⑬叡尊の父など「高僧伝」はそれとわかる記載をしていない。「高僧伝」から得られる情報の限界としておさえておきたい。本章ではこれら現在の知見も踏まえて、②③⑧⑪⑫を廷臣出身、①④⑤⑥⑦⑨⑬⑭⑮を貴顕出身、⑩を出自未詳と分類する。廷臣のなかでも、参議以上と以下とを同一としてよいか、また、貴顕の概念はとくにあいまいで、時代状況や地域情勢の大きな相違や、⑬僧侶の子を区別しないなど、重要な論点をなおざりにしていると自覚している。ただ貴顕とは、廷臣ではないものの名乗るべき出自を明確にしている一群であり、名乗るほどの出自をもたない比率が高いと見込まれる出自未詳の一群との区別は有用だと判断している。なお、廷臣は基本的に地方ではなく中央の出身とみなし得るが、受領国司の系譜をひく子弟をどのように分類するかも問題となる。今回は、出身地域として地方の国名等が記載されている場合には、おそらく地方の母方との関連性が重視されていると判断し、原則として地方の貴顕出身と分類する。

活動拠点ないし肩書きであるが、卍元が上記を含め原則として五名以上の「高僧」の活動拠点ないし肩書きとみなした諸寺院を、顕密、律、五山、林下に分類した。上記でいえば、①②③④⑤⑥⑨⑪⑫は顕密、⑧⑩⑬⑭⑮は律と分類した。⑦は「専修」などの別項目を設けて分類すべきであるが、「高僧伝」は浄土真宗や法華宗など専修的立場を特徴とする「高僧」たちをほとんど採録していないため、ここでは検討対象外となる。顕密については、古代から中世にかけての長期にわたりその語義には変化があること、(6)また、兼学兼修が基本の中世において、寺院の性格を一律に定めるわけにはいかないこと、その寺院の性格も、長期にわたり変化してゆくことなど、注意すべき問題点は多い。筆者自身も、蘭溪道隆が入院する以前の建仁寺は顕密寺院だと理解しているが、(7)本章では「京兆東山建仁寺沙門栄西伝」を五山に分類している。

あえてこうした分類を敢行する主目的は、顕密主義の重要な担い手であり、また、禅僧と同一視されることも多い律僧をできるだけ多く検出し採録するためである。卍元は、⑧⑮を「浄慧」、⑩⑬⑭を「浄律」に分類しているが、たとえば巻之十七と巻之五十六に重出している「京兆仁和寺沙門寛性伝」は、それぞれ「浄慧」「感進」に分類されており、⑧⑮と⑩⑬⑭に関する卍元の区別も絶対的なものとはいえない。他方で、⑧笠置寺、⑩招提寺、⑬西大寺、⑭極楽寺、⑮戒壇院などを「専修的な律院」とみるのは明らかに失当であり、たとえば⑧笠置寺には、上記で顕密に分類した⑫宗性が住した事実[8]を確認できる。ただし、近年の律僧関連の研究史において重視されている⑧貞慶[9]、⑩覚盛[10]、⑬叡尊[11]、⑭忍性[12]、⑮凝然[13]らと前後して、これらの諸寺に関わった「高僧」たちは、律僧の出自情報を補う存在と見込まれる。上記のほか、惣持[14]が属した河内西林(琳)寺、有厳[15]が属した大和西方院、真照[16]が属した山城増福寺、浄因[17]が属した大和戒光寺、南山律を伝えて戒律復興をめざした俊芿[18]や、叡尊から入宋をとどめられた忍性にかわり入宋したと伝えられる定舜[19]らが属した泉涌寺、西大寺系の著名な末寺の一つである相模称名寺なども、今回は仮に「律院」とみなしている。つまり、以上の諸寺を主な所属先ないし肩書きとして卍元が記載した「高僧」については、個別に考慮すべき思想的性格は捨象し、今回は律僧の出自情報を拡充する存在という限りにおいて、律僧として換算している。

このほか、大徳寺、妙心寺や曹洞宗系禅院は、五山とは一線を画した林下と分類するのが通例であり、ここでもその通説に従っているが、林下といえども五山之上南禅寺の権威を認めた五山僧の一員と見なし得ることは後述する。なお卍元は、五山、林下とも「浄禅」と一括している。

以上のような分類基準に基づき、原則として五名以上の「高僧」の活動拠点ないし肩書きとして記載されている寺院ごとに、それぞれの所属「高僧」の出身地域、出自階層を表示したのが表12-1である。寺院の配列順は、所属「高僧」の平均没年順である。すでに述べたとおり、研究史上注目されている主立った律僧については、併記されている寺院名ともども「律」に分類して積極的に採録した。また、林下に属するとされる重要禅院である永平寺も、所属「高僧」は五名以下だが、採録対象とした。この全体表から読み取れることを、以下にまとめてみよう。

表 12-1　寺院別「高僧」出自表

種別	所在・寺名	平均没年	中央				地方		未詳		渡来	計
			皇族	廷臣	貴顕	未詳	貴顕	未詳	貴顕	未詳		
顕密	大和・法隆寺	793	0	0	0	0	0	1	0	3	1	5
顕密	大和・元興寺	807	0	1	5	3	2	1	0	20	4	36
顕密	大和・大安寺	836	0	1	7	0	3	0	1	11	3	26
顕密	大和・薬師寺	850	0	0	0	1	1	0	1	13	0	16
顕密	紀伊・金剛峰寺	885	0	0	0	0	2	3	0	0	0	5
顕密	大和・興福寺	997	0	18	10	6	2	3	3	16	0	58
顕密	大和・東大寺	1015	3	10	9	2	1	2	1	25	0	53
顕密	近江・叡山	1031	0	16	13	4	2	7	1	40	0	83
顕密	近江・延暦寺	1033	4	19	9	1	8	2	0	0	0	43
律	河内・西林寺	1046	0	0	1	0	0	0	0	1	0	2
顕密	近江・三井	1085	0	7	0	1	1	2	0	3	0	14
律	大和・招提寺	1103	0	0	1	1	0	1	0	5	4	12
顕密	近江・園城寺	1113	0	11	1	1	1	0	0	2	0	16
律	大和・西大寺	1139	0	0	2	1	3	0	0	7	0	13
顕密	山城・醍醐寺	1144	1	16	4	0	1	1	0	5	0	28
顕密	山城・仁和寺	1194	12	15	0	0	0	0	0	2	0	29
律	山城・笠置寺	1213	0	0	1	0	0	0	0	0	0	1
顕密	紀伊・高野山	1219	0	6	8	27	3	10	1	24	0	79
顕密	山城・東寺	1225	3	36	3	0	2	0	0	9	0	53
律	大和・西方院	1247	0	0	0	0	0	0	0	1	0	1
律	山城・増福寺	1262	0	0	1	0	0	0	0	0	0	1
律	山城・戒光寺	1265	0	1	1	0	0	1	0	0	0	3
五山	相模・寿福寺	1307	0	0	0	0	0	0	1	4	0	5
五山	相模・浄智寺	1307	0	0	0	1	1	0	1	2	1	6
五山	相模・浄妙寺	1315	0	0	0	1	1	2	0	4	0	8
律	相模・極楽寺	1320	0	0	1	1	0	0	0	0	2	4
五山	山城・普門寺	1325	0	0	0	1	1	0	0	3	0	5
律	山城・泉涌寺	1333	0	0	2	1	1	0	0	6	0	10
律	相模・称名寺	1336	0	0	0	0	0	0	0	1	0	1
律	大和・戒壇院	1342	0	0	1	0	2	0	0	6	0	9
林下	越前・永平寺	1343	0	2	0	0	1	0	0	1	0	4
五山	相模・円覚寺	1346	0	0	0	1	0	3	0	4	1	9
五山	山城・東福寺	1347	0	0	3	2	6	8	1	3	0	23
五山	相模・建長寺	1350	0	0	1	3	4	10	0	11	7	36
五山	山城・万寿寺	1373	2	0	0	0	0	1	0	4	0	7
五山	山城・建仁寺	1378	0	0	5	2	4	3	1	7	3	25
林下	能登・総持寺	1383	0	0	0	0	5	0	0	2	0	7
五山	山城・天龍寺	1396	1	0	2	0	1	2	0	2	0	8
五山	山城・南禅寺	1398	0	3	8	6	18	22	0	21	5	83

種別	所在・寺名	平均没年	中央				地方		未詳		渡来	計
			皇族	廷臣	貴顕	未詳	貴顕	未詳	貴顕	未詳		
五山	山城・相国寺	1422	0	0	2	1	3	0	0	1	0	7
林下	山城・大徳寺	1459	1	0	6	0	5	1	0	4	0	17
林下	山城・妙心寺	1509	0	1	5	2	5	2	0	8	0	23
		合計	27	163	112	70	90	88	12	281	31	874
		%	3.0	18.6	12.8	8.0	10.3	10.1	1.4	32.2	3.5	100
			42.6				20.4		33.6		3.5	

なお数値は、厳密には補訂の余地があり、おおよその傾向を示すにとどまることを、あらかじめお断りしておきたい。

第一に、出自は問わない、という原則に立ち、出身地も出身階層も未詳の「高僧」は二八一名＝三二・二％を占めるが、出身地は中央だという出自を明らかにしている三七二名＝四二・六％を下回る。出身地は地方だという出自を明らかにしている一七八名＝二〇・四％、渡来僧三一名＝三・五％が続く。

第二に、活動時期をみると、主立った顕密の「高僧」たちの活動年代は、平均すると一二世紀以前、平安期以前に分布する。高野山や東寺は、鎌倉期まで平均年代はくだるが、主役の座は律、禅へと推移してゆく。

第三に、単純に数値でみれば、南禅寺は叡山に匹敵する「高僧」の活動拠点ないし肩書きである。本章の冒頭でも述べたとおり、日本中世禅宗といえば、叡山周辺で学んだ栄西開創の建仁寺や円爾開創の東福寺、得宗が創建に関わった建長寺や円覚寺、後醍醐天皇および足利氏歴代の帰依を得た夢窓疎石系統の拠点である天龍寺や相国寺、近世臨済宗を主導する大徳寺、妙心寺や、近世曹洞宗を主導する永平寺、総持寺などが、従来の議論の中心となりがちであった。しかし卍元が見出した「高僧」数に関する限り、南禅寺こそが、五山や禅宗を代表するだけでなく、中世前期の叡山に匹敵するような、中世後期を代表する宗教的拠点だと評価する必要がある。

次に、「高僧」たちの出自を、顕密、律、五山、林下ごとにまとめた表12-2に即

表 12-2　宗派別「高僧」出自表

地域	人数	%	階層	全体	%	顕密	%	五山	%	律	%	林下	%
中央	372	42.6	皇族	27	3.0	23	4.0	3	1.3	0	0.0	1	2.0
			廷臣	163	18.6	156	28.7	3	1.3	1	1.7	3	5.9
			貴顕	112	12.8	69	12.7	21	9.4	11	19.2	11	21.6
			未詳	70	8.0	46	8.5	18	8.1	4	7.0	2	3.9
地方	178	20.4	貴顕	90	10.3	29	5.3	39	17.5	6	10.5	16	31.4
			未詳	88	10.1	32	5.9	51	22.9	2	3.5	3	5.9
未詳	293	33.5	貴顕	12	1.3	8	1.5	4	1.8	0	0.0	0	0
			未詳	281	32.2	173	31.8	66	29.7	27	47.3	15	29.4
渡来	31	3.5		31	3.5	8	1.5	17	7.6	6	10.5	0	0
計	874 (100)			874 (100)		544 (62.2)		222 (25.4)		57 (6.5)		51 (5.8)	

して、読み取れることを以下にまとめておこう。

顕密は、全体値と比較して、とくに皇族や中央廷臣の出身者の比率が高い。

律は、全体値と比較して、出自未詳の比率が高く、俗世との関係を絶つという志の高さに由来するかもしれないが、中央貴顕出身者の比率も全体値より高い。禅律と一括されがちだが、地方出身者の比率が全体値よりも際立って高い五山とは明らかに異なる傾向をもつ。

林下は、五山と比較して地方的、庶民的と理解されがちだが、中央貴顕、地方貴顕の出身者比率は、五山だけでなく、全体値と比較しても、かなり高い。林下の禅僧たちの活動年次は五山僧と比較して新しく、出自が判明する事例が多いという事情を考慮すべきかもしれないが、地方の出自未詳の者が多いという点では、五山の方がむしろ「地方民衆」に近かったともいい得る。なお「禅苑清規」は、出家にあたり姓名本貫や父母の「允許」などを記載する北宋期の「投院の状式」の書式を提示している。[20] 禅僧たちがあえて自らの出自を隠すような習慣をもっていたとは考えにくい。

五山僧の出世については、一方的に地方の人材を吸い上げるのではなく、本貫俗姓不詳の地方出身者の出身国回帰で特徴づけられるという指摘がすでにある。[21] 他方で顕密系の僧官位の場合、僧正は参議、法印・僧都は四位殿上人、法眼・律師は五位殿上人に準じるなど、世俗社会でイエを継承できなかった貴族子弟の栄達を保証する側面があったと指摘されている。[22] 上記の数値操作に問題点は多いとしても、第一に、列島社会における中世前期の代表的な宗教拠点が叡山であったとすれば、中世後期の代表的な宗教拠点は南禅寺であったこと、第二に、その南禅寺を活動拠点ないし肩書きとした五山僧たちの出自は、顕密、律や林下の「高僧」たちと比較して、地方出身、出自未詳の比率が高いこと、以上の二点の傾向だけは揺らがないのではなかろうか。南禅寺住持を頂点として、意外にも「地方の民衆」に近い立場にあった五山僧たちの存在形態を、節をあらためて戦国・織豊期のキリシタン関連史料で検証してみよう。

二　キリシタンがみた禅宗と南禅寺住持

戦国・織豊期のキリシタン史料をめぐる検討は、近年、原典に即した再検討がめざましく進められているが、[23] ここでは、早くから公刊され広く活用されてきた若干のキリシタン史料[24]をあらためて眺め直して、とくに五山や禅宗に関する記事を摘記し、今後の新知見への備えとしたい。

キリシタン史料は、「本朝高僧伝」にはみられない一向宗[25]や法華宗と、禅宗とを比較できる便宜がある。フロイスの叙述によると、「百万遍という阿弥陀の寺」（知恩寺）には職人層など群衆の参詣があり、[26] 秀吉も「貧しく卑賤な農民だった時」には一向宗徒であったかもしれず、[27] 秀吉の母大政所はその信仰を維持しており、他の人々とともに一向宗の頂点に立つ本願寺門主を阿弥陀のように敬っていたという。[28] その本願寺は、一五八二年（天正十）二月付のクエリヨの報告において「大敵なる坊主」と述べられている。[29] 法華宗は、キリシタンとの交際、討論や教義の聴聞を禁じており、[30] 宣教師に対する異教徒らの「侮辱、嘲笑、軽蔑」を主導し、[31]「もっとも頑迷固陋」[32]「もっとも悪しく、頑迷」[33] だとフロイスは痛罵している。法華宗は「釈迦を拝礼する」[34] が、処刑される荒木氏一族に法華僧が阿弥陀の名号を唱えさせた場合もあるようで、[35] 一向宗と法華宗とで二分されていた尼崎にはキリシタンが容易に入り込めなかったともいう。[36] フロイスにとって、一向宗と法華宗は、もっとも広範な民衆的支持をうけた仏教宗派であり、キリシタンとの厳しい対立関係は、おそらくその専修的な立場に基づく部分があるだろう。ただしフロイスらは思想的には、被造物というべき阿弥陀や釈迦に対する創造主というべきデウスの優位をもって、この二宗に臨もうとしていたと考えられる。[37]

ではフロイスら宣教師たちは、禅宗についてはどのように観察、理解し、対処しようとしていたのか。

フロイスは、美濃の山田ショウ左衛門という人物の思想遍歴について、次のように記している。はじめ比叡山の大学に入ったが、頭脳明敏のため満足できず、阿弥陀を崇拝する浄土宗へ転じた。しかしやはり自分の学識に価しないと考え、真言宗に転じ、大日を中心とした秘密の教え、つまり密教に触れたが、漠然とした闇であり光明がないとして捨て去り、神道に移ったがやはり満足せず、禅宗に帰依するにいたったという。[38] 専修志向の一向宗や法華宗は、山田の思想遍歴に含まれなかったこと、山田の思想遍歴が、そのまま諸思想信仰の優劣を示すわけではないとしても、禅宗は天台、浄土、真言、神道など、兼修志向の思想信仰のいわば代表格であったと目されること、以上の二点を確認しておきたい。フロイスら宣教師は、「日本の諸宗教の源泉（ともいうべき）この大学の学者」つまり叡山の僧侶に対する布教も意図していたが、[39] 専修を偏執と批判し続けた顕密仏教の中核であったはずの天台宗や真言宗ないし八宗は、一向宗、法華宗や禅宗と比較して、キリシタン史料における言及ははるかに少ない。禅宗の場合、鈴木正三や雪窓宗崔など、著名な排耶論者の存在も知られている。[40] しかし禅宗が近世仏教の一派としての色彩を鮮明にする以前の中世の禅宗や、とりわけその主流であった五山僧は、キリシタンの思想信仰もいわば「兼修」できると見込むような中世的、兼修的な諸思想の到達点であり、代表格だったのではなかろうか。

松永久秀は法華宗に属してキリシタンを憎悪していたが[41]、柴田勝家は禅宗であっても他の教えを憎まず、キリシタンの布教を庇護したという[42]好対照の記述もあるように、実際のところ、宣教師と禅僧との間には、他宗派、信仰ではみられないような、内容を伴った交流をいくつか認め得る。たとえば宣教師たちは、かつて畿内仏教界に君臨した叡山の許可がなくとも、「公方様」の許可を得れば京都布教は可能だと判断し、キリシタンの医師と交際関係があった五山建仁寺内永源庵の禅僧を頼ったところ、この永源庵僧は法華宗妙覚寺を居所としていた足利義晴との面会を取り計らったという[43]。あるいは、かつて薩摩福昌寺で坐禅の様子を見聞したメストレ・フランシスコ（ザビエル）が、何をしているのか住持の忍室に尋ねたところ、「ある連中は、過去数ヵ月に、信徒たちからどれだけの収入を得たかを数えており、他の連中は、どこに（行けば）自分たちのためによりよい衣服や待遇が得られようかと思いめぐらしている。また他の連中は、気晴しになることや閑つぶしになることを考えているのであって、つまるところ、何か有意義なことを（黙想）しているような者は一人もいないのだ」との答えに接したという[44]。禅院内部で宣教師らに修道修学の場を実見させ、さらにその人間的な内実をありのままに開陳するという交流は、他の宗派ではほとんどみられないのではなかろうか。

坐禅の逸話について、ザビエルやフロイスらの直接的な批評はみあたらないが、禅宗は思想的にもっとも手強いというのが、彼らの感触であったと考えられる。「彼等は大なる黙想家なれば、この地方に来るべきパードレ等は、彼等の謬見を解きまた説破するため、学問あるを必要とす[45]」、「その質問は聖トマスもまたスコッスも満足なる答弁をなすこと難く、我等の主の特別なる御恵によるにあらざればこれを説破すること能はざるべし[46]」など、釈迦や阿弥陀の宗派と比較した文脈のなかで、禅宗は手強いとみる記述が散見する。「黙想を行ひ最も我等を嫌へる宗派[47]」、「日本のすべての教のうち最もわが教に反対し、物の造り主なしと言ひ、また他の大なる無知を教ふる[48]」、「創造主、未来の幸福、刑罰および霊魂の不滅を否定せる」[49]などと強調された禅宗の僧侶や信徒を、宣教師らが論破し帰服させたという記事もみられる。しかしこれらの記事自体が、キリシタンと禅宗との間では他宗派にはあまりみられない思想信仰上の交流や討論があったことを示し、宣教師側の記述に反し、常にキリシタン側が「勝利」したわけでもなかろうことを示唆している。フロイスは、「なんら（神仏に対しては）信仰も信心も有してはいなかった」[51]「信仰のない人たち」からなる禅宗が[50]、みせかけの葬儀を行うことはあっても死後の生命や救済に無関心であったことを折りに触れ述べている。禅宗は盛大な葬儀をもって支配層の帰依を得たという通説を再考させる貴重な記事である。他宗派とは異なり禅宗の場合、その信仰対象をデウスの被造物であると批判したり、死後の救済におけるキリシタンの優位を示したりすることは困難だったのである。フロイスは、「彼らの発する難問と疑問は無数であった。特に禅宗の徒は、あらゆる問題、一切の哲学的議論、あるいは思弁的理窟を好まず、手にて捉え得る具体的見証を要求する」と述べている[52]。あらゆる人や天の事物はデウスの創造物であり、それ自体に真理は宿らないとみる宣教師らと、あらゆる人や天の事物には心や理といった本質が宿るとみる華厳学ないし格物の発想[53]を共有する禅宗の僧や信徒との間には、外面的な対立が少なかったために、かえって内面的な対立が深められた様相を示している記述だと思う。

フロイスは織田信長について、「形だけは当初法華宗に属しているような態度を示したが、顕位に就いて後は尊大にすべての偶像を見下げ、若干の点、禅宗の見解に従い、霊魂の不滅、来世の賞罰などはないと見なした」[54]と述べる。あるいは、「信長は禅宗の教えに従って、来世はなく、見える物以外には何ものも存在しないことを確信して」いたとも述べる[55]。フロイスの観察どおり、信長の個人的な資質は、禅宗によってもたらされている部分があると考えられる。他方で秀吉は、禅宗の信徒とされる場合もあるが[56]、「いかなる宗派にも属していない」[57]ともいわれている。「信仰」がなくどの宗派にも属していないことと、禅宗の信徒であることとは、両立するのかもしれないが、秀吉で重要なのは、むしろ、禅宗や五山について、信長にはみられなかったような政治的な対応を示している点である。本能寺の変の直後に、明智光秀が内裏と五山に銀子を届けた事実[58]は、宣教師たちも記録しているが[59]、秀吉が信長の葬儀を大徳寺で行ったのも、禅宗のもつ影響力を考慮しての政治的な動きといえよう[60]。信長からの権力継承をめざしていた時期に、秀吉は内裏と五山「ならびにその他の坊主の宗派」とを大坂へ移すことを構想したと伝えられる。その意図は、「いづれの宗派か信じてゐるためでなく、立派なる建築をなし、その名を顕揚せんためである」という。諸宗派のなかでも「五山」が特記されている点に注意したい[61]。さらに一五八六年五月（天正十四年三月）に、コエリョらを大坂城に招いた秀吉は、その翌日に「日本の貴族の間でもっとも勢力がある禅宗よりもキリシタン宗の方がよいと思う、と彼ら諸侯の前で公然と言い放った」と伝えられる[62]。事実とすればこの発言は、「諸侯」の多くが信長と同じように禅宗に従っていた状況[63]を意識し、彼らの上位に立ち、その内面を揺さぶることを意図してのものであろう。こののち秀吉の政権構想において、五山や禅宗は必ずしも中核的な位置を占めたわけではないとしても、秀吉が玄圃霊三を南禅寺住持に補任した天正十四年五月日付の公帖[64]は「関白殿公帖之濫觴也」[65]とされており、以後、信長が放任していた足利義昭の公帖発給の職掌は、豊臣氏から徳川氏へと引き継がれ、近世には領知判物とならぶ数少ない将軍直状として発給され続ける[66]。信長は禅宗の教えに従ういわば「諸侯」の一員だったが、秀吉は、「諸侯」の上に立ちその帰服を得るうえで、禅宗への対応は一つの鍵となることを理解し、行動したと考えられる。

ところで、秀吉が最終的にキリシタン禁制に踏み切った事情は、必ずしも思想的な問題だけでは解けないとみられるが、戦国・織豊期の日本社会とキリスト教とのもっとも重要な思想的対立点は、死者回向の問題だったと考えられている。すなわち、地獄におちた先祖を祈りで救えるかどうかは、ザビエルの渡来当初から問われていた関心事であった[67]。宣教師は本来、僧侶への布施を善行とみなし、死者への回向につながるという仏教の考え方を批判していた。(68) しかしながら、一五九三年（文禄二）のペドロ・ゴメス「要綱」は、迷信の念を込めなければ盆の行事を黙認してもよいと述べたり、(69) フロイスが一五九六年（慶長元）発信の報告で、平家物語を説き、死者や怨霊への回向とすることを任務とした琵琶法師について、「福音の法を布教するのに非常に適している」(70) と述べたりするなど、回向の容認につながり得る「適応主義」の動きも見られた。

こうしたイエズス会の「適応主義」は、インディアスにおけるキリスト教徒らの蛮行に関するラス・カサスの告発(71)や、当時のキリスト教にみうけられたギリシャ・ラテンの地域性が必ずしもカトリック（普遍的）であるとは限らず、むしろ異文化こそキリスト教をカトリックにする要素だと考えたヴァリニャーノの聖パウロないし初代教会

5. Pera isto parece[b] que aos Padres e Irmãos, que são os bomzos[c] da relegião christãa, polo menos comvem pôr-se[d] na mesma altura em que estão os bomzos da seyta dos *Genxus*[1] [禪宗] que entre todas hé tida em Japão por primcipal e que tem mais commonicação com toda a sorte de gemte de Japão. Emtre os quais, as primcipais cabeçãs se chamão *Tondos*[2] [東堂] ou *Choros*[e 3] [長老], que hé huma mesma cousa; e ainda que estes são muitos, todavia entre elles há cimco que são *Choros* das simco varelas de *Gosan*[4] [五山] que estão no *Miaco* [都], e, entre estes cinco, hum hé mais principal e como cabeça de todos, chamado *Não-jenjino ycho*[5] [南禪寺之院長]. E assi os Padres todos estarão na altura que tem comummemte os *Choros*, e os que forem Superiores Universsais[6] terão a altura dos simco *Choros* de *Gosan*, e o que for Superior de Japão[7] possono mettere in corrispondenza alle dignità e onori che tengono i bonzi, per poter trattare con essi e con gli altri signori giapponesi.

[1] *Zenshû* è la setta (dello) *Zen*. (Qui la parola è estesa ai suoi seguaci, e perciò è messa in forma plurale portoghese. Un simile plurale in *s* si appose anche ad altri vocaboli, a causa della sua semplicità, ma non è forma giapponese. Nella scrittura moderna questa finale *s* viene da noi omessa). Per la setta dello *Zen* v. sopra, Introduzione II, 1 p. 85-92.

[2] *Tôdô*, alta carica della setta dello *Zen*, v. la graduatoria nell'Introduzione II, 1 p. 88 s.

[3] *Chôrô*, v. Introduzione, II, 1 p. 88 s.

[4] I « *Gosan* » (« cinque montagne ») di *Miyako* [都] costituivano insieme coi « *Gosan* » di *Kamakura* [鎌倉] i centri principali del gruppo *Rinzai* [臨濟] della setta dello *Zen*. Sopra essi c'era il *Nanzenji* [南禪寺] quale massimo grado. Da ognuno di questi monasteri dipendeva un particolare ramo (« Scuola ») del *Rinzai*. I *Gosan* di *Miyako*, dei quali si parla nel testo, contenevano i seguenti monasteri: *Tenryûji* [天龍寺], *Shôkokuji* [相國寺], *Kenninji* [建仁寺], *Tôfukuji* [東福寺], *Manjûji* [萬壽寺]; al di sopra di essi il *Nanzenji* (JOAM RODRIGUEZ, *Arte breve da lingua Japoa*, Macao 1620, fol. 95. V. PAPINOT, sotto « *Gozan* »). Tutti questi monasteri erano situati nella città ovvero nella vicinanza di *Kyôto* [京都] (*Miyako*).

[5] Il monastero *Nanzenji* è situato ad oriente di *Kyôto*. Vedi la carta nel PAPINOT (ultima carta).

[6] « Superiores Universaes » chiamavansi i Superiori dei territori del *Shimo*, di *Bungo* e di *Miyako*, i quali dipendevano dal Viceprovinciale giapponese. Questa ripartizione del corpo direttivo della Missione fu introdotta dal Valignano all'occasione della sua prima visita in Giappone. (*Consulta del Giappone* 1580/1, questione 7ª = *J*. 2, 12-14 e la corrispondente decisione del Valignano, *J*. 9 I, 63ʳ-64).

[7] A partire dalla prima visita del Val. in Giappone (alla fine

図 12-1 A. Valignano, Il cerimoniale per i missionari del Giappone, pp. 124-125 の該当部分（刊本の一例，抜粋，脚注 7 は後略）

への回帰志向[72]などが影響していると考えられている。そのような「適応主義」の素材の一つとして、五山も着目されるにいたる。すなわちヴァリニャーノは、京都五山に「日本の文物」「日本の顔」を見出し、その位階制を教会内に援用し、パードレは長老、下・豊後・都の各地区長は五山の長老、日本準管区長は南禅寺の院長、イルマンは首座もしくは蔵主、同宿は侍者にそれぞれ相当させる構想を示したのである[73]（図12-1）。イエズス会の日本組織は、ミヤコに規範的重要性を認めながらも、地区長のなかでは肥前を中心とした下地区の地位がもっとも高かったのではないかと考えられている[74]。ヴァリニャーノらが見聞したであろう五山長老や、その上に立つ「南禅寺の院長」も、活動の重点はむしろ夷中にあった事実に照応しているのだろう。

以上、秀吉もヴァリニャーノも、他者の帰服を得ようとしたとき、等しく参照したのは五山であったということになる。とはいえ、五山の長老や、その頂点である「南禅寺の院長」に、それほどの社会的権威や影響力があったのかどうか、このことについては従来、意識されたり検討されたりしたことがほとんどない。節をあらためて、南禅寺住持はどのような存在だと認識されていたのか、いくつかの史料をあげて検討してみたい。

三　南禅寺住持をめぐる諸認識

(1) 林下の五山僧

大徳寺、妙心寺や永平寺、総持寺を大本山と仰ぐ現在の禅宗主流は、中央の五山に対する地方の林下として、室町後期の頃から台頭したと考えられている。問題は、これら林下の四大本山に属した禅僧たちを五山僧とみなすことはできないのかどうか、である。

大徳寺の場合、永享三年（一四三一）九月五日付の仲方中正書状[75]をもって、五山から離脱したという玉村竹二の説が、今なお通説の地位を占めている[76]。しかし私見では、この書状に述べられている義持政権期から、少なくとも僧録が「大徳寺十刹列可レ除二書付一之望在レ之[77]」と記録した天文五年（一五三六）五月の時点まで、大徳寺は公式的には五山につぐ十刹の扱いであった。大徳寺の歴代住持簿である「龍宝山住持位次[78]」でみてゆく（以下、歴世数も同記録による）と、応永二十八年（一四二一）正月二十六日付の義持公帖[79]をもって大徳寺住持に補任されている二一世香林宗蘭は、こののち南禅寺住持にまで出世している[80]。なお、香林に先立つ二〇世季岳妙周について、「龍宝山住持位次」は「作十刹之始」と注記している。正長二年（一四二九）八月十六日には、義教公帖[81]と後花園天皇綸旨[82]をもって、二六世養叟宗頤が大徳寺住持に補任されているが、これに先立つ二五世樗庵性才も南禅寺住持に出世している[83]。永享三年の仲正中正書状は、香林や樗庵の南禅寺住持出世をうけて、大徳寺が南禅寺よりも格下であることが明示されたために、大徳寺の訴訟をうけた義教政権が、「宜レ相二並南禅第一之上刹一」と記す元弘四年（一三三四）正月二十八日付後醍醐天皇綸旨[84]との整合性を検討し、「元の如く弁道所たるべし」と裁決したものと考えられる。この裁決について、玉村は大徳寺が十刹格を返上し五山を離脱することを認められたと解したのであるが、二五世樗庵ののち、少なくとも「龍宝山住持位次」でみる限りでは、大徳寺住持から南禅寺住持への出世がみられなくなった事実の方が、むしろ実質的な変化というべきであろう[85]。

　ところで、この大徳寺の寺格が問題となった永享期をまたがって、六世蔣山（祥山）仁禎については「祥山（仁禎）住大徳山門疏[86]」、三八世惟三宗叔については「叔（宗叔）惟三首座住大徳[87]」、四五世岐庵宗揚については「岐庵住大徳山門[88]」、文明七年（一四七五）三月入寺[89]の四六世景川宗隆については「隆（宗隆）景川首座住大徳[90]」、「景川（宗隆）住大徳同門[91]」など、五山僧たちが大徳寺住持としての入院を祝う入寺疏を相次いで贈っている。とくに三八世と四六世の肩書きは「首座」であり、首座が住持に着任できるのは、一般には十刹よりさらに格下の諸山であるから、大徳寺は諸山扱いということになる。もちろん住持補任を祝う入寺疏において、ことさら相手を貶めるはずはないし、とくに紛議が生じた形跡もない。他方で、九世操堂□守[92]、一八世東源宗漸[93]、二一世香林宗蕳は、足利政権の公帖で住持が補任されていた諸山龍翔寺住持を経て、大徳寺住持に出世している。このうち東源については、大徳寺住持となったのち、応永三十二年（一四二五）頃までに相模の五山浄妙寺の住持となり、さらに五山建仁寺の運営に関わったことなどが指摘されている。また香林については、応永二十五年四月九日付で龍翔寺住持に補任する義持公帖[94]が現存している。三八世や四六世など首座に地位にあった禅僧たちも、当時一般的であった諸山十刹住持の同時補任の慣例に従い、大徳寺住持となったならば十刹住持の身分を得たのだろう。いずれにせよ大徳寺や、同寺末寺であったが永正六年（一五〇九）の頃には同寺に並ぶ紫衣着用の寺格を主張していた妙心寺[95]に属した禅僧たちは、自身の門派の拠点である大徳寺や妙心寺の寺格につき特殊な主張を有したものの、出世の階梯からみても、あるいは五山僧らの入寺疏の授受状況からみても、少なくとも天文期の頃までは五山僧の一員であったとみて差し支えない。

曹洞宗系の場合、永平寺や総持寺などが中世段階から全国規模の大本山だったわけではなく、各地に有力本山が割拠しており、それらに関する五山文学に属する入寺疏類も今のところ確認していないが、その代わりに、以下のような特徴的な綸旨群が存在する[96]。

①永仁二年（一二九四）三月十日付、伏見天皇綸旨写（肥後大慈寺文書[97]）
②元亨二年（一三二二）八月二十八日付、後醍醐天皇綸旨写（能登総持寺文書[98]）
③元徳二年（一三三〇）八月二十八日付、後醍醐天皇綸旨写（筑前興国寺文書[99]）
④永徳元年（一三八一）八月二十六日付、後円融天皇綸旨写（豊後泉福寺文書[100]）
⑤正保二年（一六四五）四月二十九日付、後光明天皇綸旨（能登総持寺文書[101]）

いずれも曹洞宗系に属する該当禅院の住持長老等に宛てて、①「準瑞龍（南禅寺）諸嶽（総持寺）之法式」、②「宜下相二並南禅第一之上刹一、着中紫衣法服上」、④「宜下相二並南禅第一之上刹一、着中紫衣法服之御衣上」、⑤「相二並南禅第一上刹一、可レ着二紫衣法服一之旨」など、南禅寺住持に並ぶ格式を認める内容をもつ。③は「宜相二並扶桑第一上刹一、紫衣法服之御衣」とあり、南禅寺とは明記されていないが、同趣旨といえよう。これらの綸旨類は、各所の写し[102]も集成するならば、相当に普及していたと考えられる。なお、曹洞宗系禅院ではないが、足利政権により住持が補任される諸山であった豊後岳林寺には、元弘元年（一三三一）三月二十七日付の「後醍醐天皇綸旨写」が伝わり、「禅苑之規範可三相二並南禅第一之上刹一」と記す[103]。また、安芸仏通寺に伝来する応永十六年（一四〇九）三月二十八日付の「後小松天皇綸旨写」は、「相二並南禅第一上刹一、永代可レ著二紫衣法服一」[104]と記す。

ところで南禅寺は、天皇家創建の禅院として当初から五山の最上位だったわけではない。後醍醐天皇が得宗と招聘を争った渡来僧、明極楚俊[105]の元弘四年（一三三四）正月とみられる南禅寺入院法語をみると、「恩降璽旨、遷二南禅十刹位一、居二五山之上一、（中略）南禅不レ比二旧南禅一、超二出建長円覚先一」とある[106]。つまり元弘四年正月までは、相次いで渡来僧を住持に迎えていた建長寺や円覚寺の方が格上だったのである。したがって、明極の入寺以前の段階から南禅寺が五山の最上位であったかのように記す①〜③は偽文書と考えられる。文言に不自然な点がある④も同様だと考えられる。おそらくは、大徳寺に伝わる元弘四年正月二十八日付後醍醐天皇綸旨の「宜相並南禅第一之上刹」[107]に範をとって創作されたものだろう。ではこれらの綸旨類は、どのような時期に創作されたのだろうか。真性の綸旨とみられる⑤のいう「後醍醐院勅裁」にあたるとみられる②の場合、永平寺との寺格争いが生じていた天文九年（一五四〇）前後の創作ではないかと指摘されている[108]。よく知られた史料だが、駿河臨済寺の太原崇孚は天文十九年の段階で、おそらく②の綸旨を念頭に置いて、「能登惣持寺の前住ハ位南禅寺ニ準へきよし綸旨依レ被レ下、紫衣を着せらるゝ事無二余儀一也」「惣持寺なとは真実の紫衣たるへし、永平寺ならはゆへなき事と御心得可レ有也」

と述べている[109]。その他の綸旨類も、おそらくは曹洞宗系禅院が総持寺か永平寺のもとに系列化されつつあった戦国期以後の動向を示しており、その限りでは貴重な中世史料といえる。つまり、これら曹洞宗系禅院に属した禅僧たちは、五山最上位の南禅寺住持の権威を認めていたという点では、やはり五山僧の一員とみなして差し支えない。

法脈のうえでは臨済宗系ではなく曹洞宗系に属しながら、五山、十刹、諸山などの住持に補任されている曹洞宗僧の実例もいくつか知られている。たとえば、元からの渡来僧であった東陵永璵は、「洞上之宗（曹洞宗宏智派）」に属したが、観応三年（一三五二）に南禅寺住持に招かれている[110]。同じく宏智派に属した雲巣洞仙は、足利政権の公帖により、大永四年（一五二四）には肥後の諸山寿勝寺、享禄五年（一五三二）には越前の十刹弘祥寺、天文十二年（一五四三）には五山建仁寺の住持に補任されたほか[111]、五山僧の詩文作成でしばしば参照されていた「韻府群玉」の古刊本の所持者であったという貴重な事実が見出されている[112]。大内氏の帰依僧で石見益田氏の出身であった春湖清鑑は、大内氏の使節として朝鮮にわたる直前の文明十五年（一四八三）八月に備前の諸山成道寺の住持に任じられているが[113]、その入寺疏をみると「永平十七之孫」[114]とあり、永平寺道元の法脈を引いているとわかる。春湖は、永平寺系列の周防霊松寺を拠点としており、雪舟等楊筆とされる正木美術館蔵の「破墨山水図」に「林下清鑑」と記すなど[115]、「林下」意識をもった永平寺系列の曹洞宗僧であったが、備前の諸山成道寺住持から、おそらく大内使僧をつとめた功績により[116]筑前の十刹聖福寺住持に任じられたのち[117]、最終的には五山建仁寺の住持にまで出世[118]した五山僧だったのである。

概説書はもとより専門書においても、時折、「臨済宗五山派」という表記をみかけることがある。たしかに、永平寺系列の五山僧春湖清鑑の事例は珍しく、特記された面はある。しかしながら五山僧が、曹洞宗系の禅僧も含んでいたことは事実であり、五山僧を曹洞宗とは異なる臨済宗の、さらにその内部の一つの分派だとみるわけにはゆかない。五山僧とは、臨済宗、曹洞宗、あるいは大徳寺派、妙心寺派などといった中世の主要な禅宗門派に属した禅僧の総称であり、そのもっとも権威ある地位が、先にみた元弘四年（一三三四）の明極楚俊の入寺により五山第一となり、さらに至徳三年（一三八六）七月に義満により「五山之上」に位置づけられた南禅寺住持だったのである。一定の階梯を踏まずして、ただちに南禅寺住持と同格になれると主張する林下の諸禅院の住持職の方が、むしろ中央および地方の支配層の特権意識に即応している面があるともいい得る。[119]

（2）注目される南禅寺住持たち

九条家の旧蔵で、大館常興自筆本の写本だという天文四年（一五三五）の識語がある「書札之事」に、次のような記事がある。[120]

一出家への書札事（中略）長老・西堂の事ハたとい一寺の住寺ならすとも、また其身ハ我被官の子なりとも、俗生にもよらす、いかにも賞翫あるへし、但、西堂ハ長老程ハおなしことなから、これなし、長老の事は、いかやうのいやしき身なれとも、公方様御対面の時は、后ゑんまて送り申され、御礼ある事也、さりなから、りつけの長老なとハ、御をくりハなし、そうしては長老ハいつれのしうていしやうくハんは大かい同事なるへし、公方様御ゑんまて御をくりあるは、五山の長老の事也

すなわち、顕密系の僧官位をもたない禅律浄土系の「長老」のうち、とくに五山の長老については、いかに出自が低くとも、また、現任の住持ではないとしても、公方つまり足利将軍は対面が終われば縁側まで送りに出るなど、一定の礼を尽くすべきであると定められていたのである。五山の最上位である南禅寺住持ともなればなおさらであろう。「我被官の子」といった「俗生」にかかわらず「賞翫」せねばならないと記しているのも、五山僧の出自が多くはそのような階層であったことを示しているのだろう。他方で「律家」の長老は、「本朝高僧伝」の検討

からすれば、出自は五山僧よりも高いとみられるが、この時期にはさほどの待遇を与えられていないようである。さきにみたとおり、「本朝高僧伝」において中世前期の宗教者を代表したのが「叡山沙門」であったとすれば、中世後期の宗教者を代表したというべき「南禅寺沙門」とはどのような存在だったのか、何名かの実像をみておこう。

建武元年（一三三四）に浄智寺住持となった渡来僧竺仙梵僊に近侍し、「其の舌音を却転」[121]するなど高度な言語能力をもって問答した椿庭海寿の事例をまずはあげたい。「本朝高僧伝」[122]などによれば、椿庭は「姓藤、遠州人也」とあり、有姓の地方貴顕出身とわかる。のちに入元し、元明交代を経て洪武帝と面会し「日本」の国情を説くなど在元・在明二十三年に及んだという。そして洪武五年（一三七二）に、明使の通事として「日本国王」懐良親王と今川貞世との交戦期の博多に帰着[123]し、浄智寺、円覚寺、天龍寺、南禅寺の住持を歴任したが、この間、三河華蔵寺の一切経蔵造営を発願するなど、地域の有力者であったとみられる恵寿に「頤石」の道号を授けたり[124]、尾張の久我家領の年貢収納につき発言力を示したりするなど[125]、夷中の帰服を得た五山僧としての性格を示す。応永八年（一四〇一）閏正月に八四歳で死去したというが、この没年を踏まえると、竺仙と問答した建武元年当時は弱冠一七歳ということになる。その高度な言語能力は、長期の入元によって得られたものではなく、渡来僧竺仙に近侍した影響と考えられるが、彼自身が「唐人」「宋人」[126]に近い存在であったか、もともと局地的な言語と普遍的な漢文との緊張関係が日常的であった夷中において培われた可能性もみたい。

月心慶円は、「本朝高僧伝」[127]によれば出自も没年も記されていないが、「扶桑五山記」建長寺五六世の項によれば「駿州人」[128]で、やはり南禅寺住持にまで出世[129]している。「空華日用工夫略集」永徳二年（一三八二）正月四日条をみると、義堂周信が、自身のあとをついで建仁寺住持になった月心の「示衆」を聴聞してきた近侍僧に対し、その内容を尋ねたところ、「唐語の説法なる故、聴き得ず記し得ず」と返答したという[130]。この月心の言語能力は、あるいは入元の経験によるものとも考えられるが、京都中央の五山僧にはみられないような言語能力を、月心はやはり夷中で高めた可能性もあるだろう。

足利政権が衰滅したのちも、南禅寺住持は権威ある存在であった。天正七年（一五七九）五月の安土宗論に関わり、「信長公記」に次のような記事がある。[131]

既に宗論に究。其時、左候はゞ判者を仰付けらるべく候間、書付を以て勝負を御目に懸け候へと御諚にて、五山の内にても物知に候日野（醍醐日野正明寺）の秀長老（鉄叟景秀）召上せらる、（中略、宗論決着をうけて）秀長老へは先年堺の者進上仕候東坡が杖参らせられ候、

安土宗論はよく知られているとおり、宗論の主催者である信長が当初から、浄土宗の勝利、法華宗の敗北を予定しており、法華宗への弾圧と統制とを意図して行われたと考えられている。ただしそのような判定について、恣意的な性格を少しでも和らげ権威をもたせる方策として、信長は、元亀二年（一五七一）に南禅寺住持となり、天正三年に再住していた鉄叟景秀[132]を「判者」に招いたのである。形式的といえばそれまでであるが、信長から労いとして、堺への舶来物とみられる「蘇軾の杖」が進上されたという記事にも注目したい。その杖が「本物」かどうかはもとより問題ではない。安土宗論の結論は、いわば蘇軾に匹敵する見識をもった鉄叟によって権威づけられているというのが、安土宗論の結果に関心や疑念をもったであろう人々に対する信長からの発信であった。儒仏未分離段階の道学を代表する思想家であり詩人であった蘇軾という古典的人物に対する憧憬に、信長も依存したのである。

このような南禅寺住持の権威は、必ずしも権力的勝者にのみ奉仕したわけではない。

伊勢中尾氏出身であった文英清韓[133]は、慶長九年（一六〇四）五月十六日付の家康公帖[134]により、南禅寺住持に出世していた。ところが慶長十九年八月にいたり、文英が豊臣氏のために執筆した方広寺大仏の鐘銘をみた家康は、

「今度大仏鐘之銘被レ書候韓長老、紫衣不審[135]」と述べ、文英が紫衣着用の南禅寺住持という高位の身分をもって、豊臣氏のために文筆を振るったことを問題視する。実際には室町期の頃から、南禅寺住持にいたる五山僧の出世は、補任権者の意図に関わらず、いわば社会的に決定される事柄となっており、補任権者は事実上これを追認するだけの状態となっていた[136]。ところが家康は、補任権者が出世を決めるという原則論をふりかざし、事態は、出世を差配してきた鹿苑僧録の廃絶、金地院僧録の創設へと帰着する。五山制度は足利政権とともに徐々に衰亡したのではなく、豊臣期まで機能し続け、方広寺鐘銘事件をもって明確に解体されたのである。

元和元年（一六一五）十月に、板倉重昌から報じられた文英潜伏に関する「覚書」に接した家康は、「にくき仕合と被レ成二御諚一候、町人組々を相定、堅穿鑿し候さへ、如レ此かくしをき候、其物共もつかまへ候や[137]」と述べている。家康の威圧下においてもなお、文英の支持者が少なくなかった状況を示している。寛文十二年（一六七二）以前成立の「難波戦記」や、その流れをくむ「浪速秘事録」は、いわゆる徳川史観のもとで、淀を「大淫好色、恥を知らざる婦人」と造形してゆくが、文英はそのような淀と男女の仲にあったとする[138]。江戸初期の段階で、なおその文名を広く知られていたとみられる文英清韓は、「大淫好色」淀の相手役として、ともどもに貶められたのである。

おわりに

南禅寺住持の権威は、天皇を頂点とした貴族層の貴種性に由来していないことが、おそらくきわめて重要な特徴である。戦国期も煮詰まったころには、一足飛びに南禅寺住持に匹敵する地位を得られることを標榜したいわゆる林下の禅僧たちが、各地の大名などの信仰を集めており、五山僧においても、諸山、十刹、五山さらには南禅寺住持の四階級を同時に補任するような一足飛びの出世がみられるようになった。しかし南禅寺住持とは本来、多方面の支持をうけて各地の諸山、十刹、五山の住持をつとめあげた者こそが到達できる地位であるという認識、つまり、広域的で長期的な信仰を得られた五山僧だけが到達できる地位であるという認識は、完全には放棄されなかったと思われる。その点で南禅寺住持は、貴族層の分身という側面をもつ顕密僧や、中央貴顕の出身比率が高い律僧はもとより、京都や貴族層への接近をめざした浄土真宗僧や日蓮宗僧とも異なるのであり、これらの宗教勢力を中核とした鎌倉仏教論や戦国仏教論とは異なる視角に立った列島宗教史構築の手がかりを提供している。

とくに注目されるのは、必ずしも都地方を組織上の上位には置かず、むしろ九州地方を拠点としたイエズス会のヴァリニャーノらが五山制度に着目し、南禅寺住持と同等の権威を得られないかと考慮した事実である。本書序章でも述べたとおり、秀吉は彼らキリシタンを八宗九宗に準じたもののようにみなしていた。また第10章でみたとおり、中世の列島社会には唐人・宋人と呼ばれていたような人々が散在していた。これらの状況を総合してみると、キリシタンもこうした異人の一部であって、ことさらに特別視されるような状況にはなかったと考えられる。唐人、宋人に加えてキリシタンも散在した列島社会の夷中と呼ばれた異国的要素が、キリシタンの排除を一つのきっかけとして著しく減退したことが、南禅寺住持という権威の消滅、五山僧衰退の一因になったとは考えられないだろうか。

終　章　列島史と日本史のはざまで

はじめに

本書の主張は、端的にいえば、鎌倉後期から江戸初期における五山制度の列島規模での役割や意義を理解するには、従来のように、得宗と著名な渡来僧、足利氏歴代と京都の夢窓派禅僧といった中央の頂点的な師檀関係で代表させるべきではなく、列島規模で展開していた「夷中」の十方檀越と坐公文受給禅僧との師檀関係をもって理解すべきであり、十方檀越と坐公文受給禅僧とを結びつける要として、五山文学の捉え直しを図った、ということになる。こうした着想の前提となったのは、第1章、第2章で検討したとおり、足利政権の公帖受給者において、少なくとも数量的には大きな比重を占めた「夷中」の五山僧たちの存在である。あらためて、一、坐公文受給五山僧の実像、二、「夷中」の十方檀越の実像、両者を結びつけたと想定される三、「夷中」の五山文学、のそれぞれについて、本論で論じた内容を中心に、まとめなおしておこう。なお、本論で詳しく論じた事項について、終章では原則として注記を省略する。

一　坐公文受給五山僧の実像

豊後万寿寺のある五山僧が、一一七貫をもって遣明船派遣費用調達のために頒布されていた南禅寺住持補任の坐公文を買得したものの、檀越大友氏の支持を得られず、南禅寺住持の身分を得られなかったという「臥雲日件録抜尤」享徳四年（一四五五）正月条の記事については、古くから多くの言及がある。従来の理解はおおむね、坐公文とは「不法」な「嗤う」べき「弊風」「濫発」というものであり(1)、桜井英治は端的に、「これはまさしく五山禅院を舞台とした売官にほかならず、その結果、五山長老を名乗る僧侶たちが全国各地にあふれかえることになったのである」とまとめている(2)。

しかしながら西尾賢隆も指摘したとおり、禅宗が必ずしも寺院や仏像や経典にはこだわらない居士大姉仏教としての特色をもっていたとすれば、住持に補任された五山僧が住持として寺院の興隆に精励しなかったとしても、それが一概に「不法」な「嗤う」べき「弊風」「濫発」であったとは限らない。では実際のところ、「全国各地にあふれかえ」っていた「五山長老を名乗る僧侶たち」は、具体的に、どこでどのような活動を行い、膨大な遣明船派遣費用をも賄うような地域の人々の支持や信仰をひきだしていたのか。実際の坐公文受給者周辺の動きに着目しようという試み(3)にならい、本書もまた、とくに思想的な問題に関心を置いて、このことを多少なりとも具体的に解明しようと試みた。

たとえば第2章では、坐公文官銭の納入を伴う五山僧の出世は、五山僧の檀越たちにとっては自身の信仰する帰依僧が政権にも認められ、自らの宗教的な関心を満足させる機会であったこと、足利政権にとっては、納入された官銭をもって将軍家関連の仏事興行などが可能となり、官銭を納入した諸勢力の功績を実感できる機会であったこと、つまり、政権と檀越とが互いにいわば赦し合う宗教的な契機であったことを明らかにした。第9章では、「松山集」の龍泉令淬や、「懶室漫稿」の仲方円伊について、いずれも今日では跡形もない「夷中」の禅庵を拠点として、戦塵と隣り合わせの農耕作業や、戦塵を眼下にのぞむ絶景の聖地に関する作品を著していることをみた。こうした文筆活動を行っている五山僧について、中央政権は果たして評価する能力や見識をもっているのかどうか、坐公文を主体とした足利政権の公帖発給は、そのような「夷中」からの視線にさらされていた宗教政策であったと考えられる。

龍泉や仲方と比較するならば、今日では無名の五山僧というべきだが、出雲の「郷人」に招かれ、諸山福厳寺、十刹真如寺の住持身分を帯びて同地の経久寺に赴いた大江霊派は、「国の為に福を植えん」ことを期待されていた。同様に、寺名不詳の諸山住持補任および十刹真如寺住持補任の坐公文を受給して、郷里の土佐光厳寺に赴いた文岫祖芸という五山僧がいた。将軍義稙がこの文岫に建仁寺住持補任の坐公文を発給し、さらに格上の五山住持に出世させることは、「邦人栄と為し、諸檀誠を傾ける」契機となることが期待されていた。公帖発給による五山僧の出世は、政権に対する「邦人」の支持を喚起しようという宗教政策だったのである。関東公方の公帖発給も、当初は支配領域内の禅院管轄に関わる住持補任から始まったが、諸勢力が出世を望む五山僧の出現に備えて、宛名未記入の公帖すら出し置くことで、いわば赦し合う人脈の構築に備えたと考えられる。そうした人脈は九州にまで及んだために、関東公帖の多くを占めた相模の十刹禅興寺住持の身分を与える坐公文について、「夷中衆」の五山僧は受給を制限されるにいたった可能性も見出した。つまり関東公方を含む足利政権の公帖発給は、それぞれの支配領域内における寺院管轄権の問題などではなく、したがって、後北条氏など新たな領域支配者の「実力」をもって代行できるものでもなく、五山僧の文筆能力などに対する広域的、長期的な諸勢力の共同評価の上に立って行われるべき職掌であったと考えられるのである。備中宝福寺の大機恵雄は、備中松山城の三村氏滅亡に伴う動揺、尾張慈雲寺の雲岫永俊は、長島一揆との戦闘に伴う檀越佐治氏一族戦死に伴う動揺への対処を期待された「夷中」の五山僧である。このうち雲岫は、檀越佐治氏をはじめとして、尾張知多半島域の僧俗に仁如集尭の文筆をとりつぐ役割を果たしていたが、仁如はこうした地域の禅僧についても、文筆上の鍛錬を期待する趣旨の字説を与えている。明応七年（一四九八）の遠江において、祈禱ではなく儒学的な観点をもって人間関係を整え、災害に立ち向かうことを呼びかけた松堂高盛の「因㆓大風大雨地震氷雹等㆒示衆」(4)などは、曹洞宗僧を五山僧に含めて考える本書の観点からいえば、「夷中」で必要とされていた五山文学の一典型例である。松堂と同様の曹洞宗僧が足利政権に見出されて、諸山、十刹、五山の住持身分を与えられた実例が存在することも、本論でみたとおりである。

二　「夷中」の十方檀越の実像

十方檀越は、いうまでもなく五山僧や禅宗に独自の用語ではなく、中世の諸寺社の棟札などでも頻繁に類例を目にするが、五山僧を理解するうえで要となる存在だという理解は、これまで示されたことがないと思われる。本論で検討した石見の諸山安国寺檀越の益田氏や、備後の諸山中興寺檀越の宮氏は、五山制度以外の回路でも足利政権と結びつきがあり、十方檀越と呼ぶには規模が大きい。ただ両氏の動きは、利生塔・安国寺の設定から五山・十刹・諸山の設定へと変化する足利政権の宗教政策と重ねてみるならば、利生塔や安国寺の設定では政権の政策の客体に過ぎなかったものが、諸山の設定では公帖発給を求めるなど、政策に内実を与えるような主体的な働きかけを示している。五山制度における在地勢力の主体性喚起という特色は、より小規模な十方檀越においても共通していたと想定できる。

全国の十刹、諸山は、守護職などを帯びる大名層や、奉公衆などとして政権と関係をもつ益田氏や宮氏といった有力国人層を檀越とする事例が、これまで注目されやすかった。しかし本論でも述べたとおり、過半の諸山、十刹は檀越未詳である。これら檀越未詳の諸山、十刹についても、子細にみるならば尾張の諸山光音寺など、守護と守護代との関係形成を促すような禅院の事例を新たに検出することもできる。(5) しかしこうした特定の有力檀越に依存した禅院は、五山制度下の諸山としての命脈も早くに尽きたようであり、むしろ不特定多数の十方檀越こそが、「夷中」の十刹や諸山の長期的な存続を支え、さらには、こうした禅院の外部での文筆活動で特徴づけられる五山僧たちを必要とした人々であったと考えられる。

具体的に本書で検出した十方檀越は、流謫された蘭溪道隆を歓迎した甲斐の「胥吏氓黎」、文岫祖芸を迎えた土佐の「邦人」、大江霊派を迎えた出雲の「郷人」などがある。尾張の諸山妙興寺の幹縁（勧縁）疏で、著者の彦龍周興が「十方有道衲子」の住持着任とひきかえで修造への協力を呼びかけていた「貴官長者、甲第編戸」も類例である。こうした五山僧の文筆上に現れる事例のほか、三河の諸山実相寺の釈迦三尊像胎内文書にみえる多くの結縁者たちは、単純に吉良氏に収斂させるわけにはゆかない同寺の十方檀越だと考えられる。本論では具体的に検討しなかったが、甲斐の諸山恵林寺の住持であった絶海中津が拠点としていた同国勝善寺に伝わる木造釈迦如来座像の胎内にも、二千字をこえる嘉慶元年（一三八七）の銘文があり、「住持比丘中津」や「法光」（武田信成）をはじめとする多くの出家在家の名前が見える」という。(6)「夷中」の諸山や十刹には、しばしば関連する塔頭や末寺が地域に散在しており、恵林寺と勝善寺との関係も同様のものであったとすれば、嘉慶元年の銘文にみえる「出家在家」もまた、武田氏に収斂されるとは限らない恵林寺の十方檀越と考えられよう。

本論で人名をあげて検討を加えた十方檀越としては、まず、尾張の諸山妙興寺の服部宗直がいる。妙興寺開山の滅宗宗興から買得した土地を、「養子」とした同寺衆僧の玉峰祥金に譲ったのであるが、滅宗筆の「公役納法下地等目安注文」によれば、玉峰は地域の領主化しつつある名主層であったらしい。衆僧と十方檀越との境目は、実はそれほど明確なものではなく、僧俗あいまって妙興寺に集結し、その土地財産を相互に保証し合っていた様相が浮かび上がる。妙興寺住持であった慶甫宗誕は、一つには彼らの権益を俯瞰する権威となることを期待されて、一つには美濃五山版を京都にもたらすような活動を評価されて、南禅寺住持にまで出世したと考えられる。三河の守護でもあった中条氏が檀越だと理解されてきた諸山長興寺の場合、地域に塔頭末寺群が散在しており、八名郡小畑邑延命寺もその一つであった。同寺所蔵の応永十三年（一四〇六）の大般若波羅蜜多経奥書写には、「悪筆」を恥ながらも写経にいそしんだ「信厚」の名がある。中条氏が関心を寄せなくなったのちも長興寺を必要とし、その存続を支え続けた十方檀越の一員と解し得る。備中の諸山宝福寺の場合にも、関連する塔頭諸山が地域に散在していた。たとえば、備中高梁川下流域の要衝の地で、細川京兆家による設営とみられる西阿知の倉を支配していた「いわさ」は、「御屋形之はたさし」という属性が注目されてきたが、荘園領主として現地に臨んだ東福寺の使者は、「井山龍溪院喝食親」つまり宝福寺の十方檀越の一員という属性を優先して記載している。近世の書付によって、池田光政期に廃絶した宝福寺の末寺と判明する東福寺領備中上原郷長谷寺の檀越も、在地に富を留保しようという動きを示したことで知られる河内出身の京兆家累代の被官石川氏であった。宝福寺の五世住持であった高庵芝丘は、同寺末寺で諸山に列せられる神応寺の開山となるが、同人は、東寺などの寺社本所から荘園公領の「押妨」をしばしば指弾された備中多治部氏の出身でありながら、ついには東福寺檀越であった九条家の招きに応じ、足利政権の公帖を得て、五山東福寺の住持となっている。神応寺が諸山となったのは、高庵の弟子であった和翁芝中の檀越であった安富因幡入道の働きかけによるものと考えられる。因幡入道は、義満政権から諸山と認められた神応寺の前住（おそらく和翁）の状を添えて、荘園領主である東寺に自己の権益を主張したらしく、東寺も一目を置かざるを得なくなっている。

先にも述べたとおり、十方檀越に類する存在自体は、中世の諸寺社の周辺に広く認められるが、五山僧につらなる十方檀越の特徴は、足利政権へ働きかけて自己の利害を貫こうという意志と能力との存在だといえよう。足利政権から公帖を受給し、高位の住持身分をもった五山僧の権威をもって、自己の利害を主張しようという在地勢力である。もちろんこうした手法が、寺社本所の権益保護を第一義とする室町期荘園制において、圧倒的な効果を発揮したとはいいがたい。とはいえこうした回路の存在つまり五山制度を示すことで、足利政権は、守護や奉公衆といった有力武家を対象とした軍事的制度では把握できずにいた各地の群小勢力の支持をひきつけ、当時の用語として明確に現れるわけではないが、彼らにいわば、足利政権につらなる「武士」というべき意識や地位を提供していたのではないだろうか。かつて佐藤進一は、足利政権の確立に帰着する南北朝の「動乱七十年のもたらしたもの」について、「被支配者の政治意志を汲み上げる形でようやく定着するのに、動乱の七十年が費やされたと見ることができる」と述べた(7)。五山制度への着目は、五山僧につらなる十方檀越が果たして佐藤のいう「被支配者」にあたるかどうかという点も含めて、足利政権論を列島規模で組み立て直すうえで有効な素材だと考える。

三 「夷中」の五山文学

五山僧と十方檀越との師檀関係は、前項に述べたような室町期荘園制下における政治的・経済的な利害関心が先行したのか、それとも五山文学などへの思想・信仰的な関心が先行したのか、一概には決めかねるが、いずれを欠いても成り立たないことだけはたしかである。胎内文書類や写経など、五山僧の周辺でみられた十方檀越の思想・信仰的な関心は、必ずしも禅宗特有のものばかりではないが、たとえば第11章でみたとおり、五山僧は密教僧としての栄西への信仰を維持し活かそうという姿勢の持ち主であった。一方で第9章でみたとおり、平心処斉の先駆的な語録に、身辺の十方檀越につらなるような衆僧への説示の詩文が多く収められている。「夷中」の「被支配者」に近い十方檀越とって、五山僧の難解で抽象的な詩文など無縁であったのではないかという通念に近い疑念は、払拭すべきであろう。

　十方檀越という用語と比較して、「夷中」という用語は、限られた知見ではあるが、五山僧や五山文学の周辺に特徴的な用語ではないかという感触をもっている。[8]「夷中《いちゅう》」を立項している『日本国語大辞典』は、「空華日用工夫略集」永和三年（一三七七）二月十三日条を参照しているほか、僧録周辺の記録類では、「蔭凉軒日録」延徳二年（一四九〇）閏八月六日条、「鹿苑日録」天文五年（一五三六）四月十二日条、文禄元年（一五九二）五月三日条、十二月八日条などに散見する。桃源瑞仙「百丈清規抄」にみえる「夷中」は、具体的には備中上原郷を指している可能性があり、[9]如月寿印の蘇軾理解は「夷中」という語を一つの焦点としていた。永禄八年（一五六五）とみられる八月五日付の快川紹喜書写[10]は、美濃瑞泉寺を「夷中四派本刹」と記す。近世史料であるが、東福寺の「壁署」には、「勢州へ被㆓立退㆒以後在夷、（延宝九年・一六八一）」「在寺並在夷之衆（寛保元年・一七四一）」「退㆓于夷中住庵㆒也（明和四年・一七六七）」などの用例がある。[11]永正十年（一五一三）の頃、荘園領主祇園社の使者が美濃に下向し、年貢が収納されないならば「夷中」での年越しも辞さないという強硬姿勢を示した。これに対し、現地に影響力をもった美濃の諸山承国寺の用梅軒景従は、「種々調法」に努めるけれども「爰本之儀、能々可㆑被㆓相聞㆒候」と諭している。顕密寺社史料のなかに残された五山僧の「夷中」用例としてとくに注目できる。[12]「夷狄」の地ともされた東北や、「異国」とも認識された琉球などが「夷中」に含まれるかどうかは検討を要するが、「琉球国人」とされる檀溪全叢が大永七年（一五二七）に南禅寺住持に補任されていること、[13]陸奥の諸山東禅寺、出羽の諸山金剛寺、十刹光明寺、崇禅寺に関する足利政権の公帖発給記事が「蔭凉軒日録」にも認められることなどを、さしあたり確認しておきたい。

以上のような知見を前提として、五山文学を「夷中」で特徴づける要素として、主題と言語という二つの側面から、あらためて本書での検討をまとめ直しておきたい。

五山文学を「夷中」で特徴づける主題として、本書で注目したのが蘇軾である。仁如集尭は、戦国期知多半島の五山僧であった中泉の「泉」の字から、蘇軾の廉泉の詩を連想し、「廉甫」という道号を授けたのだが、廉泉の詩は、流謫途上の蘇軾が水面に自分の顔を映し、「良い顔をしている」と詠じたところに眼目がある。流謫という中央政権の措置も、「夷中」では無力であったことを含意する。同様に「東坡載笠図」は、蘇軾が王朝版図の最南端の地に流謫されて彷徨する様子を主題とした画図として流布しており、室町期の五山僧江西龍派の賛文もよく知られていたらしい。戦国期の後半生を能登の五山僧として過ごした如月寿印は、詩文作成の手本としてこの江西賛をとりあげ、天子の宮殿の窓外にみえた雲霧と「夷中」の泥にまみれた牛のいななきにふりそそぐ雨とを同一視した蘇軾について、「酔眼」と表現した江西の真意を「明眼」だと解説している。織田信長から安土宗論の判定者に招かれた鉄叟景秀に対し、労いとして与えられた舶来品の蘇軾の「杖」は、杖の描写も目立つ「東坡載笠図」を思い起こさせることで、鉄叟の自由闊達な立場、ひいては宗論の結果の正統性を強調しようという意図が込められていたのではないか。その蘇軾本人の思想・信仰を研究史に探ってみると、おそらく「周易」中孚象の「信、豚魚に及ぶなり」に基づくが、「智は王公を欺けても、豚や魚を欺けない。力は天下を得られても、匹夫匹婦の心を摑めない」という刺激的な発言に行き当たる。蘇詩はたしかに禁中でもしばしば講ぜられていたが、蘇軾を仰いだ五山文学やその担い手である五山僧は、「智」や「力」をもって人々に君臨しようとしていた中央の最高権力者の信仰対象としては、おそらく似つかわしくない。禅宗に帰依したと強調されることが多い得宗や足利氏歴代を含め、日本中世の最高権力者周辺の真の信仰対象は顕密八宗だという理解は正当であり、五山僧に思想的、信仰的な関心を向けたのは、やはり「夷中」の「被支配者」に近い「武士」になろうとしていた人々だったのではないか。
五山文学を「夷中」で特徴づける要素として、本書では言語的な問題にも着目した。顕密八宗や律僧などと比較して、南禅寺住持を頂点とした五山僧の出自は、地方の俗姓不詳者が目立つ傾向にある。こうした「夷中」出身の五山僧のなかに、「唐語」や「元音」に堪能な者がいたことはこれまでにも指摘されていたが、それは必ずしも、長期の渡航経験を踏まえてのものではなく、若年期からの素養のうえに立っていた可能性をみた。「日本中世史」という時代の有力な指標の一つは舶来銅銭の使用および模造だとされており、舶来陶磁も列島社会に幅広く普及し模造されていたが、銅銭や陶磁だけでなく史料上に散見する「唐人」や「宋人」もまた、異国人の流入を嫌う天皇周辺の京都を離れれば離れるほど、今日でいう「中国人」のような明確な「外国人」としてではなく列島社会に分布し、「処語」といわれたような地域的差異のある口語と、漢詩文などの筆記とをもって意思疎通をはかる日常的な世界が存在したのではないかと想定してみた。

こうした想定を裏付け得る史料として、本書であげることができたのは、主に次の二つの史料である。第一に、南禅寺楼門破却を求めた比叡山より出された応安元年（一三六八）の「南禅寺対治訴訟」にみえる「陳隋両朝者、八宗正法也、当時繁栄之宋韻皆蒙古之曲声、更不レ用二真実之正語一、頗可レ非二仏子之所一レ誦」という一節である。仏教の真実の教えを知るには、陳隋期の「正語」を用いるべきであり、五山僧は同時代の大陸で通用（当時繁栄）していた「宋韻」に堪能であるとしても、それは「蒙古の曲声」であるという批判である。顕密八宗の拠点である京都周辺と、五山僧の拠点である「夷中」とでは、思想信仰の基盤となる言語上の差異が存在していた事実を示唆する史料として解釈できないかと考える。第二に、五山僧の夢巌祖応が郷里の出雲で地方農民の酒宴狂乱の様子を詠じた延文五年（一三六〇）の「祈穀」と題する詩文である。地方農民の狂乱という現象の本質には、南北朝の分立に伴う政治の混乱があるという儒仏一致の「現象から本質に迫る」構造をもつ政治詩である。とりわけ、出雲という「訛替」の場所においてこそ「理」に目を閉ざすわけにはゆかないという「現象」と「本質」との結びつけ方に注目したい。京都とは隔たり言語上差異がある「訛替」の場所においてこそ、普遍的な漢文において考察すべき「理」の問題に気づく、と解釈できる史料ではなかろうか。

こうした列島社会の異国的な「夷中」の世界が、キリシタン禁制などと並行して大きく後退したとの展望も示した。もちろん、漢詩文に親しむ世界が、近世から近代にかけて継続した事実は承知しているが、中世から近世にかけて、列島社会における漢文への評価には、大きな変動があったことをうかがわせる記事もある。

近世初期の朝鮮使節は、対馬の以酊庵主であった景轍玄蘇や規伯玄方らが対馬島主の宗氏よりも上座であったことについて、「文字（漢文）を解する人を重んじるという日本の習慣」によるが、そうした「国俗」は失われつつあると読める観察を示している。[14]注目したいのは、景轍は足利政権期以来の坐公文受給という手続きを踏まえて、南禅寺住持にまで出世したことが『鹿苑院公文帳』に記載されている事実である。さらに『公文帳』をみてゆくと、「琉球国人」と注記されている檀溪全叢、安土宗論で信長の裁定を権威づけた鉄叟景秀、方広寺鐘銘を草し徳川期の俗文学では淀の相手役としてことさらに貶められた文英清韓、まったく正反対に、徳川政権に仕えて文英を処断する側にまわる以心崇伝らが、等しく南禅寺住持として記載されている。それだけではなく『公文帳』には、尾張霊源院および三河満目院の霖父乾道（遺）（延徳期、五山相国寺住持）、土佐光厳寺の文岫祖芸（永正期、五山建仁寺住持）、出雲経久寺の大江霊派（永禄期、十刹真如寺住持）、尾張慈雲寺の雲岫永俊（天正期、五山相国寺住持）、備中宝福寺の大機恵雄（慶長期、五山東福寺住持）らも記載されている。本書でとりあげた彼ら今日では無名に近い「夷中」の五山僧らが、南禅寺住持のいわば予備群像として、広域的、長期的にその裾野を固めているのである。ちなみに僧録は、足利義昭の公帖により出世していた五山僧の存在を文禄二年（一五九三）にかけて追記している。[15]つまり、『公文帳』から漏れている備中宝福寺の高庵芝丘（応安期以前、五山東福寺住持）、和翁芝中（応永期、諸山神応寺住持）、尾張大円寺の悦林中怡（文安期以前、五山建仁寺住持）、尾張妙興寺の慶甫宗誕（永正期、五山之上南禅寺住持）なども、僧録の知見が及べば、そのつど追記されたと考えられる。

以上を要するに、近世日朝外交の最前線を担った景轍は、美濃の五山版を京都にもたらした慶甫、蘇詩に素材をとった仁如作の字説を戦国期知多半島へ仲介した雲岫、豊臣氏のために鐘銘を著した文英などの五山僧群から析出された存在ではなかったかということである。第10章でみたように、「夷中」に散在した「唐人」や「宋人」との「外交」を担ってきた五山僧のなかから、対馬における対朝鮮外交の担い手として景轍らが表出したという見立てである。第11章でみたように、秀吉の朝鮮侵攻と五山僧との関係についても、単なる交渉役とか通訳といったものではなく、列島内の有力者たちに漢語文化圏の一体性を説き、深刻な惨禍を招いた侵略への荷担を促した五山文学上の役割をみるべきであろう。足利政権は僧録の補佐を得て、こうした「夷中」の社会的な需要をひきだし満たしていた多種多様な五山僧について、活動した時代、地域、立場は大きく異なるにもかかわらず、本質は同一と見抜いて『公文帳』という帳簿を通じ把握し評価していたのである。社会的信望を一定程度得ていた足利政権の中央政権としての力量が、ここに集約されているといえよう。しかし以酊庵で景轍のあとをついだ規伯玄方は、『公文帳』に記載されることで「夷中」の五山僧らの長期的、広域的な蓄積を自らの背景とすることができなかった。僧録の知見が及ばなかったからではなく、僧録および五山制度が方広寺鐘銘事件により解体されたためである。「漢文を解する人を重んじる国俗」の消滅において、五山制度の解体のもつ意味は、決して小さくはなかったと考えられる。

おわりに——今後の課題

本書の検討をもって、筆者の公帖をめぐる検討は一区切りをつけられたと思っているが、五山文学をめぐる検討は、これから本格的に着手しなければならない。

本書で示した五山文学理解は、流謫にまつわる蘇軾や蘭溪道隆にいわば「うそぶき」の系譜を見出し、天地の理や人の心といった本質的な事柄は「夷中」でこそ気づける、と読み得る龍泉令淬、夢巌祖応、仲方円伊、仁如集堯らの諸作例をとりあげた。本論中で、現代人である研究者が自身の問題関心に対応する作品を任意にとりあげる傾向を批判したが、それはそのまま筆者にも返ってくる疑いを自覚している。とはいえ、北条氏や足利氏などの権力主導を重視した五山理解では、なぜ彼らが五山僧を重視したのかという疑問が残り続けるし、顕密八宗に支えられた天皇や朝廷に対抗するための宗教的・文化的な支柱が必要であったという通説的な理解も、論理的ではあるかもしれないが、新たな史料発見を導く観点としてあまり有望ではない。すでに辻善之助も気づいていたことだが、鎌倉期の渡来僧たちの語録の段階から、「低い地位の武士」「如何なる地位の人か、その姓名をも具せず、経歴も明かならぬもの」のための説示や漢詩文等[16]が多くみられるのであり、彼ら無名の十方檀越による文筆受容を基軸に据えた五山史の再構築が必要であり、そのためには、五山文学が人々をひきつけた内容面の検討を起点に据える必要があるというのが、本書の主張である。現代人である研究者の個人的な好みに堕さないためにも、受容者論を一つの自覚的な方法としながら、とりわけ、秀吉の朝鮮侵攻という惨禍に与同した側面があることにも注意しながら、五山文学が人々をひきつけた内容面の追及を、今しばらくは継続したいと考えている。そのうえで、本書では検討が不十分な五山僧および五山制度の限界や終焉について、改めて考えることになるだろう。

五山文学は、「日本中世史」の史料としては異色かもしれないが、漢語文化圏のなかの一三〜一六世紀に顕著な列島史料としては、かえって標準的なものと考えられる。国民国家の形成に資することを自らの課題とした一九世紀から二〇世紀にかけての史学的考察は、当初は五山文学の地方色をめぐる記憶を保持していたものの、やがて「国民生活」に触れるところのない「別世界の文学的遊戯」とみなすなど、ことさらに五山文学を狭隘な領域に押し込める傾向を強めた。ある意味では、「列島」と「日本」との乖離に気づいている鋭さがあり、実態としての「列島史」のなかから、国民国家にとって必要な、模造ではない「日本史」を新たに摘出しようという挑戦的な営為だったといえるかもしれない。本書の場合、「夷中」の五山僧であっても、いったんは鎌倉や京都の五山などに「掛錫」して研鑽をつみ、そののち故郷などの「夷中」に下向し「錦を飾った」というべき事例について、ほとんど検討を加えていないが、こうした中央と「夷中」との往復もまた、「日本」と「列島」との関係を考える手がかりにもなるかもしれない。

しかし本書では、不当に狭隘な領域に押し込められたというべき五山文学を、ふたたび列島全域に解放しようという「夷中」の論の試みに重点を置いた。「国民国家史観」の限界は、かなり認識が深められており、舶来の銅銭や陶磁の列島社会における広範な浸透およびそれらの模造は、「日本中世史」の指標として、積極的に評価されるようになってきている。同様に、模造の漢文とみなされやすかった五山文学についても、模造の銅銭や陶磁類とともに、列島の人々の広域的かつ社会的な需要をひきだし満たしてきた文物として評価すべきだという視点は、着実に養われてきている研究段階だと思う。本書では、中央の五山政策をも規定したと想定した「夷中」の主体性や創造性について、その形成過程に関する検討が不十分であり、わずかに近年の「山林寺院」論などを参照するにとどまった。しかしながら、①公帖受給者の分布からみて、五山僧の所在比重が「夷中」にあること、②五山文学作品の受容においても、「夷中」の比重は無視しがたいこと、③史料用語として確認できる「夷中」をめぐる動向は、中央の客体、余流、変形といったことでは理解しきれない主体性や創造性を備えていること、などは確実である。そうした「夷中」の主体性や創造性の形成過程を知るには、彼らを基本的に支配の客体とみる古文書、古記録類の検討だけでは限界があるだろう。訓読など列島社会における漢文受容の実態を問う言語学や、詩画軸など五山文学の現品を扱う美術史学との協働も意識しながら、文献史学の立場から、五山文学の史料学的な可能性を追及すべき段階にきていると考える。

注

序章

（1）鈴木大拙（北川桃雄訳）『禅と日本文化』（岩波新書、一九四〇年）三五～三六頁。
（2）内田銀蔵（宮崎道生校注）『近世の日本・日本近世史』（平凡社東洋文庫、一九七五年）一五七～一五八頁（該当箇所は、一九〇三年序文の「日本近世史」所収）。
（3）田中義成『足利時代史』（講談社学術文庫、一九七九年、初版一九二三年）第八章。
（4）渡辺世祐『関東中心足利時代之研究　改訂版』（新人物往来社、一九九五年、初版一九二六年）一〇二～一〇四頁。
（5）玉村竹二（追記参加）「座談会『禅・禅宗・禅宗史の諸問題』」（『日本禅宗史論集』上、思文閣出版、一九七六年所収、一九四二年開催）七八六～七八九頁。
（6）「禅とは何か　末木文美士氏に聞く」（天野文雄監修『禅からみた日本中世の文化と社会』ぺりかん社、二〇一六年）三二～三四頁。
（7）辻善之助『日本仏教史』第四巻中世篇之三（岩波書店、一九四九年）「第八章　吉野室町時代」のうち「第三節　臨済禅の隆盛」「第四節　五山制度」「第五節　五山文学」。
（8）今枝愛真『中世禅宗史の研究』（東京大学出版会、一九七〇年）第二章第五節「公文と官銭」、玉村竹二「公帖考」（『日本禅宗史論集』下之二、思文閣出版、一九八一年所収、一九七五年稿）。
（9）今谷明『戦国期の室町幕府』（角川書店、一九七五年）三三～三五頁、同『室町幕府解体過程の研究』（岩波書店、一九八五年）四〇～四一頁。
（10）桜井英治『室町人の精神』（日本の歴史一二、講談社、二〇〇一年）二四四～二四五頁、同『贈与の歴史学――儀礼と経済のあいだ』（中公新書、二〇一一年）二六頁、同『交換・権力・文化――ひとつの日本中世社会論』（みすず書房、二〇一七年）四一頁。
（11）早島大祐「足利義政親政期の財政再建」（『史林』八二―五、一九九九年）六六頁、同『首都の経済と室町幕府』（吉川弘文館、二〇〇六年）六〇頁。
（12）広瀬良弘『禅宗地方展開史の研究』（吉川弘文館、一九八八年）。
（13）上田純一『九州中世禅宗史の研究』（文献出版、二〇〇〇年）。

(14) 山本世紀『上野国における禅仏教の流入と展開』(刀水書房、二〇〇三年)。
(15) 広瀬、前掲注12書、四〇五~四〇九頁、四九一~四九二頁。
(16) 邢東風(宮田さつき訳)「南宗禅の地方性」(『東アジア仏教研究』四、二〇〇六年)、小島毅『義経の東アジア』(トランスビュー、二〇一〇年)一九七~一九八頁など参照。
(17) 密教による思想的統合説は、現在では否定的な見解が多い。平雅行『鎌倉仏教と専修念仏』(法藏館、二〇一七年)五七頁。
(18) 黒田俊雄「中世「顕密」仏教論——日本宗教史における位置づけ」(『黒田俊雄著作集』二、法藏館、一九九四年所収、初出一九八七年)三二〇頁、「仏教革新運動の歴史的性格——とくに宗教の近代化をめぐって」(同、初出一九九〇年)二四三頁など。
(19) 本書第11章。
(20) 玉村竹二「五山叢林の十方住持制度に就て」(『日本禅宗史論集』上、思文閣出版、一九七六年所収、一九四二年稿)二五四頁。
(21) 平雅行「鎌倉仏教論」(『岩波講座日本通史八　中世二』一九九四年)二七八~二七九頁、原田正俊『日本中世の禅宗と社会』(吉川弘文館、一九九八年)索引に立項されている「十方制」の該当頁を参照。
(22) 原田正俊「中世後期の国家と仏教——禅宗の展開を通して」(『日本史研究』四一五、一九九七年)六二頁(上田純一との質疑応答の部分)。
(23) 黒田俊雄「中世寺社勢力論」(『黒田俊雄著作集』三、法藏館、一九九五年所収、初出一九七五年)二二五頁、平雅行『日本中世の社会と仏教』塙書房、一九九二年)四九〇頁。
(24) 田中、前掲注3書、八二頁。相国寺を「足利氏一門の氏寺」と指摘する。
(25) 辻、前掲注7書、三六八頁。「足利氏が寺院に対する法制は、禅宗以外に於ては殆ど見るべきもの無く、たゞその経済に関する統制及び治安維持についての監督に任ずるのみであったが、禅宗については、上来述ぶる如く詳細の規定を設けたのは、特に自ら外護者を以て任じたが為めに外ならぬのである」と指摘する。
(26) 津田左右吉『文学に現はれたる国民思想の研究——武士文学の時代』二(岩波書店、一九五三年)一九三頁。「臨済の一派は足利氏の権力の固まるについててます〳〵盛(中略)けれども文化の上に於いては、旧宗教の寺院は依然としてその中心たる地位を保つてゐた」と指摘する。
(27) 伊藤克己「戦国期の寺院・教団と天皇勅許の資格・称号——紫衣・勅願寺の効果について」(『歴史評論』五一二、一九九二年)四頁、六頁。
(28) 原田、前掲注21書、三五四~三五六頁、同「五山禅林の仏事法会と中世社会——鎮魂・施餓鬼・祈禱を中心に」(『禅学研究』七七、一九九九年)、細川武稔「禅宗の祈禱と室町幕府——三つの祈禱システム」(『京都の寺社と室町幕府』吉川弘文館、二〇一〇年所収、初出二〇〇四年)、大田壮一郎『室町幕府の政治と宗教』(塙書房、二〇一四年)一六~二四頁、一七八~一八二頁、二七二

〜二七三頁。八宗概念が自国優位の観念とともに成立した経緯については、上島享『日本中世社会の形成と王権』（名古屋大学出版会、二〇一〇年）九七頁、四一九頁、秀吉主催の大仏千僧会については、河内将芳「京都東山大仏千僧会について――中近世移行期における権力と宗教」（『中世京都の民衆と社会』思文閣出版、二〇〇〇年所収、初出一九九八年）をそれぞれ参照。

(29)「野守鏡」は『群書類従』巻四八四、「南禅寺對治訴訟」は『大日本史料』六―三〇、二〇頁を参照。

(30) 大田、前掲注28書、二二一〜二二三頁。

(31)「伴天連之儀ニ付覚写」（名古屋市博物館編『豊臣秀吉文書集』三、吉川弘文館、二〇一七年、二二四三号）。

(32) 安藤弥「京都東山大仏千僧会と一向宗――戦国期宗教勢力の帰結」（『大谷大学史学論究』一一、二〇〇五年）五八〜五九頁、七八頁、八二頁。

(33) 今枝、前掲注8書、一八八〜二一二頁、細川、前掲注28書、二四八〜二五三頁。なお、細川同書一八六頁の「禅宗の祈願寺」表も参照。

(34) 文和二年十月二十八日「足利義詮御教書」（「妙興寺文書」『愛知県史』資料編八中世一、愛知県、二〇〇一年、一四〇一号）、貞治三年六月十九日「足利義詮御判御教書」（『愛知県史』資料編九中世二、二〇〇五年、五一号）、「蔭凉軒日録」長享元年十二月十二日条など。

(35) 細川、前掲注28書、一八九〜一九二頁。

(36) 西尾賢隆『中国近世における国家と禅宗』（思文閣出版、二〇〇六年）二〇二頁。

(37) 川瀬一馬校注『夢中問答集』（講談社学術文庫、二〇〇〇年）六八頁、七一頁。

(38)「鏤氷集」天（東京大学史料編纂所謄写本）八丁表。

(39) いずれも「漢籍リポジトリ」（https://www.kanripo.org/、二〇一七年一月二二日閲覧）の検索結果による。

(40) 伊藤聡『神道とは何か――神と仏の日本史』（中公新書、二〇一二年）一九九〜二〇一頁。

(41) 上島、前掲注28書、一一〇頁、一一四〜一一五頁。

(42) 天台、真言、法華の反応については、河内、前掲注28論文、真宗の反応については、安藤、前掲注32論文を参照。

(43) 川添昭二『日蓮とその時代』（山喜房佛書林、一九九九年）一二〇頁、一二八〜一三三頁、平、前掲注17書、四八〇〜四八二頁。

(44) 竺沙雅章『宋元佛教文化史研究』（汲古書院、二〇〇〇年）六四頁。

(45) 横内裕人『日本中世の仏教と東アジア』（塙書房、二〇〇八年）三九八頁。

(46) 網野善彦『蒙古襲来』（日本の歴史一〇、小学館、一九七四年）二〇三頁、細川涼一『日本中世の社会と寺社』（思文閣出版、二〇一三年）一一五〜一一六頁。

(47) 平、前掲注17書、一七一頁。

(48) 松尾剛次『勧進と破戒の中世史――中世仏教の実相』(吉川弘文館、一九九五年) 一六～一七頁。
(49) 稲葉伸道「『栄西自筆文書』解題」(中世禅籍叢刊編集委員会編『栄西集』中世禅籍叢刊一、臨川書店、二〇一三年) 五五一頁。
(50) 栄西「出家大綱」による。同書については、多賀宗隼『栄西』(吉川弘文館、一九六五年) 二六五頁、久野修義『重源と栄西――優れた実践的社会事業家・宗教者』(日本史リブレット人二七、山川出版社、二〇一一年) 一四頁、二〇頁、六五頁など参照。
(51) 大塚紀弘『中世禅律仏教論』(山川出版社、二〇〇九年) 四二～四三頁。
(52) 「至順鎮江志」九 (高雄義堅「宋代寺院制度の一考察――特に住持継承法を中心として」『支那仏教史学』五―二、一九四一年、一五頁)、「杭州金剛顕教院記」(「蒲室集」九所収、西尾、前掲注36書、二四三頁)、「及以中住径山三宗疏」(「泊川集」所収、西尾、前掲注36書、二一七～二二三頁)。
(53) 『宝慶記』(岩波文庫、一九三八年、三七頁)、大塚、前掲注51書、五四頁。
(54) 仁空「教院雑事略問答」(大塚、前掲注51書、二〇三頁)。
(55) 「杭州上天竺講寺志」(石川重雄「宋代杭州上天竺寺に関する一考察」『社会文化史学』二一、一九八五年、三五頁)、「増修教苑清規」上 (西尾、前掲注36書、二四一頁)。
(56) 「金剛三昧院住持次第」(『高野山文書』二、高野山文書刊行会、一九三六年、三七九号、大塚、前掲注51書、四三頁、六七頁注42)。
(57) 年紀未詳「僧恵観書状土代」(「金鼓山金光明寺古文書巻之伍　法常住院領吹上畠地訴陳　下　伍」伊勢光明寺文書所収、『日本塩業大系　史料編　古代・中世 (一)』日本専売公社、一九七七年、三四五頁、松尾、前掲注48書、二四八頁注112)。
(58) 弘安九年 (一二八六)「山城感神院社解案」(『鎌倉遺文』二一、一五八八七号、『網野善彦著作集』一三、岩波書店、二〇〇七年、四六頁)。
(59) 笠松宏至・佐藤進一・百瀬今朝雄校注『中世政治社会思想』下 (岩波書店、一九九四年新装版) 三四五頁。
(60) 佐藤進一・池内義資編『中世法制史料集』二 (岩波書店、一九五七年) 五頁。
(61) 松尾剛次「室町幕府の禅・律対策――禅律方の考察を中心に」(松尾、前掲注48書所収、初出一九八一年)。
(62) 「足利直義裁許下知状案」(『図書寮叢刊　九條家文書六』二〇四六 (2) 号)。
(63) 松尾剛次「安国寺・利生塔再考」(初出二〇〇〇年)、「諸国安国寺考――成立時期をめぐって」(初出二〇〇二年)、「但馬安国寺・利生塔考」(新稿) (以上、『日本中世の禅と律』吉川弘文館、二〇〇三年所収)。
(64) 「長興寺申状写」(『愛知県史資料編九　中世二』愛知県、二〇〇五年、六一九号)。
(65) 室町幕府追加法三五四条 (佐藤・池内編、前掲注60書、一一六頁)。
(66) 『続群書類従』二八下、四〇八頁。

(67)大塚、前掲注51書、五二頁。
(68)「宣胤卿記抜書」(『大日本史料』九―一四、三五六頁)。
(69)日蓮遺文「波木井三郎殿御返事」(『昭和定本日蓮聖人遺文』一、総本山身延久遠寺、一九五二年、七四六頁)。
(70)「天文日記」天文五年(一五三六)八月二十五日条(辻善之助『日本仏教史』第六巻中世篇之五、岩波書店、一九五一年、一八三頁)。
(71)「天龍雑誌」(玉村竹二『夢窓国師――中世禅林主流の系譜』平楽寺書店、一九五八年、二五七頁、細川、前掲注46書、一五一頁注70)。
(72)「仏観禅師語録」(大塚、前掲注51書、五〇頁)。
(73)「陸座」のうち「奇山居士」(「龍湫和尚語録」西所収、内閣文庫謄写本)。
(74)「空華日用工夫略集」永和元年(一三七五)十二月二十四日条(蔭木英雄『訓注　空華日用工夫略集――中世禅僧の生活と文学』思文閣出版、一九八二年、一六八頁、松尾、前掲注48書、一七頁)。
(75)「東昇寺化大般若経偈」(「雲巣集」所収、『五山文学新集』四、七七六頁)。
(76)無著道忠著「禅林象器箋」(石井修道「中国の五山十刹制度の基礎的研究(一)」『駒沢大学仏教学部論集』一三、一九八二年、八九頁参照)。
(77)竺沙、前掲注44書、三九二頁、西尾、前掲注36書、三七頁。
(78)物初大観撰「霊隠大川禅師行状」(石井修道「中国の五山十刹制度の基礎的研究(四)」『駒沢大学仏教学部論集』一六、一九八五年、三八頁資料二四)。
(79)『国訳禅宗叢書』一―一二(第一書房、一九七五年)五七九頁、大塚、前掲注51書、四七頁、平、前掲注17書、四八一頁など参照。
(80)「臥雲日件録抜尤」文安三年(一四四六)四月十五日条。
(81)「臥雲日件録抜尤」文安三年(一四四六)七月二十八日条。
(82)一休の「狂雲集」は、すべてこの公案への応答であるともいう(柳田聖山『一休――「狂雲集」の世界』人文書院、一九八〇年、七六頁、八四頁)。
(83)「梅花無尽蔵」四(大塚、前掲注51書、一三〇頁、市木武雄『梅花無尽蔵注釈』三、続群書類従完成会、一九九三年、五頁)。
(84)大和国民の筒井順永や、興福寺経覚の側近であった西忍の父(天竺ヒジリ)は、五山相国寺に属した経歴を有した(呉座勇一『応仁の乱』中公新書、二〇一六年、五二頁、一三二頁)。
(85)顕密仏教に対する禅僧と律僧との距離感の相違については、平、前掲注17書、四八二～四八三頁にも言及がある。

(86)玉村竹二「禅と五山文学」(『日本禅宗史論集』上、前掲注20所収、一九六七年稿)一〇三三〜一〇三四頁など。
(87)「菅家文草」所収(平、前掲注17書、二一頁、一五四頁)。
(88)弘安三年「授菩薩戒弟子交名」(大石雅章『日本中世社会と寺院』清文堂、二〇〇四年、四五頁)。
(89)松尾剛次「西大寺末寺帳考——中世の末寺帳を中心に」(松尾、前掲注48書所収、初出一九九二年)。
(90)上川通夫①『日本中世仏教形成史論』(校倉書房、二〇〇七年)二七二〜二七三頁、②『日本中世仏教と東アジア世界』(塙書房、二〇一二年)二六二頁、三〇六頁など参照。
(91)上川、前掲注90②書、二六七頁。
(92)平、前掲注17書、一七八頁、四六六頁、四九〇頁注21など参照。
(93)大山喬平『日本中世農村史の研究』(岩波書店、一九七八年)三七一〜三七二頁注2。
(94)村井章介『アジアのなかの中世日本』(校倉書房、一九八八年)一一二頁。
(95)今枝、前掲注8書、一八八〜二一二頁「日本の五山・十刹・諸山一覧表」参照。
(96)『愛知県史』資料編一四 中世・織豊(愛知県、二〇一四年)六三三頁。

第1章
(1)今枝愛真「中世禅林の官寺機構——五山・十刹・諸山の展開」(『中世禅宗史の研究』東京大学出版会、一九七〇年所収)一八八〜二一二頁参照。
(2)玉村竹二「日本中世禅林に於ける臨済・曹洞両宗の異同——「林下」の問題について」(『日本禅宗史論集』下之一、思文閣出版、一九七九年所収、一九五〇年稿)。
(3)「中央」と「地方」という概念については、塚本学「日本史における中央と地方」(『近世再考——地方の視点から』日本エディタースクール出版部、一九八六年所収、初出一九八三年)参照。
(4)広瀬良弘①『禅宗地方展開史の研究』(吉川弘文館、一九八八年)、②「禅宗諸派の展開」(『福井県史』通史編2中世、福井県、一九九四年、第六章第二節二)など。
(5)上田純一「大徳寺・堺・遣明船貿易をめぐる諸問題」(『講座蓮如』四、平凡社、一九九七年所収)一一五頁、一二九頁。竹貫元勝「室町幕府下の山隣派」(薗田香融編『日本仏教の史的展開』塙書房、一九九九年所収)も参照。
(6)以下本文で、とくに典拠を記さず年月日条のみ表示している記事は、原則として「蔭凉軒日録」による。
(7)玉村竹二①「蔭凉軒及び蔭凉職考」(『日本禅宗史論集』上、思文閣出版、一九七六年所収、一九四〇年稿)一二〇頁、一三〇頁、同②「「蔭凉軒日録」考」(玉村、前掲注2書所収、一九七二年稿)三六〇頁。

（8）入院住持の具体的な任務については、「朝鮮世宗実録」十一年十二月乙亥条の記事が貴重である（橋本雄『中華幻想――唐物と外交の室町時代史』勉誠出版、二〇一一年、二二九頁）。
（9）「蔭涼軒日録」にみえる三十三間堂坐公文を含めた両寺の総補任件数は、聖福寺七三件、広厳寺五三件を確認している。
（10）具体的には、普門寺二〇件、等持寺二二件、臨川寺三六件、安国寺四四件、景徳寺五一件、真如寺八九件を確認している。
（11）玉村竹二「公帖考」（『日本禅宗史論集』下之二、思文閣出版、一九八一年所収、一九七五年稿）六四一頁、今枝愛真「中世禅林における住持制度の諸問題」（今枝、前掲注1書所収）四〇三頁。
（12）「鹿苑日録等残簡」（玉村、前掲注11論文、六九七頁）、「鹿苑日録」天文十二年十月三日条、天正二十年（文禄元年）七月二十日条。
（13）以上に示した官銭成と功徳成に関する理解は通説と異なる。本書第2章参照。
（14）玉村、前掲注11論文、六四〇頁、今枝愛真「公文と官銭」（今枝、前掲注1書所収）四一一頁など。
（15）今枝、前掲注11論文など。
（16）「慈照寺諸記」ほか（『大日本史料』九―一六、二五四頁）。
（17）「蔭凉軒日録」延徳三年四月十三日条。
（18）「鹿苑日録」天文五年四月十二日、十三日条。
（19）「相国寺塔頭末派略記」（玉村、前掲注7①論文、一三七頁注1、一七九頁）、伊藤幸司「『異国使僧小録』の研究――近世に編纂された中世外交僧関係未刊史料」（『花園大学禅学研究』八〇、二〇〇一年）六〇頁参照。
（20）「蔭凉軒日録」延徳四年八月十四日、二十五日条。明応二年五月二十二日条で臨川寺坐公文の発給が検討されている。
（21）伊藤、前掲注19論文、五七頁参照。
（22）「蔭凉軒日録」延徳四年四月二十八日、五月十三日、晦日、六月朔日、六日条。
（23）『鹿苑院公文帳』四四頁、一〇七頁。
（24）「蔭凉軒日録」文明十九年五月二日、七月十六日条。
（25）片岡秀樹「因幡守護山名氏の活動――とくに応仁文明期について」（『地方史研究』一八二、一九八三年）六一頁。
（26）藤岡大拙「惟高妙安と尼子氏」（『島根地方史論攷』ぎょうせい、一九八七年所収、初出同年）参照。
（27）「鹿苑日録」天文七年六月六日条。
（28）「鹿苑日録」天文八年閏六月三日、六日条。
（29）「鹿苑日録」天文八年七月二十六日、二十八日条。「大館常興日記」天文八年七月二十五日条も参照。
（30）以上、「相国寺住持位次」（『鹿苑院公文帳』一九九頁）、「南禅寺住持籍」（同書一七五頁）、今枝愛真「禅律方と鹿苑僧録」（今枝、前掲注1書所収）三二二頁など参照。
（31）多胡と斎藤の画像は『特別展　室町時代の肖像画』（奈良県立美術館図録、二〇〇〇年）所収。半井の画像は東京大学史料編纂所所蔵模本、呂七六号参照。
（32）塚本学「江戸時代における「夷」観念について」（塚本、前掲注3書所収、初出一九七九年）九〇頁にも若干の言及がある。
（33）玉村竹二「五山禅林の学芸」（玉村、前掲注7①書所収、一九六一年稿）九四六頁など参照。
（34）「鹿苑日録」天正二十年（文禄元年）五月三日、八月五日、十二月八日、文禄三年七月六日、八月四日条（七月八日条、同二十八日条関連）、文禄三年十月二十八日条（十月二十七日条、十二月二十四日条関連）。
（35）『尊卑分脈』（国史大系版第三篇、三九五頁）によれば、承英は庭田重賢（文明十九年正月十八日死去）の息で、雅行の弟である。邦高親王は庭田重賢の甥（庭田盈子の息）にあたる。
（36）白石虎月編『東福寺誌』（思文閣出版、一九三〇年初版、一九七九年復刻版）四〇七頁。所蔵塔頭光明院とする。
（37）以上、いずれも「清源寺文書」（『南北朝遺文』九州編三、三〇七四号、三三八九号、三六七一号、『大日本史料』七―一四、五二一頁、五七八頁など参照）。
（38）「清源寺文書」（『大日本史料』八―一五、二九〇頁）。
（39）『大日本史料』八―九、一七二頁参照。
（40）「蔭凉軒日録」長禄二年九月十五日条、「季材育（明育）首座住竹林江湖疏」（「村庵藁」下、『五山文学新集』二、四三八頁）。
（41）『大日本史料』八―一七、六二一頁以下参照。
（42）「清源寺文書」（『大日本史料』八―一七、六二二頁）。
（43）阿波谷伸子・大内田貞郎・木田和子・平井良朋・八木よし子・山根陸宏「大館記（一）」（『ビブリア』七八、一九八二年）九七頁。
（44）「蔭凉軒日録」文明十九年四月五日条、長享三年二月二十四日条、六月十三日条、九月六日条。
（45）関係史料は『大日本史料』八―二三、三九頁以下にまとめられている。十刹真如寺住持の身分を付与された可能性もある。「古雲（智云）住真如山門」（「雪樵独唱集」三、『五山文学新集』五、一七二頁）参照。
（46）「知久系図」（玉村竹二「臨済宗大鑑派について――伊那開善寺を中心として」玉村、前掲注11書所収、一九六四年稿、一九七七年改稿、一八五頁）。
（47）同右。
（48）「啓天与住開善同門疏并序」（「村庵藁」下、『五山文学新集』二、四三二頁）。
（49）「蔭凉軒日録」長禄四年七月二十九日条、同八月十八日条。

(50)『鹿苑院公文帳』にまで視野を広げると、相模禅興寺がこの組合せを担い得る十刹格の禅院としてあらたに登場している。相模禅興寺の坐公文受給は、原則として「夷中衆」には許されていなかったようである(「鹿苑日録」文禄三年十月二十八日条)。

(51)真如寺住持の補任件数は、「蔭凉軒日録」で八九件、『鹿苑院公文帳』で四一九件、また聖福寺住持の補任件数は、「蔭凉軒日録」で七三件、『鹿苑院公文帳』で五二件を確認している。

(52)「蔭凉軒日録」文明十九年九月二日条。

(53)前掲注12参照。

(54)玉村、前掲注11論文、六四一頁。

第2章

(1)今谷明①『戦国期の室町幕府』(角川書店、一九七五年)、②「室町幕府の財政と荘園政策」(『室町幕府解体過程の研究』岩波書店、一九八五年所収)。

(2)桜井英治「中世の贈与について」(『交換・権力・文化——ひとつの日本中世社会論』みすず書房、二〇一七年所収、初出一九九八年)五一頁。

(3)斎藤夏来「織豊期の公帖発給と政教関係」(『禅宗官寺制度の研究』吉川弘文館、二〇〇三年所収、初出二〇〇〇年)など参照。

(4)榎原雅治「本書の前提と視角」(『日本中世地域社会の構造』校倉書房、二〇〇〇年所収、序章)一六頁以下。

(5)桜井英治「早島報告コメント」(『日本史研究』四八七、二〇〇三年)一〇〇頁にも、「室町幕府の主要財源を問題にしようと思えば(中略)土倉役・酒屋役のほかに公文官銭にも注意の目を向けるべきであろう。とくに応仁・文明の乱後における幕府の公文官銭への依存度はかなりのものであったと思われる」との指摘がみえる。

(6)玉村竹二「公帖考」(『日本禅宗史論集』下之二、思文閣出版、一九八一年所収、一九七五年稿)六四一頁。

(7)今枝愛真「公文と官銭」(『中世禅宗史の研究』東京大学出版会、一九七〇年所収)四〇八頁、四一五頁。

(8)今谷、前掲注1②論文、六一頁注18。

(9)今谷、前掲注1①書、二七頁以下、同②論文、三九頁以下。

(10)今谷、前掲注1①書、三四頁。

(11)今枝、前掲注7論文、四二八頁。

(12)玉村竹二①「蔭凉軒及び蔭凉職考」(『日本禅宗史論集』上、思文閣出版、一九七六年所収、一九四〇年稿)一二〇頁、一三〇頁、同②「『蔭凉軒日録』考」(『日本禅宗史論集』下之一、思文閣出版、一九七九年所収、一九七二年稿)三六〇頁。以下本章で、特に典拠を記さず年月日条のみ表示している記事は、原則として「蔭凉軒日録」による。

(13) 大原日出雄「義教政権の成立と展開」(『古文書研究』二六、一九八六年、日本古文書学会第十九回学術大会要旨) 一二二頁、辻直生「南北朝・室町期における五山派禅院の修造財源——将軍権力と関連して」(『奈良史学』一六、一九九八年) 一二頁以下参照。

(14) 上田純一『足利義満と禅宗』(法藏館、二〇一一年) 一七一頁。

(15)「大乗院寺社雑事記」文明十五年正月二十四日条。

(16) 橋本雄「大蔵経の値段——室町時代の輸入大蔵経を中心に」(『北大史学』五〇、二〇一〇年) 二一頁に公文官銭額に関する検討がある。

(17)「看聞日記」永享三年五月十五日条にみえる「披露居公文堅被㆑置㆓大法制禁㆒」といった動向もこうした試行錯誤の一過程とみておきたい。

(18) 入寺＝新命とみなす根拠については前章を参照。

(19) 今谷、前掲注1①書、三五頁、今枝、前掲注7論文、四一八頁。

(20) 櫻井景雄・藤井学共編『南禅寺文書』中巻 (南禅寺宗務本所、一九七四年) 四三頁、二六三号。

(21)「瑚首座住周防永興」(「越雪集」、『五山文学新集』別巻二、一二三頁) も関連史料と思われる。

(22) 村井章介「中世日朝交渉のなかの漢詩」(『東アジア往還——漢詩と外交』朝日新聞社、一九九五年所収) 一三二頁、上田純一「書評　村井章介著『東アジア往還』」(『日本史研究』四〇七、一九九六年) 六二頁、伊藤幸司「大内氏の外交と東福寺聖一派寺院——博多承天寺・長府長福寺・赤間関永福寺」(『中世日本の外交と禅宗』吉川弘文館、二〇〇二年所収、初出一九九八年) 一七〇頁、一七四頁、上田、前掲注14書、一七八頁など参照。

(23) 上田純一「博多妙楽寺と商人たち」(『九州中世禅宗史の研究』文献出版、二〇〇〇年所収、初出一九九二年) 七六〜七八頁。

(24) 玉村竹二『五山禅僧伝記集成』(新装版、思文閣出版、二〇〇三年) 五一四頁参照。

(25) 玉村、前掲注6論文、六四一頁。

(26)「蔭凉軒日録」長禄三年二月九日条「当山住持柏岩和尚(周寿)、以㆓老屈之故㆒、退院御免許」、長禄四年七月二日条「当寺住持伯芳和尚(周葩)、依㆓歓楽㆒退院」、十二月三日条「万寿寺長老依㆓久痾㆒退院之事伺㆑之」、寛正二年十二月七日条「三山退院之事、依㆓歓楽㆒御免許也」、寛正三年八月五日条「南禅寺華岳和尚(建冑)依㆓違例㆒」、寛正四年九月十七日条「正仲西堂以㆓衰老故㆒二三日可㆑住之事」、九月二十日条「東福寺天覚和尚(宗綱)依㆓不例㆒退之事被㆑歎」など。

(27)「蔭凉軒日録」寛正五年七月二十八日条、文正元年五月二十五日条。

(28) 寺嶋雅子「蔭凉軒御倉について」(『中央大学大学院研究年報』七、一九七八年) 二五五頁。

(29) うち一件、長禄二年八月十五日条にみえる有良西堂については、遠藤巌「室町幕府と出羽国」(『山形県史』第一巻、山形県、一九八二年、第一二章) 六七七頁を参照。

（30）「蔭凉軒日録」文明十七年九月五日、十一日条。安国寺は各地に所在するが、ここでは西堂＝諸山住持経験者の補任が検討されているので、十刹安国寺＝山城安国寺と判断した。今谷、前掲注1①書、三四頁が提示している長禄四年十二月十三日条もこの山城安国寺の住持補任事例である。なお、後掲注39も参照。

（31）玉村、前掲注6論文、六四一頁、七二一頁以下の（註三四）。

（32）今枝、前掲注7論文、四一七頁。

（33）寺嶋、前掲注28論文、二六二頁は、「官銭成」の官銭は「蔭凉軒御倉に収納され」ると解する。

（34）「蔭凉軒日録」延徳二年八月十二日、二十九日条に駿河十刹清見寺坐公文受給に関する記事がある。

（35）「蔭凉軒日録」文明十九年六月十二日条「南禅寺正継西堂、一級功徳成事望レ之、甲刹期未満不レ可レ叶之由白レ之、来八月勝智院殿御仏事、於二鹿苑院一可レ有二御沙汰一」→長享二年五月十八日条「真如寺座公文正継西堂、去年勝智院御年忌御寄進両通内」、延徳元年十月二十九日条「真玉西堂一級事督レ之、不レ可レ有二功徳成一由示レ之」→同年十一月十九日条「真如寺西芳寺御寄進内真玉西堂」など。

（36）この点、『日本国語大辞典』第一巻（小学館、一九七二年）の「いなり（居成）」項目中、「いなりの公文（くもん）」で、「官銭を幕府の財源にあてる目的で出すもの」を「官銭成」と解している点は従えないが、「功徳成の坐公文には官銭は不要」との解釈は正確である。

（37）今枝、前掲注7論文、四一八頁。

（38）「大館常興日記」天文十一年二月十八日条。

（39）「蔭凉軒日録」文明十七年九月十一日条「（山城安国寺は）入院之時、新住持必以二五緡一寄二附于寺家一」、延徳二年閏八月二十七日条「瑞椿西堂清見寺入寺公帖、銭一緡」、延徳四年五月三日条「入寺以後可レ出二官銭一」、「鹿苑日録」明応八年五月十三日条「入寺公文（中略）礼銭如レ常」、永禄五年五月記（続群書類従完成会版第二巻二五八頁）「雖レ為二小大中寺一入寺則官資一倍也」、天正十七年八月九日条「天龍寺妙寿寺月臨東堂天龍入寺官資来」、同年十月十八日条「真渓西堂東福入寺之官資銀子八両請取之」など。このほか、今谷、前掲注1①書、三四頁で提示されている事例（「蔭凉軒日録」長禄四年十二月十三日条、寛正四年二月七日条）も、入寺公帖に伴う官銭の事例である。以上、前掲注30も参照。

（40）「妙興寺文書」（『愛知県史　資料編一　中世三』（愛知県、二〇〇九年、五二七号）。

（41）「蔭凉軒日録」延徳二年十一月二十二日条。

（42）「陶弘護肖像賛」（『大日本史料』八―一四、四一二頁、画像は山口県徳山市・龍豊寺所蔵）、中村溪男「牧松周省に関する一資料」（『国華』七六七、一九五六年）参照。

（43）「大友文書」「益田家什書」「萩藩閥閲録」（『大日本史料』八―三、四六六頁）。『史料集・益田兼堯とその時代――益田家文書の語

る中世の益田（二）』（益田市教育委員会、一九九六年）一〇五頁も参照。

(44) ただしその著賛内容が、以参周省に対する南禅寺坐公文発給以前に京都に知られていた形跡はある（『蔗軒日録』文明十七年五月二十二日条参照）。

(45)「文英芸公首座下火　安養遠湖（宗樹）禾上小師也」（「梅北集」、『妙心寺派語録』二、二九頁）、「建仁遠湖禅師寿像　諱宗樹住濃州安養寺寧一山四世」（「大宗禅師語録」巻下、『大徳寺禅語録集成』二、九九頁）、「前建仁遠湖禅師寿像　住濃州安養寺諱宗樹」（「[illegible]鎛録」下、『同』二、二二六頁）などの関係史料がある。

(46)「蔭凉軒日録」長享二年二月六日条、長享三年三月二十一日条。

(47) 今谷、前掲注1①書、三四頁、同②論文、四〇〜四一頁。

(48) 文明十九年四月二十四日条「入院不レ叶老屈之衆四五輩」（翌日条、御逆修作善）、八月三日条「年老身貧之故怜レ之（等洵）」、長享三年四月七日条「貧僧之故、入寺事不レ可レ叶（祖渓）」、延徳三年四月八条「於二慶雲院一自二最前一致二大功一仁（春英寿芳）」、同十六日条「殊老僧（同）」、延徳四年七月十二日条「事外老體候条、御憐愍尤可レ然（文英原爻）」、明応元年十一月九日条「太老大（顕室等誠）」など。長享二年二月一日条「雖二入院可レ然太大義（春陽景杲）」（同二十三日条、御逆修公帖御免衆）も老齢が理由か。

(49) 文明十九年八月三日条「松田対馬守伯父之故（甘沢宗霖）」「自二勝智院一望レ之（等懽）」、八月六日条「自二室町殿（足利義尚）御一白之」（中略）伊勢国司（北畠政郷）崇敬之仁（子通周量）」、長享二年二月十七日条「自二日野殿一（中略）三月四月之間御逆修、功徳成中比住院主春岩長老天龍寺一級之事」、延徳三年正月二十三日条「自二蓮池後室一有レ状（中略）南禅龍華僧芳宗首座出世事、就二御仏事一若有二功徳成一可レ預二登用一（超華芳宗）」、二月十日条「典厩（細川政国）曰、就二御仏事一若有二功徳成一者、勢季龍出世之事可レ預二登庸一（季龍周勢）」、「鹿苑日録」天文八年三月二十一日条「雲興軒云、叔原西堂当寺公文申沙汰可レ然、（叔原宗管）」（同四月四日条功徳成当寺公文）、『鹿苑院公文帳』（五山位次簿建長寺の項、永禄五年七月十七日）「自二久我殿一証状（養庵従頤）」など。

(50)「鏤氷集」天（玉村、前掲注12①論文、一六二頁参照）。

(51)「蔭凉軒日録」文明十六年十二月二十九日条（周玲西堂臨川寺坐公文）、長享三年二月二十三日（祖広西堂真如寺坐公文）の二件である。

(52) 今枝、前掲注7論文、四一三頁。典拠は文明十五年六月の「芳仲住円覚」（「翰林葫蘆集」、『大日本史料』八―一五、四五二頁）である。

(53) 布施物、施主から三宝に施す金銭をいう（『新版　禅学大辞典』大修館書店、一九八五年新版）。本件では、嚫金は本来「国役」から調達されると述べられているが、それに類する記事が「鹿苑日録」天文九年五月二十四日条にある。時期は下るが、「鹿苑日録」天正十九年五月三日条をみると、徳川家康を施主とする南明院（旭姫）仏事における嚫金の記事があり、天正二十年（文禄元年）九月四日、五日条をみると、天瑞寺（大政所）の仏事について「過分」の嚫金があり、前年の南明院仏事の例に即して、平僧等に対する嚫金分配が検討されている。「鹿苑日録」天正十九年四月十三日、慶長二年五月二十日条などにも、五山僧の位に応じた嚫金の分配規定がみえる。

(54)「鹿苑日録」明応八年六月十四日条（乳母之局）、天文五年七月三日条（御台）、天文六年五月三日条（納所方）、六月二十八日条（飯川御局）、天文七年三月十九日条（津守局左京大夫）、五月十四日条（御年忌方）、六月二十三日条（入江殿）、九月十一日条（光照院殿）、十一月三日条（禅栖院）、天文八年五月二十六日条（常徳院）、天文十二年十月三日条（建仁寺護国院、鹿苑院）、天文十三年十二月十一日条（竹田法印ほか）など。その他、「僧中公帖銭」をもって「官庫」の修理費用にあてるという申請記事が「晴富宿禰記」明応四年三月～八月条にあり（山田康弘「明応政変以降の室町幕府政治体制に関する研究序説」『学習院大学人文科学論集』二、一九九三年、五頁参照）、「大館常興日記」天文八年六月三十日条に「将又進士新二郎以㆓宮内卿御局㆒申上候、無足迷惑候間公帖承出候」という記事もある。

(55)「鹿苑日録」天文五年十月十四日条「官銭何方へ得不㆑知㆑之、左京殿被㆑取歟」。

(56)「鹿苑日録」永禄九年五月十七日条。

(57)以上、今谷、前掲注1①書、二三頁、二六～二七頁。

(58)「鹿苑日録」明応八年正月二十六日条、竹内理三「中世寺院と外国貿易（下）」（『歴史地理』七二―二、一九三八年）三六頁参照。

第3章

(1)渡辺世祐『関東中心足利時代之研究』（新人物往来社、一九九五年改訂版、初刊は雄山閣、一九二六年）。

(2)佐藤博信「古河公方周辺の文化的諸相――古河公方研究の深化のために」（『続中世東国の支配構造』思文閣出版、一九九六年所収、初出一九九一年）。

(3)斉藤司「喜連川家の公帖発給について」（『信濃』三九―三、一九八七年）、長塚孝①「古河公方足利氏と禅宗寺院――旧利根川流域を中心に」（『葦のみち・三郷市史研究』二、一九九〇年）、②「足利成氏の公帖」（『戦国史研究』三七、一九九九年）、阿部能久『戦国期関東公方の研究』（思文閣出版、二〇〇六年）、佐藤博信編『戦国遺文　古河公方編』（東京堂出版、二〇〇六年）。

(4)渡辺、前掲注1書、七一頁。

(5)坐公文の詳細については、本書第2章を参照。

(6)「空華集」所収。関係史料とも『大日本史料』六―二六、三三四頁参照。

(7)『大日本史料』六―二五、八五六頁。

(8)「嵩山集」三所収（東京大学史料編纂所謄写本）。

(9)渡辺、前掲注1書、一〇二頁。

(10)「東海一漚集」、『五山文学新集』四、六五三頁。
(11)松尾剛次「室町幕府の禅・律対策――禅律方の考察を中心に」(『勧進と破戒の中世史――中世仏教の実相』吉川弘文館、一九九五年所収、初出一九八一年)七九~八〇頁。
(12)「追加法一二五」(佐藤進一・池内義資編『中世法制史料集』第二巻、岩波書店、一九五七年、五四頁)、渡辺、前掲注1書、六九頁、一〇三頁参照。
(13)「鹿王院文書」(鹿王院文書研究会編『鹿王院文書の研究』思文閣出版、二〇〇〇年)九一頁、「智覚普明国師語録」八(『大正新修大蔵経』八〇、七二一頁)、渡辺、前掲注1書、一〇四頁を参照。斎藤夏来「初期足利政権の公帖発給――『招聘』と『分与』の相克」(『禅宗官寺制度の研究』吉川弘文館、二〇〇三年所収、初出二〇〇一年)九五頁も参照。
(14)「空華日用工夫略集」永徳二年(一三八二)三月七日、八日条。
(15)今枝愛真『中世禅宗史の研究』(東京大学出版会、一九七〇年)四六一頁。
(16)「円覚寺文書」(『大日本史料』七―七、八三頁)。
(17)今枝、前掲注15書、二七九~二八一頁。
(18)以上、『大日本史料』七―七、五七六頁参照。
(19)佐藤博信「足利成氏とその文書」(『日本歴史』三〇八、一九七四年)一三三頁ほか。
(20)家永遵嗣「北条早雲の小田原奪取の背景事情――全国的な政治情勢との関わりから」(『おだわら――歴史と文化』九、一九九五年)二二頁。
(21)長塚、前掲注3②論文。
(22)佐藤博信『足利政氏文書集』(後北条氏研究会、一九七三年)三七~三八頁。
(23)『鹿苑院公文帳』一二頁。
(24)「玉隠和尚語録」(東京大学史料編纂所謄写本)。
(25)佐藤、前掲注2論文、一〇〇頁など。
(26)「鹿苑日録」明応八年六月一日条。「裏面」の五山僧は、「慈照院仏事銭」の納入を条件に円覚寺住持に補任されている一室亀葺とみられる(同三日、十日、十二日、十五日、十六日条参照)。
(27)鈴木芳道「後北条氏と寺社」(『ヒストリア』一五八、一九九八年)一四七頁。
(28)長塚孝、前掲注3②論文、二七頁。
(29)本書第1章参照。
(30)「幽貞集」、『五山文学新集』四、二九二頁。

(31)『鹿苑院公文帳』一六頁。
(32)「南禅寺住持籍」(櫻井景雄・藤井学編『南禅寺文書』中巻、南禅寺宗務本所、一九七四年、四五頁)。
(33)『鹿苑院公文帳』二頁、一九二頁。
(34)『鹿苑日録』二(続群書類従完成会版)二五三頁、『鹿苑院公文帳』三二頁、鈴木、前掲注27論文、一四〇頁。
(35)『鹿苑院公文帳』一七頁。
(36)『鹿苑院公文帳』、掲載頁は同書の僧名索引参照。
(37)「幽貞集」、『五山文学新集』四、二九三頁。
(38)渡辺、前掲注1書、七〇頁。
(39)七月十日、十四日、八月五日、十三日条参照。
(40)九月十五日、二十三日条参照。
(41)歌人木戸孝範の弟であるという(佐藤、前掲注2論文、九七頁)。
(42)六月二日、三日、五日、六日、八日、二十日、二十一日、二十三日条参照。これら一連の竺雲顕騰関係の記事をみてゆくと、円覚寺以下の住持補任は関東公方の職掌だが、建長寺住持補任は将軍家の職掌であるなどの認識が記されている。
(43)正宗龍統は京都五山建仁寺の長老で、下総千葉氏一族美濃東氏出身である。将軍家の対千葉氏政策で重要な役割を果たした東常縁の弟として知られる。『国史大辞典』「とうつねより(東常縁)」の項(今泉淑夫執筆)参照。
(44)佐藤博信「上杉氏家臣判門田氏の歴史的位置」(前掲注2書所収、初出一九九〇年)一六五頁。
(45)大樹は存松とすれば延徳三年(一四九一)没、以浩は妙然とすれば文明十四年(一四八二)没である。
(46)応永三十一年(一四二四)、瑞溪周鳳「月林瑚西堂住浄智同門弁叙」(「瑞渓疏」、『五山文学新集』五、六〇〇頁)、応永頃、一曇聖瑞「南化禅師住東勝道旧疏并叙」(「幽貞集」、『五山文学新集』四、二九一頁)。
(47)津久井光明寺伝来の中世文書は、三浦郡や鎌倉郡など、関東内他地域の寺院文書をひきついでいる可能性にも留意する必要がある。『特別展　津久井光明寺　知られざる夢窓疎石ゆかりの禅院——二つの宝積寺を訪ねて』(神奈川県立金沢文庫展示図録、二〇一五年)など参照。
(48)五味克夫「野田感応寺の史料について」(『鹿大史学』二八、一九八〇年)。
(49)玉村竹二編『扶桑五山記』(鎌倉市教育委員会、一九六三年)六〇頁。
(50)この頃、日向・大隅・薩摩の多くの五山僧が下野足利学校へ就学しており、そのなかには、のちに後北条氏重臣となるような薩摩島津氏一族も存在したという(川瀬一馬『足利学校の研究』講談社、一九四八年、一五四頁、三木靖『薩摩島津氏』新人物往来社、一九七二年、一一三～一一九頁)。この点、福島金治より教示を得た。

(51)『鹿苑院公文帳』一七頁。
(52)前掲注30参照。
(53)斎藤、前掲注13論文参照。
(54)斎藤夏来「織豊期の公帖発給」(斎藤、前掲注13書所収、初出二〇〇〇年)参照。
(55)玉村竹二「公帖考」(『日本禅宗史論集』下之二、思文閣出版、一九八一年所収、一九七五年稿)六四三頁。
(56)阿部、前掲注3書、二三二〜二四一頁。

第4章

(1)辻善之助『日本仏教史』第四巻中世篇之三(岩波書店、一九四九年)第八章第三節「臨済禅の隆盛」。
(2)今枝愛真『中世禅宗史の研究』(東京大学出版会、一九七〇年)第二章第一節、第二節。
(3)本書第1章参照。
(4)伊藤真昭・上田純一・原田正俊・秋宗康子編『相国寺蔵　西笑和尚文案』(思文閣出版、二〇〇七年)参照。
(5)『大日本古文書　家わけ二一　蜷川家文書之三』五〇七号。以下、同じ。
(6)本書第3章表3-1№10、佐藤博信『足利政氏文書集』(後北条氏研究会、一九七三年)三七〜三八頁。
(7)感応寺伝来の公帖については、「感応寺由来」(五味克夫「野田感応寺の史料について」『鹿大史学』二八、一九八〇年所収)、大願寺伝来の公帖については、『鹿児島県史料　旧記雑録　前編二』鹿児島県、一九八〇年、一七〇〇号、一七八二号、一七八三号を参照。
(8)山口隼正①「祁答院断想――大願寺行」(『鹿児島中世史研究会報』四二、一九八四年)、②「薩摩渋谷氏研究の一視点――入来文書と薩摩渋谷氏」(『東京大学史料編纂所研究紀要』一〇、二〇〇〇年)、上田純一『九州中世禅宗史の研究』(文献出版、二〇〇〇年、第四章第二節)、『宮之城町史』(宮之城町、二〇〇〇年)、『鶴田町郷土誌』(鶴田町、二〇〇五年)など参照。
(9)以上、「祁答院旧記」(朝河貫一著書刊行委員会編『入来文書　新訂』日本学術振興会、一九六七年、二九七頁二三号)、『鶴田町郷土誌』(前掲注8)九三五頁以下。
(10)「入来院家文書」(『入来文書　新訂』前掲注9、六七頁一四四号)。
(11)「入来院氏系図」(『入来文書　新訂』前掲注9、三〇七頁)参照。
(12)「正文新納三河楚弓」(『鹿児島県史料　旧記雑録　前編二』、前掲注7、一八九〇号)。
(13)「幻住九世一華碩由大禅師行実之状」(『続群書類従』九下、七八一頁)。
(14)今谷明『室町幕府解体過程の研究』(岩波書店、一九八五年)三九九頁。同四〇〇頁に義晴等の移動一覧表を提示する。

(15)二木謙一『中世武家儀礼の研究』(吉川弘文館、一九八五年)四〇七頁。
(16)「禅長寺文書」(『福島県史　七古代・中世資料』福島県、一九六六年、二九七頁)。
(17)朝倉氏と弘祥寺および将軍義晴との関係については、今枝、前掲注2書、第三章第四節、松原信之『越前朝倉一族』(新人物往来社、一九九六年)二七～二九頁、一二四～一二七頁など参照。
(18)二木、前掲注15書、三七〇頁。
(19)『続群書類従』一三上、一二三頁。
(20)『続群書類従』一三上、一四七頁。
(21)「鹿苑日録」天文七年五月二十三日条、六月二十三日条。
(22)玉村竹二編『扶桑五山記』(鎌倉市教育委員会、一九六三年)一八九頁。
(23)「月舟和尚語録」(『大日本史料』九―一、八四一頁)。
(24)橋本雄「丹波国氷上郡佐治荘高源寺所蔵文書」(『東京大学日本史学研究室紀要』三、一九九九年)一二三頁。幻住派については、同『中華幻想――唐物と外交の室町時代史』(勉誠出版、二〇一一年)二八四頁も参照。
(25)「承天寺文書」(『大日本史料』九―五、八九五頁、『新修福岡市史　資料編　中世一』福岡市、二〇一〇年、三四一頁)。
(26)その間の経緯は、橋本雄『中世日本の国際関係――東アジア通交圏と偽使問題』(吉川弘文官、二〇〇五年)二二〇～二二八頁に詳しい。
(27)広渡正利編『博多承天寺史』(文献出版、一九七七年)一〇二頁。『新修福岡市史　資料編　中世一』(前掲注26)三四六頁によれば、現存不詳であるらしい。
(28)本書第2章参照。
(29)以下にあげる諸寺については、「大内家壁書」(『大日本史料』八―一九、四一頁)、『功山禅寺』(功山寺、一九八五年)など参照。
(30)以上、「鹿苑日録」天文五年九月四日、九月七日、二十日、二十二日、天文六年六月二十八日、七月三日条、百田昌夫「大内義弘菩提寺香積寺の住僧――十刹列位と対外的役割に触れて」(『山口県文書館研究紀要』二六、一九九九年)六七頁、橋本、前掲注26書、二二八頁参照。
(31)『大日本古文書　家わけ一四　熊谷家文書』一一八号。
(32)以上、前掲注7、上田、前掲注8書、第四章第一節。
(33)『宮之城町史』(前掲注8)一〇一頁参照。
(34)伊藤幸司「硫黄使節考――日明貿易と硫黄」(『アジア遊学』一三二、二〇一〇年)一六三頁。
(35)今谷、前掲注14書、四五六～四五七頁。

（36）「光明寺文書」（『津久井町史　資料編考古・古代・中世』相模原市、二〇〇七年、七七八頁）、「長楽寺文書」（『群馬県史　資料編五　中世二』群馬県、一九七八年、七八頁三三号）。
（37）以上、「阿久根蓮華寺文書」（『鹿児島県史料　旧記雑録　後編一』鹿児島県、一九八一年、一三二号、一三三号、二九〇号）。
（38）『鶴田町郷土誌』（前掲注8）九三五頁。
（39）「祁答院旧記」（『入来文書　新訂』前掲注9、二九八頁二五号）。
（40）以上、「阿久根蓮華寺文書」（『鹿児島県史料　旧記雑録前編二』前掲注7、一三五九号、一三六二号、一四六四号、『同　後編一』前掲注37、九六号）。
（41）「山田氏九代忠豊代文書」（『鹿児島県史料　旧記雑録後編六・附録一』鹿児島県、一九八五年、七〇二号）、「入来院家文書」（『入来文書　新訂』前掲注9、三頁一一号）。
（42）『鶴田町郷土誌』（前掲注8）一七二～一七三頁を参照。
（43）「新納忠元譜」「横山安芸守善久筆記」「忠元勲功記」（以上、『鹿児島県史料　旧記雑録　後編一』前掲注37、一五二～一五四号）、「譜牒余録」上（『内閣文庫影印叢刊』、二四八～二四九頁）、『寛政重修諸家譜』（続群書類従刊行会版二、三三三頁）など参照。
（44）吉田賢司『室町幕府軍制の構造と展開』（吉川弘文館、二〇一〇年）三五〇頁注98。
（45）「防長寺社証文」（『萩藩閥閲録』四附録、山口県文書館、一九七一年、二一二頁）、白石虎月編『東福寺誌』（思文閣出版、一九三〇年初版、一九七九年復刻版）七七二頁。
（46）「常栄寺文書」一二（『山口県史』史料編中世二、山口県、二〇〇一年、八三八頁）。
（47）「御湯殿上日記」永禄三年二月七日条。
（48）東京大学史料編纂所所蔵肖像画模本以一四八。
（49）「防長寺社証文」（前掲注45）二一〇頁。
（50）「防長寺社証文」（前掲注45）二三七頁以下、『防長風土注進案』一二（山口県文書館、一九六〇年、マツノ書店、一九八三年復刻版）二八頁以下参照。
（51）以上、竹英の事績については、今泉淑夫『彭叔守仙禅師』（善慧院、二〇〇五年）三三八頁、三四六頁参照。
（52）「防長寺社証文」（前掲注45）二三九頁、『防長風土注進案』一三（山口県文書館、一九六一年、マツノ書店、一九八三年復刻版）一二九頁。
（53）「東福寺文書」（『鹿苑院公文帳』二一三頁参照）、「東京大学史料編纂所所蔵文書」（請求記号貴三五―三一）。
（54）なお毛利氏は、徳川政権期においても、これら自家菩提寺の住持に徳川将軍の公帖を受給させており、徳川氏と毛利氏の関係を考える一つの素材となり得る。

(55) 宮本義己「足利将軍義輝の芸・雲和平調停――戦国末期に於ける室町幕政」(『国学院大学大学院紀要』六、一九七五年)。引用は同一二四頁。その他、同「足利将軍義輝の芸・豊和平調停」(上)(下)(『政治経済史学』一〇二・三、一九七四年)も参照。なおこの時優勢であった毛利氏は、和平受け入れを最終的に拒否するが、毛利氏は尼子氏より将軍との関係が疎遠であったため、心的、経済的な圧力をうけたという見解もある。山田康弘「戦国期将軍の大名間和平調停」(阿部猛編『中世政治史の研究』日本史史料研究会、二〇一〇年)九九〇頁参照。

(56) 平凡社日本歴史地名大系を参照した。

(57) 今泉、前掲注51書、「東福寺文書」(『鹿苑院公文帳』二一三頁)参照。

(58) 玉村竹二「室町時代後期の学僧彭叔守仙伝に就ての新説」(『日本禅宗史論集』下之二、思文閣出版、一九八一年所収、一九七五年稿)七五八~七六一頁。

(59)「東福寺文書」(前掲注53参照)。

(60)「南禅寺文書」(『鹿苑院公文帳』一八三頁参照)。

(61) 今枝、前掲注2書、三二五頁。

(62)「鏤氷集」地(相国寺原蔵、東京大学史料編纂所所蔵謄写本)所収。

(63) 同寺は、現在は鳥取県に所在するが、尼子氏が毛利氏に降伏した永禄九年(一五六六)以前は富田城下に存在したのではないかと指摘されている。藤岡大拙『島根地方史論攷』(ぎょうせい、一九八七年)四二頁参照。

(64)「天龍寺文書」(『鹿苑院公文帳』一八八頁参照)。

(65)「東福寺文書」(『鹿苑院公文帳』二一三頁参照)。

(66) 義昭期になると、知多半島佐治氏のもとで活躍していた雲岫永俊について、「公文帳」で確認できる義栄の補任を破棄し、あらためて景徳寺、真如寺の住持に同時補任している義昭公帖が、「相国寺本坊文書」に伝えられている。『鹿苑院公文帳』六八頁、六九頁、一一五頁、一一七頁、『相国寺蔵　西笑和尚文案』(前掲注4)二七六頁など参照。

(67) 以上、東京大学史料編纂所影写本(三〇七一・八三・一七~一八)、『鹿苑院公文帳』六八頁、一一四頁、一七七頁、『鹿苑日録』二(続群書類従完成会版)二四九頁参照。

(68)『続群書類従』一三上、三九〇頁。

(69)『高知県の地名』(平凡社日本歴史地名体系四〇、一九八三年)では確認できない。

(70)「五山歴代」(東京大学史料編纂所謄写本、二〇一六―二七五)、玉村編、前掲注22書、一八八頁。

(71) 吉田賢司「室町幕府による都鄙の権力編成」(中世後期研究会編『室町・戦国期研究を読みなおす』思文閣出版、二〇〇七年所収)。引用は九八頁。

(72) 今枝、前掲注2書は、土佐の諸山として吸江寺をあげるが(二〇八頁、二五五頁)、「蔭凉軒日録」「鹿苑日録」『鹿苑院公文帳』などで、足利政権による同寺住持補任の事実は確認できない。

第5章

(1) 辻善之助『日本仏教史 第四巻 中世篇之三』(岩波書店、一九四九年)第八章第三節「臨済禅の隆盛」、第四節「五山制度」、今枝愛真『中世禅宗史の研究』(東京大学出版会、一九七〇年)第二章「中世禅林機構の成立と展開」。
(2) 松尾剛次『日本中世の禅と律』(吉川弘文館、二〇〇三年)、II第四章「安国寺・利生塔再考」、第五章「諸国安国寺考」、大田壮一郎①「安国寺・利生塔の設置と地域・守護——伊賀国を事例に」(『仏教史研究』四八、二〇一一年)。なお、大田②「聖一派永明門派の伊賀進出と鎮西得宗庶流家——伊賀安国寺前史」(『鎌倉遺文研究』三〇、二〇一二年)は、伊賀平等寺の禅宗改宗の背景として、北条氏一門桜田師頼と息庵知止の師檀関係を想定する。
(3) 細川武稔『京都の寺社と室町幕府』(吉川弘文館、二〇一〇年)二二三頁、二四八頁以下「表8 足利将軍家祈願寺」。
(4) 細川、前掲注3書、二三四頁。
(5) 原田正俊『日本中世の禅宗と社会』(吉川弘文館、一九九八年)三五六～三五九頁。細川、前掲注3書や大田壮一郎『室町幕府の政治と宗教』(塙書房、二〇一四年)は、この原田の禅宗祈禱論の批判的な継承を課題の一つとしている。
(6) 以下本章では、「国苑掌鑑」所収文書のうち、『南北朝遺文 中国四国編』(以下『中』と略記)に収録されているものは注記する。それ以外は、斎藤夏来「史料紹介『石見安国寺誌・国苑掌鑑』」(『岡山大学大学院教育学研究科研究集録』一五四、二〇一三年)参照。なお、二〇一三年の東京大学史料編纂所の調査により、「国苑掌鑑」の原本は石見安国寺に所蔵されていることが確認され、写真撮影されたものが同所閲覧室で利用に供されている(川本慎自の教示による)。
(7) 「安国寺文書」四(『綾部市史 史料編』綾部市役所、一九七七年、以下『綾部』と略記、九頁)。
(8) 桑山浩然『室町幕府の政治と経済』(吉川弘文館、二〇〇六年)八一頁。
(9) 「安国寺文書」一八(『綾部』一二頁)。
(10) 西山美香「舎利信仰と禅——王権とのかかわりから」(天野文雄監修『禅からみた日本中世の文化と社会』ぺりかん社、二〇一六年)二〇九頁。
(11) 今枝、前掲注1書、八二頁。
(12) 『大日本古文書 家わけ一八 東大寺文書之一〇』一三四号。
(13) 『伊賀市史 第一巻 通史編 古代中世』(伊賀市、二〇一一年)五七八頁、五八一頁の表(熊谷隆之担当)。
(14) 康永二年九月六日「東大寺衆徒集会事書案」(『伊賀市史 第四巻 資料編 古代中世』伊賀市、二〇〇八年、中世四〇三号、以下『伊賀』四〇三号などと略記)。

(15) 暦応三年四月十八日「東大寺衆徒群議事書土代」(『伊賀』三九〇号)。

(16) 暦応三年八月二十三日「室町幕府引付頭人奉書案」(『伊賀』三九四号)。

(17) 康永二年九月六日「東大寺衆徒集会事書案」、貞和三年正月二十二日「東大寺年預五師実専書状土代」(『伊賀』四〇三号、四二一号)。なお、桃井直常の守護在職徴証の終見は暦応三年八月二十三日(前掲注16)、次の千葉介貞胤の守護在職徴証の初見は康永元年十二月十三日と指摘されている(佐藤進一『室町幕府守護制度の研究』上、東京大学出版会、一九六七年、五六頁)。

(18) 佐藤、前掲注17書、五八頁。

(19) 文和四年以前「某書状案」(『伊賀』四四九号)。

(20) 「三浦文書」(『大日本史料』六―三、六一三頁)、細川、前掲注3書、二二四頁。

(21) 大田、前掲注2①論文、二二頁。

(22) 貞和二年十二月「東大寺寺官等列参事書土代」(『伊賀』四二〇号)。

(23) 貞和三年正月二十二日「東大寺年預五師実専書状土代」(前掲注17)。

(24) 『伊賀市史　第一巻』(前掲注13)五九六~五九七頁(熊谷隆之担当)。

(25) 暦応四年十月七日「東大寺離散宿老等会合評議事書」(『伊賀』三九八号)。

(26) 貞和二年十二月二十三日「光厳上皇院宣案」(『伊賀』四一七号)。

(27) 以下、足利直冬に関する事実関係は、とくに断らない限り、瀬野精一郎『足利直冬』(吉川弘文館、二〇〇五年)による。

(28) 「少弐頼尚施行状写」(「肥後寿勝寺誌」所収、『南北朝遺文九州編』第二巻、一八七八号、一八七九号。以下『九』二、一八七八号、一八七九号などと略記)。

(29) 建武五年六月三十日「源〈詫磨〉貞政譲状」(「詫摩文書」六九、『新熊本市史　史料編第二巻　古代中世』熊本市、一九九三年、四五〇頁)。『新熊本市史　通史編第二巻　中世』熊本市、一九九八年、三四七頁(柳田快明担当)。

(30) 瀬野、前掲注27書、二一頁。

(31) 「足利直冬下文」(「詫摩文書」九三、『新熊本市史　史料編第二巻　古代中世』前掲注29、四六二頁)。

(32) 「一色直氏書下写」(「歴世古文書一所収浄土寺文書」『九』三、二五九九号)。

(33) 筑後守護の動向については、佐藤進一『室町幕府守護制度の研究』下(東京大学出版会、一九八八年)二四〇頁。

(34) 「一色直氏施行状写」(「歴世古文書所収浄土寺文書」『九』二、二四一八~二四二〇号)。

(35) 「仁木義長奉書写」(「新編会津風土記三所収梁瀬文書」『九』三、三〇二〇号)。

(36) 「足利尊氏寄進状」(「浄土寺文書」九、『広島県史　古代中世資料篇Ⅳ』広島県、一九七八年、五八六頁、以下『広島』五八六頁などと略記)。

(37)「浄土寺文書」八六、『広島』六三九頁。

(38)「浄土寺文書」一〇五、『広島』六七〇頁。

(39)「浄土寺文書」二九、『広島』五九三頁。

(40)「浄土寺文書」八七、『広島』六四〇頁。

(41)貞和三年五月十六日「相原親光注進状」、同十八日「宮盛重注進状」(「浄土寺文書」九一、九〇、『広島』六四三頁、六四二頁)。

(42)「浄土寺文書」八三、八四、『広島』六三八頁。

(43)「相原光房奉書」(「浄土寺文書」六五、八五、『広島』六二七頁、六三九頁)。

(44)「相原光房奉書」(「浄土寺文書」八九、『広島』六四一頁)。

(45)「工藤右衛門尉施行状」(「浄土寺文書」六四、『広島』六二六頁)。

(46)「杉原光房奉書」(「高城寺文書」、『新熊本市史　史料編第二巻　古代中世』前掲注29、二七二頁)。『新熊本市史　通史編第二巻中世』(前掲注29)三五二頁(柳田快明執筆)とも、杉原光房の発給文書とみる。

(47)「相原光房禁制状」(「浄土寺文書」一九、『広島』五九〇頁)。

(48)松尾剛次『勧進と破戒の中世史――中世仏教の実相』(吉川弘文館、一九九五年)七六〜七七頁。

(49)瀬野、前掲注27書、五六頁、一二七頁。

(50)正平六年十月十日付「岩松頼宥書状案」(「長門福原家文書」『中』三、二一五八号)、正平六年十月十八日付、同年十二月二十六日付「岩松頼宥書状」(「長門毛利家文書」『中』三、二一六二号、二一九一号)、三宅克広「宮氏」(今谷明・藤枝久忠編『室町幕府守護職家事典』下、新人物往来社、一九八八年)三四四頁。

(51)瀬野、前掲注27書、一三三頁表「中国国人衆の与同状況」に宮氏の名はない。

(52)三宅、前掲注50論文、三四三頁、佐藤、前掲注33書、一一八頁、瀬野、前掲注27書、一六九頁。

(53)「園太暦」観応二年六月二十六日条、小川信『足利一門守護発展史の研究』(吉川弘文館、一九八〇年)九九頁、一一二頁注4。

(54)以下、石見守護の動向については、佐藤、前掲注33書、六〇頁以下。

(55)「室町幕府御教書写」(「石見安国寺所蔵国花掌鑑《ママ》」『中』二、一八〇九号)。

(56)「足利義詮御教書写」(「石見安国寺蔵国苑掌鑑所収」『中』三、二三八四号、二三八五号)。

(57)後藤丹治・釜田喜三郎校注『太平記』二(日本古典文学大系三五、岩波書店、一九六一年)四三三頁、後藤丹治・岡見正雄校注『同』三(同三六、同、一九六二年)六九〜七〇頁、一七七頁。大隅和雄編『太平記人名索引』(北海道大学図書刊行会、一九七四年)を利用した。

(58)「石見庵原家文書」『中』一、六三八号。
(59)「周防吉川家文書」『中』三、二六二一号。瀬野、前掲注27書、一三七頁。
(60)「周防久利文書」『中』三、二四七一号、『守護下』六五頁。
(61)原慶三「石見国中世武士団に関する一考察」(『島根県高等学校教育研究連合会研究紀要』三〇、一九九四年)一九頁。
(62)石井進ほか校注『中世政治社会思想』上(岩波書店、一九九四年新装版)三九一頁、四六八頁以下補注、五三〇頁以下解題。
(63)元応二年正月八日「神蔵荘鎮守日吉山王十禅師宮祭次第定」(「詫摩文書」三二、『新熊本市史　史料編第二巻　古代中世』前掲注29、四三一頁)。
(64)大田、前掲注2①②論文。
(65)貞和六年十一月十五日、同七年正月日「岩田胤時軍忠状」、貞和七年三月二十二日「益田兼忠去渡状」(以上「益田家文書」。「益田家文書」や「周布家文書」は、『中』『大日本古文書　家わけ二二　益田家文書』などに収録されているが、本章では以下、井上寛司・岡崎三郎編集執筆『史料集　益田兼見とその時代——益田家文書の語る中世の益田(一)』益田市教育委員会、一九九四年に収録されているものについては、『兼見』と略記しその掲載頁を提示する。『兼見』四二〜四七頁)。
(66)正平八年五月二十五日「足利直冬感状」(「長門益田家文書六」、『中』三、二四八一号)、正平十四年五月二日「足利直冬御教書」(『兼見』五五頁)、瀬野、前掲注27書、一二七頁。
(67)「石見安国寺文書」『中』五、四六四四号。
(68)(永徳二年)閏正月十二日「大内義弘挙状」、閏正月二十九日「沙弥良智書状」、十二月八日「大内義弘書状」(『兼見』一五七頁、一五八頁、一六一頁)。
(69)『兼見』一六二〜一六四頁。
(70)「室町幕府御教書写」(「石見安国寺蔵国苑掌鑑」『中』五、四七五一号)。
(71)斎藤夏来『禅宗官寺制度の研究』(吉川弘文館、二〇〇三年)第二章。
(72)「益田祥兼書状」(『兼見』一五九〜一六〇頁、図版により一部読みを改めた)。
(73)「益田祥兼置文条々」(『兼見』一七四〜一八三頁)。
(74)「益田祥兼置文案」(『兼見』一九〇〜一九一頁は、戦前まで伝来した石見安国寺文書の写真版を提示している。三九頁解説)。
(75)『新修島根県史　通史篇一』(島根県、一九六八年)四九五頁。
(76)以上、玉村竹二『五山禅林宗派図』(思文閣出版、一九八五年)一三九頁。
(77)『兼見』一六〇頁解説、『大日本古文書　家わけ第二二　益田家文書之四』一三二頁。
(78)備後中興寺伝来文書は、馬屋原呂平重帯編『西備名区』(文化元年成立、備後郷土史会版、一九三一年)、菅茶山編『福山志料』

（文化六年成立、「福山志料」刊行会版、一九六八年）、「中戸文書」（『広島』九三四～九三六頁）など参照。
(79)『西備名区』二三九頁、『福山志料』三六頁（前掲注78）。
(80)『西備名区』二三九頁、『福山志料』三四頁（前掲注78）。文言に多少異同あり、引用は後者による。
(81)今枝、前掲注1書、二五一～二五二頁。
(82)三宅、前掲注50書、三四四頁。
(83)「足利義詮御判御教書」（「安国寺文書」二一、『綾部』一三頁）。なお佐藤、前掲注33書、二八四頁以下によれば、一色直氏は日向守護とはみなしがたいという。
(84)貞和六年四月二十五日「大光寺規式」（「大光寺文書」五六、『宮崎県史　史料編中世一』宮崎県、一九九〇年、六八四頁、以下『宮崎』六八四頁などと略記）、上田純一『九州中世禅宗史の研究』（文献出版、二〇〇〇年）三六〇頁系図、三七〇～三七一頁。
(85)「大光寺文書」四七、『宮崎』六七七頁。
(86)「足利義晴公帖《ママ》」（「大光寺文書」一〇七、『宮崎』七一七頁）。
(87)「住持長逸置文」（「大光寺文書」八六、『宮崎』七〇六頁）。
(88)『五山文学新集』二、一一二一頁。
(89)『新修福岡市史　資料編中世一』（福岡市、二〇一〇年）四〇二頁。
(90)斎藤、前掲注71書、九八頁。
(91)本書第4章参照。
(92)「浄土寺文書」八二（『広島』六三六頁）。松尾、前掲注2書、一八七頁。
(93)「明通寺文書」二七（『福井県史　資料編九、中・近世七』福井県、一九九〇年、五七九頁）。大田、前掲注2①論文、一三頁。
(94)「清水寺文書」（『社町史』第三巻史料編1、社町、二〇〇一年、二〇五頁）。大田、前掲注2①論文、一三頁。
(95)大田、前掲注2①論文、六頁以下に新出書写本の翻刻が掲出されている。
(96)「神宮寺文書」一〇（『福井県史　資料編九』前掲注93、三一〇頁）。松尾、前掲注2書、一八九頁。
(97)「続左丞抄」所収（『新訂増補国史大系』二七、二二一頁）。今枝、前掲注1書、九九頁。
(98)松尾、前掲注2書、一八六～一八八頁。
(99)従来伊賀利生塔所在地とされてきた楽音寺に、実際には利生塔が設置されなかった可能性については、大田、前掲注2①論文を参照。
(100)念頭にあるのは、徳治二年（一三〇七）の「成羽川水路開鑿願文」（備中町笠神所在文字岩、『岡山県史』編年史料、岡山県、一九八八年、一二六三号）である。「当国成羽善養寺」という在地律院、在地勢力と目される「根本発起四郎兵衛」などの記載がある。

(101) 今枝、前掲注1書、一八八頁以下。

(102) この数値については、今後の精査により若干変動する可能性はある。

(103) 東京大学史料編纂所所蔵肖像画模本、以一四八。

(104) 「萩藩閥閲録」巻一四九(刊本第四巻、山口県文書館、一九七一年、一六四頁以下)。

(105) 広瀬良弘『禅宗地方展開史の研究』(吉川弘文館、一九八八年)四〇五〜四〇九頁。

(106) 「臥雲日件録抜尤」文安五年正月十三日条。

(107) 『五山文学新集』五、一七六頁。

第6章

(1) 高雄義堅「宋代寺院制度の一考察――特に住持継承法を中心として」(『支那仏教史学』五―二、一九四一年、のち『宋代仏教史の研究』百華苑、一九七五年に改題所収)。

(2) 玉村竹二「五山叢林の十方住持制度に就て」(『日本禅宗史論集』上、思文閣出版、一九七六年所収、一九四二年稿)二六八頁。

(3) 平雅行「鎌倉仏教論」(『岩波講座日本通史』第八巻中世二、一九九四年)二七八〜二七九頁、海老名尚「北条得宗家の禅宗受容とその意義」(『北海史論』二〇、二〇〇〇年)二五〜二七頁は、十方住持制を得宗の禅宗統制策であったとみるが、私見では、「十方住持制」の日本側初見史料は南北朝期の龍泉令淬編「海蔵(虎関)和尚紀年録」中の記事(『大日本史料』六―二、四二〇頁参照)である。門派の枠にこだわらない住持補任全般を「十方住持制」と捉える議論からは、さしあたり距離をおきたい。

(4) 『大日本史料』六―六、三三一頁参照。全文は『同』六―七、八三八頁所収。

(5) 『新版禅学大辞典』(大修館書店、一九八五年)、「ぼんき(梵琦)」の項。

(6) 葉貫磨哉「足利義詮の禅宗信仰」(『中世禅林成立史の研究』吉川弘文館、一九九三年所収、初出一九六九年)二〇五〜二〇六頁、岡部恒「万寿寺をめぐる東山・大応門徒の抗争」(『禅文化研究所紀要』六、一九七四年)。

(7) 『大日本古文書　家わけ一七　大徳寺文書之一』一二七号。

(8) 玉村竹二①前掲注2論文、二五九頁、②「大徳寺の歴史」(『日本禅宗史論集』下之二、思文閣出版、一九八一年所収、一九六八年稿)三二一〜三二二頁、今枝愛真『中世禅宗史の研究』(東京大学出版会、一九七〇年)三九〇頁、石田善人「守護大名と仏教」(『兵庫県史』第二巻、兵庫県、一九七五年、第二編第五章第三節)八四四頁、林屋辰三郎「大徳禅寺の精神史」(『大徳寺墨蹟全集』三、毎日新聞社、一九八六年所収)二五四〜二五五頁、船岡誠「一休と養叟――一休論の再検討」(『金澤文庫研究』二八三、一九八九年)八頁、上田純一「大応派横岳派の展開と大徳寺派の堺進出をめぐって」(『九州中世禅宗史の研究』文献出版、二〇〇〇年

所収、初出一九九四年）九二〜九三頁など。
（9）斎藤夏来『禅宗官寺制度の研究』（吉川弘文館、二〇〇三年）第四章。
（10）「浄智第四世法海禅師無象和尚行状記」（『続群書類従』九上、三六七頁）、「柳原家記録」（『大日本史料』六―二一、八頁）、「後愚昧記」（『大日本史料』六―二九、三二五頁）。仏心寺と土岐氏との関係については、玉村竹二『洞院公定日記』に見える「見貞侍者」を遶って」（玉村、前掲注2書所収、一九七〇年稿）も参照。
（11）「堆雲和尚七処九会録」（『大日本史料』七―八、一一九頁）、「蔭凉軒日録」長享二年（一四八八）十月八日条。
（12）玉村竹二『五山文学――大陸文化紹介者としての五山禅僧の活動』（至文堂、一九五五年）一一九頁。
（13）玉村竹二「法系の研究方法に関する一見解」（『日本禅宗史論集』下之一、思文閣出版、一九七九年所収、一九四〇年稿）八三〇頁。
（14）同右。
（15）『五山文学新集』三、九二一頁参照。
（16）石田、前掲注8論文。
（17）斎藤、前掲注9書、九六頁。
（18）『五山文学新集』五、六〇四頁。
（19）玉村、前掲注2論文、二五五〜二五六頁。
（20）『大日本史料』六―四、二七〇頁。
（21）佐藤進一『室町幕府守護制度の研究』下（東京大学出版会、一九八八年）九一頁参照。
（22）『続群書類従』五下、四四九頁、四五六頁。
（23）『飯島町誌』中巻（飯島町、一九九六年）一六三頁参照。同規式については、寶月圭吾「伊那西岸寺の規式について――その文書目録を中心として」（『信濃』三三―一二、一九八一年）の検討がある。
（24）飯島氏自身は天正期に南信地域を制圧した徳川氏に従っている。「浜松御在城記」（『大日本史料』一一―一、九四一頁）、「井伊年譜」（『同』一一―三、九七頁）など参照。
（25）「妙興寺文書」（『愛知県史　資料編九　中世二』愛知県、二〇〇五年、五一号、以下『資九』五一号などと略記）。
（26）玉村、前掲注2論文、二五五頁。
（27）玉村竹二「妙興寺の法系と本末関係」（玉村、前掲注8②書所収、一九七四年稿）。
（28）「妙興寺文書」（『愛知県史　資料編八　中世一』愛知県、二〇〇一年、一二三四号、一三九六号、一三九八号、一四二二号）、『大日本古文書　家わけ一七　大徳寺文書之二』一六二号（一三二頁）。上村喜久子「尾張における守護支配」（『清洲町史』一九六九年、愛知県西春日井郡清洲町）四三五～四三八頁参照。
（29）「空華日用工夫略集」「空華集」（『資九』三九二号、三九三号）、「玉岩首座住尾州妙興寺」（「業鏡台」所収、『五山文学全集』三、二一八二頁）参照。
（30）佐藤進一『南北朝の動乱』（中央公論社、一九七四年）四一八頁。
（31）「妙興寺文書」（『資九』六〇七号）。
（32）「惟深首座住妙興」（『続翠稿』所収、『五山文学新集』別巻一、一五四頁）参照。
（33）『国史大辞典』「しゅご（守護）」の項目付載の「室町幕府守護一覧」より。なお、『資九』一四九五号の綱文は、「治部少輔某の推挙」とする。
（34）以上、玉村竹二『五山禅僧伝記集成　新装版』（思文閣出版、二〇〇三年）四六三頁、加藤正俊「関山の印可状（三）」（『禅文化』一八七、二〇〇三年）四八頁。なお、『資九』一六二一号は、性才に関する人物比定は行っていない。
（35）玉村、前掲注27論文、五八五頁。『愛知県史　資料編一〇　中世三』愛知県、二〇〇九年、三〇五号（以下『資一〇』三〇五号などと略記）は、この吹嘘者の記事を省略している。
（36）『資一〇』四〇九号も、斯波義寛と傍注している。
（37）「妙興寺文書」『資一〇』二一四号（抜粋）、『五山文学新集』四、八九二頁参照。
（38）葉貫磨哉「禅宗の発展と十方檀那」（前掲注6書所収）三五九頁以下参照。
（39）「性天由首座住播州円応江湖疏」（「蕉堅稿」所収、『五山文学全集』二、一九三九頁）、「洪源住神応諸山疏并叙」（「漁庵小藁」所収、『五山文学新集』六、二二五頁）、「由首座住福地円応寺諸山疏」（「惟肖得巖禅師疏」所収、『五山文学新集』二、一一〇八頁）。
（40）前掲注2、注3の諸論文参照。
（41）高坂好『中世播磨と赤松氏』（臨川書店、一九九一年）一二〇頁以下参照。
（42）笠松宏至「中世の政治社会思想」（『日本中世法史論』東京大学出版会、一九七九年所収、初出一九七六年）一九五頁。
（43）玉村、前掲注13論文、八二七頁以下。
（44）『図書寮叢刊　九条家文書一』二三頁。

第7章

（1）今枝愛真『中世禅宗史の研究』（東京大学出版会、一九七〇年）一八八～二六二頁。
（2）永山卯三郎①『井山宝福寺小志』（井山宝福寺、一九二七年）、同②『備中国　吉備郡史』中巻（名著出版、一九七一年）一三六二～一三六九頁が、寺史を略述し、根拠とした由緒書類を引用している。

(3) 宝暦三年自序、石井良節撰『備中集成志』(研文館吉田書店版、一九七六年)一五七頁。
(4)『五山文学新集』四、六四八頁。
(5) 斎藤夏来『禅宗官寺制度の研究』(吉川弘文館、二〇〇三年)第一章、第二章。
(6)「備中宝福寺文書」一(『岡山県史　家わけ史料』岡山県、一九八六年、五一頁、以下『家わけ』五一頁などと略記)、佐藤進一『古文書学入門』(法政大学出版局、一九七一年)一八一頁。
(7)「備中宝福寺文書」二(『家わけ』五三頁)。
(8) 永山、前掲注2②書、一三六六頁。
(9) 以下、同書については前掲注3書、一五五〜一七四頁を参照。
(10)『岡山県の地名』(日本歴史地名大系第三四巻、平凡社、一九八八年)六一九頁。
(11) 永山、前掲注2②書、一五九二頁。
(12)『総社市史　古代中世史料編』(総社市、一九八八年)六八八〜八四八頁参照。
(13)『鹿苑日録』二(続群書類従完成会版)二四九頁、『鹿苑院公文帳』六九、一一六頁。
(14)「鏤氷集」天(東京大学史料編纂所謄写本、八三丁オ)。
(15) 公帖発給主体が不在の時期で、僧録の職権で改衣のみ先行させたことが、『相国寺蔵西笑和尚文案』(思文閣出版、二〇〇七年)四二〜四三頁掲載一一五号、一一六号、一一八号文書にみえる。
(16)「九条家文書」一七三七号(『図書寮叢刊　九条家文書六』一〇三頁)。
(17) 峰岸純夫『中世社会の一揆と宗教』(東京大学出版会、二〇〇八年)八八頁以下。
(18) 石田善人「東福寺領備中国上原郷について(中)」(『岡山県史研究』二、一九八一年)三三頁以下。三五頁〈追記〉に、峰岸、前掲注17書の初出稿について言及がある。
(19) 古野貢『中世後期細川氏の権力構造』(吉川弘文館、二〇〇八年)四二頁以下。榎原雅治『日本中世地域社会の構造』(校倉書房、二〇〇〇年)三三四頁も同様の理解をとる。
(20) 辰田芳雄「新見荘の半済」(『岡山朝日研究紀要』三四、二〇一三年)三六頁注61。
(21)「九条家文書」一七三二号(『図書寮叢刊　九条家文書六』九九頁)。
(22)「九条家文書」一七〇七号(『図書寮叢刊　九条家文書六』六〇頁)。
(23) 川本慎自「『中叟和尚偈』と室町期東福寺の東班僧」(『東京大学日本史学研究室紀要　別冊　中世政治社会論叢』二〇一三年)二四八〜二四九頁。
(24) 石田善人「東福寺領備中国上原郷について(下)」(『岡山県史研究』三、一九八二年)七二〜七三頁。『岡山県史　第五巻　中世

II』（岡山県、一九九一年）三九六頁前後（石田善人執筆）にも同様の見解が示されている。
(25)「蔭凉軒日録」永亨七年七月十九日条。
(26)本書第2章。
(27)「九条家文書」一七一一号（『図書寮叢刊　九条家文書六』六六頁）。
(28)末柄豊「細川氏の同族連合体制の解体と畿内領国化」（石井進編『中世の法と政治』吉川弘文館、一九九二年）一五四頁、二一一頁注99など。
(29)「備中国新見荘算用状」（「教王護国寺文書二」『岡山県史　編年史料』岡山県、一九八八年、八三八頁、以下『編年』八三八頁など略記）。辰田芳雄の教示を得た。
(30)『編年』八六三頁。
(31)『大日本史料』七―五、一二八頁以下参照。
(32)田中修實・吉永隆記「備中国新見庄をめぐる「国人」――多治部氏と新見氏」（『就実論叢』四一、二〇一二年）五～六頁、一〇頁、一五頁注22。松嶺の伝記史料は『大日本史料』七―二七、五八頁以下参照。
(33)「東寺百合文書」ゆ函七、以下「百合」ゆ函七などと略記（『家わけ』一四〇五頁）。
(34)増長院義宝の新見荘給主職掌握については、「最勝光院評定引付」明徳元年九月十四日条（「百合」る函一三『家わけ』九四八頁）、「同」応永元年二月二十八日条（「百合」る函一六『家わけ』九五五頁）など参照。以上、辰田芳雄の教示を得た。
(35)辰田、前掲注20論文、三三頁注21。
(36)「丘高庵住東福江湖疏」（『五山文学全集』一、八二二頁）。
(37)「高庵和尚住東福諸山疏」（『五山文学新集』三、一六一頁）。
(38)「岩生宣深・栗木教賢連署契約状案」（「百合」さ函八三（一）『家わけ』一三六五頁）。
(39)「岩生宣深・栗木教賢連署利銭借状案」（「百合」さ函八三（二）『家わけ』一三六五頁）など。
(40)「百合」る函一九『家わけ』九六二頁。
(41)「東福寺諸塔頭并十刹諸山略伝」（『大日本史料』七―五、一二八頁）参照。
(42)「備中国新見荘領家方所下帳」（「教王護国寺文書三」『編年』八五三頁）。
(43)辰田芳雄「足利義満政権下の備中国新見荘」（『岡山朝日研究紀要』三三、二〇一二年）。
(44)「最勝光院方評定引付」応永九年九月二十八日条（「百合」る函一九『家わけ』九六五頁）。
(45)以上、「最勝光院方評定引付」（「百合」る函二三『家わけ』九七三頁以下）。
(46)「安富宝城新見荘領家方所務職請文案」（「百合」あ函三七『家わけ』一三四四頁）。

（47）小川信①『足利一門守護発展史の研究』（吉川弘文館、一九八〇年）三四九～三五四頁、②「中世の備中国衙と惣社造営」（『国学院雑誌』八九―一一、一九八八年）二六頁以下、末柄前掲注28論文、一五四頁。
（48）横尾國和「細川氏内衆安富氏の動向と性格」（『国史学』一一八、一九八二年）三二頁、『岡山県史　第五巻　中世Ⅱ』（前掲注24）三〇四頁（三好基之執筆）とも「安富因幡入道宝城」とする。
（49）小川信「淡路・讃岐両国の守護所と守護・守護代・国人」（『国立歴史民俗博物館研究報告』八、一九八五年）一三三頁、稲田利徳「細川氏被官の文芸活動――安富宝密・宝城の場合」（『国文学攷』二〇九、二〇一一年）一七～一八頁。
（50）「最勝光院評定引付」応永十八年正月五日条（「百合」る函二五『家わけ』九七七頁）。
（51）「最勝光院方評定引付」応永十七年六月十五日条（「百合」る函二四『家わけ』九七六頁）、「最勝光院評定引付」応永十八年正月五日条（前掲注50）。
（52）「八坂神社文書」三八（『岐阜県史　史料編　古代中世四』岐阜県、一九七三年、五〇九頁）ほか。横山住雄「臨済宗五山派・美濃承国寺の興亡史」（『花園大学国際禅学研究所論叢』三、二〇〇八年）の検討がある。
（53）「百合」つ函四（二一）（『相生市史』八巻下、兵庫県相生市・相生市教育委員会、一九九五年、九四三頁）ほか。渡邊大門『戦国期赤松氏の研究』（岩田書院、二〇一〇年）五五頁、伊藤俊一『室町期荘園制の研究』（塙書房、二〇一〇年）二一〇頁などが関説している。
（54）金龍静『一向一揆論』（吉川弘文館、二〇〇四年）一二七頁注127。
（55）本書第10章参照。
（56）たとえば歴代足利将軍の画像賛は、このような問題関心に対応し得る素材と考えている。斎藤夏来「地方勢力の成長と五山」（島尾新編『東アジアのなかの五山文化』東京大学出版会、二〇一四年）一一八頁。

第8章

（1）斎藤夏来「戦国期知多半島の豪族と禅宗菩提寺」（日本福祉大学知多半島総合研究所編『知多半島の歴史と現在』一三、二〇〇五年）。
（2）本書第2章参照。
（3）五山文学の研究史については、本書第10章参照。
（4）瀧田英二『常滑史話索隠』（私家版、一九六五年）。なお、本章初出ののち刊行された『愛知県史　資料編一四　中世・織豊』（愛知県、二〇一四年、以下県史資料編については、以下『資一四』などと略記）では、「語録・文集」の項が立てられ、中世尾張・三河の地域史理解に必要不可欠な語録等が積極的に採録された。「鏤氷集」については、『資一四』一〇四号を参照。

（5）『知多市誌』資料編二（知多市役所、一九八三年）三九〇頁、『資九』五九八号など参照。

（6）『美浜町誌』資料編二（美浜町役場、一九八五年）二〇二頁、『岡田町誌』（知多市教育委員会、一九九〇年）四八頁。なお、『資八』八九一号も参照。

（7）『岡田町誌』、前掲注6、六一頁、佐野重造編輯『大野町史』（大野町史編纂会、一九二九年）八一頁、『知多市誌』本文編（知多市役所、一九八一年）一一九頁など。慈雲寺本尊は現在、秘仏とのことである。『資九』五二三号は『張州雑志』より採録している。

（8）「空華集」所収、『五山文学全集』二、一六二九頁、『汝霖佐禅師疏』所収、『五山文学新集』別巻二、五二八頁、『資九』五二九号、五三〇号。

（9）『知多市誌』資料編二、前掲注5、三四六頁。

（10）『大野町史』（前掲注7）七九頁、『岡田町誌』（前掲注6）六一頁、『資九』五二二号。

（11）『知多市誌』本文編（前掲注7）一一九頁。

（12）同寺は一般的には、観応元年（一三五〇）に一色範光により開創、康応元年（一三八九）に類焼、明暦三年（一六五七）に中興と理解されている（『新版禅学大辞典』大修館書店、一九八五年）。

（13）『常滑の古文書』（常滑市文化財調査報告書第六集、常滑市教育委員会、一九七九年）二二一～二二六頁所収。

（14）瀧田、前掲注4書、五二頁。

（15）「鏤氷集」天所収、「前真如仁如西堂住相国山門疏」のうちに「新命（仁如集堯）其先信州井上氏也」（東京大学史料編纂所謄写本、六丁オ）とある。

（16）以上、『鹿苑院公文帳』五頁、二二頁、今枝愛真『中世禅宗史の研究』（東京大学出版会、一九七〇年）三二五頁など参照。

（17）瀧田、前掲注4書、五四頁。

（18）瀧田、前掲注4書、五三～五四頁。林佐治氏については『大野町史』（前掲注7）一〇九頁も参照。

（19）伊藤真昭・上田純一・原田正俊・秋宗康子編『相国寺蔵　西笑和尚文案　自慶長二年至慶長十二年』（思文閣出版、二〇〇七年）二七六頁。

（20）『新修半田市誌』本文篇上巻（愛知県半田市、一九八九年）三八五頁、『資八』二八一号。

（21）『鎌倉遺文』二五、一九二〇一～一九二〇三号、『資八』五八三～五八五号。

（22）諸橋轍次『大漢和辞典』巻八（大修館書店、修訂第二版、一九八九年）二頁、松尾剛次『新版鎌倉新仏教の成立――入門儀礼と祖師神話』（吉川弘文館、一九九八年）二四三頁など。なお松尾は、白衣の「官僧」ではなく黒衣の「遁世僧」に禅僧を分類する。

（23）瀧田、前掲注4書、一三～一五頁。『常滑の古文書』（前掲注13）二六頁。

(24)瀧田、前掲注4書、四〇頁、五八頁。
(25)同右、三九頁。椿と陳は上平声真韻で音通という(西尾賢隆の教示による)。
(26)「海音寺文書」(『常滑の古文書』前掲注13)一六頁以下。
(27)なお、大野佐治氏は、天正十二年(一五八四)に大野城主の地位を失ったと考えられている(瀧田、前掲注4書、六三頁以下)。
(28)本章の校訂と読み下しは、『続国訳漢文大成』文学部第十七巻上、蘇東坡詩集第五巻(国民文庫刊行会、一九三一年)四六八頁による。
(29)瀧田、前掲注4書、一〇一～一〇二頁。
(30)『鹿苑院公文帳』、六三頁、一〇三頁によれば、天文五年八月に諸山景徳寺住持、天文八年三月に十刹真如寺住持(「鹿苑日録」天文八年三月二十日条も参照)に補任されており、その間、天文六年十月に西芳寺住持に任ぜられている(「鹿苑日録」天文六年十月三日条)。天文十二年六月には、西芳寺再興勧進のため、駿河今川氏のもとへ下向している(「鹿苑日録」天文十二年六月二十五日条)。
(31)『愛知県の地名』(日本歴史地名大系第二三巻、平凡社、一九八一年)の索引と、『角川日本地名大辞典二三　愛知県』(角川書店、一九八九年)を確認した。
(32)『続群書類従』一三上、三八三頁、瀧田、前掲注4書、一四六頁に修正引用。
(33)『新編東浦町誌』資料編三　原始・古代・中世(愛知県知多郡東浦町、二〇〇三年)二六三頁。
(34)瀧田、前掲注4書、一五二～一五九頁。
(35)玉村竹二『五山禅僧伝記集成』(新装版、思文閣出版、二〇〇三年)一六〇頁。
(36)宮島新一『肖像画』(吉川弘文館、一九九四年)二七一頁、東京大学史料編纂所所蔵模本、以一八八。
(37)瀧田、前掲注4書、一三頁。
(38)芳賀幸四郎『中世禅林の学問および文学に関する研究』(日本学術振興会、一九五六年)四二二頁以下の「結語」参照。
(39)『大日本史料』一〇―六、四二八頁、『特別展　肖像画賛　人のすがた　人のことば』(大阪市立美術館、二〇〇〇年)七八号など参照。
(40)『続群書類従』一三上、三六三頁、宮島、前掲注36書、二五七頁、同『肖像画の視線』(吉川弘文館、一九九六年)四八頁、『特別展　室町時代の肖像画』(奈良県立美術館、二〇〇〇年)二八号など参照。

第9章

(1)西尾賢隆『中国近世における国家と禅宗』(思文閣出版、二〇〇六年)七三頁、七八頁、一五四頁。

（2）同右、八頁、二〇〇～二〇一頁、二二九～二三〇頁。
（3）東大寺と興福寺に関する稲葉伸道『中世寺院の権力構造』（岩波書店、一九九七年）、西大寺ほか律宗寺院に関する大石雅章『日本中世社会と寺院』（清文堂、二〇〇四年）など参照。
（4）滅宗宗興の出自については、無隠徳吾撰「妙興開山円光大照禅師行状」（「妙興寺文書」、『愛知県史　資料編八』愛知県、二〇〇一年、一二三四号、以下『資八』一二三四号などと略記）、開基については、今枝愛真『中世禅宗史の研究』（東京大学出版会、一九七〇年）二三〇頁注54が、「開基は荒尾宗顕」とする。なお、妙興寺領の内実をなす中嶋氏と荒尾氏の所領構成の質的相違については、上村喜久子「国人層の存在形態——尾張国国衙領地頭荒尾氏」（『尾張の荘園・国衙領と熱田社』岩田書院、二〇一二年所収、初出一九六五年）一六二頁前後の検討がある。
（5）「妙興寺文書」（『愛知県史　資料編九』愛知県、二〇〇五年、六〇七号、以下『資九』六〇七号などと略記）。
（6）「平陶文集」一所収（『五山文学新集』四、八九二頁）。「妙興禅寺幹縁疏幷序写」（「妙興寺文書」四一六号、『新編一宮市史　資料編五』一宮市長・伊藤一、一九六三年に全文掲載、『愛知県史　資料編一〇』愛知県、二〇〇九年、二一四号に抜粋、以下『資一〇』二一四号などと略記）に該当する。
（7）本書第6章参照。
（8）「妙興寺文書」（『資九』五一号）。
（9）玉村竹二「妙興寺の法系と本末関係」（『日本禅宗史論集』下之二、思文閣出版、一九八一年所収、一九七四年稿）五八〇頁。
（10）原田正俊「中世後期の国家と仏教」（『日本中世の禅宗と社会』吉川弘文館、一九九八年所収、初出一九九七年）三六五頁、三七四頁注108。
（11）同右、三六〇頁。
（12）『大日本古文書　家わけ一七　大徳寺文書之六』二二八九号、二二九〇号。
（13）笠松宏至『徳政令——中世の法と慣習』（岩波新書、一九八三年）七六～七七頁、安田次郎『走る悪党、蜂起する土民』（全集日本の歴史七、小学館、二〇〇八年）二八七頁（図版提示）など参照。
（14）「妙興寺文書」（『資九』一一三〇号）。
（15）「妙興寺文書」（『資一〇』一〇〇一号）。
（16）「妙興寺文書」（『資八』一一〇七号）。
（17）「妙興寺文書」（『資八』一三六八号）。
（18）鈴木鋭彦「中世土地証文における「不孝之仁」について——尾張国『妙興寺文書』所収売券・寄進状より」（『年報中世史研究』一〇、一九八五年）。

(19) 鈴木鋭彦「中世寄進状における「不孝之仁」文言と「氏寺」付記について――伊予国観念寺文書より」（『愛知学院大学文学部紀要』一六、一九八六年）。
(20)「伊予観念寺文書」（『南北朝遺文　中国四国編』一、五九二号）、今枝、前掲注4書、二五四頁注254。
(21)「醍醐寺文書三函」（『資九』三〇四号）。
(22)「醍醐寺文書三函」（『資九』三四三号）。
(23)「東観音寺文書」（『愛知県史　資料編一一』愛知県、二〇〇三年、二二〇号、以下『資一一』二二〇号などと略記）。
(24)「尾張資料写真　（豊田市）長興寺文書」（『愛知県史　資料編一四』愛知県、二〇一四年、補四七号、以下『資一四』補四七号などと略記）。
(25)「（田原市）長興寺文書」（『資一〇』五二六号）。なお、「子々孫々至迄、不仏陀人還任法、不可有違乱煩者也」という子孫規制の文言を含む。
(26)「東観音寺文書」（『資一〇』六八九号）。
(27)「東観音寺文書」（『資一一』二二〇号）。
(28)「妙興寺文書」（『資九』一一九六号）。
(29)「錬剛祖柔文書渡状」（「妙興寺文書」『資料一〇』四七一号）。
(30)「服部宗直譲状」（「妙興寺文書」『資九』七六六号）。
(31)「妙興寺文書」（『資九』一七五号）。
(32) 上村、前掲注4論文、一六三頁。
(33)「明応丙辰小春十有六（中略）賀瑞世云」（「梅花無尽蔵」四所収、『資一四』九二号内、市木武雄『梅花無尽蔵注釈』三、続群書類従完成会、一九九三年、一七〇頁）。
(34)「建仁寺住持位次簿」（『大日本史料』九―三、六一五頁）など参照。
(35)「前南禅慶甫和尚肖像賛」（「翰林葫蘆集」所収、『五山文学全集』四、五四六頁）。
(36)「妙興寺文書色川本」（『資一〇』八〇八号）。
(37)「妙興寺文書」（『資一〇』九三四号）。
(38)「将軍足利義持公帖」（「妙興寺文書」『資九』九六三号、一〇三六号）。
(39)「貞永安国寺文書」（『大日本史料』七―一八、三七七頁、綱文は「性勝進叟ヲ遠江安国寺住持ト為ス」とあるが、諸山である遠江安国寺の住持補任であるとすれば、肩書は「首座」のはずであるから、誤りである）。
(40) 近世においても、住持身分等を付与する「朝廷文書」類は、個人、家、本山末寺等のいずれに帰属するのか、必ずしも自明ではなく、禅僧については幕末維新期まで個人的所持の事例がみられた事実は、斎藤夏来「近世の在家・出家と朝廷文書の所持」(『豊田市史研究』六、二〇一五年)で論じた。
(41)「長島山妙興報恩禅寺入拙語」(「南化玄興遺稿」所収、「妙興寺文書」『愛知県史 資料編一三』愛知県、二〇一一年、一一二一号)。
(42)「実相寺釈迦三尊像胎内文書」(『資八』一五六八〜一五八二号)。新行紀一「三河国臨済禅小史」(『三河の禅林――臨済禅と武家の心』岡崎市美術博物館、二〇〇九年)五頁に言及がある。
(43)村岡幹生「中世三河沿岸地域史の視点――『新編安城市史』からの飛翔」(『安城市史研究』一〇、二〇〇九年)二四頁。
(44)新行、前掲注42論文、四頁。
(45)「開山太陽義冲行実」(「長興寺文書」『資八』一三三五号)。「本朝高僧伝」巻六(『大日本仏教全書』一〇二、名著普及会、一九七九年、三九三頁)も参照。
(46)「尾張資料写真 長興寺文書」(前掲注24)。
(47)「長興寺文書」(『資九』六一九号)。
(48)「石野地区千鳥町小栗家所蔵資料」(『新修豊田市史八 資料編近世Ⅱ』愛知県豊田市、二〇一六年、三九二号)。
(49)『愛知県の地名』(日本歴史地名大系二三、平凡社、一九八一年)九〇五頁上段。
(50)同右、一〇〇二頁上段。
(51)「延命寺文書」(『資九』八九二号)。
(52)「延命寺文書」(『資九』八九三号)。
(53)「御津神社文書」(『資九』二八二号)。
(54)『愛知県の地名』(前掲注49)一〇〇〇頁中段。なお、二〇一七年一一月二三日に宝昌院の現地を訪ねたところ、二〇〇九年一〇月付「八名郷土史会」による案内看板があり、本光庵は一九六八年に宝昌院に吸収されたとのことで、近隣の本光寺(本光庵)旧境内地とみられる空閑地には、「本光寺の跡」と刻む石碑が建てられていた。
(55)「長興寺文書」(『資八』一三二五号)。
(56)「長興寺文書」(『資九』三九八号)。
(57)「長興寺文書」(『資九』四二七号)。なお長興寺には少なくとも一八の塔頭が存在したらしい。北村和宏・永井邦仁「中世禅宗寺院としての長興寺境内に関する覚書」(『豊田市史研究』五、二〇一四年)二三頁参照。
(58)『資九』四九五号。
(59)「瑞岩和尚賛」(「性海霊見遺稿」所収、『五山文学全集』二、一二四九頁)。
(60)「三州長興舜田旻禅師」(「不二遺稿」所収、『五山文学全集』三、二九一八頁、『資九』一一四六号)。

(61)「賀大義寺熊式和尚賜三川長興之帖」(『月泉禅師偈頌』所収、『資一四』八六号)。
(62)『鹿苑院公文帳』六九頁、一一五頁。
(63)「心華誌藁」所収(『資九』五一七号)。
(64)「瑞巌寺文書」(『資九』五八〇号)。
(65)玉村竹二「解題　心華詩藁」(『五山文学新集』別巻二、七〇五頁)。
(66)「仏心寺請謙中座元」(「業鏡台」所収、『五山文学全集』三、二一七五頁)。仏心寺については、本書第6章参照。
(67)「景徳寺住持善益等連署寄進状」(「円覚寺文書」三〇〇、『鎌倉市史　史料編二』吉川弘文館、一九五六年)。玉村竹二「中世前期の美濃に於ける禅宗の発展」(『日本禅宗史論集』下之二、一九八一年所収、一九七四年稿)四一八頁。
(68)「五岳前住籍」(東京大学史料編纂所謄写本二〇一六―四一四)、「諸五山十刹住持籍」(同二〇一六―三七八)参照。
(69)以下、『愛知県史』未収録の記事については、『大日本古記録　建内記一〜十』に基づき、「刊本」として巻数と頁数とを適宜付記する。なお、同刊本には、尾張と美濃の大円寺を混同した頭注が散見する。
(70)「建内記」文安四年八月一日条(刊本九巻四六頁、『資九』一八〇四号)。
(71)以上、「建内記」嘉吉三年三月二十日条(刊本五巻二一五頁)、三月二十五日条(刊本五巻二二五頁)。なお刊本十巻二二一頁解題付録の系図を参照。
(72)「建内記」正長元年十月記紙背文書(刊本一巻二七一頁以下、『資九』一六四三号)。
(73)「建内記」嘉吉元年四月十六日条、十七日条、二十日条(刊本三巻一六四頁、一六八頁、『資九』一六四一号)。
(74)「建内記」永享十二年正月二十四日条(刊本三巻二九頁)、三月九日条(刊本三巻五一頁)、嘉吉元年二月二十七日条(刊本三巻八六頁)、二十八日条(刊本三巻八七頁)、三月五日条(刊本三巻九四頁)、六日条(刊本三巻九五頁)、七日条(刊本三巻九六頁)、四月二十八日条(刊本三巻一七七頁)、嘉吉元年七月記紙背文書のうち三月二日付景勲書状(刊本三巻三一六頁)など。
(75)「建内記」嘉吉元年七月記紙背文書のうち十月二十日付悦林中怡書状(刊本三巻三一四頁、『資九』一六二八号)。
(76)「建内記」永享十一年二月二十五日条(刊本二巻三〇九頁)、六月十四日条(刊本二巻三五四頁)、永享十二年二月二十七日条(刊本三巻四五頁)、嘉吉元年四月十九日条(刊本三巻一六八頁、『資九』一六四五号)、四月二十六日条(刊本三巻一七五頁、『資九』一六四六号)、二十七日条(刊本三巻一七六頁、『資九』一六四六号)、嘉吉元年五月記紙背文書のうち断簡二点(刊本三巻二一七頁、『資九』一六四八号、刊本三巻二一八頁)、嘉吉元年八月三十日条(刊本四巻四四頁)、十二月十二日条(刊本五巻一三頁、『資九』一六七八号)など。
(77)「建内記」嘉吉元年八月二十六日条(刊本四巻三六頁、『資九』一六五五号)、九月五日条(刊本四巻六八頁、『資九』一六五五号)、閏九月六日条(刊本四巻一〇三〜一一一頁、『資九』一六五五号)、八日条(刊本四巻一一三頁)、二十日条(刊本四巻一三〇頁）、二十一日（刊本四巻一三三頁）、十月二日条（刊本四巻一五八頁）、八日条（刊本四巻一六五頁）、十一日条（刊本四巻一六九頁）、嘉吉元年十月記紙背文書のうち書状草案（刊本四巻二〇一頁）、嘉吉二年四月記紙背文書のうち書状草案三点（刊本五巻八一頁、『資九』一六五六号、刊本五巻八二頁、『資九』一六五七号、刊本五巻八五頁、『資九』一六五八号）。

(78)「建内記」嘉吉元年十二月十三日条（刊本五巻一四頁、『資九』一六七八号）。

(79)「建内記」嘉吉元年十二月二十一日条（刊本五巻二七頁、『資九』一六七九号）、なお、こののち文安元年四月二十七日条（刊本七巻五三～五四頁）に関連記事がある。

(80)「建内記」永享十一年二月記紙背文書のうち悦林中怡書状（刊本二巻三四〇～三四一頁、『資九』一五八九号）。

(81)「建内記」嘉吉元年三月九日条（刊本三巻九八頁）。

(82)「建内記」嘉吉四年二月三日条（刊本六巻二三七頁）。

(83)「建内記」文安元年五月記紙背文書のうち時房書状草案（刊本七巻一二四頁）。

(84)「前席安国悦林住建仁」（「心田播禅師疏」所収、『五山文学新集』別巻一、八〇五頁）など参照。心田清播は文安四年に死去している（玉村竹二『五山禅僧伝記集成　新装版』思文閣出版、二〇〇三年、三三三～三三四頁）。

(85)「建内記」嘉吉三年七月十八日条（刊本六巻一五六頁）、二十六日条（刊本六巻一七三頁）、二十九日条（刊本六巻一七六頁）、文安元年四月二十六日条（刊本七巻五一頁）、文安四年七月十九日条（刊本九巻二五頁）、二十六日条（刊本九巻三〇頁）、九月二十四日条（刊本九巻一二四頁）など。

(86)「建内記」文安四年十一月二十九日条（刊本十巻九二頁）。

(87)「蔭凉軒日録」延徳四年五月十一日条（『資一〇』四六一号）。

(88)「蔭凉軒日録」延徳四年八月四日条。

(89)西尾賢隆『中世禅僧の墨蹟と日中交流』（吉川弘文館、二〇一一年）二一九～二二七頁。

(90)諸橋轍次『大漢和辞典』四（大修館書店、修訂第二版、一九八九年）四〇一頁。

(91)柳田聖山『一休――「狂雲集」の世界』（人文書院、一九八〇年）四七～四八頁。

(92)諸橋轍次『大漢和辞典』六（大修館書店、修訂第二版、一九八九年）七一八頁。

(93)「蔭凉軒日録」長享二年八月八日条（『資一〇』三五〇号）。

(94)「寄良医不白軒」（「鏤氷集」地所収、『資一四』一〇四号）ほか、本書第8章参照。

(95)『鹿苑院公文帳』六八頁、六九頁、一一五頁、一一七頁。

(96)「海音寺文書」（『常滑の古文書』常滑市文化財調査報告第六集、常滑市教育委員会、一九七九年、二一一頁）。

(97)『鹿苑院公文帳』七〇頁、一二〇頁。

(98) 西尾、前掲注1書、二八頁、三三〜三五頁。
(99) 愈慰慈『五山文学の研究』(汲古書院、二〇〇四年)三二七〜三二八頁。
(100) 「清拙正澄墨跡」(香川県歴史博物館所蔵、『瀬戸市史 資料編三 原始・古代・中世』愛知県瀬戸市、二〇〇五年、一四一号)。
(101) 「明極楚俊遺稿」所収(『五山文学全集』三、一九九八頁、二〇〇一頁)。なお太田正弘編『定光寺誌』(応夢山定光寺、一九八五年)三六頁は、「斉禅人参方」(明極和尚語録)と「送斉蔵主南遊」(竺仙和尚語録)をあげるが、後者については、「竺仙和尚語録」巻下之下(『大正新修大蔵経』八〇、四二五〜四四七頁)、「天柱集」(『五山文学全集』一、六七五〜七三〇頁)に該当作品を見出していない。
(102) 全文は、『瀬戸市史 資料編三 原始・古代・中世』(前掲注100)一六六号。
(103) 全文は、『大正新修大蔵経』八〇、六一五〜六三一頁所収、『資一四』七八号に抄録あり。
(104) 建仁寺両足院原蔵、東京大学史料編纂所謄写本二〇一六—二八七。
(105) 全文は、『曹洞宗全書』語録一(曹洞宗全書刊行会、一九三一年)二八五〜三六五頁。
(106) 「義空忠(正忠)西堂住清見諸山疏」(「無規矩」坤所収、『五山文学新集』三、一六五頁)。
(107) 『訓読 五灯会元』上(能仁晃道訓読、禅文化研究所、二〇〇六年)二一五頁。
(108) 外山映次「遠州一雲斎三世川僧慧済禅師年譜稿」(『埼玉大学紀要(教育学部)』二四人文・社会科学、一九七五年)七一頁、古田紹欽「川僧慧済について」(『禅研究所紀要』六・七、一九七六年)一一頁、一四頁。
(109) 全文は『五山文学全集』一、五七五〜六七一頁所収、『資九』八四号に抄録あり。
(110) 「延宝伝灯録」巻一二(『資九』八三号)、「本朝高僧伝」巻三一(『大日本仏教全書』一〇二、名著普及会、一九七九年、四二四頁)など参照。
(111) 蔭木英雄「『松山集』解釈と鑑賞」(『相愛女子大学相愛女子短期大学研究論集 国文・家政学科編』二九、一九八二年)一三〜一四頁。
(112) 「筑州万松山勅賜承天禅寺入院語」(「松山集」下所収、山口隼正「博多禅院入寺関係未刊史料」『九州史学』一二一、一九九八年、五六頁)。
(113) 「龍泉和尚住京城万寿禅寺語録」(「松山集」下所収、『大日本史料』六—二六、二三八頁)。
(114) 入矢義高監修『景徳伝灯録』三(禅文化研究所、一九九三年)二二六〜二二七頁。
(115) 今泉淑夫『禅僧たちの室町時代——中世禅林ものがたり』(吉川弘文館、二〇一〇年)一三四頁、一五三〜一五六頁。
(116) 黒田俊雄「中世仏教と文芸・美術」(『黒田俊雄著作集』三、法藏館、一九九五年所収、初出一九六七年)一二六頁など。
(117) 早島大祐『室町幕府論』(講談社、二〇一〇年)一一二〜一一五頁など。

(118) 今泉淑夫『日本中世禅籍の研究』(吉川弘文館、二〇〇四年)六八~七〇頁。
(119) 朝倉尚『禅林の文学——詩会とその周辺』(清文堂、二〇〇四年)四七二頁。
(120) 「梅花無尽蔵」三上所収(『資一四』九〇号、市木武雄『梅花無尽蔵注釈』二、続群書類従完成会、一九九三年、一八三頁)。
(121) 『五山文学全集』四、一〇三頁。
(122) 『五山文学全集』四、一〇五頁。
(123) 以上、今泉、前掲注118書、六九頁の検討による。
(124) 東京大学史料編纂所影写本三〇一四—一三。『山梨県史 資料編六中世三下 県外記録』山梨県、二〇〇二年、一四六号、『資一一』七二一号、『資一四』一一〇号などに抄録がある。
(125) 以上、芳澤勝弘編『雪叟紹立 雪叟詩集 訓注』(思文閣出版、二〇一五年)八三六~八三八頁「あとがき」参照。
(126) 以上、『資一〇』一一三〇号、『愛知県史 別編絵画 文化財二』(愛知県、二〇一一年)一七三号。
(127) 「一黙稿」乾所収(『大徳寺禅語録集成』四、法藏館、一九八九年、七五頁)。
(128) 「雪樵独唱集」(絶句ノ一)所収(『五山文学新集』五、四六頁)。
(129) 「梅花無尽蔵」五所収(『資一四』九三号、市木武雄『梅花無尽蔵注釈』三、前掲注33、四九六頁)。
(130) 「小師牒」(「乾坤院文書」『資一〇』四〇八号)。
(131) 「佐谷公夫人薫心貞富淑儀画像賛 序見第七」(「梅花無尽蔵」五所収、『資一四』九三号、市木武雄『梅花無尽蔵注釈』三、前掲注33、三五〇頁)。
(132) 「薫心淑儀画背賛幷序 詩見第五七言八句部」(「梅花無尽蔵」七所収、『資一四』九五号、市木武雄『梅花無尽蔵注釈』四、続群書類従完成会、一九九四年、三四六頁)。
(133) 以上、貞富については、広瀬良弘『禅宗地方展開史の研究』(吉川弘文館、一九八八年)四五八頁を参照。
(134) 「梅花無尽蔵」一所収(『資一四』八八号、市木武雄『梅花無尽蔵注釈』一、続群書類従完成会、一九九三年、七一頁)、高橋範子「還俗僧萬里集九周辺の画事について(一)——画人如寄と雪舟」(『財団法人松ヶ岡文庫研究年報』五、一九九一年)四一頁図版。
(135) 「梅花無尽蔵」一所収(『資一四』八八号、市木武雄『梅花無尽蔵注釈』一、前掲注134、七〇頁)。
(136) 「補庵京華別集」所収(『五山文学新集』一、五八三頁)。
(137) 「明叔慶浚等諸僧法語雑録」(『資一〇』一九六五号)。
(138) 『愛知県史 別編絵画 文化財二』(前掲注126)二一二号。
(139) 「梅花無尽蔵」四所収(『資一四』九二号、市木武雄『梅花無尽蔵注釈』三、前掲注33、七八頁)。
(140) 『瀬戸市史 資料編三 原始・古代・中世』(前掲注100)二六〇号。

(141)「碧南市称名寺文書」(『愛知県史　資料編一八』愛知県、二〇〇三年、二九四号、『愛知県史　資料編二二』愛知県、二〇一五年、三二二号)。
(142)豆田誠路編集『歴史系企画展　大浜てらまち』(碧南市教育委員会文化財課、二〇〇九年)三四号。
(143)「蔭凉軒日録」延徳元年八月二十九日条(『資一〇』三七五号)。
(144)「梅花無尽蔵」一所収(『資一四』八八号、市木武雄『梅花無尽蔵注釈』一、前掲注134、二四〇頁)。高橋範子「還俗僧萬里周九周辺の画事について(三)——萬里周九の画賛が求められた場」(『財団法人松ヶ岡文庫研究年報』一二、一九九八年)二九頁、綿田稔「足利将軍邸の障子画賛」(『文学　特集＝五山文学』一二—五、二〇一一年)一四六頁に言及がある。
(145)「梅花無尽蔵」五所収(『資一四』九三号、市木武雄『梅花無尽蔵注釈』三、前掲注33、三六〇頁)。高橋、前掲注144論文、二九頁、綿田、前掲注144論文、一四六頁に言及がある。
(146)「梅花無尽蔵」四所収(『資一四』九二号、市木武雄『梅花無尽蔵注釈』三、前掲注33、二四四頁)。
(147)「梅花無尽蔵」四所収(蔭木英雄『中世禅林詩史』笠間書院、一九九四年、四八〇頁、市木武雄『梅花無尽蔵注釈』三、前掲注33、二三九頁など参照)。
(148)小島毅『義経の東アジア』(トランスビュー、二〇一〇年)八〇頁、一一九頁。
(149)「定慧円明国師虚白録」三所収(内閣文庫謄写本)。
(150)「洛陽大仏鐘之銘」(「近藤文書」『大日本史料一二—一四』四六四頁)。
(151)「不二遺稿」所収(『五山文学全集』三、二九七九頁、『資九』九四五号)参照。『新編岡崎市史　中世二』新編岡崎市史編さん委員会、一九八九年、三四三〜三四四頁(新行紀一執筆)、新行、前掲注42論文、六頁に言及がある。
(152)華蔵寺所蔵黄檗版一切経調査委員会編集『西尾市指定文化財　華蔵寺所蔵鉄眼版一切経調査報告書』(西尾市教育委員会、二〇一二年)。
(153)愛知県立大学中世史研究会・愛知大学地域史研究会編『石巻神社所蔵『大般若経』調査報告書』(豊橋市美術博物館、二〇一六年)。
(154)「碧山日録」応仁二年六月六日条(『資一四』八五号)参照。北原正夫「室町期三河吉良氏の一研究」(『歴史研究〔愛知学芸大学歴史学会〕』二七、一九八三年)三八〜三九頁、四八頁注41(応永二十一年出生とするが、数え年で逆算すると応永二十二年出生となる)、『新編岡崎市史　中世二』(前掲注151)三四二頁(新行紀一執筆)に関連する言及がある。
(155)「不二遺稿」所収(『五山文学全集』三、二八九四〜二八九五頁)。
(156)足利衍述『鎌倉室町時代之儒教』(日本古典全集刊行会、一九三二年)三六五〜三六六頁。
(157)「懶室漫稿」所収(『五山文学全集』三、二五三一頁、『資九』一〇三一号)。河村昭一「南北朝室町初期の若狭守護代小笠原氏について」(『兵庫教育大学研究紀要』九、第二分冊〔言語系教育、社会系教育、芸術系教育〕一九八八年) 八〇頁、八八頁注49、『新編岡崎市史　中世二』(前掲注151) 三〇六頁 (新行紀一執筆)、新行前掲注42論文、九頁、山田邦明「鎌倉・室町時代の東三河」(前掲注153書所収) 二三五～二三六頁などに言及がある。

(158) 豊橋市・東観音寺所蔵 (『資八』四〇三号)。

(159) 『東観音寺展』(豊橋市美術博物館、二〇〇〇年) 七号、『愛知県史　別編絵画　文化財二』(前掲注126) 一六三号。

(160) 伊藤聡『神道とは何か――神と仏の日本史』(中公新書、二〇一二年) 六一頁。

(161) 「管領斯波義将奉書案」「三河守護一色範光遵行状案」「三河守護代一色詮範遵行状案」(尊経閣文庫所蔵「諸家文書」所収、『資九』四四二号、四四三号、四四四号)。

(162) 「若狭国守護職次第」(『資九』八七九号)。河村、前掲注157論文、八〇頁に、「長身はおそらく長房の子、もしくは兄弟といった、きわめて近い間柄の者」という指摘があり、八二頁以下に、長房の子、長春の失脚に関する検討がある。

(163) 「若狭国守護職次第」(前掲注162)。

(164) 「本州三河国幡豆郡住小笠原系図」(「諸家系図纂」所収、『資九』九三三号)。

(165) 「懶室漫稿」所収 (『五山文学全集』三、二五九五頁、『資九』一〇三一号)。

(166) 諸橋轍次『大漢和辞典』一 (大修館書店、修訂第二版、一九八九年) 三三一頁。

(167) 諸橋轍次『大漢和辞典』四 (大修館書店、修訂第二版、一九八九年) 二一頁。

(168) 「東山建仁寺語録」(「仲方和尚語録」所収、『大日本史料』七―一一、三五九頁)、「仲方住建仁山門」(「江西和尚疏稿」所収、『同』、三六三頁) など参照。

(169) 「瑞龍山太平興国南禅々寺入寺法語」(「仲方和尚語録」上所収、天龍寺原蔵、東京大学史料編纂所謄写本二〇一六―五三九) 参照。「南禅寺住持籍」(東京大学史料編纂所謄写本二〇一六―四〇五) に、「第七十八世 (中略) 応永廿年癸巳八月十五日示寂、世寿六十歳」とある。

(170) 「寄誕慶甫詩　走筆」(「補庵京華新集」所収、『五山文学新集』一、六六四頁)、「蔭凉軒日録」文明十八年五月十三日条など参照。玉村、前掲注67論文、四六〇頁、今泉淑夫『東語西話――室町文化寸描』(吉川弘文館、一九九四年) 一三九頁、朝倉、前掲注119書、三一二～三一四頁などに言及がある。

第10章

(1) 田中健夫『中世海外交渉史の研究』(東京大学出版会、一九五九年) 一七一頁。

(2) 村井章介『アジアのなかの中世日本』(校倉書房、一九八八年) 八三頁。

（3）「空華日用工夫略集」永和三年二月十三日条（『日本国語大辞典』は「いちゅう」と読み、同日条を掲出）、（永正十年）四月二十四日付「美濃承国寺用梅軒景従書状」（「八坂神社文書」三二、『岐阜県史　史料編　古代中世四』岐阜県、一九七三年、五〇六頁）、「鹿苑日録」天文五年九月七日条など。
（4）土田健次郎『道学の形成』（創文社、二〇〇二年）。
（5）荒木見悟『新版　仏教と儒教』（研文出版、一九九三年、初版平楽寺書店、一九六三年）
（6）伊藤大輔『肖像画の時代——中世形成期における絵画の思想的深層』（名古屋大学出版会、二〇一一年）三二八頁。
（7）竺沙雅章『宋元佛教文化史研究』（汲古書院、二〇〇〇年）一二三頁。
（8）荒木、前掲注5書、七頁。
（9）尾藤正英『日本封建思想史研究——幕藩体制の原理と朱子学的思惟』（青木書店、一九六一年）五八頁。
（10）荒木、前掲注5書、二四八～二五三頁。
（11）島田虔次『朱子学と陽明学』（岩波新書、一九六七年）一三頁。
（12）荒木、前掲注5書、二二六頁。
（13）荒木、前掲注5書、二二七頁。
（14）荒木、前掲注5書、二二七頁。
（15）土田、前掲注4書、三九五頁。
（16）土田、前掲注4書、三九四頁、三九六頁、四〇九頁。
（17）尾藤、前掲注9書、九四頁に記されている三宅尚斎の「神の人に入るや、其の迷闇に乗ず」との指摘が、とりわけ重視されよう。
（18）土田、前掲注4書、三八〇頁。
（19）檀上寛「中国専制国家と儒教イデオロギー——「士」身分の変遷を通して」（『史窓』五一、一九九四年）五一～五三頁。
（20）宮崎市定『科挙史』（東洋文庫四七〇、平凡社、一九八七年）二〇頁。
（21）以上、渡辺浩『近世日本社会と宋学』（東京大学出版会、一九八五年）九八～一〇〇頁、二四一頁。
（22）以上、小島毅『東アジアの儒教と礼』（世界史リブレット六八、山川出版社、二〇〇四年）五五～六二頁、七一頁。
（23）永井政之「中国における国家と宗教——宋代、禅宗寺院の経済を手がかりとして」（『禅学研究』六五、一九八六年）一四三頁。
（24）西尾賢隆「元朝の江南統治における仏教」（『中国近世における国家と禅宗』思文閣出版、二〇〇六年所収、初出一九七一年）、石井修道「中国の五山十刹制度の基礎的研究（一）～（四）」（『駒沢大学仏教学部論集』一三～一六、一九八二～八五年）。
（25）竺沙、前掲注7書、四七五頁、四七九頁、四八九頁。
（26）高雄義堅「宋代寺院制度の一考察——特に住持継承法を中心として」（『支那仏教史学』五—二、一九四一年）二一頁、永井、前掲注23論文、一四三頁。
(27) 川添昭二『日蓮とその時代』(山喜房佛書林、一九九九年)一二八頁以下、平雅行『鎌倉仏教と専修念仏』(法藏館、二〇一七年)二九頁、四七七～四八一頁など。
(28) 土田健次郎「朱子学と禅」(『思想　禅研究の現在』九六〇、二〇〇四年)六三～六四頁。
(29) 邢東風(宮田さつき訳)「南宗禅の地方性」(『東アジア仏教研究』四、二〇〇六年)。
(30) 小島毅『義経の東アジア』(トランスビュー、二〇一〇年)一九七～一九八頁。
(31) 田中義成『足利時代史』(講談社学術文庫、一九七九年、初版一九二三年)八二～八三頁。
(32) 田中健夫「善隣国宝記の成立事情とその背景――室町外交における五山僧侶の立場」(前掲注1書所収)一七一頁。
(33) 田中健夫編『善隣国宝記　新訂続善隣国宝記』(集英社、一九九五年)一一二～一一七頁。
(34) 橋本雄『中華幻想――唐物と外交の室町時代史』(勉誠出版、二〇一一年)二三頁以下。
(35) 田中編、前掲注33書、一〇八～一〇九頁。
(36) 同右、一〇八～一一一頁。
(37) 「満済准后日記」永享六年五月十二日条(橋本、前掲注34書、二三頁)。
(38) 橋本、前掲注34書、二五頁。
(39) 同右、三〇頁。
(40) 村井章介『東アジア往還――漢詩と外交』(朝日新聞社、一九九五年)八九頁。
(41) 『網野善彦著作集』(岩波書店)で、主な言及箇所をあげておくと、第七巻(二〇〇八年)八三～八五頁、九八頁、第八巻(二〇〇九年)八七～九〇頁、九四頁、二四七頁、第一一巻(二〇〇八年)六一頁、三三七頁である。村井、前掲注40書、二四七頁もこの網野の見解を参照している。
(42) 「竺僊和尚語録」巻下之上(『大正新修大蔵経』八〇、四二二頁、村井、前掲注40書、六〇頁)。
(43) 中川徳之助『日本中世禅林文学論攷』(清文堂、一九九九年)三五八頁。
(44) 「空華日用工夫略集」永徳二年正月四日条(蔭木英雄『訓注　空華日用工夫略集　中世禅僧の生活と文学』思文閣出版、一九八二年、二五二頁)。
(45) 今泉淑夫①『東語西話――室町文化寸描』(吉川弘文館、一九九四年)一七七頁、②『禅僧たちの室町時代――中世禅林ものがたり』(吉川弘文館、二〇一〇年)一二一頁。
(46) 出身と年齢は、「南禅寺沙門海寿伝」(「本朝高僧伝」巻三六、『大日本仏教全書』一〇三、名著普及会、一九七九年、五〇二頁)参照。

(47)玉村竹二『五山禅僧伝記集成　新装版』(思文閣出版、二〇〇三年)一六一頁。なお月心の出自について、玉村は「郷国・俗姓不詳」とするが、玉村竹二編『扶桑五山記』(鎌倉市教育委員会、一九六三年)の建長寺五六世月心慶円の項(同上一二〇頁)に「駿州人」とある。
(48)「塩田和尚宛蘭渓道隆尺牘案」(埼玉県長徳寺所蔵「大覚禅師語録掌故」所収、玉村竹二「蘭溪道隆と樵谷惟僊との交友関係の変遷――それを物語る二点の尺牘」(『日本禅宗史論集』下之二、思文閣出版、一九八一年所収、一九七七年稿)八三九頁。
(49)日蓮遺文「弥源太入道殿御消息」(『昭和定本日蓮聖人遺文』二、総本山身延久遠寺、一九五三年、一五四八頁)。この遺文については、川添昭二「御遺文における禅宗」(日蓮宗勧学院『中央教学研修会講義録』一五、二〇〇五年)六一～六二頁も参照。
(50)石井公成「中国禅の形成」(『思想　禅研究の現在』前掲注28所収)一一頁。
(51)藤田琢司編『訓読　元亨釈書』上巻(禅文化研究所、二〇一一年)一三四頁。
(52)平、前掲注27書、四七八頁など。
(53)玉村竹二「駿河乗光寺開山について」(『日本禅宗史論集』下之一、思文閣出版、一九七九年所収、一九五三年稿)七〇〇～七〇五頁、村井、前掲注40書、五三頁。
(54)村井、前掲注2書、三〇八頁。春屋と明使の所在については同三一一頁注22を参照。
(55)村井、前掲注40書、一一三頁。
(56)上田純一「書評・村井章介著『東アジア往還』」(『日本史研究』四〇七、一九九六年)六一頁。
(57)伊藤幸司『中世日本の外交と禅宗』(吉川弘文館、二〇〇二年)三一九～三二〇頁。
(58)森克己『日宋文化交流の諸問題』(刀江書院、一九五〇年)八三頁。
(59)同右。
(60)同右。
(61)上川通夫『日本中世仏教と東アジア世界』(塙書房、二〇一二年)二〇九頁。
(62)森、前掲注58書、八四頁。
(63)祢津宗伸『中世地域社会と仏教文化』(法藏館、二〇〇九年)一三頁。
(64)稲葉伸道『中世寺院の権力構造』(岩波書店、一九九七年)二六九頁。
(65)辻善之助『日本仏教史　第四巻　中世篇之三』(岩波書店、一九四九年)三一五頁。
(66)住吉朋彦『中世日本漢学の基礎研究　韻類編』(汲古書院、二〇一二年)二二頁。
(67)和田久徳「十五世紀初期のスマトラにおける華僑社会」(『お茶の水女子大学人文科学紀要』二〇、一九六七年)七一頁、榎原雅治『室町幕府と地方の社会』(岩波新書、二〇一六年)一四〇～一四二頁、一四六～一四八頁。「内なる異人」は榎原の表現である。

(68) 田中健夫「遣明船貿易家楠葉西忍とその一族」(前掲注1書所収、初出一九五九年)。
(69) 中川、前掲注43書、二二二頁。
(70) 今泉淑夫『日本中世禅籍の研究』(吉川弘文館、二〇〇四年)三四五頁。
(71) 足利衍述『鎌倉室町時代之儒教』(日本古典全集刊行会、一九三二年)七二三頁。
(72)『瀬戸市史　資料編三　原始・古代・中世』(愛知県瀬戸市、二〇〇五年)三九七頁。
(73) 池内敏『絶海の碩学——近世日朝外交史研究』(名古屋大学出版会、二〇一七年)三一六頁、原文は四六五頁注12引用。
(74) 佐藤進一『古文書学入門』(法政大学出版局、一九七一年)一八七頁。
(75) 池内、前掲注73書、三〇六〜三〇九頁参照。
(76) 高津孝「ピジン・クレオール語としての「訓読」」(中村春作・市來津由彦・田尻祐一郎・前田勉編『「訓読」論——東アジア漢文世界と日本語』勉誠出版、二〇〇八年)。
(77) 石川九楊『漢字がつくった東アジア』(筑摩書房、二〇〇七年)一五〜二三頁、二〇三頁、二一九頁。
(78) 東英寿「『漢学紀源』と五山儒学史について」(堀川貴司・浅見洋二編『蒼海に交わされる詩文』東アジア海域叢書一三、汲古書院、二〇一二年)。
(79) 玉村竹二「五山文学新集校刊記」(『日本禅宗史論集』下之一、前掲注53所収、一九七三年稿)七六七頁。
(80) 愈慰慈『五山文学の研究』(汲古書院、二〇〇四年)三六頁、二三九〜二四六頁。なお本書では基本的に「五山文学」の用語を用いているが、五山と林下とをことさら区別する通説に対処する必要がある場合には、「禅林文学」の名辞を使う必要もあると考えている。
(81) 東、前掲注78論文、三〇四頁。
(82) 田中、前掲注31書、八四頁、二二一頁。
(83) 津田左右吉『文学に現はれたる国民思想の研究——武士文学の時代』二(岩波書店、一九五三年)、三一三頁。津田の五山文学理解については、小島、前掲注30書、二三七頁の批判がある。
(84) 芳賀幸四郎『中世禅林の学問及び文学に関する研究』(日本学術振興会、一九五六年)七〜八頁。
(85) 和島芳男『日本宋学史の研究　増補版』(吉川弘文館、一九八八年、初版一九六二年)二六二〜二六三頁。
(86) 玉村竹二「日本禅宗の伝来」(『日本禅宗史論集』上、思文閣出版、一九七六年所収、一九四六年稿)八四二頁。
(87) 玉村竹二『五山文学——大陸文化紹介者としての五山禅僧の活動』(至文堂、一九五五年)四七頁、一九五頁、二三九頁。
(88) 玉村竹二「臨済宗」(『日本禅宗史論集』上、前掲注85所収、一九六一年稿)九三二頁。
(89) 玉村竹二「五山禅林の学芸」(『日本禅宗史論集』上、前掲注85所収、一九六一年稿)九六二頁。

(90) 玉村竹二「禅宗の発展」(『日本禅宗史論集』上、前掲注85所収、一九六三年稿) 一〇〇〇頁。
(91) 玉村竹二「五山禅林の学芸」(一九六一年稿) 九五二頁、同「禅と五山文学」(一九六七年稿) 一〇二七頁、いずれも前掲注86書所収。
(92) 藤岡大拙「禅院内に於ける東班衆について――特に室町幕府の財政と関連して」(『日本歴史』一四五、一九六〇年)。
(93) 藤岡大拙「五山教団の発展に関する一考察」(『仏教史学』六―二、一九五七年) 四八頁。
(94) 大隅和雄「内乱期の文化」(『岩波講座日本歴史六　中世二』一九六七年) 二〇三頁。
(95) 黒田俊雄「中世仏教と文芸・美術」(『黒田俊雄著作集』三、法藏館、一九九五年所収、初出一九六七年) 一二六頁、一二八頁。
(96) 永原慶二・山口啓二「対談・日本封建制と天皇」(『歴史評論』三一四、一九七六年) 二五頁。
(97) 広瀬良弘『禅宗地方展開史の研究』(吉川弘文館、一九八八年) 三七頁。
(98) 上田純一『九州中世禅宗史の研究』(文献出版、二〇〇〇年) 二一四頁、二三七〜二三八頁。
(99) 蔭木英雄『中世禅林詩史』(笠間書院、一九九四年)、千坂嵃峰『五山文学の世界――虎関師錬と中巌円月を中心に』(白帝社、二〇〇二年)、金文京「中巌円月の中国体験――科挙との関係を中心として」、中本大「菊隠慧叢について――『名庸集』研究序説」(以上、『文学　特集＝五山文学』一二―五、二〇一一年) など。
(100) 足利、前掲注71書、芳賀、前掲注84書、久須木文雄『日本中世禅林の儒学』(山喜房佛書林、一九九二年)、中川、前掲注43書、楊昆鵬「五山文学と和漢聯句」(『文学　特集＝五山文学』前掲注99所収)、周裕鍇 (浅見洋二訳)「恵洪の文字禅について――その理論と実践および後世への影響」、査屏球 (谷口高志訳)「寒山拾得の受容とその変遷――五山禅僧の詩歌・絵画に見られる寒拾の形象と宋元禅文学の関係」、堀川貴司「禅僧による禁中講義――近世初頭『東坡詩』の例」(以上、『蒼海に交わされる詩文』前掲注78所収) など。
(101) 芳賀、前掲注84書、朝倉尚①『禅林の文学――中国文学受容の諸相』(清文堂、一九八五年)、②『抄物の世界と禅林の文学――中華若木詩抄・湯山聯句鈔の基礎的研究』(清文堂、一九九六年)、③『禅林の文学――詩会とその周辺』(清文堂、二〇〇四年)、今泉、前掲注70書、堀川貴司『五山文学研究――資料と論考』(笠間書院、二〇一一年)、住吉、前掲注66書、朱剛 (甲斐雄一訳)「『中興禅林風月集』続考」、大庭卓也「和刻『唐詩選』出版の盛況」(以上、『蒼海に交わされる詩文』前掲注78書所収) など。
(102) 小川剛生『中世の書物と学問』(山川出版社、二〇〇九年) 三九頁、五四〜五五頁。
(103) 和島、前掲注85書、一二四頁。
(104)「花園天皇日記」元亨二年七月二十七日条、元亨三年七月十九日条、和島、前掲注85書、一三八〜一四〇頁。
(105) 安田次郎『走る悪党、蜂起する土民』(全集　日本の歴史　第七巻、小学館、二〇〇八年) 二二五頁、三一六頁。
(106) 千坂、前掲注99書、三二七頁。

(107)「東海一漚集」所収、中川、前掲注43書、三一六頁、三三一～三三二頁、全文は『五山文学新集』四、六九四頁所収。
(108)「旱霖集」所収、蔭木、前掲注99書、一五五頁。全文は『五山文学全集』一、七九八頁所収。
(109)千坂、前掲注99書、三二七頁。
(110)「補庵京華前集」所収、朝倉、前掲注100③書、二七一～二七三頁、全文は『五山文学新集』一、二三七頁所収。
(111)「識廬庵詩軸」(美濃宗敦寺所蔵、『五山文学新集』別巻一、一〇二二頁、朝倉、前掲注101③書、二七八～二七九頁)。
(112)「鹿苑日録」明応八年正月三日条、今泉、前掲注45②書、一九七～二〇二頁。
(113)「周弼之三体詩加朱墨弁叙」(「梅花無尽蔵」五所収、芳賀、前掲注84書、二九六頁、市木武雄『梅花無尽蔵注釈』三、続群書類従完成会、一九九三年、四七六頁)。
(114)竹内理三「中世寺院と外国貿易(下)」(『歴史地理』七二―二、一九三八年)三二頁。
(115)「還春沢之書籍」(「梅花無尽蔵」四所収、芳賀、前掲注84書、一六七頁、蔭木、前掲注99書、四七八頁、市木、前掲注113書、二六〇頁)。
(116)朝倉、前掲注101②書、一七八～一七九頁、二一四～二一八頁。
(117)大塚光信・尾崎雄二郎・朝倉尚校注『中華若木詩抄　湯山聯句鈔』(新日本古典文学大系五三、岩波書店、一九九五年)一七四頁一四六号。朝倉、前掲注101①書、三九二頁、同②書、九八頁など参照。
(118)「定慧円明国師虚白録」三所収、内閣文庫謄写本、大桑斉『日本近世の思想と仏教』法藏館、一九八九年、二二頁)。
(119)城市真理子『室町水墨画と五山文学』(思文閣出版、二〇一二年)五一～五八頁。
(120)村井、前掲注40書、二五二頁。
(121)橋本雄「室町政権と東アジア」(『日本史研究』五三六、二〇〇七年)三八頁、伊藤幸司「東アジア禅宗世界の変容と拡大」(川岡勉・古賀信幸編『日本中世の西国社会③　西国の文化と外交』清文堂、二〇一一年)九頁、平、前掲注27書、四七九頁など。

第11章

(1)黒田俊雄「中世における顕密体制の展開」(『黒田俊雄著作集』二、法藏館、一九九四年、初出一九七五年)一三二頁、栄西の実像に関する現在の理解の到達点は、中世禅籍叢刊編集委員会編『栄西集』(中世禅籍叢刊一、臨川書店、二〇一三年)を参照。
(2)足利政権など歴代政権から五山、十刹、諸山などの格式を与えられた全国の禅院を主要拠点とした黄龍派、聖一派、夢窓派など臨済系、曹洞系を含む禅宗諸門流に属する禅僧という意味で用いる。
(3)栄西は禅律僧の一人であり、禅律僧の末裔が五山だという見通しは、黒田俊雄「王法仏法相依論の軌跡」(『黒田俊雄著作集』二、前掲注1、初出一九八七年)二一七頁、平雅行『日本中世の社会と仏教』(塙書房、一九九二年)四七八頁、四九〇頁、原田正俊

『日本中世の禅宗と社会』（吉川弘文館、一九九八年）一七五頁、大塚紀弘『中世禅律仏教論』（山川出版社、二〇〇九年）八四頁〔「禅家」の項〕など参照。
（4）和島芳男「栄西禅の性格について」（『史学雑誌』五四―四、一九四三年）三八六頁、多賀宗隼『栄西』（吉川弘文館、一九六五年）二五四頁、米田真理子「栄西の入宋――栄西伝における密と禅」（吉原浩人・王勇編『海を渡る天台文化』勉誠出版、二〇〇八年）二一三頁、西尾賢隆「中世後期の禅宗――五山派から関山派へ」（『臨済宗妙心寺派　教学研究紀要』九、二〇一一年）二四頁、舘隆志①「栄西『未来記』と蘭渓道隆」（『駒澤大学禅研究所年報』二五、二〇一三年）二六三～二六四頁、②「鎌倉仏教界における栄西の位置づけ」（『禅文化』二三二、二〇一四年）二六～二七頁など参照。
（5）柳田聖山「栄西と『興禅護国論』の課題」（『中世禅家の思想』日本思想大系一六、岩波書店、一九七二年）四四〇頁。
（6）「南禅寺對治訴訟」（『大日本史料』六―二九、四八四頁）。
（7）筑土鈴寛校訂『沙石集』下巻（岩波文庫、一九四三年）一六二頁、藤田琢司編『訓読　元亨釈書』上（禅文化研究所、二〇一一年）三四頁。
（8）古田紹欽「栄西研究」（平野宗浄・加藤正俊編『栄西禅師と臨済宗』日本仏教宗史論集七、吉川弘文館、一九八五年所収、初出一九七五～七八年）八七頁。
（9）ちなみに渡来僧のなかでも、蘭溪（建長寺）と無学（円覚寺）との相違が存在した（川添昭二『日蓮とその時代』山喜房佛書林、一九九九年、八〇頁）。
（10）玉村竹二「臨済宗教団の成立」（『日本禅宗史論集』上、思文閣出版、一九七六年所収、一九六二年稿）九七六頁。
（11）斎藤夏来・谷舗昌吾「栄西呼称の変遷と禅宗の変質」（『岡山大学大学院教育学研究科研究集録』一六一、二〇一六年）参照。
（12）「正宗住聖福江湖疏」（『補庵京華続集』所収、『五山文学新集』一、四〇五頁）。
（13）以下、栄西呼称に関する収集事例は、すべて斎藤・谷舗、前掲注11論文による。
（14）多賀、前掲注4書、二〇〇頁。
（15）大雑把に、中国大陸および日本列島（朝鮮半島の事例は未見）の諸地域に通用した、という意味で、以下に用いる。
（16）「建内記」文安四年六月十三日、十四日条など参照。
（17）筑土鈴寛校訂『沙石集』下巻（前掲注7）一六一頁。
（18）矢野立子「中世禅僧と勅号――禅師号と国師号をめぐって」（『史艸』四八、二〇〇七年）四～五頁、菊地大樹『鎌倉仏教への道――実践と修学・信心の系譜』（講談社、二〇一一年）七〇頁など参照。なお平雅行は、「「禅師」は受戒していない沙弥段階の顕密僧への尊称」であり、「蘭溪道隆への禅師号の勅許とは、顕密仏教の立場からすれば、朝廷が蘭溪道隆を半人前の未熟な僧侶と認定したことを意味した」と指摘する（平雅行『鎌倉仏教と専修念仏』法藏館、二〇一七年）五〇二頁注124。

(19)玉村竹二編『扶桑五山記』(鎌倉市教育委員会、一九六三年)一六八～一六九頁。
(20)永村眞「東大寺大勧進職と「禅律僧」」(『南都仏教』四七、一九八一年)六五頁付表。
(21)稲葉伸道「『栄西自筆文書』解題」(『栄西集』前掲注1所収)五五〇～五五一頁。
(22)細川涼一『中世の律宗寺院と民衆』(吉川弘文館、一九八七年)六〇～六三頁、六七～七一頁、松尾剛次『勧進と破戒の中世史――中世仏教の実相』(吉川弘文館、一九九五年)一六～一七頁。
(23)文永五年「菩薩戒血脈」(『大日本史料』五―二二、三八三頁)。
(24)藤田琢司編『訓読　元亨釈書』上巻(前掲注7)一三四頁、『対外関係史総合年表』(吉川弘文館、一九九九年)一九三頁参照。
(25)佐藤秀孝・舘隆志編『蘭溪道隆禅師全集』一(大本山建長寺、二〇一四年)二六六～二六七頁。
(26)藤田琢司編『訓読　元亨釈書』上巻(前掲注7)一五三頁。
(27)玉村竹二『五山禅僧伝記集成　新装版』(思文閣出版、二〇〇三年)八五頁。
(28)同右、一〇六頁。
(29)「本朝高僧伝」巻二五(『大日本仏教全書』一〇二、名著普及会、一九七九年、三四九頁)。
(30)「寄聖福石梁和尚」(「明極楚俊遺稿」所収、『五山文学全集』三、二〇一七頁、上田純一『九州中世禅宗史の研究』文献出版、二〇〇〇年、五七頁注49)参照。
(31)藤田琢司編『訓読　元亨釈書』上巻(前掲注7)一三四頁。
(32)白石虎月編『東福寺誌』(思文閣出版、一九三〇年初版、一九七九年復刻版)九八頁。
(33)森克己『日宋文化交流の諸問題』(刀江書院、一九五〇年)八四頁参照。
(34)祢津宗伸『中世地域社会と仏教文化』(法藏館、二〇〇九年)一三頁参照。
(35)玉村竹二「叢林史話第七話、駿河乗光寺開山について」(『日本禅宗史論集』下之一、思文閣出版、一九七九年所収、初出一九五三年)。
(36)『肖像画賛』(大阪市立美術館、二〇〇〇年)六二頁No.56。
(37)時期は異なるが、儒学の新潮流であった宋学の受容については、京都や山口などの先進地よりも、越前や薩摩などの後進地の方が先行したという見解がある。和島芳男①『日本宋学史の研究』(吉川弘文館、初版一九六二年、一九八八年増補版)二三二頁以下、②『中世の儒学』(吉川弘文館、一九六五年)二一四頁以下。
(38)『大日本史料』六―二一、三一二頁。
(39)「祇園執行日記」(『大日本史料』六―一六、九一頁以下)。
(40)荻須純道「栄西の一心戒について」(平野・加藤編、前掲注8書所収、初出一九六四年)三五頁。

(41)菅原昭英「栄西元久元年の運動方針について」(平野・加藤編、前掲注8書所収、初出一九七九年)一四〇頁注2参照。
(42)渡来僧清拙の用例については『大鑑禅師語録』(多賀、前掲注4書、二五六頁)参照。
(43)玉村、前掲注27書、三一三頁。
(44)玉村、前掲注27書、一六〇頁。
(45)「月舟録」所収(『大日本史料』四―一三、六九一頁)。
(46)「幻雲疏藁」所収(『大日本史料』四―一三、七二一頁)。
(47)「月舟録」所収(『大日本史料』四―一三、七三〇頁)。
(48)「月舟和尚語録」所収(『大日本史料』六―四〇、一三一頁)。
(49)「月舟和尚語録」所収(『大日本史料』四―一三、六九一頁)。
(50)大塚、前掲注3書、八七～八八頁。
(51)多賀、前掲注4書、二四六頁、大塚、前掲注3書、九四頁、和田有希子「鎌倉初期の臨済禅――栄西における持戒持斎の意味」(『仏教史学研究』四九―一、二〇〇六年)六二頁。
(52)中尾良信『日本禅宗の伝説と歴史』(吉川弘文館、二〇〇五年)六五頁、八八頁。
(53)加藤みち子「円爾禅の再検討――「禅」と「仏心宗」概念の分析を通して」(『季刊日本思想史』六八、二〇〇六年)六〇頁。
(54)菅基久子「宋禅将来の意義――明庵栄西と円爾弁円」(同右)一四～一六頁。
(55)大塚、前掲注3書、四七頁。
(56)和田有希子「鎌倉中期の臨済禅――円爾と蘭渓のあいだ」(『宗教研究』三三八、二〇〇三年)一〇五頁。
(57)高柳さつき「日本中世禅の見直し――聖一派を中心に」(『思想』九六〇、二〇〇四年)一一三頁。
(58)石井公成「中国禅の形成」(『思想』九六〇、二〇〇四年)一一頁、川添昭二「御遺文における禅宗」(日蓮宗勧学院『中央教学研修会講義録』一五、二〇〇五年)六二頁。
(59)『大日本史料』五―二二、四八四頁。
(60)『大日本史料』六―九、一〇一二頁。
(61)『大日本史料』五―一、八一〇頁。
(62)前掲注12に同じ。
(63)「正宗和尚住東山建仁禅寺語録」(「禿尾鐵苕帚」所収、『五山文学新集』四、一五三頁)。
(64)「東山建仁禅寺居庵摩里支天堂修造幹縁疏并序」(「玄圃藁」所収、『愛知県史　資料編一〇　中世三』愛知県、二〇〇九年、一六五二号)。

(65)藤田琢司編『訓読　元亨釈書』上巻(前掲注7)三六頁、柳田、前掲注5論文、四四六頁。
(66)和島、前掲注37①書、二〇七頁、同②書、一九四頁。
(67)三鬼清一郎「キリシタン禁令をめぐって」(『日本歴史』三〇八、一九七四年)一〇一頁、北島万次『豊臣政権の対外認識と朝鮮侵略』(校倉書房、一九九〇年)一〇六頁(全文掲出)、朝尾直弘編『世界史のなかの近世』(中央公論社、一九九一年)一一三頁、高木昭作『将軍権力と天皇——秀吉・家康の神国観』(青木書店、二〇〇三年)二四頁。
(68)斎藤夏来「秀吉の画像賛」(『禅学研究』八六、二〇〇八年)。
(69)儒学は父母の恩にのみ固執する、という仏教側からの反批判も道元の段階から存在したらしい。戸頃重基『日蓮の思想と鎌倉仏教』(冨山房、一九六五年)二二一頁参照。
(70)平野・加藤編、前掲注8書、三頁(両氏執筆「はじめに」)。
(71)栄西の儒学・宋学への関心は、足利衍述『鎌倉室町時代之儒教』(日本古典全集刊行会、一九三二年)二五頁、戸頃、前掲注69書、二〇三頁、和島、前掲注37①書、八九頁、柳田、前掲注5論文、四六六頁、久須本文雄『日本中世禅林の儒学』(山喜房佛書林、一九九二年)四頁など、存在した可能性も指摘されるが、実証はできないという見解が強い。

第12章

(1)『大日本仏教全書』第一〇二、一〇三冊(名著普及会、一九七九年)所収。
(2)『国史大辞典』「重源(ちょうげん)」の項(平岡定海執筆)。
(3)『国史大辞典』「宗性(そうしょう)」の項(平岡定海執筆)。
(4)『国史大辞典』「叡尊(えいぞん)」の項(和島芳男執筆)。
(5)平雅行『鎌倉仏教と専修念仏』(法藏館、二〇一七年)三四八頁。
(6)同右、一八六～一八九頁。
(7)本書第11章。
(8)宗性著「因明尋思抄」(法隆寺所蔵)の奥書に「笠置寺住侶沙門宗性」とある。横内裕人『日本中世の仏教と東アジア』(塙書房、二〇〇八年)二二九頁参照。
(9)戒律復興の立場から法然の念仏を批判した「興福寺奏状」への関与などをもって、律僧につらなる存在と分類した。黒田俊雄『寺社勢力——もう一つの中世社会』(岩波新書、一九八〇年)九二頁、九五～九七頁、一三七頁、一五六頁、舩田淳一「南都仏教の展開と律宗」(佛教史学会編『仏教史研究ハンドブック』法藏館、二〇一七年)二二四～二二五頁、平、前掲注5書、六一頁、一八三頁、四二一頁注34など参照。

(10)貞慶の後継者として知られる。黒田、前掲注9書、一七四頁、細川涼一①『中世の律宗寺院と民衆』(吉川弘文館、一九八七年)一〇六〜一〇七頁、②『日本中世の社会と寺社』(思文閣出版、二〇一三年)二三〇頁、船田、前掲注9執筆項、平、前掲注5書、四五二頁など参照。

(11)黒田、前掲注9書、九七頁、一七八頁、松尾剛次『日本中世の禅と律』(吉川弘文館、二〇〇三年)「I律宗の世界」のうち「第二章　叡尊の思想——釈迦信仰と悉有仏性説を中心に」、大石雅章『日本中世社会と寺院』(清文堂、二〇〇四年)五〇頁、一五一〜一五二頁、船田、前掲注9執筆項など参照。とくに松尾は、貞慶らの法相教学などに対する叡尊の独自性、大石は、西大寺と叡尊ら律家との関係について、詳しく論じている。

(12)黒田、前掲注9書、九七頁、一七八頁、細川、前掲注10②書「第七章　忍性の生涯」など参照。

(13)同右、一七四頁、細川、前掲注10②書、五六〜六一頁、平、前掲注5書、一七一頁など参照。平は、「律僧」の一人として凝然を明記する。

(14)細川、前掲注10②書、一九九頁、二一〇頁。

(15)細川、前掲注10①書、四頁。

(16)大塚紀弘「鎌倉時代の日宋交流と南宋律院——律書版本と教学の伝播」(『日本歴史』八二五、二〇一七年)三〇頁。

(17)同右、二九〜三〇頁。

(18)平、前掲注5書、四五二頁など参照。

(19)細川、前掲注10②書、一七一頁、大塚、前掲注16論文、二七頁。

(20)西尾賢隆『中国近世における国家と禅宗』(思文閣出版、二〇〇六年)三二六頁。

(21)西尾賢隆『中世の日中交流と禅宗』(吉川弘文館、一九九九年)二〇三頁。

(22)平、前掲注5書、四四一頁。

(23)筆者の身近なところでは、愛知県立大学日本文化学部が主体となった、『大航海時代の戦国あいち——一六世紀前後の日欧史料から』(大航海時代の戦国愛知研究会、二〇一二年)の試みが継続している。斎藤夏来「「大航海時代の戦国あいち展」評——「近世化」と「禅宗」の視角から」(『歴史の理論と教育』一四〇・一四一、二〇一三年)参照。

(24)主として、『イエズス会日本通信』上・下(新異国叢書一・二、村上直次郎訳、雄松堂、一九六八年、一九六九年)、『イエズス会日本年報』上・下(新異国叢書三・四、村上直次郎訳、雄松堂、一九六九年)、フロイス『日本史』一〜一二(松田毅一・川崎桃太訳、中央公論社、一九七七〜八〇年)を検討対象とした。

(25)「蓮如遺文」二九(稲葉昌丸編『蓮如上人遺文』法藏館、一九九七年第六刷所収)などに示されるとおり、「一向宗」は卑称だが、ここでは本願寺を中心とした浄土真宗に関する他称として、史料の記載をそのまま用いる。

(26) フロイス『日本史』三、二四五頁。
(27) フロイス『日本史』一一、二六〇頁。
(28) フロイス『日本史』一、二七四頁、三、二一七頁。
(29)『イエズス会日本年報』上、一一〇頁、鍛代敏雄『戦国期の石清水と本願寺――都市と交通の視座』(法藏館、二〇〇八年)一六五頁。
(30) フロイス『日本史』三、三三一頁、一一、二九頁。
(31) フロイス『日本史』四、一二頁。
(32) フロイス『日本史』三、一七一頁。
(33) フロイス『日本史』四、八四頁。
(34) フロイス『日本史』一一、八八頁。
(35) フロイス『日本史』五、六九頁。
(36) フロイス『日本史』四、四八頁。
(37) フロイス『日本史』三、五三~五四頁。なお、一五五二年一月二九日付ザビエル書簡は、釈迦や阿弥陀について、「人間ではなく、まったく悪魔たちの作りごとしか考えられません」と記す(『聖フランシスコ・ザビエル全書簡』河野純徳訳、平凡社、一九八五年、五三六頁)。
(38) フロイス『日本史』三、一〇〇~一〇一頁。
(39) フロイス『日本史』三、三四頁。
(40) 大桑斉『日本近世の思想と仏教』(法藏館、一九八九年)第三編第三章、第四章、大橋幸泰『キリシタン民衆史の研究』(東京堂出版、二〇〇一年)三〇九頁、西村玲「東アジア仏教のキリスト教批判――明末仏教から江戸仏教へ」(中野三敏・楠元六男編『江戸の漢文脈文化』竹林舎、二〇一二年)など参照。
(41) フロイス『日本史』三、一七一頁。
(42)『イエズス会日本年報』上、一三四頁。
(43) フロイス『日本史』三、七六~七九頁。
(44) フロイス『日本史』六、四五頁。なおザビエルと忍室については、ジャン・クラッセ「日本教会史」(一六八九年刊行)の解釈を中心とした兵藤正之助「仏教とキリスト教――禅僧と初期切支丹宣教師との確執を中心に」(『関東学院大学・人文科学研究所報』六、一九八二年)八~一三頁の検討がある。
(45)『イエズス会日本通信』上、一二三頁。

(46)『イエズス会日本通信』上、二六頁。
(47)『イエズス会日本通信』上、八四頁。
(48)『イエズス会日本通信』上、三四八頁。
(49)『イエズス会日本通信』下、三七一頁。
(50) フロイス『日本史』二、一九三頁、六、八三～八四頁、
(51) フロイス『日本史』五、二九～三〇頁。
(52) フロイス『日本史』(井出勝美『キリシタン思想史研究序説――日本人のキリスト教受容』ぺりかん社、一九九五年、四五頁、原典より井手訳出)。
(53) 本書第10章参照。
(54) フロイス『日本史』四、一〇三～一〇四頁。追塩千尋「織豊政権期の仏教政策と寺院」(中尾堯編『論集日本仏教史』六、戦国時代、雄山閣、一九八八年)一六八頁、船岡誠「近世の禅――沢庵を中心に」(日本仏教研究会編『日本の仏教』四、法藏館、一九九五年)一三一頁、池上裕子『織豊政権と江戸幕府』(日本の歴史一五、講談社、二〇〇二年)一一三～一一四頁、鍛代敏雄『神国論の系譜』(法藏館、二〇〇六年)一四四頁、一四九頁、神田千里『宗教で読む戦国時代』(講談社、二〇一〇年)四一頁、一一九頁など多くの言及がある。
(55) フロイス『日本史』四、二一五頁。
(56) フロイス『日本史』二、一九三頁。
(57) フロイス『日本史』一一、二六〇頁。
(58)「兼見卿記」天正十年六月九日条(伊藤真昭『京都の寺社と豊臣政権』法藏館、二〇〇三年、二五頁参照)。
(59)『イエズス会日本年報』上、二二一頁。
(60)『イエズス会日本年報』上、三一九頁、大桑斉「天正寺の創建・中絶から大仏造営へ――天正期豊臣政権と仏教」(大桑、前掲注40書所収、初出一九八三年)の検討がある。
(61)『イエズス会日本年報』上、三二三～三二四頁。朝尾直弘『将軍権力の創出』(岩波書店、一九九四年)二一頁、藤田達生『日本近世国家成立史の研究』(校倉書房、二〇〇一年)九五頁、池上、前掲注54書、二六九頁、水本邦彦『徳川の国家デザイン』(全集日本の歴史一〇、小学館、二〇〇八年)四八頁、藤田達生「小牧・長久手の戦いと羽柴政権」(『愛知県史研究』一三、二〇〇九年)六頁など、おおむね内裏への言及に着目するが、五山への言及は深められていない。なお、「また聞くところによれば、日本の王なる内裏及び都の主要なる寺院をここ(大坂)に移さんとしてゐる」(『イエズス会日本年報』上、二七〇頁)という同類の記事について、三鬼清一郎は、「おそらくは巷の風評にすぎないもので、実現性はなかった」とみる(三鬼清一郎『豊臣政権の法と朝鮮出

兵』青史出版、二〇一二年、九頁)。
(62)フロイス『日本史』一、二一四頁。『イエズス会日本年報』下、一五五頁に関連記事がある。
(63)フロイス『日本史』五、二一九～二二一頁。
(64)「丹後宗雲寺文書」(『禅刹　丹波・丹後——その歴史と美術』京都府立丹後郷土資料館、一九八八年、三三頁図版)。
(65)『鹿苑院公文帳』七頁。
(66)上島有「近世の領知判物・朱印状と公帖——室町時代の御判御教書との関連で」(『摂南大学学術B　人文科学社会科学編』八、一九九〇年)。
(67)一五五二年一月二十九日付ザビエル書簡(河野、前掲注37訳書、五四三頁)、高瀬弘一郎『キリシタンの世紀——ザビエル渡日から「鎖国」まで』(岩波書店、一九九三年)一一八頁、神田千里『一向一揆と戦国社会』(吉川弘文館、一九九八年)八六頁、一〇五頁。
(68)高瀬、前掲注67書、一二〇～一二一頁。
(69)同右、一一九頁。
(70)神田、前掲注67書、一〇〇頁。
(71)ラス・カサス『インディアスの破壊についての簡潔な報告』(染田秀藤訳、岩波文庫、一九七六年)、上川通夫「イベリア半島で考えたこと——スペイン・セビーリャからポルトガル・リスボンへの出張報告」(『愛知県立大学日本文化学部論集(歴史文化学科編)』五、二〇一四年)六頁、清水有子「イベリア・インパクト論再考——イエズス会の軍事的性格をめぐって」(『歴史評論』七七三、二〇一四年)八一頁など。
(72)井出、前掲注52書、三三五頁、三四一頁。
(73)高瀬、前掲注67書、一一三頁、高橋裕史『イエズス会の世界戦略』(講談社、二〇〇六年)一三四頁、一三七頁、二六五頁(第五章注55、65)。
(74)高橋、前掲注73書、一一〇～一一一頁。
(75)『大日本古文書　家わけ一七　大徳寺文書之二』一二七号。
(76)玉村竹二「大徳寺の歴史」(『日本禅宗史論集』下之二、思文閣出版、一九八一年所収、一九六八年稿)三一八～三二二頁。近年の見解として、川本慎自「室町幕府と仏教」(『岩波講座日本歴史八　中世三』二〇一四年)二四一頁を参照。
(77)「鹿苑日録」天文五年五月二十一日条。
(78)『続群書類従』四下所収。
(79)京都・真乗院所蔵(『亀山法皇七〇〇年御忌記念・南禅寺』朝日新聞社、二〇〇四年、八七頁にカラー写真掲載)。

(80)「蔭凉軒日録」永享八年六月八日条、「南禅寺住持籍」(東京大学史料編纂所謄写本二〇一六—四〇五)によれば「永享八年丙辰七月廿日入寺」とある。
(81)『大日本古文書　家わけ一七　大徳寺文書之四』一六五〇号。
(82)同右、一六四九号。
(83)「南禅寺住持籍」(東京大学史料編纂所謄写本二〇一六—四〇五)によれば一六五世。
(84)『大日本古文書　家わけ一七　大徳寺文書之一』一五号。
(85)なお、仲方中正書状で「可為弁道所候歟」とともに示された「十方派亦住院可為如何様候哉」という選択肢の解釈については、斎藤夏来『禅宗官寺制度の研究』(吉川弘文館、二〇〇三年)一四五～一四六頁参照。
(86)「友山録」中所収(『五山文学新集』二、七八頁)。
(87)「黙雲集」所収(『五山文学新集』五、一〇七〇頁)。
(88)「雪樵独唱集」三所収(『五山文学新集』五、一九〇頁)。
(89)「長興宿禰記」「親長卿記」「龍泉景川和尚語録」など(『大日本史料』八—八、一六四頁)。
(90)「黙雲集」所収(『五山文学新集』五、一〇三六頁)。
(91)「雪樵独唱集」三所収(『五山文学新集』五、一八〇頁)。
(92)「守操堂住龍翔」(「峨眉鴉臭集」所収、『五山文学全集』三、二二五六頁)。
(93)以下、東源については、玉村竹二「僧伝小考三題」のうち「大徳寺第十八世東源宗漸」(『日本禅宗史論集』上、思文閣出版、一九七六年所収、一九六八年稿)参照。
(94)前掲注79参照。
(95)「徹翁派一条殿へ訴状」(「妙心寺文書」『大日本史料』九—一、六五八頁以下、斎藤、前掲注85書、一四七頁以下、末柄豊「妙心寺への紫衣出世勅許をめぐって——鄧林宗棟を中心に」『禅文化研究所紀要』二八、二〇〇六年など参照)。
(96)以下の綸旨類の収集については、伊藤克己「戦国期の寺院・教団と天皇勅許の資格・称号——紫衣・勅願寺の効果について」(『歴史評論』五一二、一九九二年)、広瀬良弘「曹洞宗と朝廷——中世から近世にかけての禅師号・紫衣・出世・勅書・綸旨・勅願寺」(『曹洞宗人権擁護推進本部紀要』一、一九九四年)、田中宏志「禅宗寺院文書の基礎的研究——十六・十七世紀の「出世」関係史料を中心に」(『駒澤大学禅研究所年報』一八、二〇〇七年)、佐々木徹「奥の正法寺と偽綸旨」(『仙台市博物館調査研究報告』三一、二〇一一年)などを参照した。
(97)『鎌倉遺文』二四、一八五〇一号、『曹洞宗古文書』下(筑摩書房、一九七二年)三九八頁。
(98)『鎌倉遺文』三六、二八一五七号、『曹洞宗古文書』拾遺(筑摩書房、一九七二年)二頁。

(99)『曹洞宗古文書』上（筑摩書房、一九七二年）六一〇頁。
(100)『南北朝遺文九州編』五、五六七九号。
(101)『曹洞宗古文書』拾遺（前掲注98）二五頁。
(102)たとえば②については甲斐南明院（『山梨県史資料編四　中世一』山梨県、一九九九年、八四〇頁）、④については三河妙昌寺所蔵「年代記」（新修豊田市史収集資料、未刊）に、それぞれ写しがある。
(103)『豊後日田岳林寺』（九州の寺社シリーズ三、九州歴史資料館、一九七九年）一九頁図版。
(104)『広島県史　古代中世資料編Ⅳ』（広島県、一九七八年）四四三頁。
(105)「俊明極参内事」（後藤丹治・釜田喜三郎校注『太平記』一、日本古典文学大系三四、岩波書店、一九六〇年、一三五頁）、（元徳二年）三月二十四日付金沢貞顕書状（『鎌倉遺文』四〇、三〇九八四号）など参照。
(106)「明極録」所収（『大日本史料』六―一、三九六頁）。
(107)前掲注84参照。
(108)佐々木、前掲注96論文、五頁。
(109)「太原崇孚覚書写」（「駿河臨済寺文書」『静岡県史料』三、角川書店、一九六六年、五七三～五七四頁）。
(110)「本朝高僧伝」巻三〇（前掲注1、第一〇二冊四二一頁）。
(111)「仙（洞仙）雲巣住弘祥同門」（「幻雲稿」所収、『大日本史料』九―八、一七一頁、『続群書類従』一三上、一四四頁）、享禄五年七月二十日付「足利義晴公帖案」（「公帖符案」所収『大日本古文書　家わけ二一　蜷川家文書之三』五〇七号、一二頁）、（『鹿苑院公文帳』三一頁、八五頁、九九頁）など参照。
(112)住吉朋彦『中世日本漢学の基礎研究　韻類編』（汲古書院、二〇一二年）二二七～二二八頁、五八三～五八四頁。
(113)「成宗大王実録」十四年（一四八三）九月十三日条（『大日本史料』八―一五、七八二頁）。
(114)「春湖鑑（清鑑）首座住備前成道友社疏」（「蔗庵遺藁」所収、『五山文学新集』六、二八一頁）。
(115)村井章介『東アジア往還――漢詩と外交』（朝日新聞社、一九九五年）一五三～一五四頁。
(116)伊藤幸司「大内教弘・政弘と東アジア」『九州史学』一六一、二〇一二年）一七～一八頁。
(117)「蔭涼軒日録」文明十六年八月二十七日条、「蔗軒日録」文明十六年十二月十七日条。
(118)『鹿苑院公文帳』二九頁。
(119)「五山座位次第事」（室町幕府追加法一四四、佐藤進一・池内義資編『中世法制史料集』二、岩波書店、一九五七年、五八頁）、「空華日用工夫略集」至徳三年七月十日条（蔭木英雄『訓注　空華日用工夫略集――中世禅僧の生活と文学』思文閣出版、一九八二年、三五四頁）など参照。

(120)阿波谷伸子・大内田貞郎・木田和子・平井良朋・八木よし子・山根陸宏「大館記（一）」（『ビブリア』七八、一九八二年）九七頁、原田正俊『日本中世の禅宗と社会』（吉川弘文館、一九九八年）三六三頁。
(121)「竺僊和尚語録」巻下之上（『大正新修大蔵経』八〇、四二二頁、村井、前掲注115書、六〇頁）。
(122)「本朝高僧伝」巻三六（前掲注1、第一〇三冊五〇二頁）。
(123)葉貫磨哉『中世禅林成立史の研究』（吉川弘文館、一九九三年）二四一頁、『対外関係史総合年表』（吉川弘文館、一九九九年）二八六頁。
(124)「三川金星山華蔵禅寺転不退法輪蔵記」（「不二遺稿」所収、『愛知県史』資料編九中世二、愛知県、二〇〇五年、九四五号）。
(125)「海寿書状」（「久我家文書」『同』六八〇号）。
(126)本書Ⅲ部第10章参照。
(127)「本朝高僧伝」巻三七（前掲注1、第一〇三冊五二〇頁）。
(128)玉村竹二編『扶桑五山記』（鎌倉市教育委員会、一九六三年）一二〇頁。
(129)「南禅寺住持籍」（前掲注83）によれば五二世。
(130)蔭木、前掲注119書、二五二頁。
(131)奥野高広・岩沢愿彦校注『信長公記』（角川文庫、一九六九年）二七二頁、二七四〜二七五頁。
(132)「南禅寺住持籍」（前掲注83）によれば、「第二百六十三世（中略）元亀二年辛未四月廿七日賜帖入寺、天正三年再住、同八年庚辰十一月十八日示寂、塔楞厳院、世寿八十五歳」とある。
(133)「中尾系図」（『大日本史料』一二―三七、二五五〜二五六頁）。
(134)「東福寺文書（公帖類）」（東京大学史料編纂所写真帳、六一七二・六二―九八）。
(135)慶長十九年八月二十七日付、板倉勝重宛、以心崇伝・本多正純連署状写（『新訂　本光国師日記』三、続群書類従完成会、一九六八年、八頁）。
(136)斎藤、前掲注85書、第三章。
(137)元和元年十月十九日付、板倉勝重宛、以心崇伝書状写（『新訂　本光国師日記』三、前掲注135、二六七頁）。
(138)堀新・井上泰至編『秀吉の虚像と実像』（笠間書院、二〇一六年）一九四頁（網野可苗執筆）。

終　章

(1)上村観光『五山文学小史』（裳華房、一九〇六年）二二四頁、三浦周行「天龍寺船に関する新研究」（『史学雑誌』二五―一一、一九一四年）三九頁、白石虎月『東福寺誌』（思文閣出版、初版一九三〇年、一九七九年復刻版）六〇九頁、竹内理三「中世寺院と外國貿易」(下)(『歴史地理』七二―二、一九三八年)二〇頁、今枝愛真『中世禅宗史の研究』(東京大学出版会、一九七〇年)四一二～四一三頁、竹田和夫『五山と中世の社会』(同成社、二〇〇七年)一四一頁など。

(2)桜井英治『室町人の精神』(日本の歴史一二、講談社、二〇〇一年)二四五頁。

(3)伊藤幸司「一五・六世紀の日明・日朝交渉と夢窓派華蔵門派――日本国王使の外交僧をめぐって」(『朝鮮学報』一七一、一九九九年)七〇頁、橋本雄「肥後菊池氏の対外交流と禅宗・港町」(『禅文化研究所紀要』二六、二〇〇二年)四五〇～四五一頁。

(4)広瀬良弘『禅宗地方展開史の研究』(吉川弘文館、一九八八年)四〇五頁以下。

(5)『愛知県史　通史編二　中世一』(愛知県、二〇一八年)第六章第六節「鎌倉仏教の成立と展開――禅宗」のうち小見出し「尾張・三河の諸山住持と檀越」(斎藤夏来執筆)を参照。

(6)『山梨県史　通史編二　中世』(山梨県、二〇〇七年)七一八頁(山家浩樹執筆)、山家浩樹「恵林寺をめぐる三題」(『禅学研究』八六、二〇〇八年)八六頁。

(7)佐藤進一『南北朝の動乱』(日本の歴史九、中公文庫、一九七四年)四七八頁。

(8)試みに、東京大学史料編纂所データベース(http://wwwap.hi.u-tokyo.ac.jp/ships/shipscontroller、二〇一七年一一月二五日閲覧)で「夷中」と入力し「横断検索」をかけると、「維新史料綱要データベース」の「攘夷中止」の一件のみヒットする。

(9)川本慎自「禅僧の荘園経営をめぐる知識形成と儒学学習」(『史学雑誌』一一二―一、二〇〇三年)六一頁。

(10)「大仙寺文書」(『愛知県史　資料編一一』愛知県、二〇〇三年、四三三号)。

(11)「東福寺文書」六四(『大日本古文書　家わけ二〇　東福寺文書之一』一六八頁、一七九頁、一八三頁)。

(12)「八坂神社文書」三二(『岐阜県史　史料編　古代中世四』岐阜県、一九七三年、五〇六頁)。

(13)『鹿苑院公文帳』三頁、村井章介『東アジア往還――漢詩と外交』(朝日新聞社、一九九五年)一九九頁以下、村井章介責任編集『環日本海と環シナ海――日本列島の十六世紀』(朝日百科日本の歴史別冊、歴史を読みなおす一四、朝日新聞社、一九九五年)三八頁。

(14)池内敏『絶海の碩学――近世日朝外交史研究』(名古屋大学出版会、二〇一七年)二〇〇頁。

(15)斎藤夏来『禅宗官寺制度の研究』(吉川弘文館、二〇〇三年)一二二～一二四頁。

(16)辻善之助『日本仏教史』第三巻中世篇之二(岩波書店、一九四九年)一九一～一九二頁。

あとがき

本書では、先学の達成と度量に甘えて、思うがままを述べてきたが、本書の成立を導いてくださったと私が思っている学問的環境の一端について、記してお礼を申し述べたい。

私は当初日本近世史の研究を志し、東京大学文学部で村方文書を素材とした卒業論文を提出したが、大学院進学を許される水準に達しなかった。それでも研究の継続を希望して郷里に戻り、一九九三年四月より名古屋大学で主に三鬼清一郎先生について学ぶことを許された。そのため今日にいたるまで、私は愛知県域の自治体史では、上川通夫さんらとご一緒した瀬戸市史を除き、おおむね近世部会に属して活動しており、そのなかで得られた知見も、本書のなかに反映されている。ただし大学院生の頃、県史中世部会の仕事として、尾張・三河に関する五山文学の記事をピックアップする作業を担当する機会があった。五山文学をきちんと読もうとしたのはこのときが初めてであり、本書の直接的な出発点といえる。このように中世禅宗史に関わる仕事を私にも手伝わせるよう差配されたのは、長く中世部会長であった故・新行紀一先生であったようにうかがっている。新行先生が図録巻頭論考を執筆した岡崎市美術博物館の企画展「三河の禅林――臨済禅と武家の心」（会期二〇〇九年一一月二一日〜二〇一〇年一月一七日）で、私が講演「三河臨済禅の史料散策」（二〇〇九年一二月二〇日）を担当することになったのは、より明確に、新行先生のご意向であったようである。この講演準備のための現地踏査等も、本書の直接的な前提となっている。残念ながら、新行先生と直接お話する機会はあまりなかったが、二〇一〇年七月三日に行われた愛知県幸田町本光寺の調査で、近くの中華料理屋で他の調査メンバーとともに昼食をご一緒した折りに、先生は「禅は山のなかでも都会的」だと洩らされた。真宗史料に通じた研究者の禅宗理解として、非常に印象深く憶えている。

なお県史の通史編では、私も中世禅宗に関わる項目を執筆することとなり、本書第9章としてその内容を改稿収録した。通史編と本書とはほとんど同時刊行となったが、内容面で貴重なご意見をくださっただけでなく、転載につきご理解・ご高配くださった稲葉伸道中世部会長、播磨良紀織豊部会長をはじめ、部会委員、事務局のみなさまに厚くお礼を申し上げたい。

前著『禅宗官寺制度の研究』では、紫衣事件を主題としていたため、初出論考を意気込んでお送りした方々のなかに、宮地正人先生も含んでいた。先生は「通史」を構想している一環として、その後の私の仕事について励まし意見をくださることがあり、私も折りに触れ拙論をお送りしてきた。最近では、私が担当した「五山僧」の項を含めて、仏教史学会編『仏教史研究ハンドブック』（法藏館、二〇一七年）を購入通読されたうえでの私信をくださった。幕末維新期の政治史・思想史研究の立場からみると、中世仏教史はどのようにみえるのか、宮地先生はおそらくこれまでまとまった見解を示されたことはなく、私信もおそらく門外漢という意味での「おしゃべり」だと自制されているが、中世仏教史に携わる者なら誰しも、一度はうかがってみたいと思う事柄である。私なりに要点を紹介してみると、①「救済と生きていくエネルギーを御ほとけによって与えられるという宗教そのものに如何に迫っていくのか、この観点は不可欠である」こと、②「宋代から清代にかけての中国仏教が、なぜ禅宗が主流となり、しかも民衆からの救済願望をうけとめるべく、念仏信仰、浄土信仰と結合していったのか」、③「東国国家論では通史を組みたてることは不可能」だが、「黒田氏の権門体制論は、公家・寺家・武家の三権門のはげしい争いのプロセスの一瞬を写真できりとって「静態画像」として我々に提起したもので、もう一度後輩達は、その画像にダイナミズムを賦与する責任を負わされて」いること、④そのためにはたとえば、寺領研究や古義・新義の分立などが重要な論点ではないか、⑤「慈悲と不殺生をその戒律の大原則とする仏教」と、「殺生職業集団である武士・武家」

との関係性はどのようなものなのか、「天皇家・官人貴族層が古代顕密大寺院に加護を求めたのとは異質の内面的欲求が不断に生じてくる筈、直実の浄土信仰でカヴァーできなかったからこそ、禅宗（栄西とも結合した）がでてきた」といえるかどうか、というものであった。本書の第III部は、この問いかけに導かれて書いたようなものだが、とくに禅と浄土との結合という問題は、いまだ視野に入ってきていない。

私は二〇一〇年四月から岡山大学大学院教育学研究科の教員に採用されたが、採用当時の社会科教育講座の主任で、近代イギリス政治思想の研究者として知られる岸本広司先生は、教員養成の基本はあくまでも学問であると繰り返し説かれた。私はむしろ当然のことだと思っていたが、必ずしもそのようには理解していない人々、なかでも重要なのは学生だが、彼らに対し、学問とは誰のためのものであるのか、金と暇のある人間の余技などではないと説明しきれるか、という問いにはしばらく気づかなかった。先生は私の仕事について、重要な事柄を扱っていると評価してくださっていたが、なぜそのような研究をあなたが行うのかが明確ではないと、これも繰り返しいわれた。私としては、驚くような内容をもつ史料を懸命に説明すること、そのためには自分の浅はかな問題関心などかえって邪魔になるという感覚を身につけることで、かろうじて研究の世界に生き残ってきたと思っている。どのような史料に驚きを感じるか、というところに、本当の意味での問題関心があるのかもしれないとは思えてきたが、そのように自分を突き詰めることと、史料を読むこととがうまく両立するのかどうかは、今でも全く自信がない。政治学と歴史学とでは方法が違うなどと大げさに楯を突いてみているが、泉に顔を映してみたら考えが改まるだろうか。活況を呈していた先生の「政治学ゼミ」が懐かしい。

二〇一六年一一月に母校の名古屋大学大学院文学研究科（翌年四月に人文学研究科に改組）の教員に転じて早々、手元の日記では二〇一六年一一月八日のことだが、前著出版を勧めてくださった稲葉伸道先生から引き継いだ研究室のアレンジを思案していたところ、隣室から池内敏さんが来られて、これまで書き溜めた論文を本にまとめる気はないかと勧められ、即日のうちに、本書所収の初出稿にあらかた目を通されていた名古屋大学出版会の三木信吾さんが来訪された。三木さんの助言を得て、「平成二十八年度名古屋大学学術図書出版助成金」を急遽申請したところ、これもほどなく採択いただいた（平成二十九年二月六日付）。同会編集部の長畑節子さんにはプロの目線で校正作業を担当いただき、私だけでは到底気づけなかった誤字脱字や表記の統一を進めることができた。なお五山文学の読み下しについては、西尾賢隆、塩村耕の両先生にお助けいただいた箇所がある。また、これまで図版が公開されたことはなかったと思われる宝福寺文書の撮影と掲載については、同寺責任役員の小鍛治元慎師および岡山県立博物館の内池英樹さんよりご高配を得た。これまで経験したことがないような、今後も二度とないような強烈な追い風に足をもつれさせながら、ここまで吹き流されてきたかのようである。

最後に、名前から女性と間違われやすい私は男性だといいたいだけだが、夷中の禅院の痕跡を探し歩く中年男の怪しさを和らげてくれるのは、気晴らし目当てでついてきてくれる私の妻子である。ともども番犬に怪しまれつつ。

二〇一七年一二月一八日

著　者

初出一覧

序　章　新稿
第1章　「叢林と夷中――諸山・十刹の住持補任分析」『歴史学研究』七九一、二〇〇四年
第2章　「足利政権の坐公文発給と政治統合」『史学雑誌』一一三―六、二〇〇四年
第3章　「室町期関東公方の公帖発給」『禅文化研究所紀要』二八、二〇〇六年
第4章　「戦国期の室町将軍と禅宗」『日本歴史』七四九、二〇一〇年
第5章　「石見安国寺『国苑掌鑑』にみる五山制度の構築過程」『岡山地方史研究』一三三、二〇一四年
第6章　「禅宗十方住持制の再検討」『禅文化研究所紀要』二六、二〇〇二年
第7章　「室町期荘園制下の在地勢力と五山制度」『日本歴史』八〇一、二〇一五年
第8章　「戦国期知多半島の五山文学受容――『鏤氷集』の検討を中心に」『年報中世史研究』二九、二〇〇四年
第9章　『愛知県史　通史編二　中世一』（愛知県、二〇一八年）「第六章　鎌倉・室町時代の寺社と文化」のうち「第六節　鎌倉仏教の成立と発展――禅宗」、および『愛知県史　通史編三　中世二・織豊』（愛知県、二〇一八年）「第五章　戦国・織豊期の文芸と生活文化」のうち「第一節　戦国・織豊期の文芸」より、執筆担当部分を改稿統合
第10章　新稿
第11章　「中世後期五山派の栄西認識」稲葉伸道編『中世寺社と国家・地域・史料』法藏館、二〇一七年
第12章　新稿
終　章　新稿

＊本書収録にあたり、初出稿は適宜補訂を加えている。

《著者紹介》

斎《さい》藤《とう》夏《なつ》来《き》

1969 年　福井県生まれ，愛知県育ち
1999 年　名古屋大学大学院文学研究科博士課程単位取得退学
　　　　 岡山大学大学院教育学研究科教授等を経て
現　在　名古屋大学大学院人文学研究科教授，博士（歴史学）
著　書　『禅宗官寺制度の研究』（吉川弘文館，2003 年）

五山僧がつなぐ列島史

2018 年 2 月 1 日　初版第 1 刷発行

定価はカバーに
表示しています

著　者　斎　藤　夏　来

発行者　金　山　弥　平

発行所　一般財団法人　名古屋大学出版会
〒 464-0814　名古屋市千種区不老町 1 名古屋大学構内
電話(052)781-5027 / FAX(052)781-0697

印刷・製本　亜細亜印刷㈱　ISBN978-4-8158-0903-4
乱丁・落丁はお取替えいたします。

索　引

＊収録範囲は本文のみであり，図表，注を含まない。

あ 行

か　行

さ　行

た　行

な　行

は　行

ま　行

や　行

ら 行

わ 行